Für Elisabeth

Inhalt

Aufbruch vor Tag 9

Erster Teil
Auf der Suche nach einem Weg
1805–1836

Kindheit im böhmischen Dorf 19
Ein Zögling in Kremsmünster 35
In die Wildnis der Stadt 58
Education sentimentale 76

Zweiter Teil
Prekäres Gleichgewicht
1837–1857

Der Dichter greift zur Feder 109
Eheszenen 130
Waldphantasien eines Städters 147
In den Wohnungen der Vorfahren 164
Sonnenfinsternis 180
Bildnis eines Klassikers 199
Der unfruchtbare Feigenbaum 218
Figuren der Einsamkeit 244
Revolution! 265

Dritter Teil
Der Ring zerbricht
1858–1868

Das sanfte Gesetz 289
Ein Nachsommertagtraum 310

Obstruktionen 333
Die Große Geschichte 352
Auf des Messers Schneide 374

Anhang

Nachwort 395
Nachweise 398
Auswahlbibliographie 403

Aufbruch vor Tag

WARUM SCHREIBT EINER? Womit hat er sein Leben verbracht? Was hat ihn einen Weg geführt, auf dem er kein Glück fand und der sich jetzt zum Ende neigt? Wo liegen die Ursprünge eines Menschen und dessen, was er getan hat? Je näher die endgültige Dunkelheit rückt, desto drängender werden die Fragen, desto unausweichlicher wird die Suche nach einer Antwort. Viel Zeit bleibt nicht mehr, und bald ist es Nacht. Wo aber wäre diese Antwort zu finden? Je dichter die Finsternis wird, desto tiefer taucht der Blick zurück in die fernsten Fernen der Vergangenheit, in die Anfänge seines Lebens, das nun vorüber ist.

Ein alter Mann sitzt am Tisch und schreibt. Schreibend hat er sein Leben gelebt und schreibend erfährt er sein Ende. Und nur schreibend gelingt es ihm, sich jenen Fragen zu nähern, die er beantworten muß, bevor es zu spät ist. Die Worte tasten sich zurück in eine dunkle Ferne, in der es keine Worte gibt, in der aber der Ursprung all dessen liegt, was der Mann je geschrieben hat. Jetzt oder niemals muß er finden, wonach er sucht. Ein alter Mann sitzt im Hause seiner Kindheit am Tisch und sucht mit Worten nach den frühesten Anfängen seiner selbst. Er schreibt.

»Weit zurück in dem leeren Nichts ist etwas wie Wonne und Entzücken, das gewaltig fassend, fast vernichtend in mein Leben drang und dem nichts mehr in meinem künftigen Leben glich. Die Merkmale, die festgehalten wurden, sind: es war Glanz, es war Gewühl, es war unten. Dies muß sehr früh gewesen sein, denn mir ist, als liege eine hohe weite Finsternis des Nichts um das Ding herum.

Dann war etwas anderes, das sanft und lindernd durch mein Inneres ging: es waren Klänge.

Dann schwamm ich in etwas Fächelndem, ich schwamm

hin und wider, es wurde immer weicher und weicher in mir, dann wurde ich wie trunken, dann war nichts mehr.

Diese Demi-Inseln liegen wie feen- und sagenhaft in dem Schleiermeere der Vergangenheit, wie Urerinnerungen eines Volkes.

Die folgenden Spitzen werden immer bestimmter, Klingen von Glocken, ein breiter Schein, eine rote Dämmerung.

Ganz klar war etwas, das sich immer wiederholte. Eine Stimme, die zu mir sprach, Augen, die mich anschauten, und Arme, die alles linderten. Ich schrie nach diesen Dingen.

Dann war Jammervolles, Unleidliches, dann Süßes, Stillendes. Ich erinnere mich an Strebungen, die nichts erreichten, und an das Aufhören von Entsetzlichem und Zugrunderichtendem. Ich erinnere mich an Glanz und Farben, die in meinen Augen, an Töne, die in meinen Ohren, und an Holdseligkeiten, die in meinem Wesen waren.

Immer mehr fühlte ich die Augen, die mich anschauten, die Stimme, die zu mir sprach, und die Arme, die alles milderten. Ich erinnere mich, daß ich das ›Mam‹ nannte.

Diese Arme fühlte ich mich einmal tragen. Es waren dunkle Flecken in mir. Die Erinnerung sagte mir später, daß es Wälder gewesen sind, die außerhalb mir waren. Dann war eine Empfindung wie die erste meines Lebens, Glanz und Gewühl, dann war nichts mehr.«

Im September 1866, kaum mehr als ein Jahr vor seinem Tod, war Adalbert Stifter nach langer Zeit noch einmal in sein bäuerliches Geburtshaus im böhmischen Oberplan zurückgekehrt. Hier, am äußersten Rande seiner Lebenszeit und im Angesicht der Orte von Kindheit und Jugend, entstanden jene Seiten, die wahrhaft einzigartig dastehen in der Weltliteratur. Gibt es jemanden, dem gelungen wäre, tiefer in die eigenen Anfänge einzudringen? Denn es sind ja nicht einfach Kindheitserinnerungen, die hier niedergeschrieben wurden, es sind tastende Schritte in einen Bereich, der noch vor dem eigentlichen Erwachen des Bewußtseins liegt. Ein Bereich jenseits von Worten und Begriffen, jenseits der gliedernden und ordnenden Vernunft. Davon legt bereits die Sprache dieser Aufzeichnungen Zeugnis ab: »Finsternis« und »Nichts«, das »Fächelnde«, das »Schwimmen«, schon das unpersönliche »Es« sind Versuche, das Begrifflose in den ersten Lebenserfahrungen, das Gestaltlose frühester Eindrücke mit dem einzigen festzuhalten, was dem Erwachsenen zur Verfügung steht – mit Worten.

Stifters Sätze sind Kreise, suchender Zugriff auf etwas, was sich niemals erfassen läßt, weil Worte die Wortlosigkeit dieser »Urerinnerungen« zwangsläufig aufheben. Unglaublich mag scheinen, daß diese verschwimmenden Bilder, die bis in die ersten Lebenswochen und -monate des Kindes zurückreichen müssen, auf einer tatsächlichen Erinnerung des alten Mannes beruhen; nichts aber deutet darauf hin, Stifter könnte in diesen Blättern, an deren Veröffentlichung er kaum gedacht haben wird, seiner Phantasie freien Lauf gelassen haben. Zu ernst war die existentielle Situation, in der er sich fand; zu deutlich und drängend stand ihm das nahende Ende vor Augen: Von Krankheiten und quälenden Depressionen erschöpft, ankämpfend gegen den immer stärker werdenden Sog in den Selbstmord, von einem Ort zum anderen eilend, ruhlos und durch die inneren Dämonen gehetzt, versuchte er sein Äußerstes, sich Klarheit zu schaffen und Rechenschaft über das eigene Leben abzulegen. Für literarische Posen blieb da kein Raum.

Fast wäre man versucht, diesen Text als einen Ansatz zur Selbst-Therapie *in extremis* zu deuten, zumindest aber zur Selbst-Analyse. Wenn Stifter schreibt: »der erste Druck in das weiche Herz gibt ihm meist seine Gestalt für lebenlang«, dann ist die Nähe zu einem psychologischen Denken, wie es Sigmund Freud später formulierte, offensichtlich. Eine Nähe, die sich auch darin zeigt, daß der Versuch, diesen »ersten Druck« in der Erinnerung nachzuvollziehen und durchzuarbeiten, erst in einem Augenblick der Krise, der höchsten seelischen Lebensnot unternommen wurde. Einzigartig jedoch ist, wie es Stifter gelang, *selbst* die ersten Schritte zu einer solchen Analyse des eigenen Wesens zu tun und dabei in Bereiche vorzudringen, die sonst im Prozeß des Erwachsenwerdens so weitgehend verschüttet werden, daß sie nur mit der analytischen Hilfe eines anderen zuweilen wieder freigelegt werden können.

Es war nicht wenig, was er in den Tiefen seines Gedächtnisses fand. Die erste Prägung hat Stifters Leben tatsächlich bestimmt, und bereits in der Morgenfrühe seiner Charakterbildung findet sich als formgebende Gestalt derselbe grundlegende, sein ganzes Wesen durchdringende Gegensatz. Hier ist das Kind »Wonne und Entzücken«, dort »Entsetzlichem und Zugrunderichtendem« unterworfen, und auch das Glück erlebt es als überwältigende Macht, »gewaltig fassend, fast vernichtend«. Hier »Jammervolles, Unleidliches«, dort »Süßes, Stillendes.« Das Bewußtsein von einer immerfort drohenden »fürchterlichen Wendung der Dinge«, wie es später in einer Erzählung heißen wird, durchdringt sein Leben und Werk ebenso, wie Trost und Geborgenheit zumindest in der Sehnsucht erhalten bleiben. Der Drang zur Ausgeglichenheit, zur versöhnenden Lösung der Widersprüche ist da – stärker jedoch bleibt immer die Macht des Dunklen, des Bedrohlichen und Schweren. Die Wirklichkeit der Welt wird bereits in diesen frühesten Momenten als elementare Gewalt der Dinge, als Widerstand und hinabziehende Schwerkraft erfahren: »Merkwürdig ist es, daß in der allerersten Empfindung meines Lebens etwas Äußerliches war, und zwar etwas, das meist schwierig und sehr spät in das Vorstellungsvermögen gelangt, etwas Räumliches, ein Unten. Das ist ein Zeichen, wie gewaltig die Einwirkung gewesen sein muß, die jene Empfindung hervorgebracht hat.«

Eindringlicher läßt sich in Worten das Erwachen eines Bewußtseins von der äußeren Welt schlechthin kaum nachzeichnen – einer Außenwelt, die vor allem als Grenze, als dem Individuum widerstehende Kraft erlebt wird. Und etwas von dieser Haltung hat sich Stifter ein Leben lang bewahrt: Es ist Naivität im engsten Sinne – ein Blick auf die Welt immer wieder so, als ob es der erste, als ob das Äußere immer wieder neu, immer wieder das Niegesehene wäre.

»Ich bin oft vor den Erscheinungen meines Lebens, das einfach war, wie ein Halm wächst, in Verwunderung geraten. Dies ist der Grund und die Entschuldigung, daß ich die folgenden Worte aufschreibe. Sie sind zunächst für mich allein.«

Diese Naivität aber hat etwas Doppelbödiges. Zum einen enthüllt sich hier das Bildnis eines alten Mannes, der, am Ende seiner Tage angelangt, sich selbst gegenüber zugibt, vor seinem Leben als vor dem Fremdesten, dem Unbegreiflichsten überhaupt zu stehen. Zum anderen aber spricht er diesem unbegreiflichen Leben die Einfachheit des Kornhalms zu. Das Einfache ist nicht weniger unbegreiflich als das Komplizierte, und die einzige Haltung, die Stifter dieser unbegreiflichen Einfachheit angemessen erscheint, ist die reglose Kontemplation. Damit schließt er die Augen vor der Erkenntnis, daß man sich dem eigenen Leben gegenüber nicht als unbeteiligter Betrachter verhalten kann. Und Stifters Leben wuchs nicht einfach und gerade, in der organischen Einheit einer Pflanze; es war das Leben eines Menschen, der in seinem Geist die ganze Widersprüchlichkeit der menschlichen Existenz erfuhr und sich in dem vergeblichen Bemühen aufrieb, die dunklen Gewalten im eigenen Inneren zu beherrschen. An keiner anderen Stelle, weder im Werk noch in den Briefen, hat sich Stifter so eindringlich klargemacht, daß jenes »Entsetzliche und Zugrunderichtende« in seinem Leben nicht einfach Folge eines äußerlichen Zufalls war, sondern angelegt in den tiefsten Grundzügen seines Charakters. Was das Kind in der Morgendämmerung seines Daseins erfuhr, hatte es für ein ganzes Leben geprägt.

Der naive, der kindliche Zug in Stifters Wesen ist unverkennbar; um den unerfüllten Kinderwunsch kreisen ein Leben lang seine Gedanken, und nur wenige Autoren gibt es, in deren Bilderwelt das Kind eine so herausgehobene Stellung einnimmt. Viele seiner Erzählungen haben Kinder als Hauptfiguren; eine seiner bekanntesten Sammlungen, die *Bunten Steine*, ist ausdrücklich Kindern zugedacht, und Kindheitserinnerungen bestimmen häufig auch die Charakterzüge seiner erwachsenen Gestalten. In dem *Menschen* Adalbert Stifter offenbarte sich diese Naivität immer wieder als die Unfähigkeit, mit den Wechselfällen des eigenen Daseins umzugehen, als mangelndes Realitätsbewußtsein, am Ende vielleicht gar als die Weigerung, selber ins Erwachsenenalter einzutreten. Zeitlebens behielt er gegenüber den eigenen Lebensumständen die Haltung des Heranwachsenden, der außerstande ist, sich Rechenschaft über Triebe, Ziele, innere und äußere Widerstände abzulegen und aus solchen Erkenntnissen womöglich auch praktische Konsequenzen zu ziehen. Der *Dichter* Stifter indessen wendete diese Wesenszüge ins Produktive. Die bewahrte Kindlichkeit wird für den Autor zur Offenheit gegenüber den Phänomenen der Welt. Verweigertes Erwachsenwerden begründet seine Fähigkeit zum immer wieder erneuerten Staunen angesichts eines jeden Dinges, das er vor seinen Augen findet. Noch der alte Mann steht fassungslos vor dem Grashalm wie nur einst das kleine Kind.

Stifters ganze Schaffenskraft beruht auf dieser Offenheit und auch Verletzbarkeit der schutzlosen Naivität. Ein Text wie jene späteste Kindheitsvision konnte nur von einem geschrieben werden, der das Realitätsprinzip der Erwachsenenwelt niemals ganz und gar in sein Wesen aufgenommen hatte. Der Satz eines nur wenige Jahre später geborenen Zeitgenossen berührt genau diesen Punkt der künstlerischen Produktivität: »Doch Genie ist nichts anderes als die bewußt *wiedergefundene Kindheit*«, schrieb Charles Baudelaire im Jahre 1863, »eine Kindheit, die, um sich auszudrücken, jetzt mit erwachsenen Organen begabt ist und mit einem analytischem Verstand, der es ihr erlaubt, die Summe der unbewußt angehäuften Materialien zu ordnen.« Im Falle des Schriftstellers bedeutet die »wiedergefundene Kindheit« jedoch mehr als nur eine Wiedererweckung von Erinnerungen im Wort; sie ist vor allem anderen die Umwandlung dieser einen, individuellen Weltsicht dieses einen Kindes in ein dichterisches Bild von der Welt. Die verstörende Erfahrung von Schrecken und Angst, zugleich aber von der Schönheit der sinnlichen Wirklichkeit, die schon der kleine Junge durchmachte, kehrt im literarischen Werk als jene Ansicht einer im Tiefsten gespaltenen Natur zurück, die das Eigentümlichste des Dichters Adalbert Stifter ausmacht. Jeder Satz, den er schreibt, wird so auch zu einer Beschwörung seiner frühesten Schrecken; jede Lösung, die er im Werke entwirft, zu dem »Süßen, Stillenden«, nach dem der Neugeborene schrie.

Ein alter Mann sitzt am Tisch und schreibt. Er weiß, daß dieses Leben nicht mehr lange dauern wird. Noch einmal, bevor der Abend fällt, ist er an den Ort zurückgekehrt, an dem er in der Frühe seinen Weg begann. Nicht Sentimentalität hat ihn hierher zurückgeführt, sondern die Suche nach sich selbst, jetzt, in einem Augenblick, da der Mann spürt, daß er sich langsam abhanden kommt. Wie schnell ist der Tag vergangen. Eine Unendlichkeit schien der Aufbruch zurückzuliegen, doch nun, in der Rückschau, sinkt der lange Weg im Dunkel all des Vergangenen unter, und das Bild des Anfangs tritt immer stärker hervor. Der Ring schließt sich, wiedergefunden hat der alte Mann das Kind. Was jetzt noch folgt, ist nichts als Grauen, ist noch einmal das Entsetzliche, Zugrunderichtende des ersten Tages, was folgt, ist die Schwärze der letzten Nacht.

Erster Teil
Auf der Suche nach einem Weg
1805–1837

Kindheit im böhmischen Dorf

ADALBERT STIFTER WURDE am 23. Oktober 1805 in dem Marktflecken Oberplan geboren, der damals Teil des habsburgischen Kaiserreichs war, heute als Horni Planá zur Tschechischen Republik gehört. Seine Eltern, Magdalena Friepes und Johann Stifter, einundzwanzig und vierundzwanzig Jahre alt, hatten am 13. August 1805 geheiratet; der geringe, zu geringe Abstand zwischen Hochzeit und Geburt des ältesten Kindes paßte späterhin nicht mehr ins Weltbild des Dichters, der so viel Wert legte auf einen ordnungsgemäßen Werdegang, und so datierte er in Lebensläufen seinen Geburtstag kurzerhand ein Jahr voraus. Geboren am 23. Oktober 1806. Auf diese Weise kam die Welt wenigstens im Schriftlichen wiederum zu ihrer angemessenen Ordnung.

Ordnung – dies ist das Leitwort, das Stifters Bild von seiner Heimat prägte. Auch wenn man die späteren Stilisierungen der ländlichen Gesellschaft zu einer heilen und geschlossenen Welt, in der jeder und jedes seine angestammte, unbezweifelbare Stelle fand, nicht umstandslos als Wirklichkeit nehmen darf, so bildete das Dorf zu Beginn des neunzehnten Jahrhunderts – Oberplan zählte damals kaum einhundert Häuser – dennoch einen von Stabilität und uralter Tradition geprägten Raum. Das slawische *Planá* bedeutet Fläche, die »obere Plan«, wie die deutschen Einwanderer das Wort aufgenommen hatten, war eine Rodung in der unendlichen Weite des Böhmerwaldes. Slawische und bayerische Siedler hatten sich hier niedergelassen, und im vierzehnten Jahrhundert erhielt der Ort vom Kaiser das Privileg, einen Markt abzuhalten. Dieses überlieferte Vorrecht machte aus der Gemeinde, die es genoß, ein Mittelding zwischen Dorf und kleiner Stadt;

es bot mancherlei wirtschaftlichen Vorteil, im ganzen aber nicht genug, um wirklichen Reichtum und damit eine wirkliche Stadt entstehen zu lassen. Tatsächlich war es auch allzu wenig, was die karge Region als Handelsware vorzuweisen hatte, und so konnte der Markt kaum zu einem über den engeren Raum hinaus bedeutenden Mittelpunkt anwachsen.

Andererseits genügte der bescheidene Wohlstand durchaus, so etwas wie ein kleinstädtisches Bürgertum mit dem ganzen dazugehörigen Honoratiorenwesen entstehen zu lassen; zu Stifters Zeiten war Oberplan also gewiß nicht mehr jenes bäurische, ganz und gar von Wald- und Feldarbeit geprägte Dorf der dichterischen Legende, und neben Bauern und Holzfällern lebten hier Händler und Handwerker der verschiedensten Zünfte. Nicht wenige der Höfe wurden nur noch als Nebenerwerbsquelle, zusätzlich zu einem Handwerk, betrieben. Der wichtigste Rohstoff der Gegend war Flachs, und dadurch war die Textilproduktion zum am weitesten verbreiteten Gewerbe geworden. Die Frauen arbeiteten zu Hause am Spinnrad, die Männer am Webstuhl; Reichtum jedoch war damit nicht zu erwirtschaften, und es handelte sich um ein Handwerk ohne Zukunft. In den ersten Jahrzehnten des neuen Jahrhunderts geriet die Textilherstellung durch die modernen Verfahren der Industrialisierung mehr als andere Produktionszweige in eine schwere, existenzbedrohende Krise.

Stifters Eltern gehörten zu dem fest eingesessenen Bürgertum des kleinen Ortes. Seine Mutter war die Tochter des Metzgermeisters Franz Friepes, die Familie seines Vaters bestand aus Leinewebern, die das Handwerk von Generation zu Generation weitervererbt hatten. Daß die ländlichen Verhältnisse längst nicht mehr so stabil und unerschütterlich waren, wie es die Darstellung in den späteren Erzählungen vom *Haidedorf* oder dem *Waldgänger* will, daß die wirtschaftlichen und damit auch beruflichen Grundlagen dieser Welt langsam in eine bedrohliche Bewegung geraten waren, läßt sich bereits am Werdegang von Stifters Vater ablesen. Johann Stifter hatte den Handwerksbetrieb von seinen Eltern Augustin und Ursula übernommen, die weiterhin im Hause lebten, aber sei's daß er über den ererbten Stand hinauswollte, sei's daß er den Niedergang seiner Zunft schon im voraus ahnte: er sattelte von der Produktion zum Handel um. Zweifellos hatte er mit dieser Entscheidung die Zeichen der Zeit richtig erkannt, denn die handwerkliche Flachsverarbeitung konnte sich gegenüber der bald schon wachsenden Konkurrenz der Industrie, vor allem der englischen, nicht behaupten; im Handel dagegen lag die Zukunft der gerade anbrechenden neuen Epoche. Johann Stifter also wurde Textilhändler, und in dieser Funktion war er naturgemäß viel unterwegs; vorwiegend in Richtung Oberösterreich mit seiner Hauptstadt Linz, das sich als der wirtschaftliche Raum, von dem der Böhmerwald abhängig war, im Süden erstreckte.

Am Südostrand der Ortschaft, unmittelbar an der Landstraße, liegt noch heute das »Mothslhaus«, ein karges, schindelgedecktes, eingeschossiges Gebäude mit Brunnen und Hof, das etwas von der einfachen Lebenshaltung der Familie verrät. Die Stifters – Stiffter oder Stüffter, wie man noch früher geschrieben hatte – lebten hier seit dem 17. Jahrhundert, und im Jahre 1806 hatte Johann dieses »bürgerliche Häußl« kurz nach der Geburt seines ersten Sohnes einschließlich des weder ausgedehnten noch sehr fruchtbaren Bodens um achthundert Gulden übernommen. Hier wuchs Adalbert heran, gefolgt von einer Reihe von Geschwistern: Zwei Schwestern und drei Brüder wurden zwischen 1808 und 1816 geboren, und 1829 kam mit Jakob Mayer noch ein später Nachkömmling aus der zweiten Ehe der Mutter zur Welt, der als letzter aus der Kinderschar erst 1916 in Wien gestorben ist. Noch galt die aus mehreren Generationen bestehende Großfamilie als Regel, und die väterlichen Großeltern Augustin und Ursula waren wichtige Mitglieder des Hauswesens. Für den kleinen

Adalbert stellten sie die personifizierte Überlieferung aus längst vergangenen Zeiten dar, und vor allem die Großmutter war voll von sonderbaren Weisheiten und uralten Geschichten, die kein anderer mehr zu erzählen verstand. Die Erziehung der Kinder gehörte von alters her zum Bereich der Frauen, um so mehr in einer Familie, wo der Vater häufig in Geschäften unterwegs war.

Die Quellen über jene frühe Zeit sind spärlich, es gibt kaum Dokumente – wer hätte sich damals die Mühe gemacht, etwas aufzuzeichnen über diese unbedeutenden, namenlosen Menschen und ihren Sohn irgendwo im böhmischen Wald? Das schriftlich festgehaltene Gedächtnis war ein Vorrecht des Adels oder des wohlhabenden und gebildeten Bürgertums in der Stadt; für die einfachen Leute blieb wenig mehr übrig als ein paar dürre Daten von Geburt und Tod. Was man damals von Familiengeschichte, von Herkunft und Vorfahren wußte, beruhte neben Kirchenbüchern auf der unmittelbaren, mündlichen Überlieferung, und diese verlief sich mit den Jahrzehnten im Dunkel der Vergangenheit. Genau wie er es in trostlosen Stunden kommen sah, hatte Adalbert Stifter keine Nachkommen mehr, und so ist irgendwann auch dieser schwache Strom endgültig versiegt. Um so wertvoller sind die wenigen autobiographischen Aufzeichnungen des Schriftstellers, denn sie sind neben Berichten, die sich auf seine mündlichen Mitteilungen berufen, die einzigen Zeugnisse für diese Kindheit auf dem Dorf. Darum soll noch einmal ihm selbst das Wort gegeben, jener späten Kindheitserinnerung des alten Mannes bis ans Ende gefolgt werden.

»Mam, was ich jetzt Mutter nannte, stand nun als Gestalt vor mir auf und ich unterschied ihre Bewegungen, dann der Vater, der Großvater, die Großmutter, die Tante. Ich hieß sie mit diesen Namen, empfand Holdes von ihnen, erinnere mich aber keines Unterschiedes ihrer Gestalten. Selbst andere Dinge mußte ich schon haben unterscheiden können, ohne daß ich mich später einer Gestalt oder eines

Unterschiedes erinnern konnte. Dies beweist eine Begebenheit, die in jene Zeit gefallen sein mußte. Ich fand mich wieder einmal in dem Entsetzlichen, Zugrunderichtenden, von dem ich oben gesagt habe. Dann war Klingen, Verwirrung, Schmerz in meinen Händen und Blut daran, die Mutter verband mich, und dann war ein Bild, das so klar vor mir jetzt dasteht, als wäre es in reinlichen Farben auf Porzellan gemalt. Ich stand in dem Garten, der von damals zuerst in meiner Einbildungskraft ist, die Mutter war da, dann die andere Großmutter, deren Gestalt in jenem Augenblicke auch zum ersten Mal in mein Gedächtnis kam, in mir war die Erleichterung, die alle Male auf das Weichen des Entsetzlichen und Zugrunderichtenden folgte, und ich sagte: ›Mutter, da wächst ein Kornhalm.‹ Die Großmutter antwortete darauf: ›Mit einem Knaben, der die Fenster zerschlagen hat, redet man nicht.‹

Ich verstand zwar den Zusammenhang nicht, aber das Außerordentliche, das eben von mir gewichen war, kam sogleich wieder; die Mutter sprach wirklich kein Wort, und ich erinnere mich, daß ein ganz Ungeheures auf meiner Seele lag. Das mag der Grund sein, daß dieser Vorgang noch jetzt in meinem Innern lebt. Ich sehe den hohen schlanken Kornhalm so deutlich, als ob er neben meinem Schreibtische stünde; ich sehe die Gestalten der Großmutter und Mutter, wie sie in dem Garten herumarbeiten, die Gewächse des Gartens sehe ich nur als unbestimmten grünen Schmelz vor mir; aber der Sonnenschein der uns umfloß, ist jetzt ganz klar da.

Nach dieser Begebenheit ist abermals Dunkel.

Dann aber zeichnet sich vornehmlich und bleibend die Stube ab, in der ich mich befand. Ganz vorzüglich sind es die großen, dunkelbraunen Tragebalken der Diele, die vor meinen Augen sind und an denen allerlei Dinge hingen. Dann war der große, grüne Ofen, der hervorspringt und um den eine Bank ist. Dann sagte die Mutter, der Zimmersepp wird uns einen Tisch machen, auf dem das Osterlämmlein ist. Der Tisch wurde fertig und bildete meine große Freude. Dessen, was früher gewesen war, erinnere ich mich nicht mehr. Der Tisch war genau viereckig, weiß und groß und hatte in der Mitte das rötliche Osterlämmlein mit einem Fähnchen, was meine außerordentlichste Bewunderung erregte. An der Dickseite des Tisches waren die Fugen der Bohlen, aus denen er gefugt war, damit sie nicht klaffend werden konnten, mit Doppelkeilen gehalten, deren Spitzen gegeneinander gingen. Jeder Doppelkeil war aus einem Stück Holz, und das Holz war rötlich wie das Osterlamm. Mir gefielen diese roten Gestalten in der lichten Decke des Tisches gar sehr. Als dazumal sehr oft das Wort ›Konskription‹ ausgesprochen wurde, dachte ich, diese roten Gestalten seien die Konskription. Noch ein anderes Ding der Stube war mir äußerst anmutig und schwebet lieblich und fast leuchtend in meiner Erinnerung. Es war das erste Fenster an der Eingangstür. Die Fenster der Stube hatten sehr breite Fensterbretter, und auf dem Brette dieses Fensters saß ich sehr oft und fühlte den Sonnenschein, und daher mag das Leuchtende der Erinnerung rühren. Auf diesem Fensterbrette war es auch allein, wenn ich zu lesen anhob. Ich nahm ein Buch, machte es auf, hielt es vor mir und las: ›Burgen, Nagelein, böhmisch Haidel.‹ Diese Worte las ich jedesmal, ich weiß es; ob zuweilen noch andere dabei waren, dessen erinnere ich mich nicht mehr. Auf diesem Fensterbrette sah ich auch, was draußen vorging, und ich sagte sehr oft: ›Da geht ein Mann nach Schwarzbach, da fährt ein Mann nach Schwarzbach, da geht ein Weib nach Schwarzbach, da geht ein Hund nach Schwarzbach, da geht eine Gans nach Schwarzbach.‹ Auf diesem Fensterbrette legte ich auch Kienspäne ihrer Länge nach aneinander hin, verband sie wohl auch durch Querspäne und sagte: ›Ich mache Schwarzbach.‹ In meiner Erinnerung ist lauter Sommer, den ich durch das Fenster sah, von einem Winter ist von damals gar nichts in meiner Einbildungskraft.«

Die früheste Begebenheit in Adalbert Stifters Leben, von

der berichtet wird, muß in seinen ersten zwei Lebensjahren liegen. Der kleine Bub wurde zur Ostermesse in die Margarethenkirche mitgenommen, und hier konnte er von der Empore aus ins festliche Kirchenschiff hinunterschauen, mitten in den Glanz von Kerzen und funkelndem Schmuck. Denkbar ist, daß darin der Ursprung jenes noch gestaltlosen Eindrucks liegt, den der alte Dichter in die Worte »es war Glanz, es war Gewühl, es war unten« kleidete. Diese erstaunlichen Erinnerungsbilder entsprechen der tiefen Erlebnisfähigkeit des kleinen Buben. So wie er alles mit wachen, aufnahmebereiten Sinnen erfaßte, so blieb es ihm als immer neues Bild im Gedächtnis. Das Erlebnis der Natur, der Landschaft und der Pflanzenwelt, gehörte ganz offensichtlich zu den prägenden, den lebensbestimmenden Eindrücken des Kindes, das hier schon früh seinen Hang zur Beobachtung schärfte. Auf dem Fensterbrett sitzend, die Straße mit ihrem Kommen und Gehen vor Augen, verfolgte er auch das Treiben der Menschen. Diese aber, die Menschen und ihre Verhältnisse, waren schwieriger zu verstehen, waren um so vieles dunkler als die einfachen und klaren Dinge in der Natur. Die Geschichte vom kleinen Adalbert, der eine Fensterscheibe zerschlagen hatte, beschreibt genau dies: ein Bewußtsein vom Ungeheuerlichen, vom Niederschmetternden des Geschehens, aber zugleich die Unmöglichkeit für das Kind, den Zusammenhang von Schuld und Strafe nachvollziehen zu können.

In der Erzählung *Granit* berichtet Stifter ziemlich unverhüllt von einer anderen Begebenheit aus seiner frühesten Zeit. »Vor meinem väterlichen Geburtshause dicht neben der Eingangstür in dasselbe liegt ein großer achteckiger Stein von der Gestalt eines sehr in die Länge gezogenen Würfels. Seine Seitenflächen sind roh ausgehauen, seine obere Fläche aber ist von dem vielen Sitzen so fein und glatt geworden, als wäre sie mit der kunstreichsten Glasur überzogen. Der Stein ist sehr alt, und niemand erinnert sich, von einer Zeit gehört zu haben, wann er gelegt worden sei. Die urältesten Greise unseres Hauses waren auf dem Steine gesessen, so wie jene, welche in zarter Jugend hinweggestorben waren, und nebst all den anderen in dem Kirchhofe schlummern.« Nach langen Generationen von Vorfahren war es jetzt der kleine Adalbert, der auf dem Steine saß, um das geschäftige Treiben auf der Straße zu verfolgen. Eines Tages nun kam, wie schon so oft, der alte Andreas vorüber, ein »Mann von seltsamer Art«, der mit Wagenschmiere handelte. Wahrscheinlich wird es der Anblick des neugierigen, mit den nackten Füßen baumelnden Knirpses auf seinem Ausguckposten gewesen sein, was den Alten zu einem Streich verführte – jedenfalls bot er ihm einen Löffel der schwarzen, klebrigen Schmiere an. »Ich hatte den Mann stets für eine große Merkwürdigkeit gehalten, fühlte mich durch seine Vertraulichkeit geehrt, und hielt beide Füße hin.«

Was als etwas grober Scherz begann, endete in einer Tragödie. Die Mutter nämlich konnte den Spaß naturgemäß nicht nachempfinden, als ihr Sprößling mit hochgezogenem Höschen schwarzfüßig in ihrer guten, frischgescheuerten Stube über den Holzboden tappste. Schläge und ein Zornanfall kamen als unausbleibliche Folge. »Ich war, obwohl es mir schon von Anfange bei der Sache immer nicht so ganz vollkommen geheuer gewesen war, doch über diese fürchterliche Wendung der Dinge, und weil ich mit meiner teuersten Verwandten dieser Erde in dieses Zerwürfnis geraten war, gleichsam vernichtet.« Das Erwartete, zumindest Erhoffte tritt nicht ein, und hinter der Oberfläche der Dinge lauert immer schon ihr anderes, schreckliches und unheilvolles Gesicht. Erst der Großvater brachte die Angelegenheit mit Ruhe und Gelassenheit wieder ins Lot. Für ihn war sogar aus dieser Katastrophe ein Ausweg denkbar. Er wusch den Knaben, zog ihm saubere Kleider an, und dann nahm er ihn mit auf einen langen Weg ins Nachbardorf. Hier nun erzählte er ihm zur Ablenkung und zum Trost jene Geschichte von der Pest im Hochwald, der die autobiographische Erinnerung nur als Rahmenerzählung vorangeht. Der Bub aber, den jedes Erlebnis bis ins Innerste aufwühlte, fand seine Ruhe noch lange nicht zurück.

Viel von den Erinnerungen an die Heimat ist später in das literarische Werk eingegangen und in mancher Erzählung finden sich auch Ereignisse berichtet, die gewiß Stifters eigener Kindheit entstammen. Doch sind diese autobiographischen Elemente der Dichtung nur mit Vorsicht zu verwenden, unterliegen sie doch einer doppelten Umwandlung: nicht nur den unwillkürlichen Verschiebungen durch die Erinnerung, sondern auch den bewußten durch die künstlerische Gestaltung. Was aber aus allen Erzählungen hervorleuchtet, ist das Bild eines Buben, der seine ländliche Umgebung mit wachen Sinnen und wachem Verstand erlebt, der seine Tage, soweit es nur möglich sein mag, im Freien verbringt, im Hof, am Rande der Straße und in der Umgebung von Wald und Feld. Andere Kinder waren mit ihm, die immer zahlreicher werdenden Geschwister schlossen sich in späteren Jahren dem großen Bruder an. Nichts war ihm zu klein, alles fand sein aufmerksames Interesse. In der Einleitung zu den *Bunten Steinen* erinnerte er sich noch einmal an das Kind, das er gewesen war.

»Als Knabe trug ich außer Ruten Gesträuchen und Blüten, die mich ergötzten, auch noch andere Dinge nach Hause, die mich fast noch mehr freuten, weil sie nicht so schnell Farbe und Bestand verloren wie die Pflanzen, nämlich allerlei Steine und Erddinge. Auf Feldern an Rainen auf Hainen und Hutweiden ja sogar auf Wiesen, auf denen doch nur das hohe Gras steht, liegen die mannigfaltigsten dieser Dinge herum. Da ich nun viel im Freien herum schweifen durfte, konnte es nicht fehlen, daß ich bald die Plätze entdeckte, auf denen die Dinge zu treffen waren, und daß ich die, welche ich fand, mit nach Hause nahm. [...] Wenn ich Zeit hatte, legte ich meine Schätze in eine

Reihe, betrachtete sie, und hatte mein Vergnügen an ihnen. Besonders hatte die Verwunderung kein Ende, wenn es auf einem Steine so geheimnisvoll glänzte und leuchtete und äugelte, daß man es gar nicht ergründen konnte, woher denn das käme. Freilich war manchmal auch ein Stück Glas darunter, das ich auf den Feldern gefunden hatte, und das in allerlei Regenbogenfarben schimmerte. Wenn sie dann sagten, das sei ja nur ein Glas, und noch dazu ein verwitterndes, wodurch es eben diese schimmernden Farben erhalten habe, so dachte ich: Ei, wenn es auch nur ein Glas ist, so hat es doch die schönen Farben, und es ist zum Staunen, wie es in der kühlen feuchten Erde diese Farben empfangen konnte, und ich ließ es unter den Steinen liegen.«

Die Freude an Farben und Formen fand neue Nahrung, als der Vater eines Tages von einer seiner Fahrten einen Malkasten mitbrachte und seinen Buben im Gebrauch der bunten Farben unterwies. Der begann, Männchen und Tiere zu malen, Gestalten, die entweder seiner Phantasie entsprangen oder den zahlreichen, ihn so in ihren Bann ziehenden Geschichten der Großmutter. Aber noch andere Eindrücke kamen hinzu. Heinrich Reitzenbeck, dem der alte Dichter später viel aus seinem Leben erzählte, berichtet von der großen Wirkung, die »der Krummhändige«, ein fahrender Marionettenspieler, bei dem kleinen »Stifter-Bertl«, wie man ihn in Oberplan nannte, mit seinen Figuren hervorrief. Keine Vorstellung durfte versäumt werden. Ganz besonders angetan hatte es ihm der Hanswurst: Über ihn vermochte er endlos zu lachen, »ja so köstlich waren die Witze des letzteren, daß Adalbert schon lachte, wenn er aus dem Klappern merkte, daß innerhalb der Coulissen der Hannswurst von seinem Nagel genommen wurde, und nun auftreten werde; aber er weinte sich auch halb tot, wenn die Genoveva mit dem kleinen Schmerzenreich gespielt wurde.«

Die große Aufnahmebereitschaft des Buben, seine lebhafte Phantasie und Einbildungskraft ließen ihn über die

Unzulänglichkeiten der Aufführung, die primitiven Kulissen und klappernden Holzfiguren einfach hinwegsehen, ganz Auge und Ohr für die unerhörten Begebenheiten, die der ländliche Schausteller vorzuführen wußte: »Es habe ihm gar nichts angefochten, wenn der König indessen an die Theaterwand gelehnt werden mußte, während zwei Höflinge sprachen und agierten (denn der Krummhändige hatte nur zwei Hände, spielte allein und sprach sehr hoch, wenn Frauen auftraten)«. Schon hier vollzog sich die wahre Handlung nicht auf der wirklichen, schlicht gezimmerten Bühne, sondern in der Phantasie, vor dem inneren Auge des faszinierten Beobachters. Schnell wußte er halbe Stücke auswendig, spielte sie zu Hause vor Mutter und Großmutter nach, wobei er das Vergessene gewiß durch Eigenes großzügig ersetzte.

Aber der kleine Adalbert war nicht nur dieses aufgeweckte, allem Lebendigen und Neuen zugewandte Kind. Es gab auch eine andere, eine dunkle Seite, die sich ganz früh schon deutlich zu erkennen gab: schwankende Gefühlsstimmungen, einen Hang zur Unausgeglichenheit, zu Destruktivität und gar zu Grausamkeit. Die Geschichte von der zerbrochenen Fensterscheibe ist ein Beispiel; in einem anderen Fall, berichtete der Dichter, habe er beim Spiel einem der kleinen Brüder ein Messer in die Seite gestoßen, und beim Anblick des fließenden Blutes sei ihm das Herz stillgestanden und der mit einem Schlage verdüsterte Himmel habe ihn gleichsam zerdrücken wollen. Auch seine Liebe zu den Tieren konnte von einem Augenblick zum andern umschlagen: Als in der Küche eingeheizt wurde, sperrte er einmal die Katze ins heiße Rohr – erst die Frauen befreiten das in Todesangst schreiende Tier. Vor der empörten, wütenden Mutter rettete sich der Übeltäter auf den Heuboden, sprang von dort aus der Höhe in den Garten hinab, und jetzt war es der Sohn, um den die Mutter sich ängstigen mußte. Im Schreck des gewagten Sprunges wurde alles verziehen. Gewiß dürfen diese Dinge nicht überbewertet werden, doch sind sie beim jungen Adalbert um so auffälliger, als die destruktiven Charakterzüge ein Leben lang die düstere Seite seines Wesens bestimmen werden. Auch das Schwanken zwischen den Extremen macht sich bereits bemerkbar: Einerseits die Versuchung durch, die gleichsam experimentelle, bewußte Annäherung an das Böse; andererseits die exzessiven Ausbrüche von Reue, von überwältigenden, vernichtenden Schuldgefühlen.

Es war eindeutig: Der Bub bedurfte einer geregelteren Erziehung. Auch seinen Wissensdurst konnten Mutter und Vater kaum noch befriedigen, am ehesten gelang das noch der lebenserfahrenen und geschichtenkundigen Großmutter. »Als Knabe quälte ich alle Leute, besonders Vater und Mutter um den Grund aller Dinge, die uns umgaben, besonders der Himmelserscheinungen und der Pflanzenwelt, was besonders die Mutter oft in arge Verlegenheit brachte, weshalb sie mich Grundschuhhiesel hieß. Daraus floß wohl meine späte Liebe für die Naturwissenschaften.« Im sechsten Lebensjahr tritt Adalbert in die Oberplaner Volksschule ein. Josef Jenne war der Lehrer des kleinen Ortes. Nur Gutes wird von ihm berichtet; trotzdem bleibt sein Bild unscharf, und nur wenige Züge sind darauf zu erkennen, beruht doch alles, was man von ihm weiß, auf den späteren, die ganze Kindheit mit warmen Farben der Erinnerung malenden Erzählungen des erwachsenen Stifter. So wird niemals zu entscheiden sein, was Wirklichkeit und was Verklärung ist an der Gestalt des lebensklugen Schulmanns mit seiner ebenso bodenständigen wie einfühlsamen Weisheit.

Wie dem auch sei — Jenne schuf die ersten Grundlagen zu Adalbert Stifters Bildung. Er war gewiß kein bloßer beschränkter Dorfschullehrer, der es mit den Grundkenntnissen von Lesen, Schreiben und Rechnen bewenden ließ. Stifter selbst berichtet, Jenne habe »seine Schüler besonders in Abfassen von Briefen und Aufsätzen« geübt. Aber auch sonst ließ er es an einer Förderung nicht fehlen, die über das Maß des Gewöhnlichen hinausging. Selbst Organist, legte er großen Wert auf eine musikalische Erziehung und regte diejenigen seiner Schüler, von denen er mehr erhoffte, zum Erlernen eines Instruments an. Adalbert versuchte sich ohne allzu großen Erfolg auf der Geige.

Als Stifter etwa zehn Jahre alt war, bereitete Jenne mit seinen Zöglingen eine Aufführung von Joseph Haydns Oratorium *Die Schöpfung* vor. Aus dem Abstand des 20. Jahrhunderts gesehen, mag man sich kaum vorstellen, wie die Einstudierung eines solchen, nicht eben einfachen Werkes unter Bedingungen vor sich gegangen sein soll, die in einer kleinen, ländlichen Volksschule zwangsläufig herrschten. Doch damals, lange vor dem Zeitalter der technischen Reproduzierbarkeit durch Schallplatte und Radio, war die Aufführung eines Werkes wichtiger als das abstrakte Ideal der Perfektion, und man kann noch heute nachvollziehen, um wie vieles nachhaltiger ein Eindruck gewesen sein muß, der nicht nach Belieben hervorzurufen war, sondern einmalig blieb. Adalbert sang im Alt. Bei dieser ersten Begegnung mit einem großen Werk der Musik, so berichtet Heinrich Reitzenbeck nach den Erinnerungen Stifters, »ergriffen ihn die seltsamen Dinge, die in diesen Noten standen, wunderlich, und als er der Aufführung endlich beiwohnte, war er außer sich vor Entzücken, ja der Lehrer Jenne kam ihm vollkommen wie die Propheten des alten Bundes vor.« Die Aufführung wurde einige Male wiederholt, und der überwältigte Sänger und Zuhörer hatte Gelegenheit, sich einiges aus dem Werk zu eigenem Gebrauch zu merken. So konnte man in der folgenden Zeit den Stifter-Bertl auf dem nahen Roßberg, wohin er den Ochsenhirten mit seiner Herde begleitete, manche Arie von Haydn singen hören: »Holde Gattin, dir zur Seite fließen sanft die Stunden hin...«

Dies war auch die Zeit, in der Adalbert mit dem Lesen begann. Im Hause der Stifters werden kaum allzu viele Bücher zu finden gewesen sein, denn auch im Jahrhundert des humanistischen Bildungsideals war die Bildung selbstverständlich ein Privileg geblieben. Aber das, was er in die Hände bekam, gab der Bub nicht wieder heraus, bevor er es nicht ganz und gar verschlungen hatte; ein Roman, an dessen Titel *Das Brustbild* er sich noch im Alter erinnerte, schlug ihn derart in seinen Bann, daß er die ganze lange Geschichte seiner Tante Marianne wiedererzählte. Für Kinder indessen war ein solches Opus gewiß nicht gedacht, und der Vater hielt es für angezeigt, streng in die Erziehung seines Knaben einzugreifen: das Bücherlesen wurde verboten. Der Bub aber, nicht gewillt, den Anordnungen des Familienoberhaupts umstandslos Folge zu leisten, verkroch sich mit dem Ritterepos *Ludwig der Strenge* heimlich im leeren und durchaus nicht reinlichen Taubenschlag. Schrecklich endete die Tragödie, und als der mitleidlose Herzog seine unschuldige, so grausam verleumdete Gattin unbarmherzig hinrichten ließ, da stieg der Stifter-Bertl schmutzig und mit rotgeweinten Augen auf den Boden der Tatsachen zurück. In Anbetracht seines ramponierten Äußeren drängte sich der Verdacht auf, der Junge habe wieder einmal mit Nachbarburschen gerauft, und der Vater sprach die unvermeidliche Strafe aus. Adalbert schwieg. Lieber verbrachte er einige Stunden kniend am Schrank – das war die fürs Raufen vorgesehene Bestrafung –, als daß er seine heimliche Lektüre verriet.

Und bei der Lektüre allein war es nicht geblieben: »Meine ersten Schriftstellerversuche liegen in meiner Kindheit, wo ich stets Donnerwetter beschrieb. Diese Blätter sind verloren gegangen.« Dieser »erste Schriftstellerversuch« verrät aber noch mehr, als Stifter in seiner kurzen Erwähnung erkennen lassen will. Der leicht zu erschütternde, allen Eindrücken offene Adalbert fürchtete sich sehr vor dem überwältigenden Schauspiel von Donner und Blitz, und sein Versuch, ein Gewitter in Worten schriftlich festzuhalten, ist bereits das Bemühen, mit der Arbeit des erfassenden, ordnenden Verstandes dem bedrohlichen Schauspiel der Natur beizukommen. Ein Reflex dieser Erfahrung findet sich noch in der Erzählung *Kalkstein*, wo der arme Pfarrer im Kar dem furchtbaren Unwetter mit einer gleichsam rituellen Wache am leeren Tisch entgegentritt; der erste Schreibversuch des jungen Stifter gleicht bereits der magischen Beschwörung einer als übermächtig erlebten Natur.

Auch hierin erkennt man eine häufig wiederkehrende Situation. In der Oberplaner Schule war das abendliche Läuten zum Gebet Sache der größeren Schüler. Als es Adalbert traf, er mit dem Schlüssel in die dunkle Kirche und dann zum Turm hinüber ging, da packte ihn beim dröhnenden Klang der Glocken im hallenden Kirchenschiff ein solches Entsetzen, daß er es kaum zu ertragen vermochte. Doch er hielt aus, vollbrachte die Pflicht und brachte »triumphierend« den Schlüssel zurück. Auch hier schon ist das Erlebnis des Unheimlichen fast ebenso faszinierend wie schreckenerregend und zurückstoßend.

Die düstere Seite im Wesen des Jungen verschwand auch in der Schulzeit nicht. Er war ein guter, ja ein sehr guter Schüler, doch unbeherrscht und zuweilen geradezu gewalttätig in seinem Zorn. Einmal schlug er einem jüngeren Mädchen das Butterbrot aus der Hand. Vom Lehrer zur Rede gestellt, leugnete der Delinquent das Offensichtliche, das nicht zu leugnen war. »Das hätte ich nie von dir geglaubt, daß du lügst«, dieser Vorwurf Jennes aber stieß Adalbert nun wiederum in einen solchen Abgrund von Verzweiflung, daß er seine eben noch geleugnete Schuld plötzlich ins Unermeßliche gesteigert sah. »Wie der Lehrer so vor ihm stand, fast allwissend, und streng aber doch ruhig sein Urteil sprechend, da fiel es dem Knaben auf, ›wie schön und herrlich doch der Mann sei‹.« Triebhafte Auflehnung und bewundernde Unterwerfung – das sind die Extreme, zwischen denen der Heranwachsende hin- und hergerissen wird.

Adalbert Stifters Kindheit endete am 21. November 1817. An diesem Tage wurde sein Vater in der Frühe vor dem oberösterreichischen Gasthaus »Zum Wirt am Berg«, das auf dem Wege von Wels nach Lambach liegt, tot aufgefunden. Sein eigener Wagen, mit dem er den Flachs zu transportieren pflegte, war umgestürzt und hatte Johann Stifter erschlagen. Als die Nachricht in Oberplan eintraf, trat die verzweifelte Mutter mit Worten vor ihre Kinder, an die sich Stifter noch lange danach erinnerte: »Kinder, euer Vater ist tot, jetzt habt ihr niemand, der für euch sorgt!« Die Antwort des Großvaters Augustin, der seinen Sohn verloren hatte, war wohl nur ein schwacher und konventioneller Trost: »Versündige dich nicht, der Vater im Himmel stirbt nicht, und der wird sorgen!« Sorge aber tat damals wirklich not für eine Witwe mit fünf Kindern, von denen das älteste gerade zwölf Jahre zählte! Für die Stifters ging es noch eher gut. Der Großvater Stifter begann wieder, im Hause zu arbeiten; der andere, Magdalenas Vater Franz Friepes, kümmerte sich um das Geschäftliche.

Für Adalbert jedoch ging überhaupt nichts gut. Mit einem Schlage war das »Entsetzliche und Zugrunderichtende« und nun auch mit seiner ganzen Gewalt in sein Leben eingebrochen. Die Erfahrung des Todes, der Brutalität, mit welcher ein junger, kräftiger Mensch aus dem Dasein gerissen wird und ins Nichts verschwindet, diese Erfahrung beendete die Kindheit. Der Zwölfjährige fand keinen Ausweg aus seiner Verzweiflung, und die zerstörerische Gewalt seines Schmerzes richtete sich am Ende gegen das eigene Ich. Adalbert beschloß zu sterben. Er hörte auf zu essen, er wollte verhungern. Im Laufe der Zeit milderten sich Schmerz und Auflehnung gegen das Unbegreifliche, die Zeit der Kindheit aber war unwiederbringlich verloren. Der Tod hatte zum ersten Mal seinen Schatten geworfen.

Ein Zögling in Kremsmünster

MIT DEM TOD des Vaters hatte sich bei den Stifters alles verändert. In der Familie des 19. Jahrhunderts nahm der Mann die Rolle des unanfechtbaren Oberhauptes ein; durch seine Berufstätigkeit galt er als ihr »Ernährer«, obwohl gerade damals, wo die aus mehreren Generationen bestehende Großfamilie noch die Regel war, nicht nur das Hauswesen, sondern auch Betrieb und Wirtschaft ganz wesentlich auf der Arbeit der Frauen und Großeltern beruhten. Eine Familie ohne dieses Oberhaupt aber galt als unvollständig, etwas fehlte, was auch die härteste Arbeit nicht ersetzen konnte. Johannes Aprent gibt hier gewiß Stifters eigene Ansicht wieder, wenn er schreibt: »Indes war die Lage der Mutter traurig genug; nebst Adalbert waren noch vier Kinder da, die essen wollten, mancher Gulden, der im Geschäfte ausstand, mußte verloren gegeben werden, weil nichts Schriftliches da war, und manche Forderung, die man bereits beglichen glaubte, wurde erhoben, so daß die arme Frau gar oft nicht aus und ein wußte.«

So war dem jungen Adalbert die Kindheit nicht nur für sein Gefühl, durch die schockhafte Erfahrung des Todes, zu Ende gegangen, sondern auch in einem viel handfesteren Zusammenhang. Die Mitarbeit des Ältesten war jetzt zu einer Frage der reinen Notwendigkeit geworden, ein Zwölfjähriger hatte im vaterlosen Hause nicht mehr das Recht, sich als Kind zu betrachten. In einem Brief vom 16. November 1846 erzählte Stifter später aus dieser Zeit: »Von diesem Herbste an bis zum Herbste 1819 [richtig: 1818] besorgte ich mit dem Großvater Augustin, dem Vater des Vaters, die Feldwirtschaft. Wir pflügten, eggten, fuhren, hüteten unsere Rinder und dergleichen. Ich erinnere mich, daß ich in jenen zwei Jahren eine unendliche Liebe zur landwirtschaftlichen Natur und Einsamkeit faßte, da ich schier immer im Freien und von einer zwar nicht reizenden, aber ruhevollen, schweigsamen und fast epischen Gegend umfangen war.« Durch diese gemeinsam verbrachte Zeit kam ihm der Großvater Stifter immer näher, der Einfluß des ruhigen und tatkräftigen Mannes trug sicher ganz wesentlich dazu bei, daß Adalbert langsam über den Schicksalsschlag hinwegkam. Später hat der Dichter dem Alten in mancher Erzählung, so etwa in *Granit* oder der *Mappe meines Urgroßvaters*, ein dauerhaftes Denkmal gesetzt.

Der Zwang zur Arbeit hätte indessen leicht einen Bruch in Stifters Lebensweg bewirken können: er wäre nicht der erste gewesen und gewiß nicht der letzte, für den der Tod des Vaters das Ende eines aussichtsreich begonnenen Bildungsgangs bedeutet hätte. Wie alles andere hing auch eine schulische Laufbahn zunächst von den materiellen Voraussetzungen einer Familie ab; die Situation der Stifters war unsicher genug und eine Fortsetzung der Schule mochte schnell als überflüssiger und nicht finanzierbarer Luxus erscheinen. Adalbert war ein ausgezeichneter Schüler gewesen, und bald schon hatte Jenne den Eltern nahegelegt, für ihren Sohn doch an den Besuch einer höheren Schule zu denken. Die beiden waren nicht abgeneigt, und die Mutter gar stellte sich bereits vor, ihren Adalbert eines Tages im Priestergewand zu sehen. Der Traum vom sozialen Aufstieg gehörte fest zur Vorstellungswelt der Menschen, denen ihre Lage vieles vorenthielt. Der erste Schritt waren Privatlektionen im Lateinischen gewesen, die der Kaplan von Oberplan dem hoffnungsvollen Knaben erteilte; sehr schnell war der allerdings zu dem Schluß gelangt, daß dieser beschränkt und ohne jedes Talent sei, an ein Studium zu denken, verlorene Liebesmüh.

Nun hatte der Tod des Vaters die Sache noch zweifelhafter werden lassen. Eine Entscheidung tat not. Als im Sommer 1818 Franz Friepes, der Großvater mütterlicherseits, geschäftlich in Oberösterreich zu tun hatte, sprach er vor der Abreise seine Tochter noch einmal auf die Zukunft des Enkels an: »Nun was ist's mit dem Studieren beim Adalbert?« Die Antwort der Mutter war einfach: »Damit ist's aus, der Kaplan sagt ja, er hat kein Talent.« Der Großvater aber wollte die Meinung des geistlichen Herrn nicht so ohne weiteres für bare Münze nehmen und hielt an den Plänen fest: »Der Bub' ist findig wie ein Vogel und soll das bißchen Latein nicht lernen können! das glaub' ich nicht! Gib mir ihn nur mit!« So kam es, daß Adalbert den Großvater Friepes nach Viechtwang begleitete, wo einer von dessen Neffen das Amt des Kaplans versah. Der schickte sie mit einem Empfehlungsschreiben an den Professor Romuald weiter ins Benediktinerstift von Kremsmünster. Am Ende standen sie vor dem Pater Placidus Hall, der im folgenden Jahre die erste Grammatikalklasse als Lehrer übernehmen sollte.

Stifter hat Johannes Aprent später von dieser Begegnung berichtet, die dann beinahe so etwas wie eine Aufnahmeprüfung wurde; aus seinen Worten geht hervor, daß es sich um ein – besonders für die damalige Zeit – recht außergewöhnliches Examen gehandelt haben muß. Der Großvater Friepes stellte die Sache seines Enkels vorsichtig dar; zögernd verwies er auf die bedenklichen Schwierigkeiten mit dem Latein, auf die nicht sehr ermutigenden Erfahrungen der letzten Zeit. Adalbert, der kleine Stifter-Bertl aus dem Böhmerwald, saß schüchtern und verlegen vor dem beeindruckenden Herrn in diesem weitberühmten Stift, welcher ihm nun seine Fragen zu stellen begann. Von Latein allerdings war keine Rede. Ganz anderes wollte der geistliche Mann wissen: woher Adalbert komme, die Namen der Orte in seiner Umgebung; er erkundigte sich nach der Landschaft, nach Bergen, Bächen und Flüssen, nach Pflanzenwelt und Tieren. Da allerdings blieb die Antwort nicht aus. »Und selbst, als er gefragt wurde, ob er den Wirt und den Fleischer und noch andere Leute im Orte kenne, ob sie Pferde und Hunde hielten, und wie diese hießen, selbst da stockte er nicht, sondern gab über alles dies und noch über manches Andere, worüber er nicht gefragt worden war, ausführlichen Bescheid.«

Der Professor, mit den Ergebnissen seines Examens offenkundig zufrieden, erhob sich und forderte den staunenden Großvater auf, den Enkel zu Allerheiligen, zum herbstlichen Schulbeginn wieder in Kremsmünster abzuliefern. Adalbert Stifter war ins Gymnasium aufgenommen. Aber konnte das mit rechten Dingen zugegangen sein? Mußte Bildung nicht mit anderem zu tun haben als mit den gewöhnlichen Begebenheiten des dörflichen Alltags? Woher stammte denn der Respekt der »einfachen Leute« vor der höheren Gelehrsamkeit, wenn nicht gerade aus dem Abstand, aus ihrer lateinischen Unverständlichkeit und der Aura des Geheimnisvollen? Dem Franz Friepes kamm all das Spanisch vor: »Aber das Latein, Herr Professor!« – so wagte er am Ende, in der Türe stehend, den Hut in der Hand, doch noch einen fragenden Einwand. »Nun, da habt ihr ja selbst gesagt, daß er nichts weiß! Aber es wird schon gehen, bringt mir ihn nur gewiß!«

Placidus Hall war ein ungewöhnlicher Mann. Das seltsame Examen spricht für sich: Hier wußte einer, daß die Charaktereigenschaften, die Lebhaftigkeit und Offenheit eines jungen Menschen mehr zu bedeuten haben als alles angelernte Bildungsgut. Und die Berichte, welche sonst noch über den gelehrten Mann bekannt sind, bestätigen dieses Bild. Auch im Unterricht, auch im täglichen Umgang mit den Stiftszöglingen war Placidus Hall ein verständnisvoller, einfühlsamer Lehrer, der ebenso auf ein gutes persönliches Verhältnis zu seinen Schülern Wert legte wie auf gründliche Lektionen. In einer autobiographischen Skizze vom November 1846 erinnert sich Stifter: »Den vorzüglichsten, wo nicht allen, Teil an meinem Fortgange verdanke ich meinem Professor in den Grammatikalklassen dem Benediktiner Placidus Hall, der sich meiner annahm, weil er einige Anlagen in mir zu entdecken meinte, mich nebst anderen Zöglingen zu sich auf seine zwei Zimmer gehen ließ, mich ermunterte, mich im Zügel hielt, wenn mich mein zu lebhaftes Wesen fortreißen wollte, und mich endlich so lieb gewann, daß er fast mehr als väterlich für mich sorgte. Die schönsten Gefühle der Wahrhaftigkeit, der Gerechtigkeit und Heiterkeit, die er ganz besonders liebte, verdanke ich ihm. Ich kann nur mit der größten Liebe und Ehrerbietung an diesen Mann denken. Er lebt noch, ist jetzt in den siebzigern und ist Pfarrer in Pfarrkirchen, wo das Jodbad Hall ist, und ich habe ihn im vergangenen Sommer mit meiner Gattin besucht.«

Rückblickend ist es nicht ganz leicht, hier zwischen Dankbarkeit und Verklärung zu unterscheiden, jedoch spricht einiges dafür, daß Stifter die Gefühle des Schülers für Placidus Hall recht getreulich wiedergibt. Denn als Adalbert im Spätherbst 1818 Oberplan als Dreizehnjähriger verließ und sich auf den Weg nach Kremsmünster machte, da fand er in seinem Lehrer und Pater genau das wieder, was ihm so sehr fehlte: einen Vater. Wie stark der junge, unsichere Halbwaisenknabe seinen Mangel in den so ruhigen, um fast dreißig Jahre älteren Mann hineinprojizierte, das zeigen alle seine Erinnerungen und biographischen Fragmente fast überdeutlich. Placidus Hall ist die Vaterfigur des reifen, aber warmherzigen und verständnisvollen Lehrers, eines Führers und überlegenen Freundes zugleich, und noch im Dezember 1867, in einem letzten Lebensabriß für die *Katholische Welt*, schreibt Stifter: »An seinem Lehrer Placidus Hall hatte Stifter einen zweiten Vater«.

An seinem Lehrer Placidus Hall hatte Stifter das gefunden, was er brauchte. Ein typisches Merkmal seines Wesens begann sich langsam, aber immer deutlicher abzuzeichnen. Adalbert war ein begabter Junge und ein vielversprechender Schüler; was ihm jedoch fehlte, waren Eigenständigkeit und Zielbewußtsein, war die Kraft, seine Anlagen von sich aus weiterzuentwickeln und zu entfalten. Immer benötigte Stifter jemanden, der ihn anleitete, immer blieb ihm der überlegene, väterliche Freund ein Idealbild seines Lebens. Manchen seiner Freunde in späteren Jahren, der dem Ideal durchaus nicht entsprach, stilisierte er in seinen Briefen trotzdem nach diesem Bilde; seine vollendete Darstellung aber gab er im *Nachsommer* mit der Gestalt des Freiherrn von Risach, dem fast übermenschlich vollkommenen Förderer, der Lehrer, Freund und Vater in einer Person ist. Wenn Stifter einen solchen Mann für sich fand, war er zu außergewöhnlichen Leistungen fähig; wenn nicht, begann er seine Begabungen zu verzetteln, unfähig, sich auf ein selbstgestecktes Ziel zu konzentrieren. Sein Glück war es, in seinen frühen Jahren mit Jenne und Hall zweimal solche Förderer für sich eingenommen zu haben, die seine Möglichkeiten erkannten und sie nach Kräften ermutigten und zu lenken wußten.

Im November 1818 also machte sich Adalbert in Begleitung eines älteren Schülers auf die Reise nach Kremsmünster. Gewiß darf man sich diesen Weg nicht allzu leicht vorstellen, war es doch für den dreizehnjährigen Buben der erste wirkliche Abschied von Haus, Dorf und Familie. Und es war durchaus noch mehr: ein geistiger und vor allem gesellschaftlicher Bruch, der kaum zu überschätzen ist. Hier war das Dorf gewesen, der überschaubare Lebensrahmen, die sicher nicht unproblematischen, aber doch bekannten und verständlichen Beziehungen von Handwerk und Familienkreis – eine Welt, in der Adalbert sich heimisch fühlte und auskannte, wie es noch zuletzt das außergewöhnliche Examen des Paters bewiesen hatte. Dort wartete das Stift, und das heißt: die *andere* Welt, eine Welt, in der er mit jedem Schritt Neuland betrat. Statt des gewohnten Hauses und der gemütlichen Wohnstube das riesige Abteigebäude mit Sälen und Klassenzimmern; statt der Geschwister und der dörflichen Spielgefährten eine laute Schar von ungefähr einhundertdreißig Stiftszöglingen aus allen Teilen des Landes; statt der ungebundenen Stunden in der Natur und zu Haus oder bei der Feldarbeit mit dem Großvater, ein bis ins Einzelne geregelter Tagesplan, der dem Schüler wenig Freiheit für Eigenes ließ – an die Stelle der familiären Intimität war ein öffentlicher Raum getreten.

Das Stift Kremsmünster zählt zu den großen Sakralbauten Österreichs, ist eine jener bedeutenden, vom Geist des Barock geprägten Klosteranlagen, die Donautal und Voralpenland beherrschend überblicken. Der bayerische Herzog Tassilo hatte es im Jahre 777 begründet, der italienische Baumeister Carlantonio Carlone gab ihm später seine bis heute überdauernde Gestalt im Stil des italienischen Frühbarock, und auch Jakob Prandtauer, der hochberühmte Architekt des Benediktinerstifts Melk, hatte seinen Anteil an den Arbeiten. Denn bei aller ästhetischen Pracht war eine Abtei zunächst ein pragmatischen Zwecken dienendes Alltagsgebäude, und diese sich wandelnden Zwecke verlangten häufig zusätzliche Bauten, Umgestaltungen und Anpassungen. Es ist ein imposanter Anblick, der sich über dem fruchtbaren, reichen Ennsland erhebt – so ganz anders als der dunkle, karge Böhmerwald der Heimat. Ein mehrgeschossiges, lang hingezogenes Bauwerk, durch Seitenflügel und Nebengebäude erweitert und gegliedert, vom Doppelturm der prächtigen Stiftskirche überragt, die geduckten Häuschen des kleinen Städtchens durch seine mächtige Fassade fast erdrückend – so hat Stifter den Ort, an dem er die nächsten acht Jahre verbringen sollte, erblickt und später auch in seine Mappe gezeichnet. Ein Ort, der ihn ganz anders, aber nicht weniger stark prägen sollte als das böhmische Dorf.

Die beeindruckende Kraft von Kremsmünster setzt sich im Inneren fort: Gänge und Hallen, Höfe und Gärten, Teiche und Brunnen, darunter der einzigartige, arkadenüberspannte »Fischbehälter«, bilden ein ebenso ausgefeiltes wie harmonisches Ineinander von beherrschter Natur und aufs äußerste verfeinertem ästhetischem Raffinement; die sinnliche Pracht des österreichischen Barock ist weit entfernt von der asketischen Nüchternheit, welche die Lehrpläne der habsburger Lehranstalten verlangten. Die jahrhundertealte Bildungstradition, die den Grundstock für das Selbstverständnis der Stiftspädagogik darstellte, war ihrerseits überall in die imposante Anlage des Ganzen eingeschlossen, symbolisch wie in greifbarer Wirklichkeit: die Gemäldegalerie und die weithin berühmte Bibliothek bargen Schätze, durch die Tradition und Geschichte unmittelbar erfahrbar wurden; in der Kunstsammlung wurde noch immer der Kelch jenes Herzogs Tassilo aufbewahrt, dem das Kloster vor mehr als tausend Jahren seine Gründung verdankte. Aber die Wissenschaft wurde hier nicht nur aus antiquarischem, rückwärtsgewandtem Interesse gepflegt: Höhepunkt von Kremsmünster ist im wahrsten Sinne des Wortes der weithin sichtbare, alles überragende, achtgeschossige Turm, der für jene Epoche seinesgleichen sucht und von einer Sternwarte gekrönt wird.

Alles an dieser so völlig neuen und anderen Welt mußte den kleinen Stifter-Bertl aus Oberplan gewaltig einschüchtern und verstören. Was ihm hier widerfuhr, war zuallererst der Prozeß einer völligen Entfremdung. Alle spätere Verklärung, alle Beschwörung einer nie abgerissenen Verwurzelung in Heimat und Herkunft können nicht darüber hinwegtäuschen, daß Stifter mit dem Schritt nach Kremsmünster die Welt seines Herkommens verlassen hat. Die Bindung zerriß und konnte nie wiederhergestellt werden. Gewiß, Stifter blieb dem Land seiner Kindheit stärker verhaftet als viele andere, und zeit seines Lebens war die affektive Zugehörigkeit zu Böhmen ein Grundzug seines Wesens und seines Schreibens. Jedoch war es nurmehr eine affektive Zugehörigkeit. Stifter hatte Oberplan verlassen, und als er nach Ende des Schuljahres zum ersten Mal zurückkehrte, kam er als Gast für einige Ferienmonate. Die Entfremdung war weder aufzuhalten noch rückgängig zu machen. Die Bildungswelt von Kremsmünster war mit der einfachen Dorfgesellschaft nicht in Einklang zu bringen, und wer fortgegangen war, um eine Laufbahn draußen in der Welt einzuschlagen, der wurde in seiner Heimat langsam zu einem Fremden. Gelehrsamkeit und Bildung mochten einen weit bringen, weit aber auch von jenem Ort, an dem er in der Frühe aufgebrochen war.

Auf der anderen Seite konnte aber auch die Bildung jene Distanz niemals überbrücken, die Adalbert bereits in den ersten Tagen im Stift so deutlich zu spüren bekam; auch späterhin wurde Stifter niemals so recht heimisch in jenem wohlhabenden Bürgertum, mit dem er Umgang pflegte. Bildung war zwar der Königsweg, um die Klassenschranken und die sozialen Schranken der regionalen Herkunft zu umgehen, sie vermochte diese Schranken aber nicht zu beseitigen. Niemals legte Stifter jene Schwerfälligkeit und Unbeholfenheit ab, die sein Erbteil aus dem ländlichen Ursprung waren; niemals gelang es ihm, die Gewandtheit und Unbefangenheit seiner Schulgenossen und Studienkameraden zu erwerben, die diesen durch die Erziehung eines selbstbewußten städtischen Bürgertums mitgegeben worden waren.

Mit unsicheren Schritten bewegte sich Adalbertus Stifter, Bohemus Oberplanensis − so lautete nunmehr sein Name im Gymnasiums-Latein − in der neuen Umgebung, er war schüchtern und fand zunächst nur schwer Kontakt zu seinen Mitschülern. Alles schien ihn von diesen zu unterscheiden und zu trennen: Das linkische Auftreten, der schwerfällige Dialekt, sogar seine Kleidung fiel aus dem Rahmen. Zum sonntäglichen Feiertagskleid hatte ihm die Mutter selbst eine Hose zusammengeschneidert, die er mit einem roten, viel zu großen Rock des Vaters trug. Die Vielfalt der österreichischen Mundarten jedoch verstörte ihn hier, wo bald jeder Zögling eine andere sprach, so sehr und sein eigener böhmischer Tonfall schien ihm darunter so unbeholfen, daß er für eine Weile begann, in einem künstlichen Hoch- oder besser Schriftdeutsch zu sprechen. Auch wenn es nicht dabei blieb, ist es doch das deutlichste Zeichen für den einsetzenden Entfremdungsprozeß: die eigene Sprache ging verloren und wurde durch ein angelerntes Bildungs-Idiom ersetzt, das eigentlich nur im Schriftlichen existierte und nirgendwo eine lebendige, gesprochene Wirklichkeit hatte.

Langsam begann Adalbert sich an den neuen Ort zu gewöhnen, nur langsam auch bekam er Kontakt zu seinen neuen Genossen. Es war aber nicht die Gemeinsamkeit mit den Gleichaltrigen, was es ihm ermöglichte, sich Schritt für Schritt in das Schulleben hineinzufinden; Stifter ging einen anderen, für ihn viel typischeren Weg. Die väterliche Gestalt des Paters Hall, der durch die ersten vier Jahre, die »Grammatikalklassen«, sein Lehrer blieb, war dem Jungen wichtiger als der Umgang mit den Kameraden; ihm schloß er sich an, bei ihm fand er die Sicherheit, die er brauchte. Mitschüler bezeugten später aus der Erinnerung, daß Stifter kein »Streber«, kein Günstling und Schmeichler gewesen ist, – trotzdem war er ein Zögling, der sich eng an seine Lehrer band und um ihre Sympathie warb. Für einen, der sich seiner wenig einnehmenden, etwas hölzernen Erscheinung schmerzhaft bewußt war, gab es keinen Zweifel daran, was der sicherste Weg war, sich diese Sympathie zu schaffen und zu erhalten: die schulische Leistung. Adalbert begann zu lernen, mit Ausdauer, Ernst und jener Beharrlichkeit, die an den Tag legt, wer das Gefühl einer unverdienten Gunst hat. Eine höhere Schulbildung war keinesfalls das Normale in der gesellschaftlichen Schicht, aus der er kam; und weniger noch für eine Familie, der seit dem Tod des Vaters jede materielle Sicherheit fehlte, um dem Sohn einen ungestörten, mehrjährigen Gymnasiumsbesuch mit ungewissem Ausgang finanzieren zu können. Adalbert war sich darüber klar, daß er nun den Beweis dafür ablegen mußte, dieses Privileg auch tatsächlich verdient zu haben. Ein Scheitern wie bei den Oberplaner Lateinstunden konnte er sich nicht leisten; niemand wäre da, der ihm in Schwierigkeiten beistehen würde; wenn der Erfolg nicht kam, würde er zurückkehren und den gewohnten Weg eines ländlichen Lebenslaufs einschlagen müssen.

Adalbert wußte das alles, und er arbeitete hart. Schon am Ende des ersten Halbjahres war er Primus der Klasse. Das Pensum für die frischgebackenen Gymnasiasten war umfangreich: die alten Sprachen Griechisch und Latein gehörten ebenso dazu wie Geschichte, Mathematik, Naturwissenschaften und Geographie. Deutsch war kein eigenes Lehrfach für sich, sondern wurde im Unterricht der klassischen Sprachen mitbehandelt. Ein anderes, selbstverständliches Hauptfach dagegen bildete der katholische Religionsunterricht. Kremsmünster war eine kirchlich geleitete Schule, was ihr aber keinen irgendwie besonderen Status verschaffte. Im Reich der Habsburger war der Katholizismus *de facto* Staatsreligion, und die Lehrpläne waren dementsprechend eingerichtet. Überhaupt ging die staatliche Kontrolle des Erziehungswesens bis in subtile Einzelheiten von Lehrprogramm und Unterricht. Bezeichnend für die oberösterreichischen Lehranstalten war nämlich, daß keinerlei Unterschied zwischen konfessionellen und staatlichen bestand. Österreich war ein autoritärer Staat, und seine Führung war sich der Bedeutung durchaus bewußt, welche die Erziehung für die Heranbildung fügsamer und respektvoller Untertanengenerationen spielt. Treue zum Kaiserhaus und gottesfürchtiger Katholizismus waren die beiden Hauptsäulen der staatstragenden Ideologie, und die Kontrolle durch einen gutentwickelten Apparat der Geheimpolizei schien darüber hinaus allemal besser als allzu großes Vertrauen in den freiwilligen Gehorsam des Volkes. Schriften, die befürchten ließen, daß sie den zersetzenden Geist von Aufklärung und Widerspruch anfachen konnten, wurden rigoros aus dem Verkehr gezogen oder bereits an den Reichsgrenzen festgehalten. Im Unterricht eines staatlich-katholischen Gymnasiums gar fand sich keine Spur mehr davon, und Schiller galt bereits als gefährlicher Revolutionär.

Trotzdem war das Stift von Kremsmünster, war das Selbstverständnis der benediktinischen Lehrtradition eher die liberale Ausnahme in einem System von Unfreiheit und Intoleranz. Gewiß, auch die Patres hatten in ihrem Unterricht genauen »Instruktionen« zu folgen, und die Auswahl behandelter Schriften und Lehrbücher unterlag keineswegs ihrer freien Entscheidung, sondern folgte peniblen Vorschriften der zentralistischen Institutionen. Einen gewissen Freiraum hatten sie sich dennoch zu schaffen und zu erhalten gewußt; eine Freiheit, die naturgemäß nie gewagt oder auch nur gewünscht hätte, die Autoritäten von Kirche und Staat selbst um das Geringste in Frage zu stellen, die aber den Geist des klassischen Humanismus so weit aufgenommen hatte, daß sie dem einzelnen doch eine gewisse Selbstentfaltung unter dem Druck der staatlichen Dressur erlaubte. Die *individuelle* Weiterentwicklung durch Bildung war aber bereits das Äußerste, was benediktinische Liberalität gestatten konnte; eine Erziehung der Zöglinge zu *gesellschaftlichen* Subjekten war strikt ausgeschlossen und fand nicht statt.

Fast zwangsläufig drängt sich hier das Bild einer ganz anderen Generation von Stiftszöglingen auf: jene Gruppe von schwäbischen Protestanten, die am Vorabend der Französischen Revolution ins Tübinger Stift einzogen und dort am 14. Juli 1793 einen Freiheitsbaum errichteten. Aus Stifters Zeit ist nichts bekannt von jenem gärenden Geist des Neubeginns und der politischen Hoffnung, der Hölderlin, Hegel und Schelling anfeuerte; nichts von jener revolutionären Begeisterung, die der Obrigkeit so bedrohlich erschien, daß der Herzog in eigener Person sich gezwungen sah, bei seinen aufrührerischen Gymnasiasten nach dem Rechten zu sehen. Während der Tübinger Ephorus Christian Friedrich Schnurrer seinerzeit noch melden mußte: »Unsere jungen Leute sind großenteils von dem Freiheitsschwindel angesteckt«, konnten die oberösterreichischen Patres mit ihren Zöglingen rundum zufrieden sein.

Wenig vermag deutlicher zu zeigen, was im Verlauf von nur einer Generation in Europa anders geworden war, welche katastrophalen Auswirkungen das Ende der Französischen Revolution, die Niederlage Frankreichs, der Wiener Kongreß und die folgende Restaurationsepoche für die intellektuelle Situation gehabt hatten. Europa war versteinert; die alten Mächte versuchten, soviel als möglich rückgängig zu machen von den Errungenschaften aus Aufklärung und Revolution, und sie versuchten zugleich, ein für allemal einer Wiederholung vorzubauen. Das habsburgische Österreich spielte unter den autoritären Restaurations-Staaten ganz gewiß eine Hauptrolle. Jede Form von geistiger Selbständigkeit war verdächtig, jede Regung von Autonomie wurde rigoros ausgemerzt. Schlimmer jedoch war, daß die Jahre der Unterdrückung auch im Inneren der Menschen ihre Wirkungen hinterließen. Der rebellische Geist der Jungen wurde nicht nur rücksichtslos verfolgt, er wurde schon im voraus ausgelöscht durch eine Atmosphäre von allseitiger Erstarrung und Unbeweglichkeit.

Zweifellos kam diese versteinernde Restaurationsepoche zumindest *einem* Wesenszug in Stifter entgegen und förderte dessen Entwicklung kräftig zu Lasten der unbeherrschbaren, anarchistischen Seiten seines Charakters: seiner Gebundenheit an Autorität. Vielleicht weil er insgeheim schon wußte, wie stark die »zugrunderichtenden«, cholerischen und depressiven Kräfte in seinem Inneren waren, orientierte er sich immer stärker an den Autoritäten, die regelhafte Ordnung garantieren konnten. Aus seiner Gymnasialzeit im Stift ist nichts mehr bekannt von jenen destruktiven Ausbrüchen, die es in seiner Kindheit gab, nichts von wie auch immer gearteten Verstößen gegen die penible Schulordnung, nichts von Auflehnung gegen eine allzustrenge Zucht. Adalbertus, der Gymnasiast, suchte keine Freiheit; das Lernen, die gewonnene Anerkennung und die Bindung an seinen Lehrer vermittelten ihm den notwendigen Halt, den er brauchte, um die Erziehung zur Selbsterziehung zu machen, den Druck von außen zur Selbstunterdrückung der bedrohlichen Triebe im eigenen Ich.

Welche Bedeutung die schulische Leistung für Adalberts Selbstbewußtsein hatte, geht aus einer kleinen Anekdote hervor. Gegen Ende einer jeden Woche, freitags, wurde in der Klasse eine kleine Lateinprüfung vorgenommen, deren Ergebnis darüber entschied, welchen Rang die Schüler für die folgende Woche besetzten. Der Leistungsrang aber fand seinen realen Ausdruck in der hierarchischen Sitzordnung im Klassenraum. Adalbert hatte seine Lateinprobleme längst überwunden und war auch hier gewohnheitsmäßig der Erste. Als es einmal geschah, daß einige Fehler in seiner Arbeit ihn in die dritte Reihe zurückgebracht hätten, sah er sich geradezu einer Katastrophe gegenüber. Hall, der erkannte, welche Verheerungen dieser läßliche Mißerfolg im Gemüt des Buben verursachte, schob die Umsetzung einige Tage hinaus, so daß Adalbert – bevor er sich seinen ersten Platz zurückeroberte – nur einen Tag am Pranger zu verbringen hatte. Denn genau so empfand er sein bedeutungsloses Mißgeschick: als Versagen und Schande, er fühlte sich verlacht und mochte sich am liebsten irgendwo in einem Winkel verbergen, machte Umwege, um peinigenden Begegnungen auszuweichen. Diese maßlose Überbewertung einer Belanglosigkeit vermag deutlicher als alles andere zu zeigen, wie sehr Adalbert den Erfolg brauchte, wie schwach es andererseits auch um das Gefühl für den eigenen Wert bestellt gewesen sein muß, wenn es durch den kleinsten Zwischenfall bis auf den Grund zu erschüttern war.

In Wirklichkeit hatte Adalbert zu Minderwertigkeitskomplexen nicht den geringsten Anlaß: Am Ende des Winterhalbjahres wurde ihm für sämtliche Fächer das Prädikat »classi primae cum eminentia« erteilt und bescheinigt: »ita ut inter 34 dicipulos primus evaserit«. Unter 34 Schülern ging er als Erster hervor, – eine Bewertung, die ihm über seine gesamte Stiftszeit hin folgen wird. Als sein erstes Jahr in Kremsmünster zu Ende ging und er sich für die Sommermonate des Jahres 1819 zum ersten Mal wieder auf den Weg in die Heimat machte, da trug er im Gepäck nicht nur das Zeugnis des Klassenprimus mit sich, sondern auch den Preis, mit dem eine solche Leistung ausgezeichnet wurde. Es handelte sich um *Des Pomponius Mela drei Bücher von der Lage der Welt*; den Einband zierte die Inschrift »Caes. Reg. Gymnasium Cremifani«, und in den Band standen die ehrenden Worte geschrieben: »In I. Grammat. Classe / Premio I. / Donatus est / Albertus Stifter / Boh. Oberplan«. Adalbert konnte mit sich zufrieden sein.

Trotz aller Selbstzweifel war Adalbert zufrieden, und stolz trug er sein sorgfältig verpacktes Buch den langen Weg nach Oberplan. Als er das heimatliche Tal betrat, begegnete ihm als erster Franz Friepes auf dem Feld. Adalbert, seiner neuerworbenen Würde als Gymnasiast und Primus wohl bewußt, stand feierlich und schweigend vor dem Großvater. Der aber grüßte nur freundlich und kurz und wandte sich wieder seiner Arbeit zu. Das war wohl eher der Versuch, einen vielleicht befürchteten Dünkel des welterfahrenen Gymnasiasten gegenüber seiner ländlichen Heimat im Keim zu ersticken, denn am Ende war niemand zufriedener als der Großvater Friepes selbst – war er es doch gewesen, der seinem Enkel gegen Zweifel und Gleichgültigkeit den Weg zu diesem schönen Ergebnis geebnet hatte. Adalberts Erfolg war auch der seines Großvaters; stolz schritt er mit dem Prämienbuch durchs Dorf und wies jedermann die ehrenvolle Inschrift vor.

Der Sommer verging. Adalbert genoß die Ferien in der heimatlichen Landschaft, freute sich am Wiedersehen mit den Menschen und der vertrauten Natur. Genauso sollten nun auch die nächsten Jahre vergehen, ohne große Ereignisse, zumeist im Rhythmus von Schuljahr und Ferienzeit, von Kremsmünster und Oberplan. Das Bild Adalbert Stifters für die Gymnasiumsjahre zwischen 1818 und 1826 weist wenig Facetten auf; es ist das Bild eines fleißigen, unauffälligen und ordentlichen Schülers, dessen gesamte Energie vom Lernen beansprucht wird. Schon im zweiten Jahr waren seine Leistungen so, daß ihm andere Schüler zur Nachhilfe anvertraut wurden und er auf diese Weise zum ersten Mal selbst zu seinem Unterhalt beitragen konnte. Äußerliche Begebenheiten, die des Erzählens wert wären, gab es nicht – mit zwei Ausnahmen.

Als er im Sommer 1820 zum zweiten Mal in den Ferien nach Hause zurückkehrte, fand er einen Stiefvater im Hause vor. Im Juli hatte die inzwischen sechsunddreißigjährige Magdalena Stifter den um sieben Jahre jüngeren Bäckermeister Ferdinand Mayer geheiratet. Von dieser Ehe, die bis zu Magdalenas Tod im Jahre 1858 Bestand hatte – Mayer starb 1861 –, ist so gut wie nichts bekannt. Die Beziehung muß jedoch, für Adalbert verborgen, bereits früher begonnen haben, denn das Oberplaner Kirchenbuch verzeichnet für den Dezember 1820 die Geburt eines Kindes, dessen Vater nicht genannt wird; für den strengen Moralisten eine weitere Unkorrektheit in der Familiengeschichte. Obwohl Berichte weder über die Person des Stiefvaters noch über die Ehe zwischen Magdalena und Ferdinand Mayer vorliegen, sind die Gründe für diesen Schritt der Mutter, auch von allem Persönlichen abgesehen, offensichtlich. In einer Zeit ohne jedwede soziale Sicherung war für eine relativ unbemittelte Witwe die Wiederverheiratung fast der einzige Weg, sich wieder eine gefestigte soziale Stellung zu schaffen. Es war nicht zuletzt Magdalenas Vater Franz Friepes gewesen, der seine Tochter dazu drängte, einen neuen »Ernährer« ins Haus zu holen.

Pragmatische Gründe für eine zweite Ehe gab es also genug, um so mehr für eine Frau, die nach den damaligen Vorstellungen schon lange nicht mehr als jung gelten konnte. Adalbert aber vermochte keinen dieser Gründe einzusehen. Für ihn war das Erscheinen des Stiefvaters eine weitere Katastrophe, ein weiterer Schritt zur Entfremdung von Heimat und Familie. Eifersucht war seine erste Reaktion, Ablehnung des Mannes, den er als Nebenbuhler um die Liebe der Mutter empfand. Auch in späteren Jahren, in manchen seiner literarischen Arbeiten, verklärte Stifter das Bild der Mutter beinahe zur unberührbaren Ikone; alles in dem jungen Adalbert scheint sich dagegen gewehrt zu haben, in seiner *Mutter* auch eine *Frau* mit *eigenen* körperlichen und seelischen Bedürfnissen zu sehen. Die Heirat und die Geburt eines Kindes stießen ihn nun mit Gewalt auf diese unannehmbare Realität. Adalbert reagierte mit Ablehnung und mit dauerhaftem Schweigen; zeitlebens überging er den Stiefvater in seinen Erinnerungen und autobiographischen Aufzeichnungen: Die Auslöschung dieses Menschen, der einige Jahre lang zwangsläufig eine erhebliche Bedeutung für sein Dasein hatte, in Stifters Lebenslauf ist vollkommen. Die Ferienbesuche wurden von nun an unregelmäßiger, alles zeigt, daß er sich immer weniger heimisch fühlte im Oberplaner Haus. Zu dem am 6. April 1826 geborenen Nachkömmling Jakob Mayer unterhielt der Schriftsteller in späteren Jahren jedoch ein recht enges, wenn auch nicht immer unproblematisches Verhältnis.

Nur einmal wurde Ferdinand Mayer als »der Vater« erwähnt. In Stifters frühestem erhaltenen Brief, einem in Latein verfaßten Schreiben vom 12. September 1822 an Placidus Hall, entschuldigte sich der Zögling, einer Einladung seines Lehrers nicht folgen zu können, »denn ich habe mir von dem Gelde, das ich mir im vergangenen Jahr erworben hatte, einen Anzug machen lassen, daher fehlt mir das für die Reise nötige Geld. [...] Der Vater zwar ließ mir die Freiheit, nach meinem eigenen Willen zu handeln, riet mir aber doch mehr dazu, zu Hause zu bleiben. Denn Du hast, sagte er, eine lange und mühsame Reise zu machen und ruinierst Dir bei dem schlechten Wetter und durch die beschwerliche Wanderung Deine Kleider; denke auch daran, daß ich nicht für Dich allein, sondern auch für Deine Brüder zu sorgen habe, und meine Arbeit dürfte mir nicht viel eintragen. Wenn Du aber reisen willst, steuere ich sehr gern das Meinige dazu bei«. Adalbert blieb im sommerlichen Oberplan. Deutlich aber wird der distanzierte, unpersönliche Ton gegenüber Ferdinand Mayer, der Unwille, einem ungeliebten, fremden Mann die Rechte eines Vaters über sich einräumen zu müssen. Wenn er unter den Brief die Nachschrift setzte: »Der Vater und die Mutter grüßen Dich und danken Dir tausendmal«, dann spürt man, daß »Vater und Mutter« hier keine familiäre Einheit mehr bildeten, sondern eine fremde und feindliche, der Sohn sich jedoch als einer fühlte, der ihr alleingelassen gegenüberstand.

Anfang 1825 erkrankte Adalbert schwer an den Pocken, die man damals noch »die echten Blattern« nannte. Er erholte sich rasch, doch sein Gesicht blieb von der überstandenen Krankheit gezeichnet. Die Pockennarben auf Wangen und Stirn verstärkten noch die wenig einnehmende Erscheinung Stifters. Es gibt keine Bilder aus jener frühen Zeit, die meisten Beschreibungen jedoch schildern einen fast groben, vierschrötigen Jungen und jungen Mann, dessen unbeholfenes Benehmen auf den ersten Blick wenig Sympathie erweckte. »Lebhaft steht vor mir seine mittelgroße, gedrungene Gestalt mit schlichtem dunklem Haar, mit Blatternarben übersäetem Gesicht, seinen seelenvollen Augen«, so erzählte sein Nachhilfeschüler Karl Gubatta Jahrzehnte später dem jungen Peter Rosegger. Mit weniger freundlichem Blick sahen es andere Zeitgenossen, und auf die Schwester eines Mitschülers etwa machte er den Eindruck eines dumpfen, schwunglosen Bauern ohne jeden Reiz. Stifter, der in seinem literarischen Werk so schwärmerische Worte für menschliche Schönheit und Anmut fand – und zwar bei Männern ebenso wie bei Frauen –, Stifter war nicht schön; auch das war eine der herben, entfremdenden Lehren von Kremsmünster, denn in der ländlichen Welt des Dorfes, wo er unter seinesgleichen gewesen war, zählten andere Dinge als Schönheit und einnehmender Charme.

Die Jahre vergingen. Stifters Lebensmittelpunkt hatte

sich immer mehr von Oberplan nach Kremsmünster verschoben. Sicher war er in der Heimat kein Fremder geworden, aber trotzdem, für die Leute des Orts gehörte Adalbertus Stifter nicht mehr dazu wie einst der Stifter-Bertl aus dem Mothslhaus. Jetzt war er der Gymnasiast, dessen Bildungsweg immer weiter in die Welt hinausführte. Diese Jahre legten nun aber auch die Grundlage für Stifters ganzes intellektuelles Leben. Auf Placidus Hall folgte in den beiden letzten, den »Poesie-Klassen«, Pater Ignatz Reischel als Lehrer. Bei aller politisch bedingten Begrenztheit des Horizonts wurden die Schüler in Kremsmünster ausführlich mit der gesamten klassischen und humanistischen Tradition bekannt gemacht; Musik gehörte ebenso dazu wie der Zeichenunterricht bei Professor Georg Riezelmeyer. Von den gängigen Romanen des 19. Jahrhunderts wendete sich Adalbert bald wieder ab; die große Literatur trat jetzt immer stärker in den Vordergrund, und schnell waren ihm Goethe, Schiller und Herder vertrauter Umgang. Als nach *Hermann und Dorothea* auch die *Iphigenie* gelesen wurde, faßte er für dieses Hohelied der humanistischen Menschenliebe eine besondere, frühe Vorliebe.

Doch auch die praktische Übung der Poesie, das Erlernen von Versmaßen und Formen nach klassischem Exempel stand auf dem Lehrplan, selbst wenn sie auf das Schulzeugnis keinen Einfluß hatte. Wieder tat sich Stifter hervor; eine kleine, von ihm selbst erzählte Geschichte gibt dafür eine heitere Illustration. Als einmal die Hausaufgabe lautete, ein vorgegebenes Thema in gereimten Jamben abzuhandeln, da schnitzte und feilte Adalbert tagelang an seinem Opus, denn natürlich wollte er wiederum etwas ganz Außerordentliches vorweisen können. In der Frühe des entscheidenden Tages aber, an dem die Arbeit abzuliefern war, trat sein Mitschüler Tröger zu ihm: Er sei nicht zurechtgekommen mit dem schwierigen Ding, ob der Primus ihm nicht helfen könne? Adalbert schüttelte zweifelnd den Kopf, in einer Stunde war so etwas nicht zu schaffen. Trotzdem, damit nur irgendetwas auf dem Blatte stand, machte er sich zum zweiten Mal ans Werk. »Als der Lehrer Ignatz Reischel nach seiner Gepflogenheit in einiger Zeit die Arbeiten in die Schule brachte, um die besseren vorzulesen, sagte er: ›Dies Mal hat es Tröger am besten gemacht.‹ Als darauf ein Gelächter wurde, kam die Mithelferschaft an den Tag, und wir erhielten einen Verweis.« Am Ende des Schuljahres fiel Adalbert die Ehre zu, bei der Preisverteilung öffentlich sein Gedicht *Das Freudenfest am Trauerdenkmale* vorzutragen. Interessanter als die Verse selbst ist die Tatsache, daß Stifter ihnen jenen lateinischen Satz des Hegesippos voranstellte, der noch am Ende seines Lebens der *Letzten Mappe* zum Motto dienen sollte und etwas seltsam klingt für einen jungen Mann am Anfang seines Lebenswegs: »Dulce est, inter maiorum versari habitacula, et veterum dicta factaque recensere memoria.«

Die ein wenig scholastisch anmutenden Poesie-Übungen im Unterricht hatten Stifter aber auch zu eigenen, stets schüchtern versteckt gehaltenen Versuchen inspiriert. Auch hier hört man natürlich vor allem anderen die Vorbilder heraus, Eigenes ist noch kaum zu finden in diesen Bemühungen eines Siebzehn-, Achtzehnjährigen, die Haltung der klassischen Dichter formvoll nachzuahmen:

> Glückselig, wem die Muse den Lorbeer reicht;
> Er kennt die Zeit nicht, kennt nicht Vergessenheit
> Nach tausend Jahren kennt man noch die
>   Stätte, wo liebend er einst geweilet.

Verse, die sich in nichts unterscheiden von den üblichen Schülergedichten, mit denen ein Anfänger seine ersten, unsicheren Schritte auf dem Terrain der Sprache macht. Nur da, wo Stifter für einen Augenblick die Vorbilder vergaß, wo er sich nicht an einer allzu hoch gesetzten Hürde maß, entstand etwas, das in seiner unprätentiösen Schlichtheit beinahe einen eigenen Ton gewinnt:

> Kinder lieben sehr den Schnee,
> Spielen gern darin:
> Erstgebornes Kindlein geh
> Auch zum Schnee dahin.
>
> Spiele mit dem weißen Flaum,
> Sieh, er ist so rein:
> Wird nach wenig Tagen kaum
> Schnee und Kind mehr sein.

Befremdend an diesen anspruchslosen, liedhaften Strophen aus dem Februar 1823 ist nur, wie hier einer bereits in frühen Jahren – und ohne jegliche Pose – das Thema der Vergänglichkeit anschlägt; eigentümlich, wie Stifter, der ja selbst ein Erstgeborener war, schon im spielenden Kind das Ende des menschlichen Lebens vorscheinen sieht. Wahrscheinlich ist es nicht falsch, darin auch einen depressiven Reflex auf die Erfahrung des Erwachsenwerdens zu sehen, die für Stifter zuallererst die Erfahrung eines Verlustes war. Wie sehr der Heranwachsende das Fremdwerden von Herkunft und Familie spürte, zeigen die Schlußstrophen von *Im Gebirge*, die den Blick ins heimatliche Böhmen beschwören, den Blick dorthin

> Wo ein Dorf von aller Welt geschieden,
> Einsam sich an seine Berge legt.
> Und ein Volk in ewig gleichen Frieden
> Harmlos seine Zeit zu Grabe trägt.
>
> Sel'ge Insel, o bewahre immer
> Deinen Himmel, dem dein Tal genügt,
> Dein zufriednes Glück erfahre nimmer,
> Was denn jenseits deiner Berge liegt.

Gewiß dürfen diese frühen dichterischen Versuche nicht überinterpretiert werden; trotzdem erinnert eine Metapher wie das »zu Grabe tragen« der Zeit bereits an den späteren Schriftsteller, bei dem verstörende sprachliche Fügungen immer wieder die Harmlosigkeit idyllischen Scheins plötzlich von innen her zerbrechen.

Nicht nur zur Literatur aber, auch zu einer anderen, lebenslangen Liebe wurde in Kremsmünster der Grund gelegt: Angeregt durch seinen Zeichenlehrer Riezelmayer, vor allem aber durch die eigene starke Empfänglichkeit für die sinnlichen Reize der Landschaft, hatte Adalbert sich immer mehr der Malerei zugewandt, und die Übungen im Zeichnen und Aquarellieren nahmen bald schon einen großen Raum in der begrenzten Freizeit des Schülers ein. Während seiner Krankheit, aufgrund der Ansteckungsgefahr von den Mitschülern abgesondert, beschäftigte er sich mit einem kleinen Landschaftsaquarell, das er nachher der Mutter eines seiner Nachhilfeschüler zum Geschenk machte. Zum ersten Mal konnte er seinen Dank – Frau Gubatta hatte sich in jenen Wochen um den Kranken gekümmert – mit einem eigenen *Werk* zum Ausdruck bringen. Wie stark der Eindruck des Landes ob der Enns gewesen ist, das sich als weite Kulturlandschaft so vollkommen von den dichten, dunklen Wäldern Böhmens unterschied, zeigen noch einmal die späten Erinnerungen des Dichters: »In Kremsmünster, das in einer der wundervollsten Gegenden dieser Erde liegt, lernte ich die Alpen kennen, die nur ein paar Meilen davon im Süden sind. Ich ging von dort (später auch von Wien) sehr oft in das Hochgebirge. In den letzten zwei Jahren war meine Wohnung so, daß, wenn ich morgens die Augen öffnete, die ganze Alpenkette in mein Bett herein schimmerte. Wie viele heimliche Gedichte machte ich damals, wenn ich abends allein auf irgend einer Höhe unter Obstbäumen saß, und der unendlich zarte Rosenschimmer über die Berge floß.«

Dieses Land galt es nun zu verlassen. Im Sommer 1826 wurde Stifter mit dem besten Zeugnis aus dem Gymnasium verabschiedet. Noch einmal verbrachte er die Ferien in Oberplan bei der Mutter, dem gleichsam inexistenten Stiefvater, den Großeltern und Geschwistern. Dann schlug er wiederum den schon bekannten Weg nach Süden ein; doch diesmal führte er ihn noch weiter hinaus, noch weiter fort von dem heimatlichen Tal. Stifter hatte nicht das zufriedene Glück, das er diesem in seinem Gedicht gewünscht hatte; er mußte erfahren, was denn jenseits seiner Berge lag: Wien, die Hauptstadt des Habsburger Kaiserreichs.

In die Wildnis der Stadt

WIEN IN DER ersten Hälfte des 19. Jahrhunderts war unbestritten die wichtigste Stadt des gesamten deutschen Sprachraums – keine andere konnte der kaiserlichen Residenz diesen Rang streitig machen. In dem zersplitterten deutschen Staatengefüge, das seit dem Ende des Dreißigjährigen Krieges aus einem Mosaik von etlichen hundert unabhängigen, mehr oder häufig weniger lebensfähigen Staaten bestand, hatten andere Zentren, die ihr gleichkommen mochten, neben der jahrhundertealten, traditionsbeladenen Donaumetropole niemals aufkommen können. Jene Stadt, die später zur stärksten Konkurrentin und ersten Hauptstadt des geeinigten Deutschen Reiches werden sollte, Berlin konnte sich nicht im Entfernstesten mit Wien messen. Die Residenz der preußischen Könige war eine späte Gründung irgendwo im ostelbischen Sand, lange Zeit nichts als ein belangloser Flecken am Ufer eines genauso belanglosen Flusses. Der Aufstieg Preußens hatte ihr langsam eine gewisse politische Bedeutung gegeben, zur Großstadt aber wurde sie erst durch die industrielle Revolution des Jahrhundertendes. War Berlin also eine typische Vertreterin der neuen Zeit, so stand ihr Wien als die uralte Verkörperung und Hauptstadt des Heiligen Römischen Reiches Deutscher Nation gegenüber. Mehr schlecht als recht war darin der Flickenteppich der deutschen Kleinstaaten noch zusammengehalten worden, und 1806, ein Jahr nach Stifters Geburt, hatte Franz II. nach der Gründung des Rheinbundes durch Napoleon, die den Zerfall des Reiches besiegelte, die deutsche Kaiserkrone niedergelegt, um fortan nur noch diejenige Österreichs zu tragen.

Wien also war die einzige deutschsprachige Großstadt von europäischem Rang, und es nahm diese Stellung selbstbewußt und mit Stolz auf die eigene Geschichte ein. Trotzdem begann sich eine Krise abzuzeichnen, die langsam und untergründig, aber dennoch unaufhaltsam deutlicher wurde. Ihre große Bedeutung, ihre außergewöhnlichen Leistungen in Kunst und Kultur verdankte die Stadt den langen Regierungszeiten der Kaiserin Maria Theresia und ihres Sohnes und Nachfolgers Joseph II. Beide Regentschaften waren von Reformen und relativer Liberalität geprägt und erlaubten damit jene kulturelle Blüte der »Wiener Klassik«, von der die Stadt auch am Beginn des 19. Jahrhunderts noch zehrte. Die Französische Revolution und die Napoleonischen Kriege hatten aber auch hier einen unheilbaren Bruch bewirkt: wie immer sie sich auch über die Jahrzehnte noch zu halten vermochten, die *Anciens régimes* Europas waren in die Defensive geraten. 1814 und 1815 tagte unter der Leitung des österreichischen Kanzlers Clemens Fürst von Metternich der Wiener Kongreß; hier wurde eine eiserne machtpolitische Neuordnung Europas vorgenommen, deren erstes Ziel es war, jedes neue Erwachen der revolutionären Glut im Keime zu ersticken. Die »Heilige Allianz«, 1815 von Rußland, Preußen und Österreich auf Anregung des Zaren gegründet, hatte keinen anderen Zweck als die bedingungslose Unterdrückung aller liberalen und nationalen Bewegungen, und die relativ lange Friedenszeit im Äußeren wurde mit innerer Friedhofsruhe teuer bezahlt. Am Ende wurde Metternich, dem die Epoche von 1815 bis 1848 ihren Namen verdankt, damit zum Totengräber des Habsburgerreiches, denn was als Sicherheit und Solidität gedacht war, entpuppte sich nur allzu schnell als Erstarrung und Versteinerung. Unfähig zu Weiterentwicklung und Anpassung an die neue Zeit, war das Regime nicht mehr imstande, auf die Probleme des 19. Jahrhunderts – auf die Nationalitätenfrage und die bürgerlichen Freiheitsbestrebungen, auf die industrielle Revolution und die Entstehung der Arbeiterklasse – anders als mit Gewalt zu reagieren, und mußte schließlich unter dem

Druck der geleugneten und abgewehrten Wirklichkeit zerbrechen.

Der Wiederherstellung der vorrevolutionären Kräfteverhälnisse im Äußeren entsprach ein lückenloser Unterdrückungsmechanismus im Inneren. Österreich war eine absolute Monarchie, und der schwache und arrogante Kaiser Franz herrschte in der vollen Überzeugung seines von Gottes Gnaden eingesetzten Standes. Die wirkliche Gewalt aber lag bei dem allmächtigen Kanzler, der das Reich in einen Polizeistaat verwandelt hatte. Adel, Armee, katholischer Klerus und das unermeßliche Beamtenheer, das waren die Stützen, auf denen seine Macht beruhte. Doch wie noch keine Diktatur dem eigenen Apparat trauen wollte – und um wie vieles weniger dem *a priori* verdächtigen Volk! –, hatte sich auch Metternich seinen allgegenwärtigen Staatssicherheitsdienst geschaffen, der alle Bewegungen und Regungen der Menschen observierte. Jeder Mann und jede Frau konnte im Dienst der Geheimpolizei stehen, kein Bereich des öffentlichen und privaten Lebens war vor Ausspionierung sicher; vom Hausdiener bis zur Prostituierten, vom Lehrer bis zum Journalisten, vom Droschkenkutscher bis zum Kaffeehauskellner, überall mochte das wachsame Auge des Staates lauern. Mißtrauen und Kontrolle waren die Grundprinzipien des gesellschaftlichen Lebens, prinzipienloser Opportunismus die Folge. Die Zensur schirmte das auf diese Weise beruhigte Land hermetisch nach außen ab und kontrollierte ebenso jede Äußerung innerhalb der sorgsam bewachten Grenzen; Stifter sollte später noch seine Erfahrungen damit zu sammeln haben. Die Presse bestand aus willfährigen Organen des Staates, wo geschrieben wurde, was ins offizielle Bild paßte – politische oder gar Auslandsnachrichten waren streng untersagt. Die Lektüre ausländischer Zeitungen – sofern diese überhaupt über die Grenze gelangten – machte aus dem Bezieher sofort ein hochverdächtiges Subjekt und wurde penibel registriert.

Auch gesellschaftlich war das Land streng hierarchisch gegliedert. Wo immer Einfluß, Ansehen und Geld zu gewinnen waren, in den ranghohen Stellungen von Staat und Verwaltung, da blieben die Ämter dem Adel reserviert. Die kleinen Beamten dagegen – und ihre Schar war schier unermeßlich – wurden schlecht ausgebildet und fast noch schlechter bezahlt; Schlendrian und Bestechlichkeit waren die zwangsläufige Folge. Die erst langsam entstehende Arbeiterschaft aber blieb von aller staatlichen Teilhabe ausgeschlossen. So lag das Land reglos wie unter einem Grabstein, und erst die Pariser Julirevolution im Jahre 1830 bewirkte die ersten leisen Regungen eines wiedererwachenden Liberalismus, der an den reformfreudigen Geist des Josephinismus anknüpfen konnte. Öffentlich durfte nichts davon diskutiert werden, und alles beschränkte sich zunächst auf kleine Zirkel innerhalb von großbürgerlicher Bürokratie und liberaler gesinnten Teilen des Adels. Aber schon bald tauchten die ersten Flugschriften auf – im deutschen Ausland gedruckt und heimlich über die Grenze geschmuggelt –, und die Geheimpolizei wurde der kritischen Gesinnungen immer weniger Herr. Die Forderungen des österreichischen Liberalismus und des deutschen bürgerlichen Vormärz deckten sich in ihren großen Zügen: Gewissens- und Pressefreiheit, eine unabhängige Justiz und vor allem eine auch den Kaiser bindende Verfassung gehörten ebenso dazu wie eine Lösung der nationalen Frage unter dem Dach einer konstitutionellen Monarchie.

Die erstickende Atmosphäre des Metternichschen Polizeistaats widersprach jedoch der großen Geschichte Wiens ganz und gar. Als letzter vorgeschobener Außenposten des deutschen Sprachraums, als Grenzmarke zur slawischen und islamischen Welt, war die Stadt nach Selbstverständnis und Tradition immer ein Kreuzungspunkt der unterschiedlichsten Einflüsse gewesen. Ob sie zeitweise eher als »Tor zum Osten« oder mehr als »Bollwerk des christlichen Abendlandes« gesehen wurde – immer war Wien eine offene Stadt, ein Schnittpunkt für den Handel ebenso wie für die geistigen Traditionen Europas und Asiens. Die Epoche der Restauration stand im Begriff, all dies zu zerstören, und sowohl das intellektuelle wie auch das künstlerische Leben zehrten eher von der Vergangenheit, als daß sie fähig waren, unter diesen Bedingungen Neues hervorzubringen. Wie hätte dies auch möglich sein sollen angesichts eines Regimes, das jede unabhängige Geistesregung bereits des Aufruhrs verdächtigte? Auch die künstlerischen Hervorbringungen unterlagen selbstverständlich der Zensur; niemand, nicht einmal die größten Dichter wurden von Rotstift und Schere der Obrigkeit verschont. Ein Drama des suspekten Schiller etwa konnte – wenn überhaupt – nur in einer von allem Wesentlichen gereinigten und verstümmelten Form auf die Bühnenbretter gelangen.

Gefördert wurde demgegenüber jede Form von leichter Kost. Ein tanzendes Volk, ein Volk, das sich im Prater amüsierte, plante keine Revolutionen. Überall in der Stadt blühten die Theater auf, die witzigen, komödiantischen Stücke entsprachen sowohl dem Wiener Geschmack als auch der Vorliebe des Zensors für unpolitische, gefahrlose Unterhaltung. Genau in diesem Klima enstand mit den Volksstücken Ferdinand Raimunds und später Johann Nestroys noch einmal eine ganz eigenständige Frucht der Wiener Kultur; angesiedelt auf dem schmalen Grat zwischen märchenhafter Verzauberung, übermütigem Vergnügen und kritischer Ironie, sind diese beim Publikum hochbeliebten, bissigen Satiren ohne den Hintergrund des restaurativen Systems in ihrer Funktion kaum wirklich zu verstehen. Die große Tragödie führte demgegenüber eher ein Schattendasein, und ihr wichtigster Vertreter Franz Grillparzer lebte – ebenso wie später der 1845 nach Wien gekommene Norddeutsche Friedrich Hebbel – beinahe als Außenseiter in der überschäumenden, genießenden Stadt. Sein Drama *König Ottokars Glück und Ende* hatte er 1825 nur nach größten Schwierigkeiten mit der Zensur auf die

Bühne des Burgtheaters bringen können, und in den folgenden Jahren zog er sich mehr und mehr aus der Öffentlichkeit zurück. Es zeigte sich schon damals die Wahrheit einer Erkenntnis Hugo von Hofmannsthals nach dem Ersten Weltkrieg: daß nämlich die Komödie die angemessene Ausdrucksform für Krisenzeiten ist.

So sah das Wien aus, das Adalbert Stifter im Herbst 1826 als angehender Student betrat, da er nach zweitägiger Fahrt auf einem Donaukahn mit zwei Kameraden in Nußdorf an Land ging – bei ihm waren seine Freunde Franz Xaver Schiffler und Anton Mugerauer, die aus dem benachbarten Friedberg stammten. Zum ersten Mal in seinem Leben erblickte der junge Mann eine wirkliche Stadt. Unmittelbare Zeugnisse aus dieser ersten Zeit nach der Ankunft gibt es nicht, aber noch spätere Aufzeichnungen lassen den überwältigenden Eindruck erkennen, den Wien auf die unerfahrenen Landburschen gemacht haben muß – »ein Gewimmel und Geschiebe von Dächern, Giebeln, Schornsteinen, Türmen, ein Durcheinander von Prismen, Würfeln, Pyramiden, Parallelopipeden, Kuppeln, als sei das alles in toller Kristallisation an einander geschossen, und starre nun da so fort.« Das schier unendliche »Gewirre dieses Häusermeers«, die großstädtische Menge, der Verkehr, die Menschen, die aneinander vorbeieilten, ohne sich zu kennen – all das war verstörend und faszinierend zugleich. Die Reise in die Stadt wurde zugleich Reise in eine andere Zeit: mit einem Schlage sah sich Stifter aus dem ländlichen Böhmen, das sich noch wenig von der jahrhundertealten Agrargesellschaft unterschied, mitten ins 19. Jahrhundert versetzt; aus einem überschaubaren Gemeinwesen mit archaischen Zügen in eine moderne, pulsierende Metropole, deren hervorstechendstes Merkmal die Anonymität war.

Fünfzehn Jahre später beschrieb Stifter die Ankunft der Freunde in der Skizze *Leben und Haushalt dreier Wienerstudenten*, die dann 1844 als Teil des Sammelbandes *Wien und die Wiener in Bildern aus dem Leben* erschien. Da der

Text sich als literarische, nicht als autobiographische Prosa versteht, ist nicht alles darin umstandslos für verbürgte Wahrheit zu nehmen; im großen und ganzen aber zeichnet er ein recht getreues Bild jener ersten Schritte »in die Wildnis der Stadt hinein«. Ja, durch seine leicht angestrengt und aufgesetzt wirkende Heiterkeit vermittelt die Erzählung sogar etwas von der flauen Stimmung der drei unsicheren Kandidaten, die sich mit dem üblichen Großtun und souveränen Witzeleien über ihre Hilflosigkeit hinwegzuhelfen suchten. Noch lange fühlte sich Stifter verloren und ausgeschlossen in diesem unaufhörlich wogenden Häuser- und Menschenmeer, in dem niemand ihn brauchte und niemand ihn erwartet hatte, – wie sehr, das läßt ein kleiner, zur Seite gesprochener Satz aus einem anderen Text von *Wien und die Wiener* ahnen: »Dort klingt Musik und Freude, dort geht die Schar der Spazierenden, hier ein angehender Selbstmörder, dort ein Jüngling eben aus der Einsamkeit des Landes gekommen, dem sein Herz in diesem Gewirre vor Heimweh zerspringen möchte – und lustige Reiter jagen vorüber und lachen sich zu – « Und wie gespenstisch wirkt bereits die Zusammenstellung des heimwehkranken Burschen mit dem zukünftigen Selbstmörder; was läßt sich hier nicht schon über seinen Hang zu Depression und Schwermut angesichts einer schwierigen Lebenssituation erraten!

Die Eroberung der Stadt begann mit der Suche nach einer Behausung. Was die drei angehenden Studenten dann im Vorstadtbezirk Landstraße, Rabengasse Nr. 408, als Heimstatt fanden, empfand Adalbert in seinem Enthusiasmus als »einen Palast um ein Spottgeld gemietet«; doch auch in der Wirklichkeit handelte es sich um eine Art Palast, nämlich um das reichlich heruntergekommene frühere Palais des Fürsten Joseph Pallfy von Erdöd, dessen Räumlichkeiten jetzt entweder von Studenten und kurzfristig eine Bleibe suchenden Reisenden oder ganz einfach von Spinnen bewohnt wurden. In den Stallungen der Seitenflügel waren Pferde und Wagen untergebracht, auch Kühe, welche die Nachbarschaft mit Milch versorgten, eine Ziegenfamilie und etliche Hühner; sogar einer Reitschule gedachte Stifter, der im Rückblick das sonderbare Ambiente mit einigem Behagen an seiner Skurrilität ausmalte. Die Benutzung des Gartens – der jedoch schon lange keinen Gärtner mehr aus der Nähe gesehen hatte – war im Mietzins eingeschlossen, und glaubt man der Überlieferung, so wurde das üppig wuchernde Gras eher zum Faulenzen als zum Studieren gebraucht. Die nähere Umgebung der Vorstadt Landstraße hatte zur damaligen Zeit überhaupt einen eher ländlichen Charakter bewahrt.

So also sah der Palast aus, wo die drei Einwanderer sich in einem gemeinsamen, dreifenstrigen Zimmer des zweiten Stockwerks etablierten; für den Transport ihrer Habe, die aus einem Koffer, zwei Hutschachteln und einem in Stoff eingeschlagenen Paket bestanden haben soll, hatte ein einfacher Schubkarren genügt. Die nötigsten Einrichtungsgegenstände wurden billig auf dem Tandelmarkt erworben. Die weitere Beschreibung der einige Jahre bestehenden Dreimännerwirtschaft liest sich teilweise wie ein früher Vorläufer von Kommunen und Wohngemeinschaften bewegterer Zeiten; die häuslichen Arbeiten wurden im Rotationsverfahren verteilt, und auch das Ergebnis, also das relativ niedrige Niveau von Ordnung, Sauberkeit und Hygiene, scheint bereits damals der Prozedur entsprochen zu haben. Auch außerhalb der eigenen vier Wände hatte das Studentenleben seine Rituale; Karten- und Billardspiel gehörte ebenso unvermeidlich dazu wie Zigarren und Bier. Stifters milder Spott aber läßt erahnen, daß ihm das Philiströse an diesen Sitten, durch die man sich den verachteten »Philistern« so unendlich überlegen dünkte, durchaus nicht ganz entgangen war.

Auch die Universität mit ihren bereits so welterfahren wirkenden Studenten und den respektheischenden Professoren erschien Adalbert zunächst als ein unsicherer Ort.

»Nur durch den festen Vorsatz, ungeheuer studieren zu wollen, um nicht zurückzubleiben, konnte er seiner gedrückten Stimmung ein wenig aufhelfen – «; sein Ehrgeiz und das andauernde Heimweh nach dem Bekannten und Überschaubaren hielten sich die Waage, und nur langsam bildete sich ein stabileres Gleichgewicht. Die Freunde Mugerauer und Schiffler hatten sich für Medizin inskribiert, Adalbert an der juristischen Fakultät. Auch wenn dies natürlich eine begreifliche, pragmatische Entscheidung war, kommt hier, bei der Wahl des Studienfachs, zum ersten Mal jener unscharfe, verwischte Zug in Stifters Portrait, der im Laufe der Jahre immer bestimmender wurde. Warum hatte er sich für ein Jusstudium entschieden, und warum hielt er an diesem ohne inneren Anteil gewählten Fach fest, selbst als sich bereits ganz deutlich zeigte, daß kein gutes Ende folgen würde? Gewiß, die Möglichkeiten eines mittellosen jungen Mannes vom Lande waren in jedem Falle auf Fächer begrenzt, die eine sichere Aussicht auf Broterwerb eröffneten, und das Studium der Rechte war ein klassischer Zugang zur Beamtenlaufbahn. Es gab jedoch durchaus noch andere Möglichkeiten – trotzdem ist nicht bekannt, daß Stifter eine von ihnen erwog. Offen bleibt vor allem die Frage, warum er den Wunsch der Mutter, die ihren Sohn gerne als Priester gesehen hätte, nicht erfüllte; warum er seinem eigenen Vorsatz, »Pfarrer zu Glöckelberg« zu werden, untreu geworden war – trotz seiner zeitlebens so stark betonten Verwurzelung in der Religion.

Unentschiedenheit, Zögern, Unfähigkeit zum Entschluß prägten bereits den Anfang von Stifters beruflicher Laufbahn, und niemals hat er sein Studium regulär mit einem Examen abgeschlossen. Obwohl er regelmäßig den Lehrveranstaltungen folgte und am Ende des ersten Jahres auch die vorgesehenen Prüfungen in Naturrecht, Kriminalrecht und Statistik ablegte, in den anschließenden Jahren das gesamte Feld von Kirchenrecht, Ökonomie, Bürgerlichem

Recht, Handelsrecht, Politischen Wissenschaften beackerte, begann er sich immer mehr in seinen Tätigkeiten zu verzetteln. Denn neben dem juridischen Pflichtpensum hörte er Vorlesungen in Mathematik, Astronomie und Physik, beschäftigte sich weiterhin mit klassischer und moderner Literatur, verbrachte nicht zuletzt einen ständig wachsenden Teil seiner Zeit mit der Malerei; und alles betrieb er mit der ihm eigenen Gewissenhaftigkeit. Erstaunlich ist nicht, daß ein junger Mann mit Stifters Gaben und Interessen in der Juristerei keine Befriedigung fand, – erstaunlich ist, daß er sich von diesem Brotstudium auch dann nicht zu lösen vermochte, als längst klar war, daß es ihm niemals sein Brot verschaffen würde. Der Student brachte weder die Selbstverleugnung auf, den äußeren Notwendigkeiten konsequent zu folgen, noch besaß er den Mut, auch unter ökonomischen Schwierigkeiten einen Weg als Künstler einzuschlagen. Denn andere Schwierigkeiten gab es nicht: Stifter war frei, niemand redete ihm in seine Pläne hinein. Materielle Unterstützung von seiner Familie konnte er nicht erwarten, brauchte deshalb aber auch keine Rücksicht zu nehmen. Seine Zukunft lag nur bei ihm – und er wußte sich nicht zu entscheiden.

So erweckt die Wiener Studentenzeit im Laufe der Jahre den Eindruck eines unbestimmten Dahintreibens; eine lustlos absolvierte Pflicht einerseits, ein breiter Horizont von wissenschaftlichen und künstlerischen Interessen andererseits, doch nirgendwo eine sich irgendwie abzeichnende Richtung, nirgendwo ein präziseres Ziel. Weder die pragmatische Berufslaufbahn eines Bürgers, noch die bohemehafte Freiheit des Künstlers; Stifter befand sich irgendwo dazwischen, und seine Umgebung begann langsam, ihn als einen Gescheiterten anzusehen, zwar nicht gerade als verbummelten Studenten, doch als einen, der trotz seines Ernstes im Begriff war, den Augenblick der Entscheidung für das eigene Leben zu versäumen. Auch wenn sich anderes hinter dem äußeren Anschein verbarg, auch wenn er sich in diesen Jahren durch mühsame und mit großer Gründlichkeit betriebene Studien all das aneignete, woraus später seine Dichtung und sein pädagogisches Wirken schöpfen konnten – Stifter war auf der Suche nach seinem Weg noch immer ohne Erfolg.

Seinen Lebensunterhalt bestritt Stifter als Privatlehrer in den wohlhabenden, bürgerlichen Häusern Wiens. Er unterrichtete Schüler und Schülerinnen in Naturwissenschaften und Mathematik, in Geschichte, Ästhetik und Literatur; dabei war der Anteil an jungen Mädchen nicht unerheblich, denn in der besseren Gesellschaft des 19. Jahrhunderts wünschte man für die höheren Töchter häufig zwar auch eine höhere Bildung, hielt aber eine reguläre Schulkarriere der zu erwartenden Heirat wegen für entbehrlich. Als Lehrer hatte Stifter Erfolg, sein pädagogisches Talent war unverkennbar, und seine Zöglinge mochten ihn. So hielt er keinesfalls auf Distanz und knüpfte ein durchaus persönliches, freundschaftliches Verhältnis zu seinen Schülern, nicht selten auch zu deren Eltern. Auch das sollte sich später noch wiederholen: Wo der Altersunterschied einen pädagogischen Zug in eine Freundschaft brachte, da entwickelte sich für Stifter schneller ein herzlicheres und gefühlvolleres Band als in einer Beziehung von gleich zu gleich. Einen Eindruck von seiner Wirkung als junger Mann vermittelt der Kunstkritiker Emerich Ranzoni, der sich nach dessen Tod an die erste Begegnung des Gymnasiasten mit dem neuen Hauslehrer erinnerte: »Das große graublaue Auge strahlte eine solche Fülle von Gemütstiefe aus, daß die durch Pockennarben entstellten Züge verschönt wurden, die Hand, welche er leise von meinem Haupt genommen hatte und mir nun entgegenhielt, war von so einer edlen Form, die ganze Haltung war zugleich so würdevoll und herzgewinnend, daß ich ganz entzückt ausrief: ›O, ich bin glücklich, Louis hat mir so viel von Ihnen erzählt!‹« Etwas ironischer, doch sicher nicht unfreundlich zeichnete ihn 1830 Anna Maria Edle von Collin, die Mutter eines seiner Schüler: »Weder Menschen noch Hunde, weder Tische noch Stühle, nichts, was nicht festgenagelt war, blieb vor ihm sicher. Er stieß überall an, rannte alles nieder, aber da er ein prächtiger Mensch und ein vortrefflicher Umgang für meinen Ludwig war, einfach und sittig wie ein junges Mädchen, so habe ich mich daran gemacht und nicht nachgelassen, bis er sich seine Tölpelei abgewöhnte.« Zu spüren ist in solchen Sätzen gewiß auch etwas von der gönnerhaften Überheblichkeit der Aristokratin gegenüber dem Burschen vom Lande und seinen unmöglichen Sitten, doch zeigen sie sonst wohl recht getreu die fortwährende Fremdheit des böhmischen Studenten in Wien.

Natürlich war es für einen mittellosen Studenten, der auf keinen wirtschaftlichen Rückhalt in der Familie bauen konnte, ein Glücksfall, durch seine Qualitäten und Kenntnisse ein Auskommen als Lehrer zu finden. Für Stifter aber wurde es zu etwas anderem als nur einem vorübergehenden Broterwerb während der Studienzeit, für Stifter, der keinen anderen Anfang schaffte, wurde es der Beginn einer jahrelangen hauptberuflichen Tätigkeit. Damit änderte sich aber auch recht schnell das Gefühl gegenüber der täglichen Arbeit, denn was für den Studenten als zeitweiliger Behelf noch erträglich sein mochte, das wurde für den langsam ins Erwachsenenalter kommenden jungen Mann eine ständige Mühe ohne jegliche Perspektive. Und gewiß spürte er auch trotz allem Wohlwollen den untergeordneten Rang seiner Stellung: Die Rolle des Privatlehrers im bürgerlichen Hause des 19. Jahrhunderts unterschied sich nicht wesentlich von der des Hofmeisters beim Adel fünfzig Jahre zuvor – Generationen von Stiftlern und Studenten hatten damit ihre harten Erfahrungen gemacht. Hölderlin hatte sich belehren lassen müssen, daß er aller Bildung zum Trotz gesellschaftlich zu den Hausangestellten zählte; daß Stifter im Laufe der Jahre seine Situation als nicht weniger demütigend empfand, zeigt jener bittere

Kommentar, den er noch in seinem spätesten Werk, der unvollendeten *Letzten Mappe* abgab: »Da sind die, welche in die Häuser gehen müssen, um ein wenig Erziehung und Unterricht darzureichen, und sich dann wieder von hinnen zu begeben. Und wenn eine Zeit um ist, bekömmst du dein Geld, und niemand kümmert sich um dich. Und wenn dich dein Herz überkömmt, und du aus ihm zu dem Schüler redest, und dann aufstehst, und in Demut Abschied nimmst, und fort gehst, und wenn er an dem Fenster steht, und auf den Scheiben trommelt, und dich unten weggehen sieht, von Wägen, die da fahren, mit Kot bespritzt, dann deucht er sich mehr zu sein als du, und die Seinigen denken auch so. Und ist das nicht Hunde tanzen lassen, Dudelsack pfeifen, Untaten singen, den Hanswurst zeigen, und dann mit der Papiertüte sein Geld sammeln gehen? Mir ist es schon lange bis zur Kehle.«

Auf der anderen Seite aber ist bezeichnend, daß diese illusionslosen Worte, in denen zugleich ein gewisses Selbstmitleid klingt, erst aus den letzten Jahren des Dichters stammen; nichts Ähnliches ist aus der Wiener Zeit bekannt, und Stifter erweckt bereits den Eindruck desjenigen, der den Konflikten lieber aus dem Wege geht. Er tat seine Arbeit, ohne sich und die anderen spüren zu lassen, wie erniedrigend er sie häufig empfand. Die Aussicht, sein Leben mit stundenweise bezahltem Unterricht zu verbringen, kann keine wirkliche Lebensperspektive geboten haben; er aber wollte in seinem Inneren keinen Zweifel aufkommen lassen, und kam er trotzdem auf, so durfte er zumindest nicht gezeigt werden. Die bürgerliche Gesellschaft Wiens kannte eine strenge Hierarchie; Stifter vermochte nichts daran zu ändern, und obwohl er ständig darunter litt, zog er es vor, nicht zu rebellieren, sie vielmehr als naturgegebene Ordnung hinzunehmen.

Ablenkung und Trost in dem wenig hoffnungsvollen Alltag fand er bei den kulturellen Angeboten der Hauptstadt; er lernte die Museen kennen, wo er Anregungen für die eigene Malerei fand, besuchte Konzerte und Theateraufführungen, mit denen Wien reich gesegnet war. Im Burgtheater sah er so bedeutende Schauspieler wie Joseph Lange, Heinrich Anschütz und Sophie Schröder, und noch im *Nachsommer* beschrieb er den überwältigenden Eindruck der Shakespeareschen Szene, da König Lear seine Tochter Cordelia auf Knien um Vergebung anfleht: »Mein Herz war in dem Augenblicke gleichsam zermalmt, ich wußte mich vor Schmerz kaum zu fassen. Das hatte ich nicht geahnt, von einem Schauspiele war schon längst keine Rede mehr, das war die wirklichste Wirklichkeit vor mir.« Die Beschäftigung mit Literatur, Musik und Malerei wurde ihm immer mehr zu einer Insel, die weit von den Zwängen der Universität und des Lehrerberufs entfernt war; hier hatte er ein Feld reiner und sich selbst genügender Liebhabereien, die keinem äußeren Zweck zu dienen hatten, sondern nur der eigenen Freude und der Entwicklung des eigenen Ich. Früh wurde die Kunst zu einem Reservat, in dem das harte Realitätsprinzip keine Geltung hatte.

Sein eigenes Malen wurde ihm immer wichtiger. Doch von Anfang an machte sich darin jener Zug bemerkbar, der sich niemals verlor: von Anfang an war Stifter Landschaftsmaler, Menschen kamen bei ihm praktisch nicht vor. Er zeichnete kleine Veduten, wagte sich langsam an größere Ausschnitte, versuchte sich auch einmal an einer Ansicht der Stadt; sein Hauptinteresse aber blieb stets die Natur in ihren vielfältigen Formen. Für die schon ganz persönliche Art seiner Naturauffassung sind jedoch nicht seine Bilder, ist vielmehr eine Anekdote aus dem ersten Wiener Winter sehr bezeichnend. Stifter war auf einem Spaziergang bis an die Donau gelangt, und hier beeindruckte ihn das Spiel des Eises, das Aufeinanderstoßen und Zerbrechen der treibendern Schollen so tief, daß er häufig ans Ufer zurückkehrte, um Werden und Vergehen der gewaltigen und bizarren Gestalten zu verfolgen. Unauflösbar verschlang sich bereits die künstlerische, ästhetische Anziehung durch das faszinierende Schauspiel von Formen und Farben mit dem analysierenden Interesse des Naturwissenschaftlers am Ablauf eines physikalischen Phänomens. Auch Stifters optische Wahrnehmung war noch unentschieden – zwischen dem zergliedernden Blick des Forschers und dem zusammenfassenden Auge des Künstlers.

Das erste Jahr in der Hauptstadt Wien neigte sich seinem Ende zu. »Herr Adalbert Stifter aus Oberplan in Böhmen hat an der k.k. Universität zu Wien die Theorie der Statistik und die europäische Staatenkunde sehr fleißig besucht und in der zu Ende des ersten Semesters vorgenommenen Prüfung die erste Klasse mit Vorzug erhalten. Sein Betragen war den akademischen Gesetzen vollkommen gemäß. Zur Urkunde dessen haben wir gegenwärtiges Zeugnis mit unsrer Unterschrift und dem Siegel der juridischen Fakultät bekräftigt. Wien, den 27. des Monats April 1827.« Stifters erstes Zeugnis war ausgezeichnet, und auch die Prüfungen am Schluß des Sommersemesters brachte er mit vollem Erfolg hinter sich. Ein Anfang war gemacht, und er schien vielversprechend. Stifter konnte zufrieden sein, noch.

Als die Ferien begannen, machte er sich mit den Freunden auf den Weg nach Hause. Zuerst ging es in Richtung Oberplan, und nach den Monaten in der großen Stadt genoß er das Wiedersehen mit der ländlichen Heimat besonders. Doch bald schon wanderte er zu Besuch nach Friedberg, wo seine Kameraden Schiffler und Mugerauer wohnten. Auch Friedberg war ein kleiner, wenn auch etwas städtischer wirkender Marktflecken wie Oberplan, etwa zwanzig Kilometer flußaufwärts an der Moldau gelegen. Schon früher, in der Schulzeit von Kremsmünster, war er dann und wann zu Gast gewesen, doch jetzt, für die ganze Dauer der Universitätsjahre, wurde Friedberg zu einem der wichtigsten Orte der Ferienmonate, und bald verbrachte er hier mehr Zeit als bei der Familie. Anders als in Oberplan hatte sich nämlich in Friedberg eine kleine Gruppe junger Leute gebildet, die Stifters gewandelten Bedürfnissen weitaus eher entgegenkam als die bäurische Jugend im Heimatdorf, unter der er sich immer fremder fühlte. Außer Mugerauer und Schiffler gab es noch andere junge oder werdende Akademiker, mit denen man sich anfreunden mochte, darunter den angehenden Arzt Wenzel Huber und seine Geschwister, den Forstbeamten Johann Tomschy oder den Kaufmannssohn Mathias Greipl. Auch Mädchen gehörten zu dem Kreis, und es hat den Anschein, als ob zumindest am Anfang eine recht ungezwungene, von den Eltern maßvoll überwachte Atmosphäre zwischen den heranwachsenden jungen Frauen und Männern herrschte.

Gesellschaftlicher Mittelpunkt für das Treiben der jungen Leute wurde sehr schnell das am Marktplatz gelegene Haus der Familie Greipl. Mathias Greipl senior betätigte sich wie einst Stifters Vater im Leindwandhandel, doch mit mehr Glück und Geschäftssinn begabt, hatte er es zu Wohlstand gebracht und besaß Niederlassungen in Wien, Pest, Triest, Verona und Mantua. Für die Freunde ihrer Kinder, vier Töchter und ein Sohn, führten die Greipls einen gastfreien Haushalt, und die jungen Leute fühlten sich wohl, wo man sie gerne sah. Unter den Greiplkindern gab es zwei, die ungefähr in Stifters Alter waren und zu denen er stärker hingezogen wurde: die 1808 geborene Tochter Franziska, genannt Fanny, und ihr zwei Jahre jüngerer Bruder Mathias, der später das väterliche Geschäft übernahm und mit Stifter über lange Zeit freundschaftlich verbunden blieb. Unter den Mädchen war Marie Blechinger, die Tochter eines Glasfabrikanten aus Ernstbrunn, und als sie 1835 Franz Xaver Schiffler heiratete, ging hier eine Ehe aus dem Friedberger Kreis hervor, wie sie Stifter in seiner Liebe zu Fanny versagt blieb.

Noch war von solchen Verwicklungen wenig zu spüren, und der Sommer verlief ungestört, erfüllt mit den Vergnügungen einer kleinstädtischen Jugend. Viel Zeit wurde mit

Spaziergängen oder Wanderungen in der Umgebung verbracht, und später kam auch so manche Ausfahrt im Greiplschen Wagen zu etwas ferner gelegenen Zielen hinzu. Man stieg auf den fast 1400 Meter hohen Blöckenstein und besuchte nahe dabei den einsamen, im Hochwald verborgen daliegenden See, man wanderte zum Waldkloster Hohenfurth und zu der kleinen Kapelle von Sankt Thomae, die schon lange kein Wallfahrtsort mehr war und jetzt geplündert und leer in der Wildnis lag. Der Thomasberg beherbergte noch eine andere pittoreske Attraktion: Auf seiner Höhe, inmitten schwarzer Tannenwälder lagen die Trümmer einer verfallenen Burg. Eine viereckige, düstere Ruine, deren Mauern längst von wilden Pflanzen, von Blumen und Gebüsch überwuchert wurde. Wittinghausen, der Stammsitz einer alten böhmischen Adelsfamilie, war im 12. Jahrhundert durch Witiko von Pric erbaut worden; nicht nur der Burg, sondern auch seinem Geschlecht, den Witigonen, hatte er seinen Namen gegeben. Unweit von Friedberg lagen auch das Städtchen und das Schloß Rosenberg. Die Witigonen, die im Wappen das Bild der fünfblättrigen Rose führten, wurden deshalb auch als die Rosenberger bezeichnet – und die Geschichte der Rosenberger sollte eines der letzten großen Romanprojekte im Leben Adalbert Stifters werden.

Vom Hochwald bis zu Witikos Burg – die Wege der Friedberger Gruppe auf ihren Ausflügen in der Landschaft Böhmens berührten viele jener Orte, die später in den Erzählungen und Romanen des Dichters neues Leben fanden. Es war eine Zeit großer Aufnahmebereitschaft, eine Zeit der Vorbereitung, in der Stifter, von außen unerkennbar, den Grundstock jener Materialien in sich ansammelte, auf dem er später sein Werk errichten konnte. Dies gilt für die sinnliche und die geschichtliche Erfahrung ebenso wie für die scheinbar so zusammenhanglosen, ohne Ziel dahinlaufenden Studien in tausendundeinem Fach. Es gilt aber nur im Rückblick und nur für einen, der weiß, was später aus diesen in unbestimmter Erwartung verbrachten Jahren entstand; für die Friedberger Freunde gab es den Dichter Stifter noch nicht, es gab nur Adalbert, einen jungen Mann, der auf vielleicht sympathische, aber doch etwas seltsame Weise durch die Landschaft und durch sein Leben streunte.

Education sentimentale

Durch die Begegnung mit Fanny Greipl begann jene Epoche im Leben Adalbert Stifters, die zum ersten Mal ein wirklich deutliches Charakterbild des jungen Mannes aufscheinen läßt – und die doch zugleich rätselhaft und in vielem unverständlich bleibt. Die mehrere Jahre dauernde Beziehung hat Stifter für sein Leben geprägt, verlief aber von Anfang an in einer Richtung, die ihrerseits schon durch seine Persönlichkeit vorgezeichnet war. Zwischen 1827, als die beiden sich zum ersten Mal näher kamen, und 1835, dem Augenblick des letzten, nunmehr unbeantwortet bleibenden Briefes an Fanny, lagen die acht Jahre, in denen Stifter zu der Gestalt wurde, als die man ihn kennt; acht Jahre, die nicht nur für sein Gefühlsleben, sondern auch für die äußeren Umstände seines ganzen weiteren Daseins entscheidend wurden. Die Beziehung ist gut dokumentiert; wenn trotzdem immer ein Rest von Undurchdringlichkeit über ihr blieb, dann ist dafür Stifters Charakter selbst verantwortlich, die dunkle, beschattete Seite seines Wesens.

Im Sommer 1827 war Stifter fast zweiundzwanzig, die am 27. Juli 1808 geborene Fanny gerade neunzehn Jahre alt. Außer einem Kinderportrait ist kein Bildnis bekannt; berichtet wird von einem lebhaften und gutaussehenden Mädchen mit dunklen Augen, das so manche Blicke auf sich zog und darüber hinaus als Tochter aus wohlhabendem Hause auch keine schlechte »Partie« war. Der Freund Anton Mugerauer erblickte in ihr ein »hübsches Gesichtchen und eine zur Fülle neigende Gestalt«, das ist aber bereits alles, was sich über Fanny Greipl sagen läßt, denn jenes Bild von ihr, das tatsächlich mehr als ein Jahrhundert überdauert hat, ist ausschließlich mit den Augen Adalbert Stifters gesehen. Nur in seinen Briefen und in den Stellen seines

Werkes, in denen die frühe Liebe beschworen wird, findet sich eine Zeichnung ihrer Züge; wie getreu diese war, wie sehr sie vielleicht eher den frühen Projektionen und der späten Sehnsucht des Liebenden folgte – es gibt keine Dokumente, die darüber Auskunft geben könnten. Fannys Briefe sind allesamt verloren; auch das eine seltsame, erklärungsbedürftige Tatsache bei einem, der alles, auch die Briefe des Bruders Mathias, sorgfältig verwahrte. Ob er sich später von schmerzlichen Erinnerungsstücken trennen wollte, ob der Ehemann Stifter seiner Gattin Genugtuung verschaffen mußte? Von Fanny blieb ihm nichts als seine Erinnerung.

Die unbeschwerten Sommerferien von 1827 wiederholten sich im folgenden Jahr; wieder gab es Ausflüge, Fahrten, selbst kleinere Reisen in die Umgebung. Blieb der Umgang auch noch ungezwungen, so waren doch die ersten Veränderungen nicht mehr zu übersehen. Unter den jungen Leuten – so zwischen Franz Xaver Schiffler und Marie Blechinger, zwischen Adalbert Stifter und Fanny Greipl – bildeten sich Konstellationen, die anderes waren als Freundschaft. Stifter aber schien nicht wahrhaben zu wollen, daß die Kameradschaft zu Verliebtheit geworden war; er beteuerte Fanny und wohl vor allem sich selbst seine unwandelbare Freundschaft und gestand sich nichts von der erotischen Anziehung ein, welche die Zwanzigjährige auf ihn ausgeübt haben muß. Am 7. November 1828, als er nach Wien zum Studium zurückgekehrt war, schrieb er ihr seinen ersten Brief:

»Liebe teure Freundin! Ich habe dir versprochen, oder besser gesagt, du hast mir erlaubt, an dich schreiben zu dürfen; und von dieser Erlaubnis mache ich daher Gebrauch, und sende dir diese Zeilen von Wien, nebst meinen tausendfachen Gruß. Beinahe unerträglich ist mir wieder das Leben in Wien auf jene glückliche goldene Zeit, in welcher ich in so angenehmer Gesellschaft im Budweiser Kreise herumfuhr. Ich werde jener Tage in Ewigkeit nicht vergessen, es waren die schönsten Ferien meiner ganzen Studienzeit. Für jedem Menschen von Bildung und feinem Gefühle ist es ein inniges Lebensbedürfnis, sein Herz an andere Menschen anzuhängen, die er lieben, mit denen er in herzlichem Verkehre leben kann. Darum ist es mir bei euch so wohl, weil ich weiß, daß ihr mir alle gut seid, und weil ich das selige Gefühl genießen kann, euch recht von Herzen lieben zu dürfen. Vergiß nicht, liebe Fany, auf das, was ich dir in den Ferien sagte, es kam aus dem aufrichtigen Herzen deines besten Freundes – doch das wirst du längst vergessen haben, nur eines bitte ich dich, spotte nie über meine Schwäche, es würde mich ungemein schmerzen, denn ich habe dich wirklich recht mit ganzem Gemüte lieb, und werde dich immer lieben. Ich weiß es ja, es ist nur ein liebliches Phantom, es ist nur ein Kartenhaus, an dem ich mich so sehr ergötze, doch mir ist dieses Phantom dieses Kartenhaus so lieb, und mich wird der Wind sehr betrüben, der es gewiß über kurz oder lang umblasen wird. Wenn es eine Torheit ist, die ich begehe, so ist bloß jenes Herumfahren Schuld, wo wir uns beide so nahe kamen – doch es mögen die Sachen stehen, wie sie wollen, über dies einzige sei überzeugt, daß ich stets dein Freund in der vollen Bedeutung des Wortes bleiben, und nie zweideutig gegen dich handeln werde, sondern jederzeit offen redlich und wahr. Ich hätte dir unendlich viel zu sagen, was man alles einem Briefe nicht einschalten kann. Schreibe ja gewiß, ich bitte dich herzlich darum. Stifter.«

Dieser Brief, dessen Verfasser verspricht, niemals »zweideutig« sein zu wollen, ist die Zweideutigkeit selbst. Die Intensität des Gefühls ist in jeder Zeile spürbar – trotzdem versichert der Schreiber seiner Geliebten, nichts als ihr »bester Freund« zu sein. Er preist sich glücklich, den ganzen Freundeskreis »recht von Herzen lieben zu dürfen« – dabei ist es doch sie allein, von der er diese Erlaubnis will. Am seltsamsten aber sind jene Worte, mit denen er seine Liebe, dies »Kartenhaus« von Anfang an verloren gibt und

Fanny zu einem »lieblichen Phantom« erklärt, das er niemals erringen wird; deutlicher als in dieser Preisgabe des erhofften Glücks konnte er nicht ausdrücken, daß er sich sehr wohl anderes und mehr von Fanny ersehnte als Freundschaft.

Warum dies Aufgeben, diese Resignation schon im ersten Augenblick? Ein wirklich zwingender Grund ist nirgends erkennbar. Nichts deutet darauf hin – und um so weniger, wenn man den ganzen Verlauf der Beziehung im Rückblick überschaut –, daß Fanny selbst den unerklärten Bewerber abgewiesen hätte. Auch seine berufliche und wirtschaftliche Situation ist keine hinreichende Erklärung. Gewiß, die gutsituierten Eltern Greipl mochten sich einen anderen Mann für ihre Tochter wünschen als den mittellosen Studenten. Aber immerhin bestand hier keine unüberwindliche Klassenschranke; Fanny kam nicht aus adligem Hause, und Johann Stifter war ein Leinwandhändler gewesen wie Mathias Greipl auch. In den ersten Jahren der Bekanntschaft mit Fanny war Adalbert ein Student, der durchaus zu Hoffnungen auf eine geregelte Beamtenlaufbahn Anlaß gab und damit auch auf eine bürgerliche Lebensgrundlage, die selbstverständliche Voraussetzung für eine Eheschließung. Er mochte wohl nicht der erträumte Schwiegersohn sein, ein akzeptabler wäre der k. k. Beamte allemal gewesen.

Nein, die wirklichen Gründe für diesen vorbeugenden Verzicht liegen nicht in äußeren Umständen, sie liegen in tieferen Schichten von Stifters Charakter selbst. Die Liebe entsteht aus eigenem Recht; will ein Mensch sich aber zu ihr bekennen, braucht er auch das Bewußtsein, selber der Liebe wert zu sein. Stifter besaß dieses Selbstvertrauen nicht. Die unaufrichtige Beschränkung auf die Rolle des »besten Freundes« ebenso wie die Bezeichnung seiner Hoffnung als »Kartenhaus« stellten das verschwiegene Bekenntnis eines Mannes dar, der ein wirkliches Bekenntnis nicht wagte. Der ganze Brief war eine einzige Bitte um

Liebe; doch weil seinem Schreiber die Sicherheit fehlte, auch selbst als Liebender der Geliebten etwas bieten und sein zu können, die Überzeugung, daß auch seine Zuneigung etwas Wertvolles darstellte, vermochte er es nicht, ihr offen gegenüberzutreten. Vielleicht litt er unter seiner wenig attraktiven Erscheinung, seinem pockennarbigen Gesicht, vielleicht unter einem viel tiefer liegenden Zweifel am eigenen Wert: Stifter glaubte nicht an seine Liebe, weil er an sich selbst nicht glaubte. Stattdessen warb er um Mitleid, hoffte auf nichts so sehr wie auf die Versicherung, daß seine Liebe eben doch kein Kartenhaus sei. Diese Liebe, die doch nichts anderes sein sollte als Freundschaft und Kameradschaftlichkeit.

Sich selbst mochte Stifter noch täuschen, die anderen hatten jedoch längst begriffen, was da geschah. Fannys Eltern suchten zunächst alles zu vermeiden, wodurch das Verhältnis sich vertiefen konnte, und es war die Aufgabe des jungen Mathias, dies seinem Freunde schonend beizubringen. Im November und Dezember gingen mehrere Briefe hin und her zwischen Friedberg und Wien. Stifter antwortete gekränkt. Wortreich versuchte er Mathias von seiner reinen, uneigennützigen Freundschaft für die Schwester zu überzeugen, vermochte es aber zugleich nicht, seine Eifersucht gegenüber vermuteten Nebenbuhlern zu unterdrücken. An dem ersten wollte Mathias nicht zweifeln, hinsichtlich des zweiten konnte er alle Befürchtungen zerstreuen – der unfreiwillig in die Rolle des Vermittlers Gedrängte war nicht weniger inkonsequent als Stifter selbst. Doch die Dinge nahmen weiter ihren Lauf, denn auch Fanny wollte sich nicht umstandslos den Wünschen ihrer Eltern fügen und schrieb nun ihrerseits an den fernen Verehrer.

Der zeigt sich in seiner Antwort vom 3. Februar 1829 »im höchsten Grade entzückt« von diesem Beweis der Zuneigung; doch dann setzt sich den ganzen Brief hindurch die gleiche, gewundene Zweideutigkeit fort, mit der diese Beziehung begann. »Ich fürchte mich schon auf die Zeit, wo das so schöne brüderliche Band sich allmählich lösen wird, und wo der Jugendzeit, der Zeit unbefangenen freudigen Liebens, als eines schönen Traumes gedacht werden wird, der der gemeinen Wirklichkeit Platz machen mußte. Und so wird man von Tag zu Tag ärmer, wie sich eine Jugendfreundschaft nach der andern von dem Herzen ablöset; denn nur der ist reich, der geliebt wird, und lieben darf.« Und nachdem er so die Angst vor dem Verlust Fannys in die Angst vor dem Ende der Jugend verkleidete, sprang er von dieser Fiktion fast übergangslos zu einer anderen Erklärung für seine trübe Stimmung: »Einen großen Teil davon mag das Bewußtsein haben, daß ich einen gewissen Wunsch, der mein höchster ist, nie und nimmermehr erreichen werde.« Wie immer er sich auch selber täuschen wollte, im Grunde wußte er sehr genau, daß er niemanden mehr den Inhalt dieses unausgesprochenen Wunsches zu erklären hatte. Stifters Sprache der Liebe war bereits eine Sprache des Verschweigens; nicht das Gesagte, das Unausgesprochene ist das Entscheidende.

Der unvermittelte, wenn auch reichlich schönfärberische Hinweis »ich bin recht gut versorgt was die Bedürfnisse des Lebens anbelangt« zeigt darüber hinaus, daß er die Bedingung für die Erfüllung seines Wunsches bestens kannte, doch im letzten Absatz schlug der Tonfall noch einmal um: »Unterhältst Du Dich gut im Fasching? Warst Du schon auf Bällen? Was macht die Nani? Hat wohl – – das geht mir immer im Kopfe – hat wohl der heurige Karneval wieder ein Unglück unter Deinem Busentuche angerichtet???« Worauf immer sich die letzte Anspielung auch beziehen mochte, die aggressive Ironie, mit der die Eifersucht hervorbrach, beleidigte Fanny aufs äußerste, zumal ihr wohlmeinende Freunde auf irgendeine Weise hinterbracht hatten, Stifter stehe mit einem Mädchen aus Linz in Briefwechsel und habe auch in Wien eine Freundin. Der Status Quo war nicht mehr zu halten.

Mit den zwei im Mai gewechselten Briefen wurde das Verhältnis auf eine neue Stufe gestellt, und der ängstliche Stifter sah sich nun zu einem offenen Bekenntnis gezwungen. Wodurch, das verraten seine Worte vom 15. Mai: »Teuerste Freundin! Dein letztes Schreiben, so sehr mich das Erblicken der bekannten Schriftzüge erfreute, hat mir sehr großes Mißvergnügen gemacht, da es mich so tief in meinem Selbstgefühle ergriff und verletzte.« Die verständliche, beleidigte Reaktion des Mädchens nahm Stifter zum Anlaß, den Spieß umzudrehen und nun *ihr* die Schuld an dem mangelnden Selbstvertrauen zuzuschreiben, an dem *er* litt. Er wehrte sich gegen den Vorwurf, eifersüchtig und mißtrauisch zu sein, und wies zugleich den Verdacht, er selbst habe andere Liebschaften, entrüstet zurück – ohne zu bemerken, daß er selbst doch nicht mehr Recht auf Eifersucht hatte als Fanny auch. Dann aber wagte er zum ersten Mal Offenheit: »So herrschen 2 Stimmen in mir, die sich widersprechen, und so geschieht es, daß ich dir in demselben Augenblick sage daß ich dich liebe – und auch daß es besser wäre, wir wären bloß Freunde.« Scheinbar rational nennt Stifter diese Stimmen »Neigung meines Gemütes« und »kalte Vernunft«; in Wahrheit jedoch waren es Hoffnung auf Liebe und Angst vor der Zurückweisung.

Wie Fanny sich verhielt, das läßt sich nur indirekt aus Stifters Antwort erschließen: »Ferner heißt es in deinem Briefe: ›treten wir wieder zurück in unser ganz früheres Verhältnis, ich weiß du wünschest es.‹ Fany! *das* konntest du schreiben?! Wäre es denn dir so leicht zurückzutreten? Mir nicht! Auf Ehre, bei dieser Stelle mußte ich mir in die Unterlippe beißen und das Wasser trat mir in die Augen. Meinst du, es sei so leicht, das vorige Verhältnis der Unbefangenheit und Ruhe herzustellen? Wo ein Mal das Gleichgewicht gestöret ist, sei es durch Liebe, sei es durch Haß, dort ist es nimmer wieder herzustellen, denn es wird immer und ewig eine gewisse Spannung und Ängstlichkeit oder Befangenheit herrschen, die die Seele hindert, sich frei und freudig zu bewegen. Deshalb haben wir beide nur mehr die Alternative, daß wir uns *recht* lieben, oder ganz entfremden müssen, es gibt kein drittes. [...] Ich bitte dich, weiche mir nicht aus, sag es mir gerade zu – ich kann und will nicht länger in diesem Zwitterverhältnis zwischen Freundschaft und Liebe schweben – mag die Antwort sein wie sie wolle, ein Mal muß es entschieden werden« – zum ersten Mal fand Stifter klare Worte für sein Gefühl. Zum ersten Mal auch hatte er begriffen, daß Liebe nicht einfach eine graduelle Steigerung von Freundschaft, sondern etwas vollkommen *anderes* ist. Ob irgendein Wiener Erlebnis hinter diesem endlich erwachenden Mut stand, ob vielleicht doch etwas Wahres an den Gerüchten war, ist nicht bekannt, die Zeit der Zweideutigkeit jedoch war vorerst vorbei.

Fanny scheint auf eine solche Erklärung gewartet zu haben; die Spannungen lösten sich auf, Stifter übersandte ein mit viel Mühe gefertigtes Aquarell von Friedberg, sie bedankte sich mit einem gestickten Tabaksbeutel. Nach einem nur noch mittelmäßigen Examen in Handels- und Wechselrecht machte sich Stifter wiederum auf in die Sommerferien. Aber diesmal führte ihn sein Weg nicht direkt in die Heimat, diesmal hatte er sich mit Fanny und Mathias in Bad Hall verabredet, nur wenige Kilometer von Kremsmünster entfernt. Auch daran, an der Erlaubnis zu einer so ganz neuen Form der Gemeinsamkeit, ist zu erkennen, daß die Eltern Greipl die Verbindung ihrer Tochter bestimmt nicht mit allen Mitteln zu verhindern suchten. Die drei verbrachten eine glückliche Zeit miteinander, unternahmen Wanderungen und sogar eine kleine Fahrt über die Grenze bis nach Berchtesgaden, bevor sie sich über Linz auf die Reise nach Friedberg machten. In diesem Jahr verbrachte Stifter noch mehr Zeit als sonst in dem Städtchen und wohnte dann bei dem Freunde Schiffler, dessen Vater einen Gasthof betrieb. Immer seltener ging er nach Oberplan, und vielleicht trug dazu außer dem Verlangen, in

Fannys Nähe zu sein, auch eine weitere Veränderung bei, die ihm das heimatliche Haus noch fremder machte: Am 6. April war dort ein weiteres Kind, sein Halbbruder Jakob Mayer, auf die Welt gekommen. Stifter brauchte lange, um sich damit abzufinden.

Der Sommer ging zu Ende; Fanny lag krank im Bett, als Stifter für ein weiteres Jahr von ihr Abschied nahm. Auf dem Rückweg nach Wien machte er in jenem Linzer Gasthof halt, wo er auch im Sommer mit den Geschwistern eingekehrt war; sehnsüchtig hörte er zu, wenn die Wirtin von seiner Freundin sprach, genoß die wundervolle Illusion, daß in ihren Worten Fanny und er tatsächlich schon ein Paar geworden waren. Zurück in Wien, erwachten Angst und Eifersucht sofort aufs neue – vor allem aber das Verlangen nach einer wirklichen Erfüllung seiner Liebe. Und die stand noch weit in den Sternen. Die gemeinsamen Ferien, das Glück, in der Nähe der Freundin zu sein, hatten diese Sehnsucht für die Dauer der Ferienzeit doch nur besänftigt, nicht aber gestillt. Denn natürlich zogen die Regeln der bürgerlichen Schicklichkeit, die auch Stifter niemals in Frage stellte, der Vertrautheit der beiden Verliebten überaus enge Grenzen; wären sie überschritten worden, so hätten die Eltern Greipl der Verbindung umgehend ein Ende gesetzt. Der Augenblick, wo Stifters berufliche Situation ihm erlauben würde, diese Grenzen legitim zu überwinden, war aber noch nicht einmal von fern zu erkennen. So ist seine erste Nachricht aus der Donaustadt, wo er sich wieder mühsam an die Rechtswissenschaft machte, von schwer zu überbietender, begreiflicher Trübsinnigkeit:

»Meine herzinnigstgeliebte Freundin! Die schlechte stinkende Luft, der Lärmen, und vor allem mein Herzweh sagen mir, daß ich in Wien bin«, beginnt der am 1. Oktober geschriebene Brief, und nach langer Beschwörung vergangenen Glücks und gegenwärtiger Depression kommt er wieder auf seinen einzigen, unabänderlichen Gegenstand zurück: »Fanni, liebe liebe Freundin! wenn ich den Gedanken denken sollte, daß wir uns einst trennen müßten – ich bitte dich, übereile dich nicht, wenn man dir eine Partie vorführt – Du zerrissest mir das Herz, wenn ich dich unglücklich wüßte – und doch was wird es anders sein? – ein Fremdling wird kommen und mit kalter Hand dein Herz dahinführen, das mich und dich unendlich glücklich gemacht hätte. Er wird dich nicht kennen, Dich nicht nach Verdienst würdigen können – und mir – mir bricht das Herz, wenn ich dich in rohen liebeleeren Händen wüßte. Doch wenn irgend Treue und Glauben auf der Welt ist, so bitte ich dich, baue und traue auf mich, eher verlasse ich das Leben, als ich Dich verlasse. Wenn Du Mut hättest, und Vertrauen auf mein Ehrenwort oder, besser gesagt, auf meine Rechtschaffenheit! Feste Ausdauer muß endlich zum Ziele führen. Was mich betrifft, so wollte ich jede, die nur immer in mir liegt, aufregen zur Tätigkeit, ich will arbeiten, was ein Mensch arbeiten kann – aber Du müßtest aus Liebe und Vertrauen in mein Versprechen Dich selbst zum Lohne meiner Mühe aufsparen. Es müßte doch einmal eine Zeit kommen, wo ich mit Ehren vor Deine Eltern treten könnte, und sie bitten, daß sie mir Dich als mein Liebstes auf Erden geben möchten. Dann soll Deine Mutter ein Beispiel erleben, daß doch nicht jede Studentenliebe vergänglich sei. [...] Und überdies, was ist denn an dem ganzen Plane Unmögliches und Zweifelhaftes? Im schlimmsten Fall kann es 6-8 Jahre dauern, und warum soll treue Liebe diesen Zeitraum nicht überwinden können? Nur kleine und schwache Seelen schrecken vor großen, und weit aussehenden Planen zurück.«

Fast ununterscheidbar mischen sich in diesem Brief echtes Leiden mit stilisierter Pose und literarischen Versatzstücken. Denn natürlich quälte Stifter nicht die Vorstellung, sie könne »in rohe liebeleere Hände« geraten – warum sollte ein *anderer* auch automatisch ohne Liebe sein? –, ihn quälte allein die Möglichkeit, daß womöglich nicht *er* es sein würde, der Fanny in *seine* Arme schloß. Und unmittelbar neben diese Werbungen schrieb er Sätze, von denen er wissen mußte, daß sie das Gegenteil bewirken würden. Was sollte ein junges Mädchen von einundzwanzig Jahren – dies galt damals als durchaus angemessenes Heiratsalter – davon halten, daß ein Verehrer ihr sechs bis acht Jahre Wartezeit in Aussicht stellte? Daran konnten auch die langen, sich anschließenden Deduktionen nichts ändern, in denen Stifter seine glänzenden Aussichten beschwor; »Gönner, und zwar große« werden angeführt, von Beispielen ist die Rede, wo einer sofort nach dem Examen eine Anstellung mit sechshundert Gulden bekam. Wie es damit auch bestellt sein mochte – sein eigenes Examen hatte Stifter damit noch lange nicht in der Tasche.

Stifter war also wieder in Wien. Da sich das Dreimännerhaus im Pallfyschen Palais nach drei Jahren aufgelöst hatte, wohnte er jetzt alleine; die Freunde Schiffler und Mugerauer steuerten zielbewußt auf ihr medizinisches Examen zu, und die Lebensumstände begannen sich dementsprechend zu verändern. Nicht verändert hatte sich dagegen Stifters ambivalente Gefühlslage. Drei Wochen lang hatte er eine Antwort auf seinen Brief erwartet; als er sie dann eines Tages bei der abendlichen Rückkehr nach Hause auf seinem Tisch liegend vorfand, war er enttäuscht über die Kürze und den kühlen Ton, den er darin spüren wollte. Fanny, die offenbar auch nicht entscheidungsfreudiger war als ihr Freund, hatte inzwischen begriffen, daß so, wie die Dinge lagen, von ihren Eltern keine Zustimmung zu bekommen war. Zugleich war ihre eigene Zuneigung zu Stifter so stark geworden, daß sie nicht mehr einfach auf ihn verzichten wollte. Was zu tun war, wußte aber auch sie nicht.

Und Stifters Antwort vom 15. November bewegte sich ebenfalls weiter in den ausweglosen Bahnen seiner Zirkelschlüsse. Für ihn bestanden nur exakt »drei mögliche Fälle«, denn »einen 4. Ausweg gibt es nicht«. Entweder man führte das Verhältnis so fort wie bisher, oder man brach die Verbindung völlig ab. Der dritte Weg wäre der zu den Eltern Greipl und die Bitte um ihre Einwilligung. Was aber in so klarem und logischem Aufbau begann, verlor sich mehr und mehr in Wenn und Aber, in Bedenken und Zurücknahmen, und am Ende war die einzig mögliche Schlußfolgerung, die Fanny aus diesen Überlegungen ziehen konnte, daß *keine* der drei Möglichkeiten eine wirkliche Möglichkeit war. Aber auch das führte zu nichts, denn Stifter wollte und konnte nicht auf das verzichten, »was das einzige Gut des Herzens ist auf Erden: – Familienglück«, und das gab es für ihn nur mit Fanny. »Oder soll ich ein Beispiel mehr abgeben von so vielen 1000 unglücklichen Ehen, und ein Wesen wählen, die mich täglich daran mahnet, wie viel glücklicher ich mit Dir gewesen wäre?« Ein Satz, der wie ein Vorgriff auf Stifters späteres Leben klingt.

Doch es gibt noch etwas anderes, was diesen Brief bemerkenswert macht. Nach all den spiralförmigen Beweisen für die Unmöglichkeit von Liebe wie von Verzicht entwirft Stifter ein Bild, das ihn als alten Mann vorführt, verlassen und gramzerfressen in seinem einsamen Haus. »Bist Du für mich hin: nun dann liegt mir auch nichts mehr an der Welt. Mögen sie mir dann die glänzendste Stelle geben, mir gleichviel – dann ist es für mich zu spät – doch wozu all dieses zu zergliedern – möge der Himmel Dich bewahren und glücklich machen, dann will auch ich versuchen, die Liebe, die nun Dein ist, überzutragen auf meine Arbeiten, und auf die Menschheit – ein wohltätiges Leben, sagt man, gibt ja auch Zufriedenheit.« Es ist nicht das erste Mal, daß Stifter Fanny gegenüber von seinem Drang zum Schaffen sprach – schon in seinem letzten Brief hatte er ihr die Veröffentlichung von Gedichten im *Österreichischen Bürgerblatt* angekündigt –, das erste Mal aber, daß die Arbeit als Ausgleich für ein nicht gelebtes Leben erschien. Doch würde man den Sinn, den diese Briefstelle im Diskurs der Liebe zwischen Fanny und Stifter einnimmt, vollkommen mißverstehen, wenn man hier umstandslos den ersten Schritt zu einer »Läuterung« erkennen wollte, zu einer vergeistigten Sublimierung der sinnlichen Versagung im künstlerischen Schaffen. Was die Passage Fanny gegenüber ausdrücken sollte, ist genau das Gegenteil: sie ist ein Hinweis auf das traurige Schicksal, das den Briefschreiber erwartete, sollte er sie endgültig verlieren. Und damit der äußerste Druck auf sie, ihm solches niemals anzutun.

Fanny scheint sich keinen Rat mehr gewußt zu haben mit ihrem inständigen und zugleich so zögerlichen Liebhaber; diesmal wartete Stifter nicht drei Wochen, er wartete drei Monate, und noch immer war keine Antwort da. Dann, am 14. Februar 1830, schrieb er ihr jenen Brief, der für Jahre der letzte erhalten gebliebene ist und den eine seltsame Mischung von Ironie und Vorwürfen, von Selbstmitleid und erneuten Liebesbeteuerungen durchzieht. Er ist das Dokument einer extremen, bis an die Fundamente der eigenen Existenz reichenden Verstörung.

»Teure Freundin! Da Du vielleicht im Vergnügen des Karnevals vergessen haben magst, daß in Wien einer lebt, dem 3 Zeilen von Dir sehr lieb wären, so gebe ich mir mit diesem Blatte die Freiheit, Dich daran zu erinnern, insbesondere, da ich schon seit dem Anfange des November auf eine Antwort von Dir warte. [...] Mag das sein wie es immer wolle, ich mag und kann nicht grübeln, sonst zerfalle ich heillos mit mir selber; daß ich so ein Narr, ein entsetzlicher Narr bin! Ich bin in der aller ausgelassen lustigsten Stimmung, und der Brief an Mathis ist eine Mustercharte aller Tollheiten; doch ich erinnere mich, daß die Rekruten, welche zum Militär abgeliefert wurden, an den eisernen Stäben ihres Fensters rüttelten, mit feuchten Augen die Hüte schwenkten, und aus ergrimmten Herzen himmelhoch jauchzten. Ich will Dir keine Vorwürfe machen, daß Du durch volle 4 Monate kein Wort an mich schriebest, ich will mich bemühen zu glauben, es sei Dir unmöglich gewesen, oder Du magst Deine gegründeten Ursachen gehabt haben: nur schreibe jetzt — schreibe nur eine Zeile, und erkläre mir Euer so seltsames Schweigen. Deinem Bruder bin ich Freund, wie ich es keinem Menschen auf Erden bin – und aufrichtig gesagt, er scheint es nicht erkennen zu wollen – doch das soll in meiner Brust begraben sein. Dich liebe ich so offen und rücksichtslos, wie ich kaum eine Schwester lieben kann: und vier Monate vergehen ohne eine Zeile. Ich verteidige Dich heftig gegen mich selber, aber der Mensch unterliegt seinen Schlüssen – wie gerne auch das Herz glauben möchte, es muß doch zuletzt der unbedingten Gewalt der klaren Einsicht des Verstandes notwendig und leidend Recht geben. Ob ich an Dir zweifle? noch nicht: aber rätselhaft bist Du mir, irre bin ich, und, offen gesagt, stehe an der Grenze des Zweifels. Wenn der Blitz des Himmels, wenn die Wasser des Wolkenbruches, wenn ein Erdbeben meine Hütte zu Grunde richtet: so erkenne ich das Walten der Gottheit, und trage den Verlust mit einem ruhigen Schmerze: aber wenn der falsche Nachbar, oder mutwillige Hände des Kriegers meine Habe zerstören, so muß der Schmerz ein lebendiges Gefühl beleidigten Rechtes sein, und ist um so unbändiger, da er sieht, es durfte nicht sein. Dann, wenn die Hütte und das Gärtchen sein einziges Gut war – dann verzweifelt er an der Würde der Seele – und wird ein Bösewicht. – Ich wollte ja nicht grübeln!...

Letzthin haben wir bei Frau von Schinko getanzt bis drei Uhr Morgens, und alles hat sich recht gut unterhalten.

Ich bitte Dich, schreibe mir, schreibe mir gleich nach Empfang dieser Zeilen, wenn Du je einige Neigung zu mir hattest, schreibe recht viel. Lebe wohl.

Dein Dich innig liebender Freund Albert.«

Fanny schrieb nicht. Stifters Worte, weder seine Klagen noch seine Vorwürfe und erst recht nicht sein unvermittelter und hilfloser, bewußt oder unbewußt verletzender Hinweis, daß er sich auch ohne sie recht gut zu amüsieren wisse, nichts davon war geeignet, ihr das Bild eines sichereren, zielstrebigeren Willens zu vermitteln. Der Bruch war da. Wahrscheinlich hatte Stifters Schreiben zu einer Aussprache zwischen Fanny und ihren Eltern Anlaß gegeben, und diese ließen ihm durch eine dritte Person, Fannys Freundin Therese Huber, einen Brief nach Wien überbringen, der ihm den Abbruch der Beziehungen nahelegte – ohne jede Unfreundlichkeit, aber entschieden. Tatsächlich blieben die Beziehungen zu den Greipls durchaus freundschaftlich; auch zu Mathias, dem in seiner Rolle als Vermittler und zugleich Fürsprecher Adalberts bei seinen Eltern überaus unwohl zumute gewesen sein muß. Fast als Wiedergutmachungsversuch kann man es auffassen, wenn er nach allem Vorgefallenen seinen Freund zum Sommer wiederum nach Bad Hall einlud. »In Hall?!!? meinst Du denn ich werde all die Jahre so ein Narr sein, und mir die Examen bis nach den Ferien lassen, um, während die andern hier unter den eisernen Zepter – nein unter dem hölzernen Bleistift der Professoren bluten, indessen wie ein irrender Ritter in Oberösterreich herumschwärmen, und dem Monde und den Auen und den Wolken meine Glückseligkeit erzählen, wenn ich nämlich eine habe, und zudem heuer habe ich ja keine, im Gegenteil, in Hall müßte mich ja jede Stelle verwunden – «, Stifters Absage vom 4. Juli kam aus einem zutiefst verletzten, an der empfindlichsten Stelle der Eigenliebe getroffenen Gemüt.

Noch andere Passagen des Briefes verraten, wie sehr Stifters psychisches Gleichgewicht in jenen Monaten gefährdet war. Es ist nicht klar, welche konkreten Erlebnisse hinter seiner Angst stehen, »daß ich die Grenzen eines heiter ruhigen Lebens überschreiten, und in Extreme fallen könnte, welche die Harmonie in Wildheit, und Sitte in Unordnung herabstürzen, und indem sie die Wunde nur betäuben, dieselbe nicht nur nicht heilen, sondern vergrößern, und aus einen Unglücklichen einen Sünder machen«; die Neigung zur Selbstzerstörung hatte ein bedrohliches Ausmaß erreicht. Doch daneben stand – wie hilflos auch immer – ein erster Versuch zur Selbsttherapie: »Den größten Trost in meiner wüsten Lage – ja gewissermaßen die Liebe einer Geliebten – gaben mir die Studien jener großen Seelen, die obwohl auf Erden lebend, doch im Himmel wandelten, und nicht Einen oder Eine, sondern die Menschheit liebten«; Hartmann und Goethe werden stellvertretend genannt.

In einem Augenblick der äußersten seelischen Bedrängnis entdeckte Stifter die Literatur als Therapeutikum und als Gegengewicht zu den nicht mehr beherrschbaren Kräften der Wirklichkeit. Hier sah er plötzlich die Möglichkeit, »den Streit der blinden Leidenschaften in edle Harmonie« aufzulösen – doch um den Preis einer Idealisierung und Neutralisierung der Literatur selbst. Denn daß Goethe etwa statt einer wirklichen Frau nur die ganze Menschheit geliebt haben soll, ist biographisch und auch für die Analyse seiner Werke unhaltbar. Aber die Erkenntnis, daß auch die großen Dichterfürsten mit ihrer allzumenschlichen Existenz nicht unbedingt besser zurecht gekommen waren als ein kleiner Student, konnte Stifter jetzt nicht helfen; was er brauchte, war die Hoffnung, sich aus dem immer bedrohlicheren Sumpf seiner widersprechenden Triebe und Leidenschaften doch noch irgendwie herausziehen zu können, und wenn es ihm schon nicht am eigenen Schopfe gelang, so sollte ihm Literatur die Möglichkeit dazu geben. In der großen klassischen Tradition suchte Stifter Hilfe, suchte Vorbilder für einen Ausweg aus seiner verfahrenen Situation. Die aber fand er nur durch eine selektive Lektüre; das utopische Pathos des deutschen Idealismus verstand er umstandslos als ein lebensgeschichtlich realisierbares Ideal, den Gedanken der humanistischen Erziehung des Menschengeschlechts als psychologisches Programm für die Beherrschung der eigenen, individuellen Triebstruktur.

Wie unausgereift und hilflos diese Theorien in Wirklichkeit waren, verraten jene dichterischen Versuche, die zur gleichen Zeit entstanden. In nahezu *allem* widersprechen sie dem aufgestellten Programm: Statt Objektivität und humanistischer Mäßigung findet sich schrankenloser Subjektivismus und Weltschmerz, statt ruhiger Harmonie durch keine Form gebändigte Klage eines zerrissenen Menschen.

An Fanni

Wenn ich einst todt bin, wenn mein Gebein zu Staub
Ist eingesunken, wenn du mein Auge, du
Der süssen Träne salzge Quelle,
Längst schon gebrochen, nun ausgeweint hast,
Und wenn mein Nahme, welcher doch Manchem jetzt
Ein lieber Klang ist, wenn das gesungne Lied
Die Frucht von meinen Jünglingsnächten
Und von der Liebe zu Dir, o Mädchen, Seele,
Nun auch verweht ist,
Wenn dann in Moder auch,
Die

Dieser Gedichtanfang, der formal wohl einer Klopstockschen Ode folgt, im Ton aber ganz in der Todesmetaphorik von spätpubertärem Lebensüberdruß bleibt, findet sich auf dem letzten Manuskriptblatt einer ersten Erzählung mit dem Titel *Julius*. Stifter ließ die Ansätze, die erst postum veröffentlicht wurden, unvollendet liegen; der Grund dafür ist nicht schwer zu erraten: Der autobiographische Inhalt ist so offensichtlich, die unlösbaren Widersprüche des Autors erscheinen so unmittelbar, so ohne jegliche künstlerische Distanz im Text, daß ein literarisch überzeugender Abschluß für dieses persönliche Dokument überhaupt nicht denkbar ist.

Der Titelheld Julius, »ein sonderbares Gemisch von Mann und Weib, Stärke und Schwäche«, steht wie sein Erfinder zwischen einem ungeliebten Rechtsstudium und einer ersehnten Berufung als Maler; wie dieser verzehrt er sich in einer aussichtslosen Liebe. Zwar kann er Maria, die Tochter des stolzen Freiherrn, mutig aus Todesgefahr erretten, doch als Schwiegersohn kommt er nicht in Betracht – zu gering, als daß er den »Arm ausstreke nach dem Diamant des Landes«. Das Ende des Fragments ist nicht überliefert, doch ist die Erzählung auf einen glücklichen Schluß hin angelegt: Wahrscheinlich wollte Stifter diesen Doppelgänger plötzlich seine adlige Herkunft entdecken lassen und ihm damit den Weg zu dem geliebten Mädchen bahnen. Der *Julius* ist literarische Wunscherfüllung *par excellence*; ist die mit romanhaften, romantischen Versatzstücken zurechtgebogene Geschichte seiner Liebe zu Fanny und die kindlich-unreife Phantasie einer – in der rauhen Wirklichkeit immer unwahrscheinlicheren – glücklichen Lösung aller Probleme. Die beschworene Auflösung »der blinden Leidenschaften in edle Harmonie« nach dem klassischen Programm war das aber ganz und gar nicht, Stifter empfand deutlich genug, daß ein ernstzunehmendes Produkt auf diese Weise nicht entstehen konnte, und er führte den Versuch, das leidenschaftlich ersehnte Glück im Schreiben einfach zu erzwingen, nicht mehr weiter.

Er *wußte* nicht mehr weiter, das war offensichtlich. Der Versuch, in der Literatur – sei's als Leser, sei's als Dichter – Heilung zu finden, mißlang jedes Mal von neuem; auch seine jetzt regelmäßig unter dem Pseudonym Ostade im *Bürgerblatt* erscheinenden Verse kranken daran, daß sie nichts als unmittelbarer Ausdruck seiner eigenen Depressionen sind – und deshalb keine Dichtung. Noch hatte er nicht begriffen, daß die eigenen Neurosen sich nur dann produktiv machen lassen, wenn man sie transformiert und damit in einen objektivierenden Abstand rückt. Schmerz um eine enttäuschte Liebe allein war noch keine Literatur. Der grundlegende ästhetische Widerspruch des *Julius*-Fragments aber schloß sich bis hin zum *Nachsommer* niemals in Stifters Werk: der Widerspruch zwischen dem

Schreiben als Wunscherfüllung einerseits, als vernunftgemäßer Beherrschung und Unterdrückung derselben Wünsche auf der anderen Seite.

Nein, er wußte nicht mehr weiter. Im Frühjahr 1830 hätte Stifter eine Wiederholungsprüfung ablegen müssen, Voraussetzung für den jetzt fälligen Studienabschluß. Er erschien nicht zum festgesetzten Termin, und damit kam seine Universitätslaufbahn an ihr ruhmloses Ende. Bei den Greipls hatte man schnell davon erfahren, denn einer von Stifters Wiener Lehrern stammte ebenfalls aus Friedberg und hatte sich aus einfachsten Verhältnissen emporgearbeitet. Der Physikprofessor Andreas Baumgartner war nur zwölf Jahre älter als Stifter und versuchte seinen jungen Landsmann, von dessen Qualitäten er wohl einiges hielt, nach Kräften zu fördern. Auch bei der Familie Greipl hatte er so manches gute Wort für seinen Schützling eingelegt, und um so stärker traf es ihn, als dieser die Universität so sang- und klanglos verließ. Was immer Ursache, was Wirkung gewesen sein mag; ob Stifters Verzweiflung ihm die Energie für die Prüfung nahm, ob die Eltern und Fanny jede Hoffnung in einen aufgaben, der so ohne weiteres jede Berufsaussicht fahren ließ – von nun an lebte Stifter als Privatlehrer und ohne jede andere konkrete Perspektive für die Zukunft. Seine Beschäftigungen als Maler und Dichter wurden von niemandem als eine solche angesehen; einmal handelte es sich nicht um einen ernsthaften Beruf im bürgerlichen Sinne, zum anderen betrieb er sie im Grunde auf die gleiche, ziellose Weise wie das verflossene Studium. Und zu guter Letzt würde niemand, der sich die bislang entstandenen Produkte aus der Nähe angeschaut hätte, deren Schöpfer ein erfolgversprechendes Talent bescheinigt haben.

Im Sommer ging Stifter zum ersten Mal nicht nach Friedberg, erst im folgenden Jahr, 1831, als in Wien die Cholera herrschte, machte er sich wieder auf die Reise. Diesmal erschien er in Begleitung seines erst siebzehnjährigen jungen Freundes Adolf Freiherr Brenner von Felsach. In der Zwischenzeit nämlich hatte er langsam begonnen, Anschluß in der Wiener Gesellschaft zu finden; seine Qualitäten als Lehrer hatten ihm Zugang zu großbürgerlichen und adligen Häusern verschafft, die ihm sonst verschlossen geblieben wären, und auch sein Charakter hatte ihm viele Sympathien gewonnen. So bildete sich in diesen Jahren ein zuweilen loserer, zuweilen festerer Kreis, der regelmäßig in den Wohnungen oder in der »Kleinen Weintraube« zusammenkam. Neben Adolf von Brenner gehörten dazu etwa seine ehemaligen Schüler Ludwig von Collin und Joseph Graf Colloredo-Mannsfeld, der Pepi genannt wurde, sowie Sigmund Freiherr von Handel.

Auffallend an diesem Kreise ist besonders, daß alle diese Freunde Stifters fünf bis zehn Jahre jünger waren als er selbst, der jetzt in der Mitte der Zwanziger stand. Um sich in einer Beziehung nicht unterlegen zu fühlen, brauchte Stifter offenbar diesen Abstand des Alters, aus dem die heranwachsenden Burschen zu ihrem Lehrer bewundernd aufschauten. Eine Freundschaft von gleich zu gleich waren diese Beziehungen zumindest in den Anfangsjahren nicht; die zahlreichen Briefe, die jetzt gewechselt wurden, sind eine seltsame Mischung von pubertärer Schwärmerei und sich männlich gebender Zuwendung – auch der Anteil an halbverschleierter pädagogischer Erotik ist kaum zu übersehen. All das wurde in einen Mantel von gewolltem, wildem Humor gekleidet, der nach Schoppe, dem bizarren Titularbibliothekar aus Jean Pauls *Titan*, »Schoppizismus« genannt wurde; ein Ritual, das bei einem jungen Erwachsenen wie Stifter schon recht deplaziert wirkt.

Gewiß war es Stifter überaus wichtig, seinen adligen Freund bei den Greipls einzuführen, bewies es doch, daß man in besseren Häusern seinen Wert sehr wohl erkannte. Als er nach fast zwei Jahren Fanny zum ersten Mal erblickte, war der alte Zauber sofort wieder da. Die Eltern Greipl hatten vielleicht eingesehen, daß die Neigung der beiden doch stärker war, und zogen es nunmehr vor, sich ins Unvermeidliche zu fügen und lieber dem möglichen Schwiegersohn auf seinem schwierigen Berufsweg zu helfen. Nichts jedoch klärte sich. Nach einem weiteren Jahr, das er mit Privatunterricht, seinen diversen Studien und Künsten verbracht hatte, kam Stifter wieder in die Heimat. Die ewige Wiederkehr des gleichen, unentschiedenen Zustands begann ihn zu zermürben, und die Frage, wohin das alles noch führen sollte, war auch kaum von der Hand zu weisen. »Hätt' ich nur um Gottes Willen einige Jean Paule da«, schrieb er am 16. August an Adolf von Brenner, »aber so lieg' ich oft Stunden unter wehenden Föhren, oder blätternden Birken, und lese nichts, als mich selber, d. h. ich denke und jage den scheckigsten Bildern nach und mache Gedichte, mit denen ich mir Abends die Pfeife anzünde.« Schon kurze Zeit später folgte der nächste Brief, und jetzt sprach er wieder von seinem ewigen Thema: Fanny. Der junge Freund mußte ihm die Frage beantworten, ob er ihn überhaupt zu einer dauerhaften Beziehung mit einer Frau für fähig halte, und von der Antwort des Achtzehnjährigen sollte seine Entscheidung abhängen!

Er selbst schien inzwischen zu gar nichts mehr imstande. Der fürsorgliche Förderer Andreas Baumgartner verwies – vielleicht in Absprache mit den befreundeten Greipls, von denen er die seltsame Liebesgeschichte erfahren hatte – seinen Schützling auf den freigewordenen Lehrstuhl für Physik an der Prager Universität und drängte ihn zu einer Bewerbung. Die notwendigen Voraussetzungen hatte Stifter als Hörer der Physik in Wien erfüllt, trotzdem bedurfte es kräftiger Nachhilfe, um den Zögernden zu bewegen, die verlangten Papiere herbeizuschaffen und zum schriftlichen Examen anzutreten. Mit drei gegen eine Stimme wurde seine Arbeit akzeptiert und der Kandidat zur mündlichen Prüfung zugelassen. Wer nicht erschien, war Stifter. Er habe darauf vergessen, eröffnete er seinen verzweifelnden Mitmenschen. Was Fanny empfand, als ihr Verehrer rein gar nichts in die Wege leitete, was seiner Werbung um sie Erfolg bringen konnte, läßt sich nur ahnen; die Eltern Greipl gaben jegliche Hoffnung auf. »Er könnte auch einmal vergessen, daß er eine Frau hat«, war die enttäuschte, sarkastische Schlußfolgerung des Vaters. Wieder mußte Mathias zur Feder greifen, um seinem Freund jetzt endgültig, am 5. Februar 1833, reinen Wein einzuschenken: »Hätte ich Dir was angenehmes zu schreiben gehabt, so hättest Du gewiß schon auf einige Deiner Briefe immer Antwort erhalten, aber ich soll und muß Dir schreiben als Dein Freund, daß es meinen Ältern lieber ist, wenn Du mit der Fanny nicht korrespondierst, und dieses einzige ist die Ursache meines langen Stillschweigens.« Die Nachschrift »Ich bitte Dich Stifter bleibe *mir* der alte« war da kein Trost.

Stifter hatte sich inzwischen anders getröstet. Auf einem Ball war er Ende 1832 einem Mädchen begegnet, das einen neuen Ton in die verfahrene Geschichte brachte. Amalia Mohaupt war vierundzwanzig Jahre alt und Tochter eines verwitweten Fähnrichs der kaiserlichen Armee, der mit seiner ärmlichen Soldatenpension im k. k. Invalidenhaus des ungarischen Städtchens Miskolcz lebte. Ihre Mutter war 1828 gestorben. Sie selber verdiente sich mit ihrer Schwester Josepha mehr schlecht als recht ein Auskommen als Näherin, und da sie eine Frau von großer Schönheit war, hatte sie durchaus schon Erfahrungen mit Männern gemacht. Unter den herrschenden Verhältnissen lag für eine junge Frau von armer Herkunft, die im bürgerlichen Sinne alles andere als eine »Partie« darstellte, der einzige Ausweg aus der täglichen Misere allzu oft allein in einem Verhältnis mit einem jener zahlreichen gutgestellten jungen Männer, die noch auf eine standesgemäße Ehe warteten.

Die ganze sonderbare Beziehung zwischen Amalia Mohaupt und Adalbert Stifter ist ohne diese heuchlerische Doppelmoral der klerikal-konservativen Gesellschaft überhaupt nicht richtig zu verstehen. Während offiziell Reinheit und Ehrbarkeit höher gestellt wurden als alles andere, bestand andererseits die unausgesprochene Übereinkunft, daß von einem jungen Mann nicht wirklich erwartet werden konnte, seine körperlichen Triebe zu unterdrücken. Für die heranwachsenden Frauen dagegen wurde eine scharfe Trennungslinie gezogen zwischen den ehrbaren, keusch die Ehe erwartenden Mädchen aus gutem Hause und jenen, die den Bedürfnissen der zukünftigen Schwiegersöhne entgegenkamen. Prostitution war das beileibe nicht. Man bedankte sich bei den »Süßen Mädeln«, die noch Jahrzehnte später in Schnitzlers Theater auftauchen, mit einem Geschenk und kehrte zurück in die Bereiche der vorzeigbaren, bürgerlichen Wohlanständigkeit.

Stifter war in dieser Hinsicht ganz und gar ein Kind seiner Zeit. Und das sechsjährige erfolglose Werben um Fanny, die Unterdrückung aller sinnlichen Wünsche in der Nähe des begehrten Mädchens, all das muß eine solche Qual gewesen sein, daß Stifter daran zerbrochen wäre, hätte er keinen anderen Ausweg gefunden. Ob es tatsächlich seine erste Erfahrung mit einer Frau war, ist nicht bekannt, in kurzer Zeit aber hatte sich zwischen Amalia und Stifter ein festes Verhältnis gebildet. Doch für den bald Achtundzwanzigjährigen bedeutete die endliche Befreiung seiner unbefriedigten Sexualität zugleich eine neue Quelle von Schuldgefühlen und Selbstquälerei. Hatte er nicht Fannys Bild entweiht? War nicht sein Körper von der erlebten Lust besudelt?

Im Sommer 1833 kam er zurück nach Friedberg, doch als er Fanny diesmal wiedersah, war er selbst ein anderer geworden, nämlich Amalias Geliebter. Das aber konnte er keinem verraten, und nur seinem »Isidor«, dem Freund Adolf von Brenner vertraute er am 23. August an, wie er sich selber sah: als einen »Lump, den man peitschen soll mit 93 Schlittenpeitschen«. Fanny war nun wieder die einzige: »O wie viel weniger ist sie schön, als Am., und wie unendlich schöner! Lieber und teurer Isidor, lache und tobe, und sei ein Narr, aber komme, und komme, und komme, lerne kennen dieses Herz, das solches übet über meines. Wenn die eine zündet, entzücket und verdammet: so liegt in *diesem* Auge ein Zauber, der entsündigt« – entsündigt aber fühlte Adalbert sich ganz und gar nicht, und sein Geheimnis quälte ihn ebenso wie sein Verlangen.

Er war in sich zerrissen. Hätte er die Wahl gehabt zwischen den beiden Frauen, sie wäre ihm leicht gefallen. Doch er hatte sie nicht mehr, und er wußte es. Hier stand Fanny, und im Laufe der Jahre hatte er die Hoffnung auf sie selber zu jenem »lieblichen Phantom« gemacht, als das er sie schon zu Anfang sehen wollte. Dort wartete Amalia, die berührbare Frau aus Fleisch und Blut, aber in diesen Sommerwochen hatte er sich noch einmal eingestehen müssen, daß nicht sie es war, die er wollte. Was ihn zu ihr zurückzog, war die Wirklichkeit eines Verhältnisses, die allemal erträglicher war als der schönste Traum; was ihn bei Fanny hielt, war sein Gefühl. In dieser aussichtslosen Situation drängte sich *eine* Lösung immer stärker in seinen Sinn, und der Brief an Adolf von Brenner hatte mit dem Ausruf geschlossen: »Ich will dieser Tage dichten!!!!! es sind just die zwei rechten Elemente gemischt, Seligkeit und Verwerfung.« Einen Monat später, am 20. September, hieß es noch einmal: »Mir tut not zu produzieren, und ich werde es.« Aber auch bis dahin dauerte es noch eine Weile, auch hier führte erst der stärkste Überdruck den entscheidenden Ausbruch herbei.

Stifter war nun wieder in Wien; eine weitere Stellenbewerbung, diesmal in Linz, war gescheitert, und er nahm sein gewohntes Leben wieder auf. Er blieb in Wien und kehrte volle zwei Jahre nicht nach Friedberg zurück. Wahrscheinlich wollte er den psychischen Spannungen aus dem Wege gehen, die sich in Fannys Nähe unvermeidlich verschärften, und ebenso der bedrückenden Unaufrichtigkeit, die er in ihre Beziehung gebracht hatte. Die Gegenwart Amalias dagegen bedeutete für sein tägliches Leben eine gewisse Ruhe und Erleichterung, die erste wirkliche Bindung, die er seit dem Verlassen der Familie eingegangen war. Seine Freunde vermochten ihn indessen nicht zu verstehen. Trotz ihrer Schönheit schien ihnen Amalia ungebildet und grob, unsensibel und nur auf ihren praktischen Vorteil bedacht. Stifter war ihnen unbegreiflich, denn sie merkten, daß Amalia für ihn nicht ein »Süßes Mädel« geblieben war – über etwas derart Normales hätten sie selbstverständlich kein Wort verloren –, sondern er sich von neuem hilflos in einer unmöglichen Beziehung verstrickte.

Amalia dagegen tat natürlich alles, um Stifter fester an sich zu binden – und ihr Verhalten ist begreiflich. Als sie erkannte, daß es diesem jungen Herrn nicht gelingen würde, sie, wie es üblich war, eines Tages einfach zu verlassen, mußte sie mit allen Mitteln zur Ehe drängen. Was Stifter zu bieten hatte, war für eine wohlhabende Bürgersfamilie sicherlich wenig, für eine Putzmacherin ohne Familie aber die völlig unverhoffte Chance zu gesellschaftlichem Aufstieg. Die Greipls erblickten in Stifter nur die Summe der Möglichkeiten, die er in seiner unbegreiflichen Ziellosigkeit hatte hinfahren lassen, Amalia sah ausschließlich jene, die es trotz allem noch gab. Für die Friedberger war ein Hauslehrer nichts, für sie schon ein halber Hofrat.

Und Stifter? Der schien von alledem nichts zu begreifen, brachte sich weiter irgendwie durch, lebte mit der einen, dachte an die andere Frau, tröstete sich mit pubertären Ergüssen über »*Männer*freundschaft« und sehnsüchtigen Phantasien über die Frau, »du, wo ist die?? – – – die deine Geliebte und dein Freund zugleich ist? die durch unsere Donnerwetter schiffet, an unsern Gletschern sich nicht spießt, an den wackern Stachelgewächsen, Cactis und Aloen sich nicht zerreißt, (die doch so süß blühen werden), alles in allem nimmt, und versteht, und vermildert wiedergibt.« Um mit dem rührenden Bekenntnis zu schließen: »Ich könnte niederknien vor der hohen Seele, sie wäre größer als ein großer Mann! Da schwärm ich nun wieder!!«

Der von solchen unreifen Phantasmen Erfüllte hatte in der herzlosen Wirklichkeit sein Herz inzwischen an jemand anderen verpfändet: Als ihm Freunde die – falsche – Nachricht hinterbrachten, Fanny habe sich mit dem nunmehr approbierten Dr. Wenzel Huber verlobt, hatte er Amalia die Ehe angetragen. Naturgemäß hatten die gleichen wohlmeinenden Zuträger Fanny inzwischen über Adalberts Verhältnis mit Amalia informiert – alles strebte dem finalen Zusammenstoß zu.

Amalia sah sich nah am Ziel ihrer Wünsche und teilte ihrem Vater die frohe Botschaft stehenden Fußes mit – etwas voreilig, wie sich zeigen sollte. Vater Mohaupt aber war sich des »anzuhoffenden Ehegatten« noch keinesfalls sicher: »Ich habe zwar schon lange den Brief zu erhalten gehoft, damit ich in der Kentnüß seye, wie es mit Deiner Heurat steht, Leider sehe ich nur gar zu wohl ein, daß noch mehrere Umstände eintreten dürften, welche es gar gänzlich verhinderlich machen dürften [...] Schlüßlich ersuche Dich mir im Monat August bekant zu machen, wann die Hochzeit vor sich gehen, oder gegangen ist, damit ich meiner Väterlichen Seits mich den Glückes erfreuen, und mich beruhigen könne.« Der Monat August aber brachte die Entscheidung aus ganz anderer Richtung. Marie Blechinger und Franz Xaver Schiffler, seit dem ersten Friedberger Sommer verlobt, heirateten. Am 18. wurde Hochzeit gefeiert, und mit allen anderen Freunden waren auch Fanny und Adalbert eingeladen. Zwei Tage später schrieb Stifter aus dem Haus in Oberplan seinen letzten Brief an die Geliebte, fast genau sieben Jahre nach dem ersten, und es sollte zugleich der letzte wirklich tief persönliche Brief seines Lebens sein:

»Liebe teure Freundin! Oberplan ist mir fürchterlich leer, und nur du allein beschäftigst immer mein Herz – ein unsägliches Gefühl, halb Trauer und halb Seligkeit, ist seit der Vermählung Schifflers mit Marie in mir – zweier Menschen deren Geschichte so enge mit unserer verbunden ist, und deren Glück so hart mit unserm Unglück kontrastiert, daß ich jenes Gefühl des tiefsten Mitleidens mit mir selber seit jenem Hochamte zu Christianberg nicht Meister werden kann. Seit dem weiß ich es, du liebest mich noch – ich hab es wohl gesehen, wie du während der heiligen Handlung etwas zurücktratest, um dich dem Anblicke zu entziehen, und wie du später verweinte Augen hattest, meinem Auge, das nur immer dich suchte, ist es gar nicht entgangen, wie dein Inneres in schweren traurig schönen Erinnerungen arbeitete, und mein Herz sagte es mir, daß wir uns in diesem Augenblick in gleichen Gefühlen begegnen. Du bist ein Engel, den ich nie verdiente, du hast von deinen Eltern die unerschöpfliche Herzensgüte geerbt, mein heiliger Engel bist du, so rein und gut – – und ich konnte das an dir tun, was ich tat! Seit du sagtest, du habest dergleichen nicht von mir erwartet, und ich habe dir erbarmt, seither ist ein Schmerz in mir so heiß und strafend, daß ich nichts als die Sehnsucht habe: könnte ich doch an deinem unschuldigen keuschen Herzen diese Last recht in bittren Tränen ausweinen, obs nicht doch Linderung gäbe. Als sie sagten: du werdest Huber heuraten, fuhr der Geist der Eifersucht in mich, und da wurde der Plan gedacht dich und alle Vergangenheit zu vergessen, und weil der Schmerz doch zu nagen nicht aufhörte, so suchte ich, wie es in derlei Fällen immer zu gehen pflegt, in neuer Verbindung das Glück, das die alte erste versagte, und spiegelte dem verwaisten Gefühle vor: nun bist du ja geliebt und glücklich – – – – ach und ich war es doch nicht. Es gibt nur eine, eine einzige Liebe, und nach der keine mehr. Gekränkte Eitelkeit war es – zeigen wollt' ich eurem Hause, daß ich doch ein schönes, wohlhabendes und edles Weib zu finden wußte – – – ach und hätte über dem Experimente bald mein Herz gebrochen! Je weiter zur Vermählung hin ich es mit Amalien kommen ließ, desto unruhiger und unglücklicher ward ich. Dein Bild stand so mild und rein im Hintergrund vergangner Zeiten, so schön war die Erinnerung und so schmerzlich, daß ich, als ich Amalien das Wort künftiger Ehe gab, nach Hause ging, und auf dem Kissen meines Bettes unendlich weinte – *um dich.* Du warst ja doch immer trotz meiner vorsätzlichen Selbstverhärtung die Braut meiner Seele – du warst doch immer die Heilige zu der mein besseres Inneres betete – und wie oft suchte ich deine Briefe hervor und las sie alle durch. Erst als ich stark genug war, das neue Band zu zerreißen und ihr alles zu sagen, und aus meiner Selbstquälung zu klarem Entschluß zu kommen – erst da, als Amalie sagte: Ich danke Ihnen für Ihre Aufrichtigkeit, und achte Sie, daß Sie Ihrer ersten Liebe treu blieben etc. erst dann kehrte wieder ein unendlich süßer Friede in mein Herz, als hättest du gesagt: ich liebe dich ja noch, und verkenne dein gutes Herz nicht.

Ich habe dies alles nicht etwa gesagt, um mich zu rechtfertigen, nein sondern mein Benehmen zu erklären. Hätte ich dein einfaches schuldloses Gemüt, so hätte ich still geduldet, nicht durch Trotz mein Herz herabgewürdigt, und einem andern Wesen Kummer verursacht. Freilich sagen die Leute; du hattest nichts gegen sie gefehlt, euer Vertrag war ja aufgehoben – als ob ein Herzensbündnis mit *Worten* zu Null gemacht werden könnte!! Wäre es von mir bloße Untreue gewesen, warum hätte ich dann plötzlich wieder gebrochen? als weil mir mein Verstand sagte, ich soll nicht mich und sie unglücklich machen; denn ich liebte sie nicht, und sollte mir ihr Kuß Wohlgefallen sein, so mußte ich mir *deine* Lippen dazu denken. – –

Aber gut, alles ist vorüber, und diese Begebenheit hat neuerdings gezeigt, wie unbesiegbar meine Liebe zu dir ist, sie ist die letzte Verirrung meines Gefühls gewesen, und hat aber das Gute bewirket, daß ich nun sanft und stille sein will, und in reiner schöner Liebe dein Bild in mir aufhängen und schmücken werde mit der liebreichsten Verehrung immer und immer fort. Ich fühle jetzt schon eine solche Zufriedenheit mit mir, wie ich sie seit zwei Jahren nicht gehabt habe, und ich fühle, wie sie immer steigen wird.

Nun noch eins: wenn du ein Herz, das so hart von seinem wahren Ziel irrte, das aber bereute und umkehrte, nicht verschmähen willst, wenn deine Güte noch einen Rest alter Liebe und Zärtlichkeit aufbewahret, so nimm meine Liebe, die ich dir als eine demütige Gabe anbiete, wieder an, und heile meine Wehmut mit freundlicher Zärtlichkeit – ich weiß, was ich dir dann schuldig bin, und nie, so lang ich lebe, soll ein unsanftes Wort dein Herz betrüben, oder eine Handlung dein Gemüt verletzen. Kein Mann auf Erden liebt *dich mehr*, als ich, weil dich keiner *mehr* kennt, als ich – und keiner kann dich glücklicher machen. Sagst du ja (und du wirst es, weil du *so* gut bist) so werde ich mit deinen Eltern reden, und ihnen dartun, daß eine Verbindung zwischen uns ganz und gar nicht ungereimt sei, und um ihre Einwilligung bitten. Sagst du aber, du liebest mich nicht mehr so will ich es leiden, wie auch das Herz wehe tue, und will nur allein dich zur Braut meiner Ideen machen und dich fort lieben, bis an meinen Tod. Ich schrieb dies alles, weil ich fürchte, daß zu einer Unterredung keine Zeit ist. Übrigens will ich keineswegs, daß dieses Blatt ein Geheimnis bleibe zwischen uns, im Gegenteile berate dich mit deiner Mutter, und bitte sie, daß sie mit mir rede.

Lebe wohl ich bin ewig dein dich innigst liebender Freund A. Stifter.«

Das Lebewohl war tatsächlich auf ewig, Stifter bekam keine Antwort mehr. Fanny hatte ihn aufgegeben. Acht verlorene Jahre, acht Jahre von Werbung und Warten, Liebesbeteuerungen und Unentschiedenheit waren zuviel, die Bindung hatte sich im Kreislauf ihrer Wiederholungen erschöpft. Acht Jahre – gibt es aber auf der anderen Seite ein deutlicheres Zeichen dafür, daß auch Fanny auf ihn gehofft hatte, daß er sie wirklich für sich hätte gewinnen können? Sie war jetzt siebenundzwanzig und galt damit bereits als ein alterndes Mädchen, das längst jenseits des richtigen Zeitpunkts war, um eine Familie zu gründen: sie kann nicht ohne Grund so lange gewartet haben. Nun wartete sie nicht mehr; Stifters Brief kam endgültig zu spät. Selbst die Festigkeit, mit der er dieses eine Mal nicht nur bat, sondern nun endlich seine Überzeugung auszusprechen wagte, daß er Fanny glücklich machen könne, vermochte nichts mehr zu ändern.

Hatte er wirklich jetzt noch auf eine Wendung gehofft? Es ist kaum vorstellbar. Und vielleicht ist es noch einmal bezeichnend, daß er dieses Bekenntnis erst ablegte, als es nach jedem vernünftigen Ermessen zu spät war. Und er wußte doch eigentlich viel zu gut, wie verworren, unsicher und haltlos seine ganze äußere und innere Lage war, als daß er einen förmlichen Heiratsantrag wagen konnte. Gewiß, offen war er diesmal gewesen, doch nur bis zu der Grenze, jenseits der er mit beschönigenden Verfälschungen von Amalia zu sprechen begann. Er wollte das Bild fester Entschlossenheit von sich entwerfen, und doch dringt immer wieder das alte Selbstmitleid durch. Der Brief mochte jeden davon überzeugen, daß er die »Braut seiner Ideen« wahrhaftig und grenzenlos liebte – woran wohl ohnehin niemand gezweifelt hat; eines aber bewies er noch immer nicht: daß Stifter mehr als Fannys glühender Verehrer, daß er ihr Mann hätte sein können. Stifter hat Fanny Greipl nicht wiedergesehen. Ein Jahr später, am 18. Oktober 1836 heiratete sie den k.k. Kameralkommissär Josef Fleischanderl und zog mit ihm in das oberösterreichische Ried. Die Eltern werden zufrieden gewesen sein, daß ihre Tochter nun doch noch einen Ausweg aus all den vergangenen Wirren gefunden hatte. Aber schon im September 1839 starb Fanny bei der Geburt ihres ersten Kindes August im Wochenbett; auch der kleine Sohn überlebte nur kurze Zeit.

Stifter selbst brauchte länger, um sich zur Ehe mit einer Frau zu entschließen, die er nach eigenem Eingeständnis nicht liebte. Am 16. Oktober 1837 schrieb er ins Stammbuch eines Freundes die Sätze, mit denen er die abgeklärte Lehre aus diesen harten Jahren geben wollte, die aber in ihrer Unreife und Theatralik zeigen, daß er alles in allem sehr wenig gelernt hatte; Sätze, die er bald Wort für Wort in eine seiner ersten Erzählungen *Feldblumen* übertrug: »Ich weiß nur das Eine, daß ich alle Menschen, die eine Welle dieses Meeres an mein Herz trägt, für dieses kurze Dasein lieben und schonen will, so sehr es nur ein Mensch vermag – ich muß es tun, daß nur etwas, etwas von dem Ungeheuren geschehe, wozu mich dieses Herz treibt – ich werde oft getäuscht sein, aber ich werde wieder Liebe geben, auch wenn ich nicht Liebe glaube – nicht aus Schwäche werde ich es tun, sondern aus Pflicht. Haß und Zank hegen oder erwidern ist Schwäche – sie übersehen und mit Liebe zurück zahlen ist Stärke.« Am 15. November 1837 fand die Hochzeit mit Amalia statt. Die Augustinerkirche lag genau in jener Vorstadt Landstraße, wo er elf Jahre zuvor mit den alten Genossen Mugerauer und Schiffler seine Zelte aufgeschlagen hatte. Die beiden waren auch jetzt noch als Trauzeugen dabei. Vater Mohaupt sandte zwei Heiligenbilder und einen Brief: »Ich danke Ihnen mein vielgeliebter und hochschätzbarester Herr Eydam, für die mitgetheilte erfreuliche Nachricht, daß Sie mit meiner Tochter der Amalie am 15. November d. J. durch das Gelübde der ewigen Treue am Altare durch priesterlichen Segen verbunden worden sind. Sie bitten um meinen väterlichen Segen, welchen ich Ihnen aus vollen meinen reinen väterlichen Herzen in vollem Maaße für Ihre erwiesene Treue und Standhaftigkeit gegen meine Tochter der Amalie ertheile, und zugleich beisetze, daß nicht nur mein väterlicher Segen leere Worte, sondern ächte Wahrheit seye, ruffe ich täglich in meinem Gebeth zu dem allmächtigen Schöpfer und Allvater daß er meine Bitte erhöre.« Der Schwiegervater wenigstens war mit dem Stand der Dinge zufrieden.

Zweiter Teil
Prekäres Gleichgewicht
1837–1848

Der Dichter greift zur Feder

DIE ZWEI JAHRE zwischen dem endgültigen Bruch mit Fanny und der Heirat mit Amalia, ebenso die folgende Zeit – Stifters Leben verstrich weiter wie zuvor mit der Plackerei als Hauslehrer, mit »schoppizistischen« Freundschaften und seelischem Elend. Weitere Bewerbungen waren gescheitert, 1835 in Prag, 1836 um eine Assistentenstelle in Wien. Den Freunden, den Bekannten, der Familie und nicht zuletzt sich selbst gegenüber war Stifter einer, der auf ganzer Linie versagt hatte: Beruflich gescheitert, hielt er sich mit notdürftigem Broterwerb über Wasser; gescheitert nicht weniger im Persönlichen, wo er aus eigener Schuld seine Liebe verspielt hatte und an einer Frau hängengeblieben war, die vor allem anderen nach einer »Versorgung« suchte. Es gab nichts, woran das ohnehin nicht allzu stabile Selbstbewußtsein Stifters einen Halt finden konnte. Er war ein Versager, und er wußte es.

In dieser Lage wurde die Suche nach einem Ausweg zu mehr als einer bloß beruflichen Frage, sie war längst eine Angelegenheit des psychischen und damit genauso des physischen Überlebens. Und auch Fanny hatte ihn noch nicht losgelassen; wollte er sich irgendwann auch seelisch von ihr lösen, so mußte er versuchen zu verstehen, was da mit ihm geschehen war. Acht Jahre lang war sie der Mittelpunkt seines Denkens und Fühlens gewesen; acht Jahre sind eine Zeit, die man nicht so ohne weiteres vergißt, wenn sie vorüber ist. Sie *war* vorüber; doch mit seinem Herzen hatte er sich noch nicht in die Wirklichkeit gefunden und grübelte unaufhörlich realen und eingebildeten Erklärungen für die Katastrophe hinterher. Er *mußte* da hinausgelangen, wenn es noch einmal einen neuen Anfang geben sollte. Mit aller Gewalt drängte sich die Kunst als der einzige Ausweg auf. Der Satz aus dem November 1833, »mir tut es not zu produzieren«, ist nun so wörtlich zu verstehen wie nur möglich: Fürwahr, es tat dem inzwischen über Dreißigjährigen not, irgendeinen Inhalt für sein immer schneller dahinfließendes Dasein zu finden. Die Literatur war nicht länger mehr dichterische Verkleidung seines narzißtischen Selbstmitleids, jetzt schrieb Stifter wahrhaftig um sein Leben.

Schon mit den Jahren 1836-1837 begannen sich in Stifters Briefen die Erwähnungen literarischer Pläne zu mehren. Die Lyrik hatte er dabei allerdings ganz und gar aufgegeben. War ihm die mangelnde Qualität seiner Verse zu Bewußtsein gekommen? Es wird mehr gewesen sein als das; zudem ließ sein erster Novellen-Versuch durchaus kein größeres Können erraten. Doch Stifters Gedichte waren nie über das Epigonale hinausgelangt; es waren literarische Montagen, die sich herkömmlicher Formen für gestanzte Gefühlsmuster bedienten. Seine sprachliche Begabung lag nicht in der verdichtenden, auf das Wesentliche reduzierenden Form der Lyrik; er brauchte zum Ausdruck die offene Breite, den ungehemmten Strom der Epik. Dem widerspricht das Poetische in seinen späteren Erzählungen keineswegs: Sein so ganz eigener lyrischer *Ton* war allein in der Form der Prosa zu verwirklichen.

Am 4. Februar 1836 schrieb er an Adolf von Brenner, der als Attaché an der Botschaft in Rom seine erfolgreiche Karriere fortsetzte: »Ich wollte sogleich den ganzen Roman mitschicken, aber wird er denn fertig?«, um gleich darauf anzufügen: »Zwei Fünftel Trauerspiel und ein halber Roman ist fertig und werden nächstens nach den sieben Hügeln wandern und Dich schüchtern grüßen.« Das »Trauerspiel« hat sich verloren; der »Roman« aber war das, was unter dem Titel *Feldblumen* dann eine der ersten Novellen werden sollte. Auch davon, unter welchen Umständen Stifter sich an die Arbeit machte, verrät der Brief einiges: »Wie ich mich sonst befinde? Ei, seit ich in Wien bin, nie so miserabel. [...] Ich bin auch wirklich in eine Lage geraten, daß ich manchen Tag nicht weiß, wovon ich morgen leben werde«. Und am Ende stand der sehnsüchtige Blick auf alles, worum er den erfolgreichen Freund nur beneiden konnte, und die Bitte, ihn wenigstens im Brief daran teilnehmen zu lassen: »Peterskirche, Frauen, Capitol, Amphitheater usw.... Karneval, Pfaffen etc.... etc.... Römer, Römerinnen usw....« Das war es, was ihn verlockte: die große Welt und immer wieder die Frauen.

Der tägliche Kampf mit Papier und Feder blieb hart genug. Stifter ist nicht von heute auf morgen zum Dichter geworden, und auch als sich der Druck zur Produktivität von Tag zu Tag verstärkte, lähmte ihn doch immer wieder die alte Unschlüssigkeit und der Hang zum Schleifenlassen der Dinge. Beständig erschallte die Klage über angefangene und liegengelassene Briefe, und auch die Literatur kam noch nicht über Fragmente hinaus. Diese innere Blockade ließ ihn sogar günstige Gelegenheiten versäumen. So hatte im Frühjahr 1836 auf der großen Wiener Kunstausstellung der Streit um die neue katholische Kunstrichtung der Nazarener die Gemüter erhitzt. Die *Allgemeine Zeitung* publizierte eine Artikelserie, die voll des Lobes war; Stifter, der den religiösen, altertümelnden neuen Stil scharf ablehnte, plante eine vernichtende Entgegnung. Die Dinge ließen sich bestens an: Der Maler und Akademielehrer Johann Fischbach, den Stifter durch seine eigenen Kunstinteressen kennengelernt hatte, versprach ihm Förderung und Vermittlung für die Publikation. Aber wieder verlief alles im Sande, und Stifters Rechtfertigungen für dies weitere Scheitern klingen mehr als dubios: Er hatte den »mystischen Aufsatz« nicht einmal gelesen, und trotz aller Mühe wollte es ihm nicht gelingen, der Sache habhaft zu werden. Veröffentlicht in einem Blatt, das bei jedem Zeitungshändler auf Käufer wartete...

Aber allen Lähmungen zum Trotz – diesmal hielt Stifter an seinem Projekt fest. Diesmal *mußte* er schreiben. Müh-

sam, aber mit zäher Geduld entstanden Briefe an die
Freunde und neue Bruchstücke zu seinem »Roman«. Und
oft genug war das eine kaum vom anderen zu unterscheiden, denn die *Feldblumen* ihrerseits wurden eine Brieferzählung, die aus den Herzensergießungen eines jungen
und unbekannten Wiener Malers namens Albrecht besteht.
So manche Formulierung ging von Albrechts in Adalberts
Briefe über, und so manche nahm den umgekehrten Weg.
Diesmal begann Stifter zu kämpfen; allen Widrigkeiten
jener Jahre zum Trotz – der Geldmangel und die elementare Sorge um das tägliche Brot verstärkten noch die psychische Qual – oder gerade *wegen* ihnen schrieb er weiter.
Auch wenn er immer wieder abbrechen mußte, da er mit
Stoffen und Formen nicht zurande kam, ganz gab er seine
Bemühungen um eine eigene Sprache nun nicht mehr auf.
»O teurer, lieber Sigmund, ich fühle oft eine Einsamkeit,
daß ich weinen möchte wie ein Kind«, ein solcher Satz verrät, wie es ihm zwischen all seinen gescheiterten Plänen
wirklich erging.

Der Kondor – Feldblumen – Das Haidedorf

In den fünf Jahren zwischen 1835 und 1840, dem Augenblick der ersten Veröffentlichung, waren es insgesamt drei
Erzählungen, an denen sich Stifter versuchte, und auch in-
haltlich bilden sie eine recht einheitliche Gruppe. Selbst
wenn sie in vielem noch Züge des Unreifen tragen, unterscheiden sie sich doch in einem deutlich von ihrem Vorgänger *Julius*: sie sind Literatur und nicht mehr nur persönliches Dokument. Wieviel von Stifters eigenem Leben und
seiner Problematik in die Erzählungen eingegangen ist,
fällt sofort ins Auge; trotzdem ist es dem Autor gelungen,
ein Netz zwischen Wahrheit und Dichtung zu spannen, das
eines vom anderen trennt. Das Ich der Erzählung ist nicht
mehr umstandslos das Ich ihres Autors; die Begebenheiten,
auch wo sie der Wirklichkeit entstammen, nicht mehr de-

ren bloßes Abbild. Immer noch sprach Stifter von sich selbst, nun aber war das Bild verwandelt, gebrochen durch die wiederholten Spiegelungen der Sprache. Alle drei Erzählungen tragen deutlich die Spuren des Kampfes, mit denen Stifter sich aus dem Nur-Persönlichen zu befreien versuchte, und die lange erfolglos bleibenden Mühen um den »Roman« *Feldblumen* hatten ihren Grund gewiß vor allem in der Schwierigkeit, gerade die gefährdete Form der *Brief*erzählung nicht zu einer bloßen Sammlung *eigener* Briefe werden und damit scheitern zu lassen.

Eine genaue Chronologie läßt sich kaum festlegen, aber wahrscheinlich entsprach die Entstehung nicht ganz der späteren Reihenfolge bei der Veröffentlichung. Den Anfang machten wohl *Kondor* und *Haidedorf*, denen dann die *Feldblumen*-Fragmente folgten. Fertiggestellt wurden die beiden letzten jedoch sicher erst, nachdem der überraschende Erfolg des Erstlings eine Veröffentlichung möglich gemacht hatte. Was die drei Texte zu einer Gruppe zusammenschließt, zeigt sich am deutlichsten im *Haidedorf*: der Versuch, die eigenen Lebensprobleme zu verarbeiten, zugleich aber den Abstand der Literatur zu schaffen. Auch trägt diese Erzählung noch am stärksten die Spur des *Julius*, mit dem sie den Charakter der literarischen Wunscherfüllung teilt.

Erzählt wird die Geschichte eines Kindes. Felix wächst auf in der Haide, zwischen Pflanzen und Tieren, zwischen den einfachen Menschen des Landes und ihren ewig sich gleichenden Lebensumständen – in der äußeren Wirklichkeit zeichnet Stifter hier ein genaues Bild seiner eigenen Kindheit, bis hin zum liebevollen Portrait der uralten, in wirren Reden sich verlierenden Großmutter Ursula. Eines Tages bricht Felix auf, um in der Welt Wissen, Erfolg und sein Glück zu suchen; und ebenso steht er nach Jahren eines Tages wiederum vor dem ärmlichen Haidehaus: »das Mutterherz aber [...] hing die ganze Zeit über an seinem Angesichte, und glänzte, und schäumte fast über vor Freude und

Stolz.« Die Erfahrung der Welt hat ihren Sohn zum Dichter gemacht – und zum Fremdling in der eigenen Heimat. Die einfachen Menschen verstehen ihn nicht mehr, diesen sonderbaren, so ganz anders gewordenen Rückkehrer, und auch wenn sie ihn nicht förmlich verstoßen, er bleibt ihnen unheimlich und fremd. Bis zu dem Tage, da der König selbst ins Haidedorf einzieht und aller Welt beweist, daß der verlorene Sohn nicht etwa als gescheiterter Träumer zurückgekehrt war, sondern als der nunmehr ruhmreich gekrönte Dichterfürst – denn »er ist auch ein König und Held – ein König der Herzen, der regieren wird, solang eines schlägt«. Felix aber, den seine Landsleute und selbst sein Vater für »krank oder geistesirre – oder – oder – «, den sie für weit Schlimmeres als einen Gescheiterten gehalten hatten, vergilt ihnen die Verachtung nicht mit gleicher Münze: Er schlägt die königlichen Edelsteine aus und bittet stattdessen um gnädige Hilfe für das von einer Mißernte heimgesuchte Dorf.

Noch ganz durchsichtig ist in allen Elementen der autobiographische Gehalt. Stifter, der in Oberplan längst nur noch als ein Versager galt, fabulierte sich hier den Erfolg und die Anerkennung zurecht, welche ihm die rauhe Wirklichkeit so hartnäckig versagte; aus dem verachteten Niemand machte er den Retter seiner Heimat. Der vollkommen haltlose, realitätsferne Charakter solcher Phantasien lag jedoch derart offen zutage, daß Stifter die Erzählung schon 1844 für die dann fällige Neuausgabe vollkommen umschreiben und dabei den königlichen *Deus ex machina* ersatzlos in die Requisitenkammer verbannen mußte.

Bis zu diesem Punkt unterscheidet sich das *Haidedorf* noch durch nichts von den *Julius*-Phantasmen. Eines aber hebt die Erzählung trotzdem vollkommen über alles Vorhergehende hinaus: die Sprache. In allen drei Früherzählungen bleibt zunächst noch der vorherrschende Einfluß des großen Vorbilds Jean Paul zu spüren, den Stifter »während eines ganzen Sommers, gleichsam auf einem

Divan wohnend, verschlang«; dort fand er die wilde, romantische Phantasie und die sprunghaften Fügungen des Ausdrucks, die recht gut der herrschenden Mode entsprachen. Aber zwischen epigonalen Bildern und aufgesetzten »Schoppizismen« stehen jetzt immer häufiger Passagen, die sich von allen vorgefertigten Mustern lösen. Und schon beginnt sich eine Eigentümlichkeit des Dichters Stifter abzuzeichnen: Wo es um Menschen und ihre Verhältnisse, um Psychologie und äußere Beschreibung von Gestalten geht, da herrschen noch fast unumschränkt das geborgte Klischee und eine nichtssagende Gefühligkeit, denen man weniger wirkliches Gefühl als vielmehr ihre literarische Herkunft anmerkt. Wo jedoch Landschaft und Natur in den Blick des Dichters kommen, wo er in breiter Einleitung und ohne unmittelbare Handlung etwa die Welt des Kindes auf der Haide vor seinem inneren Auge entwirft, da beginnt die Sprache zu sich selbst zu finden. Der Mondaufgang in den *Feldblumen*, erst recht der Blick auf die erwachende Metropole – hier erwacht das Ureigenste von Stifters Schreiben selbst: »Oder ich lese eine Nacht aus, in der ich auf einen der Westberge Wiens steige, um den Tagesanbruch über der großen Stadt zu sehen, wie erst sachte ein schwacher Lichtstreif im Osten aufblüht, längs der Donau weiße Nebelbänke schimmern, dann die Stadt sich massenweise aus dem Nachtdufte hebt, theilweise anbrennt, theilweise in einem trüben Goldrauche kämpft und wallt, theilweise in die grauesten Ferntöne schreitet, der ganze Feenteppich durchsäet mit goldnen Sternen, blitzend von Fenstern, Metalldächern, Thurmspitzen, Wetterstangen und endlich gesäumt von dem blaßgrünen Band des Horizonts, der schwach wie ein Hauch draußen durch den Himmel ziehet.«

Da war mit einem Male eine Sprache, wie man sie noch nicht gehört hatte. Schilderungen, in denen die Landschaft nicht vermenschlicht, dennoch aber voll von ausdrucksstarkem Gefühl war. Der Blick auf das Häusermeer Wiens, der die Großstadt erfaßt, als wäre sie Natur, und der sie zugleich in ihrer *eigenen*, so ganz fremden und neuen Schönheit zeigt – das ist große Prosa von großer und gewagter Eigentümlichkeit. Hier war dem Dichter tatsächlich etwas gelungen, hier zeigte sich der Weg, auf dem er eines Tages zum Eigenen gelangen mochte.

Mit den *Feldblumen* hatte Stifter indessen noch einen weiteren Sprung gemacht. Immer noch drängte es ihn zur Verarbeitung seiner Jahre mit Fanny, und immer noch war er dem keinen Schritt näher gekommen. Im *Haidedorf* hatte er wenigstens das Problem seines beruflichen Scheiterns gelöst – wenn auch allein durch die Attrappe eines opernhaften, vollkommen bodenlosen Rettungsschlusses. Jetzt mußte er sich an das eigentliche Liebeserlebnis wagen. Die lange Entstehungszeit verrät, wie schwer ihm die Sache wurde, das Ergebnis aber war nicht ohne Erfolg. Stifter hatte ein Mittel gefunden: er hatte seinen Stoff literarisiert und ihn erst damit wirklich zum Stoff gemacht; es war ihm gelungen, die lange Brieferzählung aus dem Kreis des *nur* Autobiographischen zu lösen. Albrecht, der Held der *Feldblumen*, ist Stifter und zugleich ist er es nicht. Er ist es, insofern er Gefühle und viele Züge des äußeren Lebens mit seinem Erfinder teilt; er ist es nicht, weil die Einzelheiten seines Daseins erfunden sind und der Verlauf seiner Liebesgeschichte nur ihm gehört. Stifter gab nicht mehr einfach nur eine Beschreibung seiner eigenen Erlebnisse; er hatte sie verwandelt und in dieser stilisierten, verfremdeten Form einer literarischen Kunstfigur anvertraut.

Die Geschichte der *Feldblumen* ist einfach. Albrecht, der junge, mittellose Maler, berichtet einem in den Pyrenäen weilenden Freund von seinen Erlebnissen in Wien. In der Begegnung mit Angela, einem wahren Wunder an Bildung und Schönheit, findet und gewinnt er das Glück seines Lebens – doch nur, um es aus eigener Schuld sofort wieder zu verspielen. Als er Angela im Park von Schönbrunn in vertrauter Nähe zu einem anderen Mann erblickt, zweifelt er aus Eifersucht und gekränktem Stolz an ihrem Versprechen und verläßt die Stadt. Die Entzweiung aber hält nicht lange vor, und durch den beherzten Eingriff ihres Stiefbruders — denn niemand anders als er war der junge Mann gewesen — kommt es alsbald zu Versöhnung und glücklicher Heirat.

Zufälle, Wiedererkennungsszenen, verschleierte Frauen, die sich als die Gesuchte entpuppen — all das entstammt dem zeitgemäßen Arsenal der Romantik und verrät neben Jean Pauls Einfluß auch den der Erzählungen und Romane von Ludwig Tieck oder E.T.A. Hoffmann. Genauso deutlich fällt das autobiographische Material ins Auge, das auf diese Weise verarbeitet wurde; am Ende ist es geradezu erstaunlich, daß Stifter es schaffte, von dem persönlichen Ursprung so weit Distanz zu gewinnen, wie es zum Gelingen nötig war. Immer wieder dreht es sich um die entscheidende Frage: Warum hat der Liebende die Geliebte nicht für sich gewinnen können? Und noch ein Schritt davor: Was war denn diese das eigene Ich überwältigende Liebe überhaupt, daß er ihr gegenüber so vollkommen wehrlos war? »Sind das Polaritäten der Geister, sind es psychische Wahlverwandtschaften? Ist es gänzliche Narrheit?« Albrecht begreift es sowenig wie Stifter; das einzige, was beide zu wissen glauben, ist, daß Liebe und Leidenschaft nicht zusammen gehören.

Hier liegt der zentrale Gehalt der *Feldblumen*; Stifter mußte sich endlich Klarheit darüber verschaffen, wie sich Liebe, Freundschaft und Leidenschaft zueinander verhielten. Angela ist das Traumbild eines Mädchens, das umfassende Bildung mit vollkommener Schönheit in sich vereint. Albrecht ist von beidem gepackt — wie aber soll man sich einen Liebenden vorstellen, der an der Geliebten zwar die Schönheit, nicht aber den erotischen Reiz wahrzunehmen glaubt? Angela bleibt ihm »eine würdevolle Jungfrau, vor der zaghaft jeder Schmuzgedanke verstummen muß«; oder, noch deutlicher: »Das ist das Hohe einer naturgerecht entwickelten Seele, daß jenes kranke, sentimentale und selbstsüchtige Ding, was wir Liebe zu nennen pflegen (was aber in der That nur Geschlechtsleidenschaft ist), vor ihr sich scheu verkriecht«.

Im Mittelpunkt der Erzählung steht jener Augenblick, den man als eine Schlüsselszene für Stifter ansehen muß, wiederholt er sich doch fast wörtlich in der *Mappe meines Urgroßvaters*, jenem Lebens-Werk, das den Schriftsteller bis zu seinem Tode begleitete: der Eifersuchtsanfall, mit dem der Held selbstverschuldet und grundlos seine Liebe verspielt. Auch wenn die Wirklichkeit Stifter den guten Ausgang der Literatur versagte, spricht er hier offenkundig von seinem Verhalten gegenüber Fanny Greipl. Er selbst hatte die Eifersucht empfunden, die er jetzt Albrecht zuschrieb, er selbst hatte den Verrat begangen. Was aber war dieser Verrat? Wirklich nur die Eifersucht eines Mannes, der sich betrogen glaubt – eine zwar tatsächlich grundlose, doch kaum unverständliche Reaktion? Noch herrschte ja nicht jener harte, übermenschliche Begriff des absoluten Vertrauens wie in der *Letzten Mappe*, und Angelas Verzeihung kommt nicht erst nach langen Jahren der Bewährung, sondern bereits nach vierzehn Tagen. Nein, der Verrat lag tiefer. Bei Stifter selbst war es weniger die gekränkte Liebe und das Eheversprechen an Amalia gewesen, als er die falsche Nachricht von Fannys Verlobung erhielt, es war etwas, was er dieser nie eingestehen durfte: die körperliche Beziehung zu der anderen Frau. Und am Grunde der ganzen Problematik von Eifersucht und betrogenem Vertrauen liegt ebenso noch mehr; Stifter warf es sich als Verrat vor, daß selbst in der »reinen Liebe« zu Fanny eben nicht jeder »Schmuzgedanke« verstummt war. *Das* aber ließ sich in der Literatur so wenig wie in der Wirklichkeit aussprechen.

Nach dem Bruch stellt Albrecht eine düstere Überlegung an: »Wer einmal Selbstmord versuchte, der geht hinfür unheimlich unter den übrigen Menschen herum, und wer sich vor reingesitteten Wesen einer wilden Leidenschaft überläßt, der begeht sittlichen Selbstmord«; auch in der *Mappe* folgt ein Selbstmordversuch auf den Verrat. Soll man daraus schließen, daß Stifter in seiner Verzweiflung ähnlich reagierte? Nichts davon ist überliefert, doch ganz unwahrscheinlich mag es nicht sein. Die Selbstanklage des »sittlichen Selbstmords« dagegen ist eindeutig. Für Stifter war sein Verhalten – das Begehren und die Eifersucht gegenüber Fanny, das Liebesverhältnis und das Eheversprechen gegenüber Amalia – ein unsühnbarer Verrat an der Geliebten und an sich selbst.

In den *Feldblumen* entwarf er eine Lösung für sein Problem, von der er im Grunde bereits einmal, in seinem Brief an Fanny aus dem Mai 1829, ausgesprochen hatte, daß sie nicht tragfähig sein kann: ein »Zwitterverhältnis zwischen Freundschaft und Liebe«. Die schwärmerischen, sich vielfältig überkreuzenden Beziehungen der jungen Menschen sind Freundschaften, die sie untereinander Liebe nennen; Albrecht aber will, daß seine Liebe zu Angela Freundschaft sei. Und als alle Irrtümer und Mißverständnisse endlich einen glücklichen Ausgang gefunden haben, bezieht die kleine Gesellschaft eine selbstgeschaffene Künstlersiedlung am Traunsee, wo glückliche, freundschaftliche und liebevolle Gemeinsamkeit für alle verheißen ist. Dieses vorzeitig beruhigte *Nachsommer*-Idyll der jungen Leute ist aber noch weit entfernt von der konfliktlosen Positivität des späten Romans; noch stellt es sich dar als endlich errungener Lohn nach qualvollen inneren und äußeren Verwicklungen, nicht als ungefährdete Voraussetzung für ein klares und schmerzloses Glück. Noch ist Stifters Erzählung Verarbeitung der problematischen, komplizierten Wirklichkeit, nicht das Wegschreiben der vieldeutig verstrickten Welt in der Literatur.

Im Vorübergehen konnte dabei eine andere Frage noch einmal kurz gestreift werden: das leidige Problem der materiellen Lebensbasis. Als Albrecht die endgültige Zusage

Angelas besitzt, offenbart er dann doch, was er ihr zu bieten hat: nichts. Das Problem wird nicht gelöst, sondern kurzerhand für nichtig erklärt. Die wohlhabende Angela verzichtet auf ihren gerade erst entdeckten Adel, sie und ihre Stiefgeschwister teilen ihren Reichtum untereinander und so auch mit Albrecht: Was zählt, ist die Persönlichkeit, der menschliche Reichtum, nicht aber das zufällig dem einen zuteil gewordene, dem anderen vorenthaltene Geld. Wer jemanden als Menschen würdigt, der wird ihm nicht kleinlich seine Armut vorhalten – so lautet jetzt Stifters die Lage etwas vereinfachendes, aber menschenfreundliches Resümee aus der eigenen Misere, das großzügig am Ende steht. Indirekt schreibt er sein Scheitern damit nun denjenigen zu, die zu solcher Großzügigkeit beim eigenen Geldbeutel nicht in der Lage gewesen waren.

Die Wirklichkeit aber sah recht anders aus. Stifter hatte weder das Wiener Fünf-Zimmer-Appartement noch die Traunsee-Kolonie, die er seinem Albrecht gezimmert hatte, und erst recht nicht die schöne und kluge Frau, nach der er sich sehnte. Dafür war nun für den Autor der Augenblick gekommen, aus seiner Stube an die Öffentlichkeit zu treten. Die Anekdote, die Johannes Aprent berichtet, geht auf Stifter selbst zurück: »Es war ein herrlicher Frühlingsmorgen des Jahres 1840, als Stifter in den schattigen Gängen des Schwarzenberggartens auf der Wieden auf und ab ging, einige Blätter Papier in der Hand, schreibend und sinnend. Er machte dann noch einen Besuch bei der Baronin Mink. Hier zog ihm die Tochter Ida eine Rolle, für welche die Rocktasche nicht tief genug war, unvermerkt aus derselben, und hielt das Papier, nachdem sie eine Weile darin gelesen hatte, mit den Worten: ›Mama, der Stifter ist ein heimlicher Dichter; hier fliegt ein Mädchen in die Luft!‹ der Mutter vor. Stifter mußte das Ding vorlesen, und die Frau Baronin entschied kurzweg, dazu müsse ein Anfang und ein Ende gemacht werden, und Witthauer (Redakteur der damaligen Wiener Zeitschrift) müsse es drucken. Das alles geschah denn auch wirklich. Witthauer dankte, schickte das Honorar und bat um neue Beiträge.«

Ob diese Anekdote in allen Einzelheiten der Wahrheit entspricht, muß dahingestellt bleiben; glaubwürdig ist immerhin, daß Stifter nicht aus eigenem Entschluß, sondern durch Zufall zum Publizieren kam. Das zusammengerollte Manuskript enthielt jenen Bericht von einer Ballonfahrt, der dann zum Mittelteil des *Kondor* wurde; Stifter ergänzte Anfang und Ende aus vorhandenen Bruchstücken, und bereits im April 1840 erschien in der *Wiener Zeitschrift für Kunst, Literatur, Theater und Mode* Stifters erste Erzählung im Druck. Der Autor erhielt zwanzig Gulden sowie die Versicherung des Herausgebers: »Es wird mich von ganzem Herzen freuen, wenn Sie mir recht *bald* und recht *oft* Gelegenheit geben wollen, ähnliche Zahlungen zu leisten.« Da war kein Zweifel möglich: Stifter wollte.

Der Kondor traf den Geschmack des Publikums genau; trotz aller Anleihen bei Jean Paul und E.T.A. Hoffmanns Kater Murr, der auf seinen Samtpfoten durch den ersten Satz der Erzählung schleicht, war es eine neue Stimme, die sich hier vernehmen ließ. Stifter trat als ein Schriftsteller auf die literarische Bühne, der gleich zwei überaus moderne Themen anschnitt: den technischen Fortschritt und die seit der Romantik immer heißer diskutierte Emanzipation der Frauen. Er war mit seinem Erstling entschieden ein Autor seiner Zeit. Besonders zu der zweiten Frage hatte er freilich keine präzise Meinung anzubieten; stellt man den *Kondor* den *Feldblumen* gegenüber, so fällt die Widersprüchlichkeit sofort ins Auge. Hier Angela, die ausdrücklich als Beispiel für eine Erziehung genannt wird, in der Mädchen das gleiche Recht auf Wissen und Bildung zuerkannt wird wie Jungen; dort Cornelia, die bei ihrem Versuch, als Mitreisende im Ballon die Grenzen zu durchbrechen, »die der harte Mann seit Jahrtausenden um sie gezogen«, kläglich scheitert und damit den Abbruch des Experiments nötig macht. Natürlich kann man den *Kondor* auch als Kritk an einer Technik verstehen, in welcher der Mensch mit seinem Verständnis längst nicht mehr den Fortschritten der Naturbeherrschung zu folgen vermag; es läßt sich aber nicht übersehen, daß Stifter den scheiternden Menschen als Frau unter Männern zeigt.

Der Widerspruch wird geringer, wenn man es vermeidet, Stifters Erzählungen als Programmschriften zu lesen – was sie in keinem Falle waren. Die Ballonfahrt des *Kondor* dient vielmehr auch wieder zur Verkleidung eines immer noch gleichen Stoffs: Gustav, ein junger Maler, verfolgt im Morgengrauen aus der Ferne das Abheben der Montgolfière und ihr Verschwinden in der Weite des Himmels, und er, der Cornelia liebt, sieht in dem wagemutigen Versuch einen Verrat an ihrer irdischen Bindung. Nach der Rückkehr ist die Frau durch die Erfahrung ihres Scheiterns vollkommen verwandelt, und es kommt zum gegenseitigen Bekenntnis ewiger Liebe. Der Rest versinkt zunehmend im Dunkel: Niemals werden sich die beiden wiedersehen, Gustav, vereinsamt und hart, wird ein berühmter Maler, Cornelia eine Pariser Salonschönheit, die den Verlust des Geliebten nicht verwinden kann.

Der Schluß des *Kondor* ist seltsam verschattet, und der Autor macht keinen Versuch zu einer Erklärung. Kein Wort verrät, wo der Grund für die Trennung liegen könnte. Kann Gustav der Frau ihren Ausbruchsversuch nicht verzeihen? Erst nach diesem jedoch bekennt er seine Liebe. Glaubt er, für seine Kunst dem Glück entsagen zu müssen? Nicht nur gegenüber den *Feldblumen* besteht ein Kontrast, der *Kondor* ist widersprüchlich in sich selbst. Der romantische junge Gustav am Anfang der Erzählung und der gefeierte Künstler an ihrem Ende sind nicht die gleiche Person, und sollten sie es doch sein, so gibt es nichts, was diese Verwandlung schlüssig motiviert. In Cornelia zeigt sich exemplarisch das Scheitern des Menschengeschlechts, das die ihm gesetzten irdischen Grenzen zum Unermeßlichen hin überschreitet; zugleich aber wird ihr das Versagen als individuelle, spezifisch weibliche Schwäche zugeschrieben.

Eine Erklärung für dieses Mißverhältnis ist gewiß die Entstehungsgeschichte des Textes, denn der werdende Autor hatte unter der Not der Umstände verschiedene Fragmente miteinander montiert. Der tiefere Grund aber liegt darin, daß Stifter mit seinem Stoff noch immer nicht zurechtkam: Immer noch mischten sich eigene, unverarbeitete Erfahrungen ein; bestimmte Handlungslinien sind übermotiviert, weil unter der Erzähllogik autobiographische Motive verborgen sind. Der bittere Ausruf des Luftschiffers »das Weib erträgt den Himmel nicht« ist eben auch als eine weitere Version der unendlichen Geschichte von Fanny zu entziffern: Fanny hätte dann Stifter verraten, weil sie es in ihrer Schwäche nicht vermochte, ihm rücksichtslos und ohne Bedingung auf seinen großen, abenteuerlichen Wegen zu folgen. Doch auch der autobiographische Zugang gibt keine schlüssige Lesart; der *Kondor* ist ein Text, der mehrere Deutungen erlaubt, doch keine kann ihm wirkliche Konsistenz verleihen.

Der *Kondor* wurde ein Erfolg. Vielleicht war es gerade die Doppelbödigkeit der Novelle, in der nach jeder Addition ein offener Rest bleibt, was der an sich recht anspruchslosen Fabel den Reiz des Besonderen verlieh. Nachdem der *Kondor* also im April ans Licht getreten war, machte sich der frischgebackene Schriftsteller umgehend daran, dem Wunsch des Herausgebers nach weiteren Arbeiten Folge zu leisten. Er nahm sich die älteren, liegengebliebenen Anfänge vor, und bereits im Juli konnte auch *Das Haidedorf* in der *Wiener Zeitschrift* erscheinen. Wie schon der Erstling wurde auch das *Haidedorf*, den Gebräuchen und Notwendigkeiten eines Periodikums entsprechend, in Fortsetzungen gedruckt; beim *Kondor* waren es fünf, bei dem neuen, etwas längeren Stück sechs Teile geworden.

Stifter arbeitete weiter. Nun war es Johann Graf Mailáth, ein deutsch-ungarischer Schriftsteller, der ihn um eine neue Erzählung bat. Mailáth war einer der beiden Herausgeber des angesehenen literarischen Jahrbuchs *Iris*, das in Pest beim Verlag Gustav Heckenast erschien. Die schlichte Bitte sollte für Stifters weitere Laufbahn als Schriftsteller eine Bedeutung bekommen, die in diesem Augenblick noch in keiner Weise absehbar war. Mit Heckenast nämlich traf er nicht nur den Mann, der das gesamte Lebenswerk in seine buchhändlerische Obhut nehmen würde; im Laufe der Jahre wurde ihm der Verleger zugleich literarischer Ratgeber, verständnisvoller Freund, unermüdlicher Ansprechpartner bei großen und kleinen Sorgen und nicht zuletzt auch ein großzügiger Mäzen, der seinem Autor in allen diesen Funktionen durch so manche Schwierigkeit des komplizierten Lebens half.

Auch der Publikationsort bedeutete einen gewaltigen Fortschritt für Stifter. Im literarischen Leben des 19. Jahrhunderts spielten all diese schöngeistigen Jahrbücher, »Almanache«, »Damenkalender«, »Taschenbücher«, fast eine größere Rolle als die separaten Buchpublikationen selbst; sie wurden gelesen, waren weit verbreitet und damit der beste Weg für einen Autor, seine Arbeiten einem größeren Publikum bekannt zu machen. Gegenüber der Veröffentlichung in Zeitschriften boten sie darüber hinaus noch zwei erhebliche Vorteile: Zum einen sah der Autor seine Erzählungen im Zusammenhang gedruckt, nicht mehr nach Maßgabe der Zeitungsspalten zerstückelt und über Wochen und Monate verteilt. Der andere Gewinn war fast noch wichtiger für seinen Status im literarischen Leben: Taschenbücher wurden rezensiert. Und erst wenn ein Schriftsteller die Augen der Kritik auf sich zieht, bekommt er eine wahrnehmbare und damit wirkliche Existenz.

Die Bitte Mailáths bedeutete also für Stifter den größten Karrieresprung. Wieder setzte er umgehend seine Feder an; diesmal war es der »Roman«, die Briefezählung von Albrecht und Angela, sein über Jahre hinweg bearbeitetes Schmerzenskind, was in wenigen Wochen abgeschlossen sein mußte. Es gelang. Nur ein Titel war noch nicht gefunden. Da jedes der neunzehn Kapitel den Namen einer Feldblume zur Überschrift hatte, schlug Mailáth kurzerhand *Feldblumen* vor. Damit war auch dies gelöst, und im Herbst 1840 konnte die Erzählung in *Iris, Taschenbuch für das Jahr 1841* erscheinen, die wie üblich bereits gegen Ende des vorausgehenden Jahres ausgeliefert wurde.

Noch im Herbst konnte der Autor drei Artikel über sein Opus zur Kenntnis nehmen. Die *Feldblumen* wurden allseits als der gewichtigste Beitrag zur diesjährigen *Iris* angesehen. »Jedenfalls ist in Adalbert Stifter eine große poetische Begabung, die uns für die Zukunft eine gar schöne Hoffnung stellt«, resümierte die *Allgemeine Theaterzeitung* bündig; und das Lob des Schriftstellerkollegen Franz Stelzhamer in der *Wiener Zeitschrift* wird Stifter mit noch größerem Stolz erfüllt haben: »Herr, Sie haben da ein gutes, schönes Stück Arbeit geliefert. Und die ganze ›Iris‹ hat durch Ihren hochroten, herzblutigen Farbenstreif Leben und Bedeutung gewonnen.« Die wohlwollenden Kritiken ebneten Stifter den Weg, und Mailáth bat ihn sofort um einem neuen Beitrag für die kommende Ausgabe seines Jahrbuchs. Der Anfang war gemacht. Stifter, zu Beginn des Jahres 1840 noch eine gescheiterte Existenz, die sich schlecht und recht als Hauslehrer durchschlug, war nun der Autor von drei Novellen, den die Kritik als literarische Hoffnung ansah und die Verleger um Texte angingen.

Überschaut man Stifters Laufbahn im Rückblick, so bewahrt das Jahr 1840 mit seinem abrupten Umschlag immer etwas Überraschendes, ja ganz und gar Unvorhersehbares. Es ist, als habe die plötzliche, sich mehr zufällig ergebende Möglichkeit zur Publikation ein Ventil geöffnet, das nun den seit Jahren angestauten Druck ins Freie ließ. Stifter war kein Dachstubenpoet, der für sich selber dichtete, ohne dem weiteren Schicksal des Hervorgebrachten Aufmerksamkeit zu schenken. Im Gegenteil: Stifter brauchte die Öffentlichkeit, er brauchte vor allem den Erfolg, um produktiv zu werden. Die öffentliche Anerkennung war genau das, was sein gefährdetes Selbstbewußtsein nötig hatte. Nur ein gedrucktes Werk war das Versprechen auf die Möglichkeit, sich endlich aus der grauen Misere hinauszuschreiben.

Dieses eine Mal hat Stifter die Möglichkeit ergriffen, das Ventil schloß sich nicht wieder. Und seine Produktivität war erheblich. Im ersten Jahrzehnt seiner Schriftstellerlaufbahn verging kein Jahr, in dem nicht ein, zwei, drei oder gar vier neue Texte aus Stifters Feder erschienen, die Überarbeitungen und Sammelpublikationen in Büchern nicht einmal mitgerechnet. Sieht man die Zahl der Kritiken als Index für den äußeren Erfolg an, so konnte der Autor überaus zufrieden sein: Nach den drei Artikeln im Jahre 1840 verzeichnet die Bibliographie für 1841 vier, für 1842 zwölf und für 1843 zehn. 1844 waren es bereits dreiundzwanzig und im Jahr darauf zweiundvierzig Rezensionen; Stifter war als Autor im Literaturbetrieb etabliert.

Doch Adalbert Stifter war kein Dichter, nein, Adalbert Stifter war ein Maler. So jedenfalls wollte er selbst es verstanden wissen, und die Ausdauer, mit der er auf seiner Version der Dinge beharrte, erschien mitunter tatsächlich wie die skurrile Laune eines armen Poeten unterm Dach. Aber es war mehr: Am Anfang seiner Laufbahn nahm Stifter seine Malerei sehr viel ernster als seine schriftstellerischen Versuche – besser gesagt: sie war das einzige, was er ernst nahm. Die Malerei – das war die wirkliche Kunst; bei seinen dichterischen Fragmenten spürte er selber nur zu gut, daß sie aus einem ganz anderen Impuls entstanden, nämlich der Bewältigung eigener Lebensprobleme. Stifter begann nicht mit dem Schreiben, um ein Dichter zu werden; er hatte zur Feder gegriffen, um sich selbst eine erträgliche Fassung seines scheiternden Lebens zu erschreiben. Das konnte keine Kunst sein; die wirkliche Kunst befaßte sich nicht mit den groben Problemen einer jämmerlichen irdischen Existenz, sie hatte es mit dem ewigen Bild dieser göttlichen Welt zu tun. *Deshalb* war Stifter kein Dichter, sondern ein Maler.

In einem gewissen Sinne hat Stifter seinen Irrtum niemals eingesehen. Die zeitbedingte Erbschaft des deutschen Idealismus und, genauer noch, der benediktinischen Erziehung von Kremsmünster vermochte er ein Leben lang nicht abzuschütteln. Noch in einem späten Brief vom 21. Juni 1866 bekannte er sich ausdrücklich zu der Lehre, die er im Stift empfangen hatte, »das Schöne sei nichts anderes als das Göttliche in dem Kleide des Reizes dargestellt, das Göttliche aber sei in dem Herrn des Himmels ohne Schranken, im Menschen beschränkt; aber es sei sein eigentlichstes Wesen und strebe überall und unbedingt nach beglückender Entfaltung als Gutes, Wahres, Schönes in Religion, Wissenschaft, Kunst, Lebenswandel.« Stifter aber, der über kein besonderes Talent zur theoretischen Abstraktion verfügte, legte sich diese Maxime in derart unvermittelter Weise aus, daß er nur eine Kunst der Positivität gelten lassen wollte. Nur die erhebende Darstellung des Guten, Wahren und Schönen konnte wirklichen Wert bekommen, – und seine Erzählungen, das wußte er, waren fern genug von einem solchen Ideal. Deshalb konnte es geschehen, daß er die Sterilität seiner Gemälde mit idealischer Reinheit verwechselte und die spürbare Zerrissenheit seiner Prosa mit unkünstlerischer Ansteckung durch das unklare Leben. Daß es genau umgekehrt war, lag außerhalb seines Vorstellungsvermögens: daß er seinen ganz eigenen Ton als Künstler einmal da finden sollte, wo die unbewältigte Lebenswirklichkeit im Medium der Sprache das Ideal der Kunst zerbricht.

Spricht man von Stifter als Maler, auch von seiner unübersehbaren Weiterentwicklung am Ende der dreißiger Jahre, so gilt dabei *immer* ein grundsätzlicher Vorbehalt: Technisch hat Stifter niemals die Grenzen eines fortgeschrittenen Dilettanten überwunden. Seine Bilder sind Früchte einer mit Ausdauer betriebenen Leidenschaft, aber sie bleiben die Bilder eines ungeschulten Sonntagsmalers, von denen nicht die Rede wäre, hätte sie nicht einer der bedeutendsten Dichter des Jahrhunderts gemalt. Einzig auf diese Weise kann man ihnen gerecht werden: als Lebensdokumente einer Schriftstellerbiographie, nicht aber als gültige künstlerische Hervorbringungen eines Malerlebens.

So in ihren relativierenden Rahmen gesetzt, zeigen Stifters Malereien gegen 1837 und 1838 durchaus spürbare Fortschritte. Schien bis dahin sein oberstes Ziel das penible Abmalen eines Gegenstandes bis in seine belanglosesten Einzelheiten gewesen zu sein, so gewinnt er nun manchmal eine gewisse Freiheit des Blicks, die jedoch immer noch allzu oft an fehlendem Mut ihre Grenze findet. Beschränkte Entwürfe ohne Großzügigkeit, ängstliche Pinselführung — der Autodidakt fand zu keiner eigenen Form. Denn auch dies ist wiederum bezeichnend für den zögernden Stifter der ersten Wiener Zeit: In dieser Kunstmetropole hätte er, der sich so gern als Maler sehen wollte, all die Anregungen und vor allem die Schulung finden können, deren einer bedarf, um das Feiertagsvergnügen zum Handwerk zu machen. Doch nichts davon geschah. Niemals hat Stifter regelrechten Malunterricht gesucht, niemals hat er sich ins unverzichtbare technische Handwerkszeug des Malers einweisen lassen, das er doch so bitter nötig hatte. Auch hier unternahm er nichts, um den Wunsch Wirklichkeit werden zu lassen.

Im Mai 1839 kam dann trotzdem der erste Erfolg als Maler: Er nahm mit fünf Landschaften an der Akademie-Ausstellung teil. Zum ersten Mal auch ist in seinen Bildern ein Anflug von Selbständigkeit zu spüren. Vergleicht man etwa den *Fabriksgarten von Schwadorf* aus dem Jahre 1835 mit dem *Blick in die Beatrixgasse in Wien* von 1839, so hat sich die kleinliche, fast naive Akkuratesse, mit der dort Fenster um Fenster in die säuberliche Hauswand gemalt worden war, fast völlig verloren. Das Muster der rostrot gefleckten

Dachziegel ist nunmehr nur noch angedeutet, die Häuserfassaden werden von grauen, fleckenartigen Quadern gegliedert. Noch ungewöhnlicher aber sind die *Wiener Vorstadthäuser* anzuschauen. Es ist ein Blick aus Stifters Dachfenster über Gärten und Mauern, Dächer und fensterlose Hauswände, in dessen Zentrum sich ein diffuses Grau-Grün aus dichter Gartenvegetation breitmacht. Ein Bild so fern von jeder anekdotenhaften Genremalerei, daß es schon fast in die Nähe einer frühimpressionistischen Farbkomposition zu stellen wäre.

Doch auch das Sujet lohnt einen Blick: Es ist bemerkenswert, daß Stifter, später so berühmt für seine Naturschilderungen, als Maler nur in *Stadtlandschaften* einen eigenen Ton fand. In seinen Ansichten von Höfen und Gärten, von Dächern und leeren Brandmauern zeigt sich ein Gefühl für jene eigentümliche Poesie der städtischen, durch Handwerk und Industrie geprägten Welt, die etwas ganz und gar Neues der eben anbrechenden Epoche war und etwa in den Gemälden Adolph von Menzels ihre vollkommenste Darstellung fand. Es ist zu vermuten, daß Stifter das Besondere dieser Bilder nicht einmal empfand, denn späterhin verfolgte er die mit ihnen eingeschlagene Richtung nicht weiter. Seine Landschaftsbilder dagegen blieben – die gleichfalls 1839 entstandene *Ruine Wittinghausen* ist der Beweis – konventionell und unselbständig gemalte Übungen, die gerade das Eigenste seiner Naturauffassung nicht zu geben vermochten. Das gelang dem Maler Stifter nicht mit dem Pinsel, sondern nur mit dem Werkzeug dessen, was ihm seine Freizeitbeschäftigung war: der Feder.

Eheszenen

ANFANG DER VIERZIGER Jahre war der Bruch in Stifters Leben unwiderruflich. Der Schreiber jener Briefe von 1835 und der Schriftsteller der Novellen von 1840 – das war nicht mehr die gleiche Person. Auch äußerlich hatte sich alles für ihn verändert. Er war nicht mehr der klägliche Verehrer Fannys, der sich immer weiter demütigte und ihr seine Liebe nachtrug, als längst alles verloren war, jetzt war er der Ehemann einer attraktiven jungen Frau. Er war nicht mehr der gescheiterte Student, der sich sein tägliches Brot mühsam mit erniedrigenden Privatstunden verdiente, jetzt war er ein Künstler, dessen Novellen veröffentlicht wurden und dessen Gemälde in der Akademie-Ausstellung hingen. Gewiß, wirtschaftlich hatte sich durch den Erfolg an seiner Situation überhaupt nichts gebessert, und den Zwang zum Stundengeben sollte er noch lange Jahre verspüren. Aber nun gab es etwas vorzuweisen, für sein eigenes Selbstgefühl ebenso wie für die Augen der Welt. Seine materielle Existenz war wackelig wie zuvor, für sein Selbstverständnis aber besaß er jetzt ein Bild von sich, das diesen krausen Lebensgang endlich einigermaßen zu rechtfertigen vermochte.

Der entscheidende Augenblick für den Bruch war das Jahr 1837 und die Hochzeit mit Amalia gewesen. Hier ist der Punkt, auf den Stifters Jugendgeschichte zustrebt und von dem aus sich sein ganzes weiteres Leben entwickelt. Es ist der Abschied von den Wünschen und Hoffnungen des jungen Mannes und zugleich die Entscheidung, eine ganz und gar unbefriedigende Lebenssituation hinzunehmen und sie – mehr noch – zur Erfüllung aller Hoffnungen zu stilisieren.

Nachdem Stifter im August 1835 keine Antwort mehr

auf seinen letzten, so inständig bittenden Brief bekommen hatte, wußte er, daß es vorüber war. Er hatte Fanny verloren. Daß er es früher hätte wissen können, wer wollte es bestreiten. Aber erst in diesem Augenblick scheint er den Verlust nicht nur als Angst und Drohung, scheint er ihn als unabänderliche Tatsache wirklich begriffen zu haben. Er kehrte zurück nach Wien, setzte sein gewohntes Leben fort und unternahm nie wieder etwas, um die Verbindung mit Fanny neu zu beleben. Den Sommer 1836 verbrachte er malend im Salzkammergut, es gab nichts mehr, was ihn in die Heimat zog. Doch diesmal ging er nicht allein in die Ferien: Amalia war mit ihm. Auch darin ist ein Zeichen der Veränderung zu sehen. Stifter hielt es nicht mehr für nötig, seine Freundin vor den Augen der Welt zu verbergen – er hatte nichts mehr zu verlieren. Schon bisher hatte sie sein Leben in Wien geteilt, doch eben nur sein Leben *in Wien*. Die gemeinsame Reise war nun die öffentliche Bestätigung dieses bereits mehr als drei Jahre währenden Verhältnisses.

Zurück in der Stadt erfuhr Stifter im Oktober von Fannys Hochzeit, doch diese Nachricht konnte ihn inzwischen nichts Neues mehr lehren. Bezeichnender für seine Haltung ist, daß er trotzdem noch über ein Jahr zögern sollte, sein Eheversprechen gegenüber Amalia einzulösen. Alle Briefe und Dokumente aus jenen Jahren belegen, wie wenig ihm an dieser Frau im Grunde lag und wie gering der gefühlsmäßige Antrieb zu einer Heirat war. »Meine himmelschönen Ideale der Frauenliebe sind elend dahin«, schrieb er am 17. Juni 1836 an Adolf von Brenner, um nach langen Klagen zu schließen: »Aber dumm ist's, daß ich dir da voträndiere – es kommt ja immer zu nichts solchem, da ich's höchstens zu einer oder der anderen Lächerlichkeit bringe und gar keine Aussicht habe, in Zukunft glücklicher zu werden«. In Wirklichkeit aber waren Stifters »himmelschönen Ideale der Frauenliebe« durchaus nicht dahin, nur übertrug er sie immer mehr aus der realen Welt in die Gestalten seiner Literatur. Zur gleichen Zeit nämlich, da in seinem Brief die enttäuschte Klage ertönte, erschreibt sich der Dichter in den *Feldblumen* mit Angela die Wunderfrau, die seinen unreifen Idealen entsprach.

Die bittere Realität blieb eine andere Sache. Während er sich mit seiner Feder eine klare, von edlen Menschen bevölkerte Welt zusammenfabulierte, war Stifter in einer Misere von Geldsorgen und Wohnungsnot versunken, die sich auf undeutliche Weise mit den jämmerlichen persönlichen Verhältnissen mischte. Zwischen Oktober 1836 und April 1837 hatte er so etwa gleich zwei Wohnungen angemietet. Die eine, Bockgasse Nr. 351, diente ihm selbst als Bleibe; in der anderen, Teinfaltstraße Nr. 65, die um einiges größer war, wohnte Amalia mit ihrer lungenkranken Schwester Josepha. Doch die Situation war nicht zu halten: Am 19. April wurde Stifter auf Antrag eines Gläubigers gepfändet. Die Dokumente vermitteln einen Eindruck davon, was bei dem säumigen Schuldner zu holen war: »Das Inventar der Wohnung bestand laut Aufzeichnung des Gerichtsdieners im Zimmer: ›1 weicher, 2 harte Tische, 1 Stockuhr, 6 Sesseln, 1 Spiegel, 7 Bilder, 1 Spucktrüherl, 1 Tioletspiegel, 1 Bettstatt sammt Matratze, 2 Tucheten, 3 Pölster, 1 Leintuch, 1 Covertdeke, 1 Nachtkastel, 2 Kufer, 6 Hemden, 6 Hals- und 12 Sacktücheln, 4 Westen, 1 tücherner Gehrock, 4 Hosen, 6 Gattien und 1 Bild‹, im Vorzimmer: ›1 Garderobekasten und 1 Bettstatt samt Bettgewand‹, in der Küche: ›die sämtl. ord. Kücheneinrichtung‹.« Nur wenig später gab Stifter die Wohnung Teinfaltstraße Nr. 65 auf.

Am 19. April hatte die Pfändung stattgefunden, am 20. Mai richtete Stifter an den Wiener Magistrat ein Ansuchen auf Ehebewilligung, wie es damals noch obligatorisch war. Der eben erst wegen Insolvenz der Justiz überantwortete Bräutigam in spe hatte nun die erforderlichen Finanzmittel für einen ehelichen Haushalt nachzuweisen. Der »Candidat des Lehramts der Mathematik u Phisik« berief sich gegenüber der Obrigkeit kurzerhand auf eine »Zulage-Versicherung von 500 fl.C.M. jährlich von Seite des Vaters der Braut«, was angesichts der erbärmlichen Lebensumstände Philipp Mohaupts eine schlichte Lüge war. Bei dessen Tod belief sich die Erbschaft auch beileibe nicht auf fünfhundert, sondern auf bloße fünfundzwanzig Gulden und sechzehn dreiviertel Kreuzer. Der die Wahrheitsliebe so hoch stellende Stifter hatte sein Gewissen wieder einmal arg belastet. Doch die Bewilligung traf ein, und am 15. November 1837 wurde geheiratet.

Was hat Stifter wirklich dazu gebracht, diese Ehe zu schließen? Was hat ihn zu dieser Entscheidung bewogen, die von jedem Gesichtspunkt aus einen dunklen Rest des Unbegreiflichen bewahrt, sogar mehr noch als das so schwer verständliche Zögern gegenüber Fanny? Die Fragen müssen richtig gestellt werden: Erklärungsbedürftig ist nicht, daß Stifter sich in Fanny verliebte; erklärungsbedürftig ist, warum er nicht mehr für das Erreichen seines Zieles unternahm, dann aber über jede Vernunft hinaus an ihm festhielt. Erklärungsbedürftig ist nicht, daß er sich in Wien wie so viele andere mit einem entgegenkommenden Mädchen tröstete, erklärungsbedürftig ist, warum er Amalia heiratete und diese Ehe auch dann nicht löste, als sie mit jedem Jahr mehr zu seinen Depressionen beitrug.

Soll man vermuten, daß Stifter unbewußt das irdische Glück einer erfüllten Liebe ausschlug, um des höheren Ziels, um seines Werkes willen? Dies wäre die Interpretation, die er selbst in der zweiten Fassung des *Haidedorfs* geben wird. Soll man ihn als einen sehen, der zwischen »himmlischer und irdischer Liebe« schwankte, und allem Idealismus zum Trotz in diesem schweren Kampf für das eigene Leben den irdischen Versuchungen erlag? Dies wäre eine Deutung, die sich auf zahlreiche seiner Erzählungen, aber auch bereits auf den Abschiedsbrief an Fanny berufen könnte. Alles spricht dagegen. Zunächst schon die biographische Wirklichkeit: Stifter hat zugunsten seines Werkes auf nichts verzichtet, weder auf die Ehe noch auf eine bürgerliche Laufbahn, die ihn späterhin oft genug in seiner schriftstellerischen Arbeit behindern sollte. Er hat all das, was er sich wünschte, auch bekommen, nur anders, als er es sich gewünscht hatte.

Derartige Auslegungen sind jedoch noch aus einem tieferen Grunde fruchtlos: Sie verwechseln die Erklärung mit dem Problem. Denn es ist ja keine Erklärung, es ist ja das Problem selber, wenn einer in seinem Leben Wunsch und Wirklichkeit nicht in Übereinstimmung bringen kann; wenn einer darunter leidet, daß ihm individuelle, auf die Persönlichkeit gerichtete Liebe und sinnliche Leidenschaft nicht zusammenkommen wollen. Der Dualismus »himmlische und irdische Liebe« gehört zur abendländischen Geistesgeschichte seit ihren Ursprüngen – aber doch nicht als wirkliches Erklärungsmuster für das Verhalten eines Mannes gegenüber zwei konkreten, lebendigen Frauen. War Fanny ein Sinnbild himmlischer Liebe? Nein, sie war keine ferne Laura oder Beatrice; Fanny Greipl war ein höchst reales Mädchen aus Friedberg, in das Stifter sich verliebt hatte, mit dem er Ausflüge unternahm und die Sommerferien verbrachte. Der Topos »himmlische Liebe« kann hier nur nachträgliche Verklärung eines recht banalen, wenn auch für Stifter schmerzhaften Scheiterns durchaus realer Wünsche sein. Und jene »Entsagung«, die am Ende des *Haidedorfs* dann so pathetisch beschworen wird, bleibt nichts als ein dichterisches Motiv, das die wirkliche Versagung im Leben, das Scheitern, die Enttäuschung, den Verlust, als Überwindung und heroischen Schmerz idealisiert.

Die überarbeitete Fassung des *Haidedorfs* ist tatsächlich das sprechendste Dokument für diesen Prozeß der Selbststilisierung: Der zum Dichter gewordene Haideknabe Felix wird alles erreicht haben, alles, nur das nicht, was er sich am meisten wünschte. Auf seinen Brief, in dem er um die Hand der Geliebten bittet, erhält er von deren Vater die Antwort: »Ihre selbstgewählte Stellung in der Welt macht es unmöglich zu willfahren«; doch er bewahrt seine Fassung: »›Meine selbstgewählte Stellung‹, sagte er endlich sich emporrichtend – und im tiefen, tiefen Schmerze war es, wie eine zuckende Seligkeit, die ihn lohnte.« Biographische Wahrheit aber ist das nicht. Stifter besaß keine selbstgewählte Stellung in der Welt, in seine schiefe Lage war er nicht durch bewußte Entscheidung, sondern durch das Ausweichen vor einer solchen geraten. Um sich über das eigene Unglück zu trösten, ergriff er nun das jahrhundertealte Erklärungsmuster der Entsagungsideologie, dem zufolge der Geist das Opfer des Glückes verlangt – und diese Denkfigur wird ihn und sein Werk ein Leben lang bestimmen.

Die Wahrheit ist viel banaler. Stifter vermochte nicht zu begreifen, daß die Ideologie der Entsagung und der Dualismus von himmlischer und irdischer Liebe in der Wirklichkeit längst nur noch die Überhöhung eines gesellschaftlichen Tatbestandes waren: Weil man die Geliebte nicht berühren durfte, strafte man die Frauen, die dafür zur Verfügung standen, zwangsläufig mit Verachtung. Er steigerte sich immer stärker in seine »himmelschönen Ideale der Frauenliebe«, je gewöhnlicher und verfahrener seine eigenen Verhältnisse wurden, je mehr sich in ihnen auf ganz und gar nicht reine Weise Persönliches und Materielles, Gewohnheit und Widerwille miteinander vermengten. Stifters Leben unterschied sich darin nicht von dem, was in sozialen Schichten am Rande des Existenzminimums die Regel war; es unterschied sich gleichwohl in krassester Weise von seiner erträumten Welt. Dort herrschten Großzügigkeit und Weite, nicht der Gerichtsvollzieher; dort hatte man keine Putzmacherin mit lungenkranker Schwester zur Freundin, sondern Frauen, die von Schönheit, Intelligenz und Unschuld erstrahlten.

Die dunkelste Episode in Stifters Leben steht in äußerstem Kontrast zu alledem – gewiß nicht zufällig. Und Stifter tat auch alles, um sie im dichtestmöglichen Dunkel zu belassen. Amalia und Josepha Mohaupt hatten in Wien zunächst bei einer entfernten Verwandten namens Barbara

Lazzer gewohnt. Der Grund dafür, daß Stifter zwischen Oktober 1836 und April 1837 eine zweite Wohnung angemietet hatte, war eine Schwangerschaft der unverheirateten Josepha – jedenfalls wurde der Sachverhalt nach außen hin so dargestellt. Gesicherte Fakten gibt es nur wenige: Das Taufregister der Kirche St. Rochus verzeichnete für den 21. November 1836 die Geburt eines Emilie genannten Mädchens, als dessen Mutter Josepha genannt wurde. Patin war Barbara Lazzer, einen Vater gab es nicht. Vier Wochen später war das Kind tot. Beim Eintrag im Sterberegister, der jedoch in einer anderen Kirche des gleichen Stadtviertels vorgenommen wurde, lautete der Name der Mutter nunmehr Anna Mohaupt. Etwas, was alle Tage vorkam.

Wer aber waren die wirklichen Eltern des kleinen Mädchens? Der Verdacht liegt nahe, daß Amalia Mohaupt und Adalbert Stifter ein uneheliches Kind miteinander hatten und dies verbargen, indem sie es der jüngeren Schwester unterschoben. Ein Grund dafür ist offensichtlich: Stifter hatte in jenen Jahren seine Stellung als Hauslehrer soweit gefestigt, daß er es sich unter keinen Umständen erlauben konnte, als Vater eines unehelichen, mit einer Modistin von zweifelhaftem Ruf gezeugten Kindes zu erscheinen. In den vorzugsweise adligen Häusern, in denen er sein Brot verdiente, wäre ein Hinauswurf die zwangsläufige Folge gewesen. Amalias Verhältnis zu ihm aber war allzu bekannt, als daß man hätte wagen können, sie als Mutter zu nennen. Josepha dagegen hatte nichts zu verlieren, keinen Ruf und keine materiellen Vorteile, und am unteren Rande der Gesellschaft schaute bei diesen Dingen ohnehin niemand so genau auf die Tatsachen.

Sollten – wofür das meiste spricht – diese Vermutungen zutreffen, dann läge darin auch endlich ein wirklicher, lebensgeschichtlich nachvollziehbarer Grund für Stifters Haltung zu seiner Ehe: das Gefühl einer ungeheuren Schuld gegenüber Amalia. Ob das Kind tatsächlich an einem Wasserkopf gestorben ist – eine Krankheit, die später eine seiner düstersten Erzählungen, *Turmalin*, bestimmen wird –, bleibt für das subjektive Schuldgefühl ganz unerheblich; allzu viel Fürsorge wird es gewiß nicht erfahren haben. Für das Bewußtsein der eigenen Schuld genügte das Wissen um den eigenen Verrat: Es war *sein* Kind, *er* hatte es im Stich gelassen, *er* hatte es Amalia genommen, *er* hatte es am Ende getötet, »das einzige Kind [...], das vielleicht zu dem höchsten Glücke hätte heranblühen können«, wie es in einem dann wieder gestrichenen Satz der Urfassung von *Turmalin* heißt. Die Frau, der er dies angetan hatte, konnte er nicht verlassen.

Man kann auf dem Boden der Vermutungen noch einen Schritt weiter gehen. Stifters Wunsch nach einem Kind mußte immer mehr den Charakter des Leidens annehmen, wenn dahinter das Bewußtsein stand, das wirkliche Kind verraten zu haben. Die Klagen über seine Kinderlosigkeit tönen im Laufe der Zeit in einer solch gesteigerten Form durch sein Leben wie durch sein Werk, daß sie kaum noch mit der einfachen Trauer über einen unerfüllten Wunsch zu erklären sind. Warum aber blieben Adalbert und Amalia Stifter ihr Leben lang ohne Nachwuchs – besonders, wenn sie in frühen Jahren vielleicht bereits ein Kind gehabt hatten? Erwägt man die Epoche und die soziale Stellung, in der das unverheiratete Paar sich befand, so liegt eine Möglichkeit nahe: Eine nicht eben seltene Ursache für Kinderlosigkeit waren im 19. Jahrhundert mißglückte Abtreibungen. Wie die Episode mit der kleinen Emilie nahelegt, konnte und wollte Stifter sich bis zu seiner Hochzeit ein Kind nicht leisten; die Verfahren eines illegalen Abbruchs der Schwangerschaft waren jedoch voller Risiken.

Natürlich, derartige Überlegungen bewegen sich ganz und gar im Bereich der Hypothesen, gibt es doch praktisch keinerlei Dokumente, die hier Klarheit verschaffen könnten. Die Vermutungen vermögen aber zu zeigen, wie weit sich Stifters düster verworrenes Leben vom Ideal der Klarheit und Reinheit entfernt hatte. Vor allem aber geben sie die einzige, wenigstens im Ansatz sinnvolle Erklärung für Stifters eigenes Verhalten: Die Beziehung zu Amalia beruhte auf dem Wissen von einer mächtigen Schuld, die sie aneinander band. Daß sie dieses Geheimnis alleine trugen und kein anderer von ihm wissen konnte, änderte nichts an der Schwere der Last; noch als Stifter sich 1847 an die Überarbeitung seiner Erzählung *Das alte Siegel* machte, betraf eine der wichtigsten Präzisierungen genau diese Frage: Die Schuld und die Schande, die in einer Verfehlung liegt, werden um nichts geringer, wenn niemand von ihnen erfährt. Der Schuldige selbst wird auf immer um sie wissen.

Kein Attribut benutzte Stifter häufiger in seinem Werk als das von Unschuld und Reinheit. Geradezu zwanghaft kam er auf sie zurück, und vor allem dann, wenn es um die Charakterisierung junger Mädchen ging. Man mag darin zu Recht einen Einfluß der empfindsamen Epoche sehen und auch Stifters eigene Neigung zum gefühligen Überschwang; doch als einzige Erklärung taugt eine solche Zuweisung nicht. Allzu eng, um nur empfindsame Rhetorik zu sein, ist die Metapher der Unschuld in seinem Werk an ihren Gegenbegriff, den der Schuld gebunden; zahlreiche Erzählungen, vom *Alten Siegel* bis zum *Waldgänger*, kreisen um diesen Begriff als um ihren eigentlichen Mittelpunkt: Was macht den Menschen schuldig, und wie kann er sich im Angesicht seiner Schuld verhalten? Gegenüber diesen Versuchen, sich mit den Verstrickungen und Unklarheiten des menschlichen Lebens auseinanderzusetzen, liegt im Festhalten an einer Unschuld, die gleichsam naturgegeben vor dem Schuldigwerden steht, das Verlangen nach einem ursprünglichen Zustand des Guten und der Konfliktlosigkeit. All die jungen Mädchen und Frauen, die Stifter als rein und unschuldig vorführt, sollen den Beweis dafür antreten, daß nicht alles in dieser verworrenen Welt so mehrdeutig ist, wie es die tägliche Wirklichkeit beweist; daß es auch in den schwierigen Beziehungen zwischen den Menschen das Gute schlechthin geben kann.

Der Komplex von erlebter Schuld und beschworener Unschuld wird Stifter ein Leben lang begleiten. Das Schuldigwerden gehörte zu seinen ersten und prägenden Erfahrungen; in den Geschichten von der zerschlagenen Fensterscheibe, von den pechbestrichenen Füßen des Kindes hat er selbst davon berichtet. Schuld ist Teil des »Entsetzlichen und Zugrunderichtenden«, das in seinem Leben und seinem Werk nie zur Ruhe kommen wird. Damit ist nicht gesagt, dieses Thema von Stifters Dichtung sei im Grunde »nur« die Verarbeitung biographischer Erlebnisse, denn schließlich gehört die Dialektik der Schuld zu den ganz großen Konstanten der europäischen Geistesgeschichte seit der Antike. *Daß* einer sich aber von diesem Gedanken angezogen fühlt, ist sehr wohl auch Frage einer lebensgeschichtlichen und seelischen Disposition, und erst recht, *wie* er es tut: Die Art, wie Stifter einen psychologischen und einen ästhetischen, tragischen Begriff der Schuld miteinander vermischte, weist ganz eindeutig auf den subjektiven, individuellen Anteil in der dichterischen Auseinandersetzung.

Auch wenn man alle Vermutungen und nur wahrscheinlichen Dinge beiseite läßt, war Stifters persönliches Leben zur Zeit seiner Eheschließung düster genug. Niemand unter seinen Freunden hatte Verständnis für diese Verbindung. »Seine Heirat war ein Unglück. Sie war eine Gefallene, ein Kavalier hatte sie verführt. Er erzählte das von einer dritten, wir wußten aber, daß sie es war. Er meinte niemand verstehe besser seine Poesie und sie hatte nicht das mindeste Verständnis. Er sprach viel darüber, sie hörte nur geduldig zu und darum meinte er, der sie gar nicht zu Worte kommen ließ, sie verstehe und empfinde tief«, dieser Meinung des Freiherrn Theobald von Rizy hätten sich wohl die meisten angeschlossen.

Wer aber war diese Frau, mit der Stifter lebte, bis daß er sich durch den Tod von ihr schied? Gewiß macht Amalia keine gute Figur in Stifters Biographie, doch die Rolle, die sie zu spielen hatte, bot dazu auch die denkbar schlechtesten Voraussetzungen. Eine Frau, die nur gewählt wurde, weil die andere unerreichbar geblieben war; eine Frau, die keinerlei Möglichkeit hatte, ihrem Mann geistig auch nur annähernd auf gleicher Stufe zu begegnen; eine Frau, der durch die Kinderlosigkeit auch die traditionelle Frauenrolle versagt blieb. Wie sie damit fertig wurde, weder Mutter noch eine ebenbürtige Lebensgefährtin zu sein, darüber gibt es keine Zeugnisse. Ihre Briefe an Stifter bleiben stumm, nichts in ihrer Erziehung hatte ihr die Fähigkeit gegeben, für sich und ihre Lebensnot einen Ausdruck zu finden. Die äußere Stellung, die sie als Frau Hofrätin in ihrem Leben noch erreichen sollte, war unendlich viel mehr, als ihre gesellschaftliche Herkunft hatte erwarten lassen, und glich so manchen anderen Mangel aus. Jener Zug von Härte in ihrem Wesen, den mancher von Stifters Freunden bemerkte, war wohl nicht untypisch für einen Menschen, der sich vorgenommen hatte, um jeden Preis den Aufstieg aus einfachsten Verhältnissen zu schaffen.

Emerich Ranzonis Beschreibung von Amalia Stifter fiel zwar erheblich wohlwollender aus als die vieler anderer Zeitgenossen, in der Sache ist sie aber durchaus bezeichnend: »Ein wundervolles, lichtbraunes Haar umrahmte das ebenmäßig geformte Gesicht, die Stirne war glatt und rein, die Nase edel, die Wangen voll und von blühender Farbe; der Mund klein und frischrot, das Kinn fein und zierlich, dieses Ganze belebt von einem gutmütig leuchtenden, großen hellbraunen Auge; der Kopf saß auf einer vollen Büste, die Gestalt war mittelgroß und von jener angenehmen Fülle, welche, gleich entfernt von Mangel und Überfluß, den wohltuenden Eindruck vornehmer Ausgeglichenheit macht; ihre Erscheinung hatte etwas wundersam Ruhiges, Anspruchsloses und doch wieder Würdevolles; sie war das verkörperte Bild der züchtig waltenden Hausfrau; freilich verlor das Bild von seinem ursprünglichen Reize, wenn man Gelegenheit hatte, es wiederholt und länger auf sich wirken zu lassen; da bekam es einen Hauch von Unbeweglichkeit, Sattheit und einer gegen Menschen und Dinge ablehnenden Verschlossenheit!«

Zieht man von diesen postumen Erinnerungen den verklärenden Ton ab, der verschwieg, was dem Andenken des Toten hätte schaden können, so bleibt auch hier das gleiche Bild eines körperlich attraktiven und geistig anspruchslosen Menschen. Amalias große Schönheit in jungen Jahren wurde immer wieder von allen Beobachtern hervorgehoben, die darin, wohl zu recht, einen Hauptgrund ihrer Wirkung auf Stifter sahen. Zwei Portraits aus den dreißiger Jahren bestätigen diese Schönheit, beide stammen aus der Hand des Malers Ferdinand von Lampi – wohl einer jener Männer, deren Nähe dem Ruf der jungen Frau so abträglich gewesen war. Noch drei Monate vor Amalias Hochzeit konnte Lampi es sich erlauben, höchst zweideutige Zeilen in das Stammbuch der Braut einzutragen: »Es war eine Zeit, da ich Ihrem schönen Herzen näher stand; das harte Schicksal riß mich mit gewaltigen Armen aus dem goldenen Traum, den ich in Ihrer Nähe verträumen durfte, – und lange sahen wir uns nimmer; Sie haben mich nicht vergessen. Ich bin wieder hier, und Sie nennen mich noch Ihren Freund – Amalie, inniges, himmlisches Gefühl durchströmt meine Brust im Bewußtsein dieses heiligen Vorrechtes, was mir vor anderen zu Teil ist.«

Mit der Hochzeit wurde Stifter zum alleinigen Nutznießer dieser Vorrechte; Amalia hatte erreicht, was sie wollte: von einer auf bedenkliche Weise ihr Leben verdienenden Putzmacherin war sie zur Ehefrau geworden. Und sie wurde eine gute Ehefrau, erfüllte alles, was man legitimerweise von einer solchen verlangen mochte. Die prekäre wirtschaftliche Lage der Stifters forderte von ihren hausfraulichen Talenten erhebliche Leistungen, doch es gelang ihr auch in den bedrückendsten Augenblicken, der kärglichen Wohnung eine heimische Atmosphäre zu geben. In der ersten Zeit pflegte Stifter noch immer einen bohemehaften Lebensstil, der sich vor allem durch das wilde Durcheinander von Schreib- und Malutensilien in seinem Zimmer auszeichnete, doch schon nach wenigen Jahren machten sich jene Züge ängstlicher Ordnungsliebe bemerkbar, mit der er die Räumlichkeiten in so vielen seiner Erzählungen ausstatten wird. Amalia schuf Stifter den eigenen Bereich, in dem er zum ersten Mal einen stabilen Boden für seine schwankende Existenz fand; obwohl er noch immer weit entfernt war von dem erträumten Glück, näherte er sich Schritt für Schritt einem gewissen Gleichgewicht, das zwar weiter bedroht war, mit dem sich jedoch immerhin fürs erste leben ließ.

Konflikte waren in dieser Beziehung nicht nur durch die Ungleichheit der Partner, sondern schon durch die äußeren Umstände angelegt. Amélie von Handel, die Gattin von Stifters Jugendfreund, zeichnete ein Bild, das bezeichnend dafür ist: »Stifters Frau war sehr brav, auch durchaus nicht dumm, aber sie stand an Bildung tief unter ihm. Das erschwerte, z. B. uns, den Verkehr mit ihm, und sie, dies fühlend, war gereizt gegen die ›höheren Stände‹. Ihrem Manne brachte sie mit großer Hingebung entgegen, was sie am besten zu geben vermochte: materielle Behaglichkeit. Damit förderte sie einen Zug der Weichlichkeit, der in Stifters Natur lag. Indem sie Willenskraft und Energie in Bequemlichkeit löste, lähmte sie dem Genius die Flügel.« Amalia mußte nur allzu gut die Verachtung durch Adalberts adlige Freunde spüren, – gerade sie, deren ganzes Streben darauf ging, ihre eigene gesellschaftliche Stellung zu verbessern. Sie wurde als eine angesehen, die durch eine Heirat aufsteigen wollte, und man ließ es sie spüren. Nein, Stifter konnte keinen Staat machen mit seiner Frau.

Zu Anfang ließ sich alles schlecht genug an, und Stifters Begeisterung für diese Lebensgemeinschaft hielt sich ohnehin in Grenzen. Das Paar hatte schon vorher zusammengelebt, mit ihnen teilte noch immer die kranke Josepha die Wohnung. Kaum war die Hochzeit vollzogen, legte sich der junge Ehemann mit einer Hüftgelenkentzündung zu Bett. Der Krankheit wegen verflüchtigte sich auch einmal mehr die Hoffnung auf beruflichen Erfolg. An der Forstlehranstalt Mariabrunn war die Lehrkanzel für Forstbotanik ausgeschrieben, und Stifter hatte sich gründlich vorbereitet: »Wenn's gelingt, so jauchze ich!! Einen Concurs will ich machen, dem nichts mangeln soll, – wenn nur nicht wieder der alte Satan eine größere Protektion daherführt, die sich auf wen andern als mich bezieht, oder sonst ein Malheur, z. B. daß ich gerade am Concurstage an der Cholera sterbe, oder eben gesunde – oder daß der Himmel einfällt oder der jüngste Tag ist –« Es gelang nicht, Stifters selbstkritische Vorahnungen behielten recht. Zwar war es weder die Cholera noch der jüngste Tag, sondern nur jene nachhochzeitlichen Hüftbeschwerden, was ihn an der Teilnahme hinderte, doch die Angelegenheit war damit erledigt. Es blieb die letzte Bewerbung um eine ordnungsgemäße Lehrerstellung; der schriftstellerische Erfolg, der jetzt einzutreten begann, zog schon bald alle Energien auf die Dichtung.

In jenen frühen Jahren nimmt der Widerspruch zwischen der erträumten, erdichteten Welt und der elenden Realität fast den Charakter eines Doppellebens, einer krankhaften Bewußtseinsspaltung an. Neben der unklaren Geschichte des unehelichen, vaterlosen Kindes ist der Tod von Amalias Schwester eines der düstersten Kapitel aus Stifters ersten Ehejahren. Josepha hatte nach der Hochzeit mit dem jungen Ehepaar zusammen gewohnt, ohne jedoch polizeilich gemeldet zu sein. Sie litt bereits lange Zeit an der Lunge, und schon nach dem ersten Winter starb sie am 8. März 1838 im Alter von einundzwanzig Jahren. Sie starb mittellos im Wiener Krankenhaus, die Akten verzeichnen keinerlei Verwandte. Die Behörden versuchten, die Familie der Verstorbenen durch die Zeitungen ausfindig zu machen, es war umsonst. Niemand meldete sich. Josepha Mohaupt wurde in einem öffentlichen Armengrab beigesetzt.

Kaum vorstellbar ist, die Stifters könnten von Josephas

Tod nichts erfahren haben. Wahrscheinlicher ist, daß sie in ihrer angespannten wirtschaftlichen Lage die Beerdigungskosten gerne den Kassen der Stadt überließen. Die Schwester und Schwägerin war tot, ihr würde es am wenigsten ausmachen, wenn sie ohne familiäre Begleitung ihren letzten Weg antrat. Und trotzdem offenbart sich hier, wie schon gegenüber der kleinen Emilie, eine kaum begreifliche Herzenskälte bei Adalbert und Amalia Stifter, und es ist schwer zu verstehen, wie sie eine so enge Verwandte einsam im öffentlichen Hospital hinsterben ließen. Ob Stifter den Widerspruch solcher Mitleidlosigkeit zum erklärten Humanismus seiner Dichtung spürte? Ob ihm bewußt war, wie sehr diese Mißachtung des einzelnen Menschen und seines Leidens, auch wenn es dafür äußere, materielle Gründe geben mochte, die Menschlichkeit im großen Ganzen widerrief? Vielleicht ist das spätere Pathos von humaner Ordnung und Reinheit aber auch erst als Antwort auf die erlebte Nachtseite menschlicher Beziehungen richtig zu verstehen: auf die ganz persönlich gemachte Erfahrung, wie dicht jedes Menschenwesen am Abgrund der Barbarei dahinlebt. Die dunkle, destruktive Seite in Stifters Charakter zeigt sich in solchen Episoden mit ihrer ganzen niederdrückenden Kraft. Wenn er zu einer humanen Klarheit finden wollte, dann konnte das nur durch das bewußte Niederkämpfen all dessen geschehen, was in ihm an Trübem und Zerstörerischem gärte.

Auch aus der Übersiedlung des Vaters Philipp Mohaupt, der das Familienleben teilen sollte, sobald ihm seine Gesundheit die lange Reise von Ungarn erlaubte, wurde nichts. Der ehemalige Soldat kränkelte schon eine geraume Weile im Invalidenhaus dahin, nun wurde die Sache ernst, und am 11. April 1839 starb auch er. Seinen Schwiegersohn hat er nie kennengelernt. Von Amalias Familie war nur noch ihr Bruder Philipp Mohaupt jun. am Leben; er wohnte mit Frau und Kindern in Peterwardein, einem kleinen Festungsstädtchen im österreichisch-ungarisch-serbischen Grenzgebiet, das dem viel bedeutenderen Neusatz oder Novi Sad unmittelbar gegenüberlag. Seine Kinder, drei Mädchen und ein Bub, sollten später noch für weitere trübe Kapitel in der Stifterschen Familiengeschichte sorgen.

Die Wiener Familie bestand nun allein aus Amalia und Adalbert. Im September 1839 war auch Fanny gestorben, und Stifter war, als er davon erfuhr, aufs äußerste erschüttert. Die Frau, die er geliebt und verloren hatte, war nicht mehr von dieser Welt und konnte nunmehr ganz und gar in sein literarisches Traumbild übergehen. Es wird berichtet, Stifter habe nach der Todesnachricht Amalia gegenüber bemerkt, erst jetzt gehöre er ihr ganz allein. Eine solche Äußerung ist nicht undenkbar, und womöglich hat Stifter überhaupt nicht wahrgenommen, welche Kränkung in ihr enthalten war. Amalia war und blieb die zweite, und daran vermochten auch die nun im Verlauf der Jahre immer zahlreicher und heftiger werdenden Liebesbeteuerungen des Ehemanns nichts zu ändern, für die seine zahllosen Briefe ein erstaunliches Zeugnis ablegen.

Als im April 1840 mit dem *Kondor* Stifters erste Veröffentlichung erschien, hatte sein Leben eine Gestalt gefunden, die sich in ihren Grundzügen nicht mehr ändern sollte: mit der Dichtung besaß er den beruflichen, mit Amalia den persönlichen Inhalt für seine Existenz. An beidem hielt er fest; warum – darauf ist nicht leicht eine Antwort zu finden. Seine Ehe hatte nicht glücklich begonnen, und er war sie ohne Überzeugung eingegangen. Jener Vorsatz »ich werde wieder Liebe geben, auch wenn ich nicht Liebe glaube – nicht aus Schwäche werde ich es tun, sondern aus Pflicht« konnte keine Grundlage für ein Lebensbündnis darstellen. Welches Verkennen aller menschlichen Triebe und Antriebe lag nicht in diesem Gedanken einer Liebe aus Pflicht! Vertraute Stifter selbst darauf, er werde nach dieser Maxime leben können? Es scheint nur schwer glaublich. Warum aber meinte er, ein Mann Anfang dreißig, sein Leben als ein Resignierter beginnen zu müssen? Traute er es sich im Innersten nicht zu, eine Frau für sich zu gewinnen, die mehr als Amalia seinen Bedürfnissen entsprach? Fehlte es ihm an lebendiger Energie, das Gewünschte auch wirklich herbeizuführen? Oder hatte das Geschehene, die Verstrickungen der Schuld, bereits jeden Gedanken daran erstickt, daß immer noch der Schritt ins Neue, ins Offene möglich war?

Vielleicht aber war es noch etwas anderes, was ihn in diese frühe Resignation führte: die Angst vor der Veränderung schlechthin. Die Angst davor, in neue Verwicklungen zu geraten, sich neuen Situationen und neuen Menschen gegenüber zu sehen, und darin immer wieder den Sog ins Dunkle zu verspüren. Dagegen gab es nur einen Schutz: eine Lebensform, die wenigstens etwas Stabilität für dieses schwankende Dasein verhieß. Seine Ehe machte ihn nicht glücklich, aber sie gab ihm Halt angesichts der Notwendigkeit, für sein Leben entscheiden zu müssen. Damit war es vorbei, sein Leben war entschieden.

Waldphantasien eines Städters

DURCH DEN ERFOLG der drei Erzählungen im Jahre 1840 war Stifter mit einem Schlage zu einem gesuchten Schriftsteller geworden, und dieser neue Status stellte ungewohnte Anforderungen an den nicht mehr ganz jungen Mann. Bevor er weitere Werke begann, hatte sich Stifter noch im Sommer eine kleine Erholungsreise gestattet, und es ist anzunehmen, daß er sie nach seinen jüngsten Erfolgen mit besseren Gefühlen antrat denn je. Große Sprünge konnte das Ehepaar natürlich nicht wagen; man fuhr zum Schneeberg im Südwesten Wiens, jenem Gebirgszug, der mit einer Höhe von fast zweitausend Metern schon hochgebirgsähnlichen Charakter hat. Auf ihren Wanderungen, bei denen Stifter wieder ausdauernd malte und zeichnete, wurden die beiden von dem Hündchen Muffi begleitet, das in der kleinen Familie die Rolle des umhegten Kindes einnahm, und an gefährlicheren Wegstellen mußte Amalia das Tier auf dem Arm tragen. Nicht nur dieses Detail ging später in *Die Mappe meines Urgroßvaters* ein, ein Großteil des Kapitels *Der sanftmütige Obrist* verdankt seinen landschaftlichen Hintergrund und damit auch ein Kernstück seiner Handlung der Erinnerung an die Schneebergwelt und das Höllental.

Von Wien bis nach Gloggnitz wurde die Reise in dem modernsten Verkehrsmittel der Zeit, der erst vor kurzem eröffneten Eisenbahn zurückgelegt. Wie schon beim *Kondor* zeigte sich Stifter auch hier von den gewaltigen Neuerungen der Technik höchst beeindruckt, und noch im folgenden Jahr beschrieb er Amalia in einem Brief vom 10. August den tiefen Eindruck einer solchen Fahrt: »Bei der Nacht ist so ein Eisenbahnzug eine wahrhaft erhabene Erscheinung. Zwischen den Wagen sind immer zwei Lampen angezündet, die ihr Licht auf die Personen hereinwerfen, gegen die Seiten der Bahn aber nach auswärts haben sie rotes Glas, so daß es für die Zuschauer aussieht, als flögen lauter Karfunkel vorüber; die Rauchsäule ist in der Nacht auch feuerrot, und ein Strom unzähliger Funken wallt durch die Luft, was besonders schön und schauerlich war, da uns gerade im Tunnel bei Baden ein Train begegnete, so daß, als beide aneinander vorüber flogen, die ganze Höhle mit Flammen und Donner angefüllt war.« In diesen Zeilen verraten sich nicht nur das Auge des Malers und die sicher gewordene Hand des Schriftstellers, sie zeigen darüber hinaus die Offenheit, mit der Stifter den Veränderungen seiner Zeit jetzt noch gegenüberstand. Er nahm nicht nur die neue Maschine als solche wahr, sondern auch ihren ganz besonderen, nie zuvor gesehenen poetischen und malerischen Reiz. Nicht nur die Natur, auch die Gegenwart mit ihren modernsten Errungenschaften vermochte Schönheit zu erschaffen.

In Stifters Dichtungen indessen sollte von der neuen Zeit kaum jemals noch etwas eingehen, mehr und mehr verschloß er sie vor den unmittelbaren Einflüssen dieser Welt; mehr und mehr machte er aus ihnen geradezu einen Gegenentwurf zur Gegenwart. Die Arbeiten, denen er sich nun am Ende dieses erfolgreichen Jahres 1840 zuwandte, bedeuteten einen großen Schritt in diese Richtung. Zwei Themen waren es, und beide führen weit in die Vergangenheit zurück. Schritt für Schritt begann in diesem Winter in Stifters Einbildungskraft ein Stoff Konturen anzunehmen, der ihn sein ganzes Leben lang nicht mehr verlassen sollte: die Geschichte der Scharnasts, einer adligen Familie, die nach einem langen Weg über Not, Wahnsinn, inneren Zerfall und äußere Auflösung endlich in eine bürgerliche, gefestigte Ordnung findet. *Die Mappe meines Urgroßvaters* wurde als erster Teil eines geplanten Novellenkranzes in Angriff genommen, und wieder konnte der Autor sich unter manchem Liegengebliebenen der vergangenen Jahre bedienen. Fertiggestellt wurde diese Urfassung der *Mappe* jedoch wohl erst im Laufe des folgenden Frühjahrs, jene andere Erzählung hatte sich dazwischen geschoben, die dann bald als das frühe Meisterwerk des Debütanten erkannt wurde.

Der Hochwald

Der Hochwald ist das erste von Stifters Werken, das nicht auf ältere Fragmente zurückging, sondern eine vollkommene Neuschöpfung darstellt. Nach dem großen Zuspruch, den die *Feldblumen* gefunden hatten, bat Mailáth seinen Autor sofort um einen Beitrag für die *Iris* des folgenden Jahres; Stifter sagte zu und begann mit der Niederschrift seiner Novelle. Der *Hochwald* bedeutet in jeder Hinsicht einen Einschnitt in Stifters Schaffen, mit ihm beginnt das eigentliche Werk. Schon an der Arbeitsweise ist das zu erkennen, denn bei dieser Erzählung sieht man zum ersten Mal den Autor am Werk, wie man ihn in späteren Jahrzehnten kennen wird: unermüdlich bessernd und überarbeitend, ewig unzufrieden mit der sprachlichen Gestalt, eine Neufassung durch die andere ersetzend. Am 6. März 1841 sah er sich gezwungen, seinen Herausgeber Mailáth »um einen kleinen Aufschub angehen zu müssen. Das Manuscript lag am 15. Jänner bereit, wo ich Sie erwartete, und da ich es immer in Händen hatte, fing ich daran zu feilen und zu wirtschaften an, so daß zuletzt die Sache in eine völlige Umarbeitung ausartete, und in dieser stecke ich nun mitten drinnen«. Die Zeiten, da Stifter Vorhandenes einfach zu einem neuen Ganzen montierte, waren vorüber, und es ist dem Text in Form und Stil deutlich anzumerken.

Der *Hochwald* zählte immer schon zu den beliebtesten Werken Stifters. Setzt man die Novelle in Beziehung zum Gesamtwerk, so ist diese Wertschätzung nicht gerechtfertigt; betrachtet man sie als den entscheidenden Schritt zum eigenen Werk, dann fällt die ungeheure Entwicklung der schriftstellerischen Mittel sofort ins Auge. Seinen Ruhm verdankt der *Hochwald* den Landschaftsbildern, den Schilderungen der unermeßlichen Wälder, der Stille und Zeitlosigkeit einer unberührten, menschenfernen Einsamkeit. Neben der bezwingenden Kraft, mit der Stifter sein Bild der Natur entwirft, fällt die Darstellung der Menschen geradezu dramatisch ab. Nirgendwo läßt sich deutlicher ablesen, wie weit der reifende Schriftsteller noch von menschlicher Reife entfernt war, als an der Unbeholfenheit, mit der er seine Figuren zeichnet. Unbeherrschte Übertreibungen, klischeehafte Wendungen zeigen, daß sich Stifter auf dem Gebiet der Handlung, der Personenführung nach wie vor mit unsicherem Schritt bewegte.

Wie die *Mappe* geht auch der *Hochwald* weit zurück in die Vergangenheit. Stifter, der seine Erzählung zunächst *Der Wildschütz* nennen wollte, ließ sich durch James Fenimore Coopers gerade erschienenen Roman *Der Wildtöter* beeinflussen, doch was er aus dieser Anregung machte, war ganz und gar seine eigene Schöpfung. Nicht die Jagdgründe Amerikas, der Böhmerwald seiner Heimat ist der Schauplatz dieser Geschichte aus dem Dreißigjährigen Krieg. Man wäre versucht zu sagen, einer *dramatischen* Geschichte, hätte Stifter den Ereignissen nicht fast alles an Spannung und Dramatik genommen, was ihnen innewohnen könnte.

Der früh verwitwete Ritter Heinrich von Wittinghausen lebt mit seinen beiden heranwachsenden Töchtern Johanna und Clarissa ruhig auf seinem Schloß. Als der herannahende Krieg auch das bisher verschonte Böhmen zu bedrohen beginnt, sinnt Heinrich auf Schutz für seine Mädchen, – und an dieser Stelle setzt die Erzählung ein. In den höchsten Höhen des Waldes kennt der Ritter einen verlassenen, fern von allen menschlichen Ansiedlungen gelegenen See, an dessen Ufer er ein hölzernes Haus errichten läßt. Unter der Obhut des alten Gregor läßt er die beiden in der Einsamkeit zurück, bis sich die Wolken des Krieges verzogen haben werden. Zum ersten Mal wendet Stifter jene Technik an, die später so typisch für ihn werden sollte und mit der sich die Sprache dem eigentlichen Handlungsfluß immer wieder entgegenstemmt: Eine breite Einleitung, ein gewaltiges, stillstehendes Landschaftstableau bestimmt den Erzählton so sehr, daß die Elemente einer fortlaufenden Handlung wie eingesprengte Fragmente in einem größeren Ganzen wirken.

Doch auch dies große Ganze allein, das Gemälde des ungeheuren Gebirgswaldes liegt nicht in Stifters künstlerischer Absicht; sein eigentliches Thema ist nur im Gegenüber von Mensch und Welt zu verstehen, im Nebeneinander der überwältigenden Macht der Natur und der schwachen, zerbrechenden Kräfte des Menschen. Nach Wochen und Monaten, die gleichsam zeitlos in der verborgenen Waldsiedlung verfließen, bricht die Geschichte wieder ins Leben der Mädchen ein – doch nicht als kriegerische Gewalt, sondern als das, was deren versöhnender Gegensatz sein sollte: als Liebe. Clarissas Geliebter Ronald, den Stifter als unehelichen Sohn des schwedischen Königs Gustav Adolf vorstellt, macht den Weg zum Waldhaus ausfindig, und am Ufer des Sees wird mit Gregors Segen die improvisierte Verlobung vollzogen. Doch gerade aus dem glücklichsten Augenblick entsteht das Unheil: Bei Ronalds Versuch, das Schloß seines Schwiegervaters vor der Zerstörung zu retten, bringt ein Mißverständnis die Kämpfe zum Ausbruch. Wittinghausen wird zerstört, Heinrich und Ronald finden den Tod. Am Ende steht das Bild der brandgeschwärzten Ruine, in der zwei alternde, einsame Frauen ihren Lebensabend erwarten.

Der Unterschied zu den vorangegangenen *Feldblumen* konnte nicht markanter sein. Dort die sprunghafte, an romantischen Vorbildern orientierte Liebesgeschichte mit glücklichem Ausgang, die sich allen formalen Schwierigkeiten dadurch entzieht, daß sie vorgibt, nichts als die Wiedergabe der tatsächlichen Briefe zu sein; hier ein dichtgewebter Stoff, eine monumentale Darstellung, in der alles Gelingen von der sprachlichen Gestaltung abhängt, ein Landschaftsfresko, in das ein Geschichtsdrama von abgründigem Pessimismus eingebettet ist. Der *Hochwald* ist ein eigenständiges Kunstwerk auch darin, daß Stifter hier zum ersten Mal nicht einfach eine notdürftige Verkleidung seiner eigenen Lebensprobleme gibt. Gewiß ist von diesen noch manche Spur erkennbar: Die Vorstellung von der Liebe als zerstörender Macht geht wiederum auf das alte Lebenstrauma zurück; die reinen Jungfrauen Clarissa und Johanna zeigen, wie Stifter noch immer um ein realistisches Frauenbild zu kämpfen hatte; die Handlung selbst ist nun jedoch von jedem lebensgeschichtlichen Vorbild weit entfernt.

Autobiographisch ist auch die Szenerie: Der landschaftliche Hintergrund mit dem Plöckensteinsee und der Ruine Wittinghausen entstammt der unmittelbaren Umgebung des heimatlichen Oberplan, und die Eindringlichkeit seiner Schilderung speist sich aus der eigenen tiefen Erinnerung des Dichters. Dies aber ist wörtlich zu verstehen: Der *Hochwald* ist ein Bild der Erinnerung, nicht der Wirklichkeit. Für lange Jahre blieb Stifter Oberplan und Friedberg fern; er war ein beliebter Autor der Hauptstadt geworden, der hier seinen Geschäften nachging und seine Ferien in der Umgebung verbrachte. Die Bilder des unendlichen Waldes, der unberührten Einsamkeit des Sees entstanden am Wiener Schreibtisch, und der Blick des Dichters ruhte bei der Arbeit nicht auf den Felsen des Plöckensteins, sondern auf jenen Höfen und Ziegeldächern, die er selbst gemalt hatte.

Es ist aber gerade dieser Gegensatz von Realität und Einbildungskraft, den Stifter für sein Werk fruchtbar machte. Tatsächlich trägt *Der Hochwald* alle Züge des Geträumten und der Vision, er ist die Naturphantasmagorie eines Städters, der längst mit der Wirklichkeit von Ballonfahrt und Eisenbahn vertraut war. Schon das *Haidedorf* sang das Hohelied einer Rückkehr zur Heimat genau in dem Augenblick, da Stifter sich endgültig von ihr löste; nun phantasierte er sich in die fernsten Fernen von Zeit und Raum zurück. Auch die geschichtliche Wirklichkeit spielt in der Erzählung keine Rolle, Stifter hat das später, am 7. März 1860, in einem Brief an Gustav Heckenast selbst gesehen: »Der Unterschied zwischen einem Phantasiestoff und einem gegebenen ist für mich ungeheuer. Ich habe eigentlich einen gegebenen Stoff nie bearbeitet. Im Hochwalde habe ich die Geschichte als leichtsinniger junger Mensch über das Knie gebrochen, und sie dann in die Schubfächer meiner Phantasie hinein gepfropft.«

Es geht Stifter nicht um einen konkreten Abschnitt des wirklichen historischen Verlaufs, es geht ihm um sein Bild der Geschichte schlechthin; nicht um die Schilderung einer bestimmten Landschaft ist es ihm zu tun, sondern um den monumentalen Gegensatz von Natur und Geschichte. Dieser ist schon eine Frage des richtigen Maßstabs: Immer neu kehrt in der Darstellung das gleiche Grundmuster wieder, die Unermeßlichkeit der Natur und in ihr die winzigen Spuren der Menschenhand. Wie eine Expedition ins unberührte Herz der Finsternis dringt die kleine Gruppe voran, fast unsichtbar liegt das Holzhaus am Ufer unter dem mächtig überhängenden Fels, schutzlos und verloren wirkt das zurückgelassene Schloß für den sehnsüchtigen Blick mit dem Fernrohr. Auch das für die Menschen schmerzhafteste Geschehen bleibt angesichts der übermächtigen Welt ohne Gewicht, und am Ende der Erzählung löscht der Wald die Spuren des Vergangenen aus: »Gregor hatte das Waldhaus angezündet und Waldsamen auf die Stelle gestreut; die Ahornen, die Buchen, die Fichten und andere, die auf der Waldwiese standen, hatten zahlreiche Nachkommenschaft und überwuchsen die ganze Stelle, so daß wieder die tiefe jungfräuliche Wildnis entstand, wie sonst, und wie sie noch heute ist.« Die Menschen am Seeufer bleiben nichts als eine Episode in der Ewigkeit der Natur.

Hat Stifter in dieser Ewigkeit einen Trost für das Unglück der Menschen gesehen? Kaum etwas in der Erzählung spricht dafür. Im Gegenteil, die Stummheit und Gleichgültigkeit der Natur verschärft noch den Schmerz, der so offensichtlich ohne jeden Sinn ist. Die monumentale Größe der Natur kommt aus ihrer unüberbrückbaren Fremdheit. Eines Morgens erblicken die Mädchen aus der Ferne zum ersten Mal das zerstörte Schloß: »Es war ein unheimlicher Gedanke, daß in diesem Augenblicke dort vielleicht ein gewaltiges Kriegsgetümmel sei, und Taten geschehen, die ein Menschenherz zerreißen können; aber in der Größe der Welt und des Waldes war der Turm selbst nur ein Punkt. Von Kriegsgetümmel ward man gar nichts inne, und nur die lächelnde schöne Ruhe stand am Himmel und über der ganzen Einöde.« Kein Trost, nein, und gegenüber der eigenen Tragödie war es, »als sei selbst das heitere Firmament düster und schreckhaft, und das Walddunkel ein riesig hinausgehendes schwarzes Bahrtuch.«

Was mochte einen jungen Autor zu einem so abgründigen Pessimismus bewegt haben? In einem komplexen Werk gibt es dafür gewiß verschiedene Faktoren, die sich überschneiden. Da war zum einen die hoffnungslose politische Situation der Gegenwart; wenn Stifter bereits in seinem Brief an Mailáth anmerkte: »Von der Censur wird nichts zu fürchten sein«, so spricht daraus das Bewußtsein, daß die Rückwendung in eine weit entfernte Vergangenheit auch eine erzwungene Abwendung von den verbotenen Gegenwartsproblemen darstellte. Zum anderen fand Stifter in der mythischen Vision des Hochwalds einen überzeugenden bildlichen Ausdruck für seine tiefste persönliche Erfahrung jenes Zerstörenden und Zugrunderichtenden, was dem Menschen als ewig fremde Macht gegenübertritt.

Das Fremdeste aber blieben für Stifter die Menschen und ihre leidenschaftlichen Verstrickungen. Bis in die sprachliche Gestalt hinein ist erkennbar, welche Schwierigkeiten er noch immer mit der Zeichnung überzeugender Figuren hatte. Was er im Innersten nicht verstand, vermochte er auch nicht darzustellen. Clarissa und Johanna werden in ihrer reinen Jungfräulichkeit mit so ausschweifender Metaphorik bedacht, daß die Grenze zum Kitsch mehr als einmal berührt ist. Sie sind keine lebendigen Gestalten, sondern noch immer die Wunschbilder eines unreifen Jünglings: »die Mädchen stürzten sich in die Arme, Herz an Herz verbergend, ja fast vergrabend in einander, und sich die zarten Siegel der Lippen anpressend, so heiß, so inbrünstig, so schmerzlich süß, wie zwei unglückselig Liebende und fast ebenso trennungslos.« Was als Apotheose weiblicher Unschuld erscheint, ist eine vieldeutige Szene von untergründiger, gleichsam inzestuöser Sinnlichkeit.

Die Obsession der Unschuld durchdringt die Erzählung in allen ihren Teilen. Zwar versteigt sich Stifter hier nicht zu solchen nahezu surrealistischen Entgleisungen wie den unschuldig glänzenden Zähnen im *Haidedorf*, dennoch wird diese Eigenschaft unterschiedslos jungen Mädchen und alten Männern zugesprochen, deren silbernes Haar »mit all der Unschuld des Alters auf ihrem Haupte« lag. Kein Zufall, daß am Ende sich ausgerechnet die »tiefe *jungfräuliche* Wildnis« über die Landschaft breitet; aus Stifters Metaphorik spricht die vage Vorstellung von einer ursprünglichen Reinheit der Welt, die erst vom Menschen zerstört worden ist. Wie sehr dieser Bruch an die Erfahrung von Sinnlichkeit und Leidenschaft gebunden ist, läßt die Verlobungsepisode erkennen: Trotz ihres Glückes empfindet Clarissa ihren neuen Stand als dumpfe Bedrückung, und auch Johanna quält beim Blick auf ihre nunmehr erwachsene Schwester ein Gefühl des Fremden, »das sich wie ein Totes in ihrem Herzen fortschleppte«.

Dies ist aber auch nahezu das einzige, was im *Hochwald* noch an die Liebesverwicklungen der *Feldblumen* denken läßt; in allem anderen hatte sich Stifter unendlich weit von seinen Anfängen entfernt. Das spürten wohl auch seine

Zeitgenossen; vielleicht liegt darin auch der Grund, daß über diese später so berühmte Erzählung zunächst kaum eine Rezension erschien. Die Kritik schwieg, weil sie empfand, daß hier etwas Neues und Ungewöhnliches geschehen war.

Auch Gustav Heckenast erkannte erst jetzt wirklich, wen er hier zu seinen Autoren zählte. Durch Stifters verspätete Manuskriptabgabe sah er sich genötigt, den Druck des *Hochwaldes* um ein Jahr auf 1842 zu verschieben, doch hatte er diese Rechnung ohne seinen Autor gemacht. Der forderte in einem scharfen Brief nicht nur das vereinbarte Honorar ein, er drohte seinem Verleger auch unumwunden damit, die *Iris* zu verlassen, wenn sein Beitrag nicht noch im gleichen Jahre erscheinen werde. Nichts verrät deutlicher Stifters wachsendes Selbstvertrauen und das Bewußtsein von seinem Marktwert im Literaturbetrieb Wiens. Auf diesen heftigen Vorstoß hin las Heckenast, der sich sonst wohl auf den Herausgeber Mailáth verließ, zum ersten Mal selbst das Manuskript: »Noch nie hatte ein Werk der modernen Literatur einen so tiefen Eindruck auf mich hervorgebracht, wie diese Dichtung: der Hochwald. Ich bewunderte den mir ganz neuen Dichter und gab als Antwort auf dessen Drohbrief meiner Bewunderung Ausdruck. Ich ließ sofort mehrere gedruckte Bogen des Taschenbuchs beseitigen und der Hochwald erschien noch in diesem Jahrgange, pro 1842.« Heckenast war zum lebenslangen Verleger Stifters geworden.

Gustav Heckenast, der von 1811 bis 1878 lebte, war Sohn eines deutsch-evangelischen Pfarrerehepaars im ungarischen Kaschau. Seit 1828 arbeitete er nach einer Kaufmannslehre in der Pester Verlagsbuchhandlung Otto Wigand, die er 1834 in eigene Regie übernahm. Heckenast war kultiviert, gebildet und auch eine elegante, urbane Gestalt; unter seiner Leitung zählte das Unternehmen bald zu den wichtigen Verlagshäusern Österreich-Ungarns, wo Bücher in beiden Sprachen erschienen, nicht nur literarische, sondern auch geisteswissenschaftliche und geschichtliche Werke. Besonders am Herzen lag Heckenast die Übersetzung von ungarischer Literatur ins Deutsche, wodurch er seinen Beitrag zum Ausgleich des nicht eben unproblematischen Verhältnisses zwischen den beiden Teilstaaten leistete. Stifter war Heckenasts größte Entdeckung. Im Bewußtsein von seiner Bedeutung wurde er nach und nach zu viel mehr als einem Verleger und Geschäftspartner, er wurde sein Kritiker, Ratgeber auch in manchen Lebensproblemen und schließlich sein Freund. Und er wurde nicht zuletzt zu Stifters großzügigem Förderer, der dessen ewiger finanzieller Misere mit Rat und Tat abzuhelfen trachtete. Vom Augenblick der *Hochwald*-Lektüre an besaß Stifter in Heckenast einen Verleger, auf den er sich unter allen Umständen verlassen konnte.

Den hatte er auch ebenso nötig wie die einhundert Gulden für die neue Erzählung. Am 16. Mai 1841 war Stifter wieder einmal gepfändet worden, und das Inventar des Hausstandes wirkt nur um weniges luxuriöser als einige Jahre zuvor. Das Ehepaar wohnte nunmehr in der Inneren Stadt, Rothe Turmstraße Nr. 723, zweite Stiege, fünfter Stock, Tür 42, und diese Anschrift läßt erkennen, worum es sich handelte: um eines jener riesigen, anonymen Mietshäuser, wie sie damals nur in in den wenigen, durch die Industrialisierung immer schneller wachsenden Großstädten errichtet wurden. Die Wohnung bestand aus zwei Räumen, dem Wohnzimmer und Stifters Arbeitszimmer, sowie einer Küche und war sehr einfach eingerichtet. Mit der genialischen Wildnis vergangener Zeiten war es vorbei, Amalia gelang es, auch mit den kärglichen Mitteln bürgerliche Ordnung und Sauberkeit in den Haushalt zu bringen.

Und zweifellos kam sie damit auch jenem Zug zum Pedantischen und Sterilen in Stifters Wesen entgegen, der sich nun immer stärker ausprägte. Auch sein eigener Raum, der gleichzeitig als Maleratelier und Schriftstellerstube diente, glich in nichts mehr der romantischen Kammer eines Bohemien. Die Wände waren von Skizzen und Zeichnungen bedeckt, auf der Staffelei stand das Bild, an dem der Künstler gerade arbeitete, und auf dem Schreibtisch stapelten sich säuberlich die Manuskriptblätter. Bücher waren nicht zu sehen; sie wurden in einem Regal verwahrt, das ein Vorhang bedeckte, und wenn eine Lektüre beendet war, so verschwand der Band umgehend wieder in seinem Versteck. Wie später der Hausherr im *Nachsommer* haßte Stifter den Anblick von Büchern, die achtlos irgendwo auf einem Tische lagen.

Hier, mitten im Zentrum Wiens, hatte er an den ersten Entwürfen für die *Mappe* gearbeitet, hier entstand der *Hochwald*, und hier machte er sich auch an seine nächste Arbeit. Im Sommer 1841 nämlich war Heckenast aus Budapest angereist, um seinem Autor eine neue Aufgabe anzutragen. Für seinen Verlag hatte er einen Sammelband geplant, in dem feuilletonistische Skizzen über Wien zusammengetragen werden sollten, denn er versprach sich von dieser beliebten Prosaform einen guten Erfolg für sein Unternehmen. Nun aber war die Angelegenheit ins Stocken geraten, und Heckenast hoffte, seinen jungen, erfolgreichen Autor für eine Mitarbeit zu gewinnen. Stifter akzeptierte und verpflichtete sich nicht nur, eigene Texte zu liefern, sondern er übernahm auch die Herausgabe des geplanten Bandes. Er kümmerte sich um Beiträge und redigierte die abgelieferten Texte. Dafür erhielt er monatlich sechzig Gulden, die er mit den Honoraren für sich und die anderen Mitarbeiter zu verrechnen hatte. Das war, bei stets angespannter Kassenlage, kein schlechtes Salär.

Wien und die Wiener

Der fertige Band *Wien und die Wiener in Bildern aus dem Leben* erschien zwar erst im Jahre 1844, doch zehn der dreizehn eigenen Beiträge Stifters entstanden in der Zeit von Juli bis Dezember 1841, unmittelbar nach der Fertigstellung des *Hochwalde*s. Zwölf der insgesamt vierundfünfzig Kapitel sowie die Vorrede verfaßte der Herausgeber selbst; die anderen stammten von sieben weiteren Autoren, unter denen auch der mit Stifter inzwischen befreundete Franz Stelzhamer war. Wie sein eigenes Schreiben nahm Stifter auch seine Herausgeber-Tätigkeit überaus ernst. Er korrigierte und verbesserte eigenhändig sämtliche Texte, und mehr als einer fiel seinem kritischen Auge ganz und gar zum Opfer. Auch Stelzhamer mußte die Nachricht hinnehmen, sein Aufsatz über *Wiener Kunst und geistiges Leben überhaupt* sei nicht verwendbar. Der Herausgeber erbat sich ein neues Manuskript oder die Rückgabe des bereits gezahlten Honorars.

Stifter wußte, was man vom ihm erwartete. Skizzen aus dem städtischen Leben dienten der Unterhaltung, und so herrscht in den meisten seiner eigenen Beiträge ein leichter, doch stets recht bemüht klingender Plauderton, der eigentlich nicht im geringsten seine Sache war. Stifter wußte jedoch genauso, was unmöglich bleiben mußte. Die Zensur hätte ein realistisches und vollständiges Bild der Wiener Gegenwart unter keinen Umständen geduldet. Denn natürlich gab es bereits damals die grauen Arbeitervorstädte, gab es Armut und Prostitution, aber von dieser Seite der Residenzstadt, geschweige von der politischen Unterdrückung, konnte in gedruckten Büchern nicht die Rede sein. Publikum und Zensur ergänzten sich gut in ihrem Bedürfnis nach leichter Kost, und daraus entstand jene Gattung literarischer Genremalerei, die angesichts des Elends gleichsam lächelnd ein Auge zudrückt. Sie war typisch für jene Länder des 19. Jahrhunderts, wo das politische Regime auch nicht den winzigsten Spielraum ließ; in Paris oder London dagegen konnten, etwa mit Baudelaire oder Dickens, ganz andere und differenziertere Formen der Großstadtliteratur entstehen. In den deutschsprachigen Großstädten von Wien bis zu Zilles Berlin blühte eine Darstellung, in der die soziale Wirklichkeit nur als pittoresk verkleinertes Motiv aufscheint. In *Wien und die Wiener* war sie nicht einmal dies – sie kam schlechterdings nicht vor.

Das bedeutet indessen nicht, Stifters Beiträge zu seinem Sammelwerk seien ohne jeden Wert. Im Gegenteil, besonders für einen Autor, dessen letztes Werk gerade in einer so gegenwartsfernen Waldphantasie bestanden hatte, zeigen seine Arbeiten einen äußerst scharfen Blick für die Eigenheiten einer neuzeitlichen Großstadt. Denn zweifellos gab es auch Bereiche im Leben einer solchen Stadt, gab es auch Aspekte ihrer Modernität, die dem Auge des Zensors unbedenklich waren, und auf diese richtete Stifter seine Aufmerksamkeit. Schon seine Haltung war zunächst ganz und gar modern: die eines Stadtwanderers. Als Flaneur durchstreift er die Straßen der Großstadt, immer auf der Suche nach der besonderen, erzählenswerten Einzelheit; entspannt läßt er seine Blicke über Fassaden, Plätze und Menschen streifen, über die charakteristischen Orte dieser Stadt.

Dabei richtet sich dieser Blick immer wieder mit großer Sicherheit genau auf das, was die moderne Wirklichkeit von der Vergangenheit unterscheidet: ein Kapitel über die *Wiener Stadtpost* steht neben dem über *Warenauslagen und Ankündigungen*. In der innerstädtischen Post, die erst 1830 gegründet worden war, erkennt er eines der immer schneller werdenden »Kommunikationsmittel« der Zeit, in den Auslagen der Geschäfte, in Reklame und Mode die verlockende Schauseite der sich ausbreitenden Geld- und Warenwirtschaft. Er streift über den Tandelmarkt und stöbert in all dem, was von dem rasenden Modernisierungsprozeß als unnütz ausgeschieden und nun von Trödlern billig feilgeboten wird. Fasziniert beschreibt er die verkehrstechnischen Einrichtungen, die nötig sind, eine solche Riesenstadt vom Lande aus mit Nahrungsmitteln zu versorgen, verweist auf die Eisenbahn und das Dampfschiff, das erst am 17. August 1830 seine Jungfernfahrt auf der Donau gemacht hatte.

Soweit sind Stifters Plaudereien die Impressionen eines Flaneurs, der ein sehr genaues Gespür für die Besonderheiten der Großstadt besaß, aber auch dafür, was jene Leser, die eine solche Metropole noch nie mit eigenen Augen gesehen hatten, zu interessieren vermochte. Mindestens in zweien seiner Skizzen jedoch durchbricht Stifter diese Perspektive; er bleibt nicht mehr allein der aufnehmende Spaziergänger, sondern nimmt den äußeren Eindruck zum Anlaß einer tiefergehenden Reflexion. *Aussicht und Betrachtungen von der Spitze des St. Stephansturmes* und *Ein Gang durch die Katakomben* stehen unmittelbar nebeneinander, zwei sich gleichsam ergänzende Blicke aus höchster Höhe und unterirdischer Tiefe. Das Panorama vom Kirchturm überrascht vor allem durch seine ganz und gar moderne Perspektive. Mit dem Blick aus der Höhe versucht Stifter, das Ganze einer Großstadt zu erfassen, deren Merkmal doch gerade die Gleichzeitigkeit unzähliger zusammenhangloser Ereignisse ist. Genau diese Gleichzeitigkeit will Stifter zeigen, er zeichnet gleichsam eine Gesamtdarstellung des Unüberschaubaren, ein Simultanbild von vieltausend verschiedenen Geschichten, von denen eine jede für die beteiligten Menschen das ganze Leben ausmacht. Der Abstieg in die Tiefe der Katakomben setzt dem ein geradezu barock anmutendes Vergänglichkeitspathos entgegen, ein *Memento mori*, das die Nichtigkeit all des vielgliedrigen oberirdischen Treibens verrät. Was von oben wie ein unendlich fein gesponnenes Netzwerk von Zielen und Zwecken aussah, ist von unten nur noch eines: todverfallenes Nichts.

Doch das Geschichtsbild, das Stifter in diesen Absätzen andeutet, ist alles andere als zusammenhängend. Stifter war kein Theoretiker, und die Widersprüchlichkeit seiner Gedanken fällt unmittelbar ins Auge. Auf der einen Seite steht ein Fortschrittspathos, das in seiner Ungebrochenheit nahezu einen theologischen Klang bekommt, wenn es angesichts der menschlichen Herrschaft über »die gewaltige

Naturkraft, blind und entsetzlich« heißt: »Die Welt wird immer schöner und großartiger – fast ist es betrübend, sterben zu müssen!« Auf der anderen Seite ein fatalistischer Nihilismus, aber auch ein genaues Gefühl für die Dialektik der Aufklärung von Fortschritt und Barbarei. Den Anfang von *Ein Gang durch die Katakomben* macht eine Reflexion über die Gegenwart, eine Epoche, in der den Fortschritten bei der Naturbeherrschung keinerlei Fortschritt im gesellschaftlichen und moralischen Zustand der Menschen entspricht. Die Französische Revolution, das klassische Vorbild für die Umsetzung der Aufklärungsideen in geschichtliches Handeln, wird mit ihrer Schreckensherrschaft zum Beispiel für eine »Gräßlichkeit und Ausschweifung«, die der Tyrannei früherer Zeiten in nichts nachsteht.

Die Schlußfolgerungen sind im gleichen Maße widersprüchlich. Dem Vertrauen, auch in Wien würden Kasernen, Kriegsversehrtenhaus und Kriminalgefängnis nur solange bestehen, »bis einmal die gesamte Menschheit vernünftig wird«, diesem säkularisierten Glauben der Aufklärungsepoche steht das monumentale Bild einer geschichtsfernen, ewigen Vergeblichkeit entgegen. Stifter war mit seinen Überlegungen ein Kind dieser Zeit, in der Optimismus und Pessimismus ein seltsames Vexierbild schufen, in der die große Aufbruchshoffnung von 1789 noch immer weiterglomm, die steinerne Last der Restauration jedoch jede konkrete Veränderung ein für allemal auszuschließen schien.

So seltsam die Konstellation aus der *Hochwald*-Novelle und den *Tableaux viennois* der Großstadtprosa auf den ersten Blick auch erscheinen mag, so eng sind diese beiden Texte durch ihren historischen Ort aufeinander bezogen. Bemerkenswert ist, daß von dieser städtischen Gegenwart praktisch niemals etwas in das erzählerische Werk eingegangen ist, obwohl Stifter einen so offensichtlichen Sinn für sie besaß. Die Zensur, das heißt die Unmöglichkeit einer ungeschönten Gegenwartsdeutung ist nur die eine Seite davon. Andererseits verbot es die dumpfe und deprimierende Lage der Gesellschaft von sich aus, daß man ausgerechnet in ihr jene harmonische, humanistische Versöhnung ansiedelte, der immer stärker Stifters Bemühen galt. Da eine positive, zukunftsorientierte Überschreitung der überlebten Gegenwart nicht möglich war, begann er nun mehr und mehr, der dürftigen Zeit eine imaginierte Vergangenheit als dichterisches Gegenbild entgegenzuhalten. Dies war allerdings noch nicht als quietistische Flucht gedacht, ist es doch im Gegenteil geradezu die Lehre des *Hochwaldes*, daß eine gegenwartsferne Idylle außerhalb der Geschichte unmöglich ist. Der Mensch vermag der gesellschaftlichen Wirklichkeit nicht zu entkommen. Die Gleichzeitigkeit von *Hochwald* und *Wien und die Wiener*, ebenso wie die innere Zwiespältigkeit des Geschichtsbildes selbst, all das zeigt also, daß zu Beginn der vierziger Jahre die restaurative Wendung Stifters noch nicht endgültig vollzogen war. Bei einem jungen Autor, der gerade erst im quirligen Literaturbetrieb Wiens Fuß zu fassen begann und der zusehen mußte, daß er die errungene Position nicht schnell wieder verlor, war es für einen Rückzug noch zu früh.

In den Wohnungen der Vorfahren

UM ALLE WÜNSCHE nach Texten zu befriedigen, schrieb Stifter fast pausenlos. Und allmählich fühlte er sich auch imstande, jene ganz andere Vergangenheit in Angriff zu nehmen, die für ihn selbst noch viel größere, brennende Aktualität besaß: seine eigene. Die großen Fortschritte, die er als Autor inzwischen gemacht hatte, erlaubten ihm, ein so heikles Terrain zu betreten, ohne daß er wie in früherer Zeit Gefahr laufen mußte, durch eine allzu umstandslose Literarisierung der eigenen Biographie die Literatur selbst zu gefährden. Der *Hochwald* bewies, daß Stifter verstanden hatte, wie so etwas zu machen war: nicht indem er einfach seine persönliche, durchsichtig verkleidete Geschichte erzählte, sondern indem er eine Phantasiehandlung und Phantasiegestalten erfand, in denen die eigene Problematik nur noch verfremdet, in mehrfach vermittelter Brechung aufschien. Natürlich stammt nichts von der *Hochwald*-Handlung aus Stifters Lebenslauf, der Grundgedanke von der Liebe als zerstörender Macht jedoch verarbeitet den persönlichsten und schmerzlichsten Punkt seiner eigenen Erfahrung.

Die Erzählungen von der gräflichen Familie Scharnast sollten das Mittel sein, in dem die Vergangenheit zugleich beleuchtet und in die Ferne gerückt werden konnte, fern genug, damit die persönliche Problematik gleichsam objektiv wurde. Denn immer dringender stellte sich Stifter die Frage: War in seiner Geschichte, in dem jahrelangen, ebenso leidenschaftlichen wie vergeblichen Werben um Fanny nicht eine viel allgemeinere Problematik verborgen? Ging es nicht eigentlich um die Erfahrung, daß Leidenschaft als solche die zerstörende, zugrunderichtende Kraft im Inneren des Menschen war? Und um die Verpflichtung, eine individuelle und vielleicht auch beliebige Leidenschaft zu überwinden, zu klären und in maßvolle, geordnete Bahnen zu lenken? Wenn dem so wäre, dann war sein Verzicht auf Fanny und die Bindung an Amalia womöglich gar kein Scheitern, sondern ein geradezu vorbildlicher Lebenslauf gewesen, so wie seine ganze Entwicklung aus ihren trüben, verworrenen Anfängen als exemplarischer Bildungsroman verstanden werden konnte.

Der Scharnast-Stoff wurde zum Lebens-Werk. In allen Epochen seines Schaffens, bis hin zum Ende, begleitete den Dichter ein Handlungskreis, in den er das Wesentliche seines Denkens und Erlebens gelegt hatte. Die erste Phase der Beschäftigung mit ihm zog sich anderthalb Jahre hin, von Ende 1840 bis zum Mai 1842, und begleitete damit die Entstehung sowohl des *Hochwaldes* als auch der *Wien*-Aufsätze. Das Ergebnis bestand in zwei Novellen, nämlich den Erstfassungen der *Mappe meines Urgroßvaters* und der *Narrenburg*. Die *Mappe* erschien, zu insgesamt zwanzig Folgen zerstückelt, zwischen Juni 1841 und März 1842 in der *Wiener Zeitschrift*, die *Narrenburg* folgte im gleichen Herbst als Beitrag für die *Iris 1843*.

Entsprechend Stifters Plan, einen ganzen Novellenkreis um die Geschichte der Scharnasts herum zu schreiben, sind die ursprünglichen Fassungen der beiden Erzählungen eng aufeinander bezogen; eine Verbindung, die in den späteren Überarbeitungen gelockert werden sollte. Heinrich, der junge, bürgerliche Held der *Narrenburg*, ist ein später Sproß der Scharnasts; der Obrist der *Mappe* wird als jener Graf Julius vorgestellt, mit dem die Reihe von Heinrichs Vorfahren vorläufig endete. Stifters am Ende nie ausgeführter Gesamtplan ist also noch nachvollziehbar: Erzählt wird – in der Rückblende der *Narrenburg* – die Geschichte eines adligen Geschlechts, das durch Leidenschaft, Maßlosigkeit und Narrheit seinen eigenen Untergang herbeiführt. Mit dem Verschwinden des Grafen Julius verliert sich die Spur der Scharnasts, bis dann, am Ende der *Nar-*

renburg, Heinrich mit der neuen Kraft einer bürgerlichen Heirat die Familie neu begründet. Die *Mappe* wiederum liefert jenes Zwischenglied, mit dem der Weg des verschollenen Grafen Julius aufgeklärt wird. Nach der Vorstellung des Autors sollte dann in weiteren Novellen das Schicksal noch anderer Mitglieder der Familie gezeigt werden.

Stifter hatte seine eigene Geschichte transformiert; die Entwicklung von der Leidenschaft zum geordneten Maß war aus einem individuellen Lebensgang in eine Familienchronik übergegangen, in eine Montage von Einzelschicksalen, wo jedes ein wenig von Stifters eigenem verbarg. Tatsächlich hatte er den autobiographischen Gehalt der Dichtung längst weit überschritten, meinte er doch, ein viel allgemeineres Gesetz erkannt zu haben. Darin beeinflußte ihn nicht allein der aufgeklärt-humanistische Katholizismus seiner Lehrjahre in Kremsmünster, sondern ganz besonders die Beschäftigung mit der Weimarer Klassik. Diese begann immer stärker, die Romantiker, allen voran den Schoppizisten Jean Paul, in Stifters Wertschätzung zu verdrängen. Zunächst nur im programmatischen, nicht aber im sprachlichen Sinne: Die Frühfassungen der Novellen werden von der originellen Konstellation geprägt, daß sich in ihnen Grundzüge der späteren Gedankenwelt in der sprunghaften, heftigen Erzählweise der Frühzeit abzeichnen.

Weimarer Klassik, das heißt zuallererst Johann Gottfried Herder. Selbst den später fast in den Rang einer Ikone erhobenen Goethe las Stifter gleichsam mit Herders Augen. Nicht *Faust* und *Die Wahlverwandtschaften*, geschweige denn die *Marienbader Elegie*, dies Dokument einer späten überwältigenden Leidenschaft, – für Stifter bedeutete Goethe noch immer *Iphigenie* oder *Hermann und Dorothea*. In Dingen von Philosophie und Geistesgeschichte war und blieb er Autodidakt; er bediente sich auch des Vorrechts großer Künstler, die anderen nicht objektiv analysierend aufzunehmen, sondern selektiv, und sie sich und seiner Gedankenwelt verwandelnd anzugleichen. In Herders geschichtsphilosophischen *Ideen* fand Stifter nun die, wie ihr Verfasser selbst es nannte, »erfreuliche Wahrheit« vom unendlichen Aufstieg des Menschengeschlechts zur wahren Humanität: »Alle Irrtümer des Menschen sind ein Nebel der Wahrheit; alle Leidenschaften seiner Brust sind wildere Triebe einer Kraft, die sich selbst noch nicht kennet, die ihrer Natur nach aber nicht anders als aufs Bessere wirket.«

Wahrhaftig eine erfreuliche Wahrheit und genau das, wonach er gesucht hatte. Und warum sollte, was für die Menschheit galt, nicht auch für das Individuum richtig sein? Die Geschichte der Narren von Scharnast mußte die Probe aufs Exempel werden, ein Lehrstück für den Aufklärungsglauben an die Erziehbarkeit des Menschen.

Die Mappe meines Urgroßvaters

Die *Ur-Mappe* von 1841/42 besteht aus vier Kapiteln, welche eigentlich keine rechte Einheit bilden. Um dem dringenden Wunsch Witthauers nach einer neuen Erzählung für seine *Wiener Zeitschrift* Folge zu leisten, hatte Stifter noch einmal tief in seinen Manuskriptschrank gegriffen und dabei die *Geschichte der zween Bettler* zutage gefördert, die nunmehr als drittes Kapitel dienen konnte. Darum herum schrieb er den Bericht des Doktors Augustinus Fundator, der durch diese latinisierte Namensform als Urgroßvater des Dichters selbst präsentiert wird. Stifter erscheint auch persönlich in der Rahmenerzählung des ersten Abschnitts, wo von der Auffindung der Mappe, der autobiographischen Lebenschronik des Doktors berichtet wird.

Der Nutzen, zu dem er diese Lebensbeschreibung ins Werk gesetzt hat, wird vom Doktor Augustinus zu Beginn ausdrücklich notiert: Es ist eine sonderbare Theodizee, eine Rechtfertigung des Unglücks in der von Gott geschaffenen

Welt durch die Erkenntnis, »wie groß muß Ziel und Zweck der Allheit seyn, daß dieß mein grenzenlos Unglück bloß ein Schrittlein der großen Reise ist, und ach – vielleicht nur ein unbedeutendes. Vor Gottes Augen macht es einen geringen Unterschied, ob du bist oder nicht – das merke dir wohl Augustinus, und denke an den Obrist.« An wen sich diese Lehre wendet, merkt der fiktive Urenkel und reale Dichter noch zusätzlich an, nämlich an jene, »die da meinen, die Historia der Menschen sey ein eitel Fortgehen in der Tretmühle, sauber wechselnd mit Blutvergießen und Narrheit, sonder Fortschritt und Endzweck.« Fast klingt es wie vorsichtige Selbstkritik, was Stifter da schreibt, denn war dies nicht genau das düstere Geschichtsbild, das der *Hochwald* entworfen hatte? Dabei durfte es nicht bleiben, und die Herderlektüre hatte Stifter gezeigt, daß es dabei auch nicht bleiben mußte.

Die eigentliche Lebenschronik des Augustinus setzt brutal mit seinem Selbstmordversuch ein. Er, der als junger Arzt auf dem Lande lebt, hat sich in die Tochter seines Nachbarn, eines alten ehemaligen Offiziers, verliebt, doch in einem Anfall von rasender Eifersucht hat er die Liebe Margaritas verspielt. In dem Augenblick, da er mit dem Strick in der Hand unter dem Ast steht, tritt der Obrist zu ihm. Er bittet den Verzweifelten um einen Besuch, da er ihm Wichtiges zu sagen habe. Augustinus findet seine Ruhe wieder, und drei Tage später hört er die Geschichte des alten Offiziers, die sein Leben verändern wird. Der Obrist beginnt mit einem unglaublichen Bekenntnis: Er, der sanfte, gütige Greis, ist oder besser war Graf Julius Scharnast, ein berüchtigter gewalttätiger Spieler und Verschwender. Seine Wandlung von unbeherrschter Leidenschaft zu maßhaltender Menschlichkeit ist eine Geschichte von Liebe und Unglück, und sie ist zugleich Vorbild und Mahnung für den zuhörenden jungen Freund.

Der Obrist hatte endlich nach wilden Jahren in Paris an der Seite einer geliebten Frau die langgesuchte Seelenruhe gefunden, doch das Glück war nicht von Dauer. Seine Frau stürzt bei einer Bergwanderung in eine Schlucht, und der Mann bleibt allein mit seiner Tochter zurück. Zwei Dinge lassen ihn den unerträglichen Schmerz gleichwohl ertragen, und beide sind Ausdruck eines mächtigen Fatalismus in Stifters Denken. Der Obrist meint zu erkennen, daß sein Unglück im »unermeßlichen Haushalt« der Welt »eigentlich ein unbedeutend Ding sey, ein Verlust, wie der einer kleinen goldnen Mücke«, und er tröstet sich mit einer ungeheuerlich anmutenden Arithmetik: »Seht, Gott brauchte einen Engel im Himmel, und einen guten Menschen auf Erden, deshalb mußte sie sterben.« Das offenkundig Sinnlose *muß* einen Sinn haben. Dem entspricht die gleichsam rituelle Niederschrift dieses Lebens; was seinen Sinn nur außerhalb, in einem unsichtbaren göttlichen Heilsplan hat, kann vom Menschen nur noch registriert und festgehalten werden, damit sich dieser Sinn eines fernen Tages vielleicht doch enthülle.

Unter diesem Eindruck, der ihn die läuternde Kraft von Schmerz und Unglück lehrt, erkennt Augustinus sein Versagen gegenüber Margarita und verzichtet in resignierter Trauer auf die, welche er aus eigenem Verschulden verlor; sein zukünftiges Leben wird der Arbeit gewidmet sein. Mit diesem Rückzug auf ein Leben der Verantwortung für die Mitmenschen schließt das zweite Kapitel der *Ur-Mappe*; der Weg des Augustinus ist vorgezeichnet und wird in seiner Ausrichtung auf Selbstbesinnung und humanistische Mäßigung dem des Obristen folgen. Der Lohn bleibt nicht aus: Nach der eingeschobenen *Geschichte der zween Bettler* erzählt das letzte Kapitel von der Wiederbegegnung des Doktors mit Margarita, von ihrem neu erwachenden Vertrauen und der endlichen Hochzeit des Paares. Augustinus, der als hochfahrender, unbeherrschter Choleriker begonnen hatte, kann nun von sich dasselbe sagen wie einst der Obrist, er ist nun ein »besserer, weit sanfterer Mensch; denn Sanftmut und das Gold der Vernunft ist es, wodurch wir über die Erde herrschen und herrschen sollen.« Quod erat demonstrandum. Es ist die Lehre Herders.

Auch das zwischengeschaltete Kapitel *Die Geschichte der zween Bettler* betont die Parallelität der Lebensläufe von Doktor und Obrist. Die *Zween Bettler* stehen recht unvermittelt in der Mappe, sind als Jugendgeschichte des Augustinus und seines Freundes Eustachius nur schwach mit dem Rest verbunden. Es ist, als habe sich Stifter selber aufgespalten in die zwei Studienfreunde, den poetischen, sensiblen Eustachius und den psychisch labilen, heftigen Augustinus, als gebe er hier noch ein letztes Mal ein Doppelportrait seiner eigenen wirren Jugend. Liebe und Versagung, das Leiden unter dem demütigenden Hauslehrerstand – durch seinen offensichtlichen autobiographischen Gehalt sticht das Kapitel deutlich vom Rest der *Mappe* ab. Und noch einmal erfüllte Stifter sich literarisch seinen sehnlichsten Wunsch: Die tiefempfundenen Briefe, welche Christine an ihren Eustach schreibt, die hatte er sich damals von Fanny ersehnt. So hätte auch Fanny zu ihm halten sollen, wie er es sich jetzt in der Novelle erträumte: »Du willst ein Amt haben, willst dann um mich werben. – – Thu' es, oder thu' es nicht, das ist Außending, und ändert an dem Herzen nichts. Bist du stark und demüthig in deinem Muthe, so bin ich stark als handelnd Weib und demüthig in deiner Liebe.« Die alte Wunde brannte noch immer.

Fanny hatte damals diese Briefe nicht geschrieben, Amalia tat es heute genausowenig. Als der *Hochwald* abgeschlossen, die *Mappe* weit vorangeschritten, die *Narrenburg* schon entworfen war und Stifter mit *Wien und die Wiener* seine Mühe hatte, da zeigte sich die finanzielle Lage des Ehepaars doch etwas günstiger, und Amalia konnte sich eine kleine Reise erlauben. Diese führte sie nach Peterwardein zu ihrem Bruder, der als halbinvalider Unteroffizier mit seiner Familie in bedrückenden Verhältnissen lebte. Stifters dagegen beschäftigten inzwischen sogar ein Hausmädchen; damit lebten sie zwar gewiß über ihre Verhältnisse, »gnädige Frau aber heißt in Wien jede, welche einen Dienstboten hat.« Amalia erschien in der Wohnung ihrer Verwandten als gnädige Frau, die es zu etwas gebracht hatte.

Am 8. August war Amalia abgereist, am 10. begann Stifter seinen ersten Brief, aus dem hervorgeht, wie er sich sein Strohwitwerdasein eingerichtet hatte. Vormittags arbeitete er an *Wien und die Wiener*, nachmittags an seinen Gemälden. Gegen sechs Uhr ging er auf eine Stunde ins Kaffeehaus Neuner, wo sich die Literaten trafen und nunmehr auch er selbst als anerkannter Autor verkehrte. Die Abendstunden waren der *Mappe* vorbehalten, und dann und wann wurde der Tag bei einem Glase Bier im Wirtshaus beschlossen. Doch unterließ es Stifter auch nicht, im Vorübergehen ein wenig mit Amalias Eifersucht zu spielen, und er berichtete ihr von einer Bahnfahrt, die er mit »der neunzehnjährigen schönen Ida« ins Helenental bei Baden unternommen hatte. Zu berichten war auch von einer Familientragödie: der Hund Muffi, den Amalia hatte krank zurücklassen müssen, war gestorben. Ausführlich erzählt Stifter von seinen letzten Stunden, doch auch vom eigenen Schmerz, »als wäre ein geliebter Mensch gestorben«. Er bestattete das Tier im Prater, wobei er ihm die folgende Inschrift mit ins Grab legte: »Ich begrub hier am 9. August 1841 ein Hündchen Muffi, das seinen Herrn und seine Frau so liebte, daß beide um seinen Tod Tränen vergossen. Liebe ist heilig am Menschen wie am Tiere. Stifter.« Befremdlich wirken solche Worte, wenn man sich an das Schweigen und die Abwesenheit der Stifters bei Josephas armseligem Sterben erinnert.

Stifter schrieb und schrieb, aber von Amalia kam kein Lebenszeichen. Stifter wurde unruhig, er begann sich Sorgen zu machen, und bald wurde es ihm zur Gewißheit: Amalia mußte krank sein, vielleicht war sie gar schon gestorben, ertrunken oder bei einem Schiffsunglück zugrunde gegangen. Gerade als er eine angstvollen Bitte um

Nachricht auf die Post gegeben hatte, traf endlich ihr lang erwarteter Brief ein, und seine Pein löste sich in einen erleichterten Seufzer und Liebesbeteuerungen: »o was ist alles Verliebtsein für schales Zeug gegen wahre eheliche Liebe, das Wort verstehe ich erst jetzt recht in seinem vollen Umfange, daß Mann und Weib ein Leib sei, wenn Du mir sterben solltest, so hätte ich gar keine Freude mehr auf Erden; denn ich liebe Dich mehr, als mein eigenes Leben, und wo ich nur hinblicke, ist es traurig und öde, seit Du fort bist.« Und ein paar Tage später schließt er an: »Nun, meine schöne liebe Frau, bitte ich Dich nur um eins: gebäre nur recht bald einen Knaben, der so schön ist, wie Du, und so lustig, wie ich, dann ist alles gut bis auf ein Mädchen, um das ich Dich auch bitte.« Die etwas bemühte Lustigkeit der »Bitte« läßt kaum erkennen, daß hier zum ersten Mal von einem tiefen Lebensproblem die Rede ist; noch war die Familie Stifter nicht so, wie sie sein sollte.

Das war sie auch sonst nicht; auf seine Beteuerungen von ehelicher Liebe und Sehnsucht, von Angst um seine einzig geliebte Mali, antwortete diese nicht wie die Christine der Erzählung. Amalias Schreiben vom 1. September kann kaum das gewesen sein, was der Dichter ersehnt hatte: »Lieber Mann! Deine beiden Briefe habe ich erhalten und zwar erst am 31. August, sie haben mich erfreut aber auch Betribt, nach dem Du so ein konfuhses zeig Durcheinander schreibst, daß man nicht weiß was man aus allem dem machen soll«. Auch für die Sehnsucht ihres Gatten wußte sie pragmatische Abhilfe: »deine Klage in jeden Brife ist die sensucht nach mir, und doch in keinen ersenten Brife ist ein Geld welche alle gegenseitigen Wunden heilen mechte.« Er möge ihr doch bald die Reisespesen senden oder aber sie selber abholen.

Der Gegensatz zwischen Wunsch und Wirklichkeit konnte nicht krasser sein, doch Stifter wollte ihn nicht sehen. Auf die kühlen, sachlichen Briefe seiner Frau antwortete er mit überschwenglicher Dankbarkeit, als habe er die schwärmerischsten, gefühlvollsten Geständnisse einer leidenschaftlichen Geliebten empfangen. Er antwortete auf etwas, was es überhaupt nicht gab. Es ist kaum vorstellbar, daß Stifter nicht sah, was unübersehbar war. Eher scheint es seine erste Sorge gewesen zu sein, keine schriftlichen Dokumente für seine zerrissenen Gefühle zu schaffen; nach außen hin wollte er ein Bild entwerfen, das zwar nicht der Wirklichkeit, dafür aber dem Wunsch und der Literatur entsprach. Deshalb eignet Stifters Briefen an Amalia etwas seltsam Fiktives. Von seiner Seite aus bekam das Verhältnis mit jedem Jahr stärker den Charakter einer Simulation: Er versuchte, sich etwas zu erschreiben, was die Wirklichkeit versagte. Noch wußte er von seinem Betrug, doch es sollte der Tag kommen, wo er selber es vorzog, der Erfindung zu glauben.

Im September gönnte sich der vielbeschäftigte Autor eine Pause und reiste nun selbst auf einem Donauschiff stromabwärts nach Peterwardein. Der Hausstand des Schwagers Philipp Mohaupt machte einen deprimierenden Eindruck. Krankheit und Armut bestimmten das Dasein. Als Kriegsversehrter machte er nurmehr Garnisonsdienst in einem Pulvermagazin, und die fünfköpfige Familie lebte in großer Ärmlichkeit; daran gemessen war der Hauslehrer Stifter ein gutsituierter Mann. Stifter blieb nur kurze Zeit, schon nach wenigen Tagen reiste er mit Amalia ab und kehrte niemals wieder. Die Reise ging nicht auf direktem Wege zurück, sondern führte über Budapest, wo der Autor einiges mit seinem Verleger zu regeln hatte. Die Fahrt ging mitten durch Ungarn, und der Anblick der weiten Ebene machte auf den Augenmenschen Stifter einen tiefen Eindruck. Einige Zeichnungen und Farbskizzen waren der unmittelbare Ertrag, doch der eigentliche sollte erst einige Jahre später eingebracht werden: in *Brigitta*, der großen Novelle aus dem ungarischen Steppenland.

Die Narrenburg

Zurück in der eigenen Wohnung machte sich Stifter von neuem an *Wien und die Wiener*, doch daneben stand die Scharnast-Historie, die immer dringender nach einer Fortsetzung verlangte. Eine eigentliche Fortsetzung wurde es allerdings nicht, führte doch die neue Erzählung, die jetzt begonnen werden mußte, chronologisch weit hinter die *Mappe* zurück. Was in dieser nur angedeutet war, wurde nun in epischer Breite berichtet, der Ursprung und der Niedergang des Hauses Scharnast. Kennzeichnend für die *Narrenburg* ist es, wie in ihr zwei Wirklichkeiten und zwei Epochen nebeneinander und einander gegenüber gestellt sind, die sich zugleich ausschließen und bedingen. Die Rahmenerzählung spielt in der Gegenwart, und nur von dieser aus wird die Vergangenheit gleichsam in einzelnen Expeditionen wie ein unbekanntes Land erforscht.

Heinrich, ein leicht verschrobener, doch um so liebenswerterer junger Mann, kommt eines Tages in das Waldtal der grünen Fichtau, läßt sich dort im Gasthof nieder und durchstreift die Umgebung. Auf der Suche nach Pflanzen und Gesteinen frönt er seinen naturkundlichen Liebhabereien, und keiner, wohl am wenigsten er selbst, weiß recht, was er in seinem Leben noch vorhaben mag. Als er sich in Anna, die wohlhabende Wirtstochter verliebt, ist guter Rat teuer, denn wie sollte ein solcher Luftikus die Hand nach der Schönsten des Landes ausstrecken dürfen? Nach einer langen Einschaltung über die Geschichte der Scharnasts löst Stifter sein uraltes Problem beinahe auf die Art des *Julius*: Heinrich wird als der letzte Sproß des gräflichen Hauses erkannt, und der Hochzeit steht nichts mehr im Wege. Doch was in dem jugendlichen Fragment die pure Wunscherfüllung gewesen war, das bekommt nun – bei all dem Ironisch-Märchenhaften des Schlusses – durch die Gegenüberstellung mit der wirren Vergangenheit einen ganz neuen, eigenen Sinn.

Oberhalb der grünen Fichtau liegen düster die Ruinen einer alten Burg, der »Narrenburg«, wie sie von den Menschen des Tales genannt wird. Heinrich, der seine Abstammung von der untergegangenen Familie zu ahnen beginnt, läßt sich vom letzten Bewohner der verfallenen Gemäuer, dem uralten, halb wahnsinnigen Kastellan Ruprecht, die Burg und ihre Schätze zeigen, und damit beginnt das große Panorama vom Fall des Hauses Scharnast. Überall finden sich Spuren der sonderbaren Vorfahren, Türme, Gemächer, eine Äolsharfe und anderes mehr, und im großen Saal entfaltet sich vor dem staunenden Auge des Besuchers die vollständige Portraitgalerie der gräflichen Sippe. Ruprecht weiß die Geschichte jedes einzelnen zu erzählen, und alles sind Geschichten von merkwürdigen Individuen, bizarren Lebensläufen, von Unstetigkeit und Leidenschaft. Einige von ihnen sind weitläufiger ausgeführt; für die Episode des Grafen Jodok und seiner indischen Frau Chelion bediente sich Stifter bei einer aktuellen Affäre, die ganz Wien bekannt war: Der berühmte Abenteurer und Weltreisende Fürst Pückler-Muskau hatte 1837 auf einem indischen Sklavenmarkt eine etwa dreizehnjährige Abessinierin namens Machbuah erworben, sie in die Heimat mitgenommen und zu seiner Geliebten gemacht. Gewiß hat Stifter die Zeitungsartikel, in denen Pückler-Muskau von seiner Errungenschaft berichtete, gekannt; bis hin zu den vegetarischen Eßgewohnheiten und zur Ehebruchszene ist Chelions Geschichte bei Machbuah vorgezeichnet.

Die größte Narrheit der Scharnasts aber war eine Testamentsklausel des Grafen Hans: Jeder Erbe des Schlosses mußte sich durch Eid verpflichten, wahrheitsgemäß seine Lebensgeschichte aufzuschreiben und darüberhinaus alle bereits existierenden Chroniken seiner Vorgänger gewissenhaft zu lesen. Jedoch was Hans von Scharnast als erzieherische Maßnahme gedacht hatte, um seine Nachfahren von schändlichen Taten abzuhalten, entwickelte sich zwangsläufig ins Gegenteil. Die Last einer festgehaltenen, auf ewig dokumentierten Vergangenheit kann der Mensch nicht ertragen; sie ist weder Vorbild noch mahnende Abschreckung, sondern nur noch eine gewaltige, überwältigende Masse, die den einzelnen, der sie kennt und ihr nicht entkommen kann, an der Entfaltung eines eigenen freien Lebens hindert. So gingen die Scharnasts – vielleicht anders, als Stifter selbst es wollte – nicht eigentlich an ihrer Narrheit zugrunde, sondern vielmehr an einem starren Gesetz, das der Vergangenheit das Vergehen verbot. Und erst einer, der wie Heinrich das Netz des Gewesenen zerriß, weil er nicht das mindeste ahnte von seiner Herkunft, erst einer, der unschuldig und unwissend von außen hinzutritt, kann den Bann lösen und die Familie diesseits der alten Verstrickungen neu begründen.

Damit war Stifter zu seinem eigentlichen Anliegen gekommen, denn nur die Läuterung und Beherrschung der dunklen Triebe konnte möglich machen, was als Ziel am Ende stand: »ein klares und freundliches Leben [...] auf den Trümmern dieser verworrenen, vielleicht sündhaften Vergangenheit.« Stifter macht den Gegensatz so deutlich er kann: Dort das dunkle, verfallene Schloß, hier die grüne Fichtau, das glänzende, heitere Waldtal. Dort der alte Ruprecht mit dem verwahrlosten, wilden Mädchen Pia, hier die bezaubernde Anna und die ganze, beinahe naiv ausgemalte Landbevölkerung vom Vater Erasmus bis zu den Hirten und Holzfällern am Wirtshaustisch.

Am deutlichsten jedoch entwirft Stifter seine Vorstellung vom richtigen Leben im Gegensatz der beiden ausführlich erzählten Liebesgeschichten. Bei Jodok ist alles widernatürlich, gezwungen und falsch. Mit Chelion nimmt er sich ein viel zu junges Mädchen aus einem anderen Kulturkreis, das ihm im Tiefsten immer fremd bleiben muß; er reißt sie aus ihrer Heimat, entfremdet sie ihrer Welt und ihrer Familie, schließt sie ein und behandelt sie wie persönliches Eigentum und ein kostbares Schmuckstück. Aus solcher Verkehrtheit kann nichts anderes erwachsen als Eifersucht, Ehebruch, Verfall und Tod. Demgegenüber Heinrich und Anna, bei denen sich alles mit der Selbstverständlichkeit und der Einfachheit eines Naturvorganges vollzieht. »Du liebe Blüte«, »du Alpenblume«, »du unschuldsvoller Engel«, »du unbewußtes Juwel« – so redet Heinrich seine Geliebte an, und in jedem Wort wird deutlich, wie Stifter das *Richtige* mit dem *Natürlichen* gleichsetzt. Auf die Bitte um Liebe und Treue bis zum Grabe antwortet das Mädchen in großartiger Naivität: »Ja, sagt einmal, kann es denn anders sein?« Nein, weiß auch Heinrich, es kann nicht anders sein, und »das andere ist eben keine Ehe.«

Was natürlich ist, ist auch notwendig; an der wahren Liebe kann es keinen Zweifel geben, und sie ist so unvermeidlich wie der Gang der Tages- und Jahreszeiten. Seltsame Worte für einen, bei dem nichts so abgelaufen war, wie es hier gefordert wird. Doch überall in Stifters Werk finden sich solche Urteile am Rande, die, wenn man sie auf sein eigenes Dasein bezieht, Verurteilungen sind. Von der *Narrenburg* bis hin zur apodiktischen Feststellung der *Mappe*, » – ach, es ist und bleibt doch immer und ewig so: eine zweyte Frauenliebe ist ein Betrug gegen die erste«. Nach diesen Kriterien war Stifters Bund mit Amalia zweifellos »keine Ehe«, und er selbst nichts als ein Betrüger. Er machte sich das Leben wahrhaftig nicht leicht, denn wie sollte einer mit diesem Widerspruch leben? Dort die höchsten Ideale, hier das Bewußtsein von der eigenen Lüge. Das einzige, was vielleicht helfen mochte, war eine Existenz in Pflicht und Selbsterziehung, wie es der Doktor Augustinus so vorbildlich geführt hatte.

Die eingesprengten autobiographischen Elemente sind auch einer der Gründe dafür, daß der pädagogische Inhalt der Novellen sich nicht wirklich zu einem schlüssigen Gedanken fügen wollte – andererseits liegt ihr dichterischer Wert gerade darin, daß die erzählten Begebenheiten das versöhnliche, heilende Ideal immer wieder zerbrechen. Stifter wollte die Wahrheit des Herderschen Gedankens vom Sinn der universellen Geschichte beweisen; er konnte jedoch nur individuelle Schicksale gestalten, das heißt persönliche Läuterungsprozesse in einer weiter sinnleeren Welt. Dem *eigenen* Leben kann der Mensch mit fast übermenschlicher Anstrengung einen Inhalt geben, für das *Ganze* jedoch kann der Sinn einfach nur behauptet werden. So wechseln in der Scharnast-Historie auf sonderbare und widersprüchliche Weise die Behauptung von der höheren göttlichen Weisheit im Lauf der Dinge und ein fast grenzenloser Fatalismus, der auf nichts mehr vertraut und nur die endliche Nichtigkeit jedes einzelnen Lebens noch wahrnimmt.

Und Stifter, der diese Forschungen in den Geschichten der Ahnen ja zu pädagogischen, humanistischen Zwecken begonnen hatte, war im tiefsten Inneren vollkommen unsicher, ob sie diesen Zwecken tatsächlich dienen konnten. Als Motto setzte er vor die *Mappe* jenen Satz des Egesippus, den er bereits aus Kremsmünster mitgebracht hatte: »Angenehm ist es, in den Wohnungen der Vorfahren zu verweilen und sich die Worte und Taten der Ahnen zu vergegenwärtigen.« Die *Narrenburg* aber lehrt das Gegenteil, und in der überarbeiteten Fassung fügte Stifter ausdrücklich eine wichtige Erkenntnis hinzu: »Das ist keine gute Einrichtung unserer Vorfahren«, denkt Heinrich, nachdem er sich in die Schriften des Burgarchivs vertieft hat. Das menschliche Leben muß sich, um lebbar zu sein, auch von der Vergangenheit lösen können, sonst wird es erdrückt unter der »Gewalt des Gewordenen«, unter der Last der Jahre und Jahrhunderte, die unbeweglich und unveränderbar daliegen wie ein Stein. Denn genau das ist das Schreckenerregende an der Vergangenheit: In ihr ist alles Geschehen endgültig, alle Schuld bleibt ewig Schuld, und nichts mag vergangene Fehler wieder zu tilgen. Nein, angenehm ist es nicht in den menschenleeren Wohnungen der Vorfahren, unheimlich ist es und kalt wie in den Katakomben Wiens.

Er mußte hinaus. Immer deutlicher empfand Stifter, daß

ihm etwas fehlte. Allzu früh hatte er sich beruhigt, hatte er sich in einer begrenzten und resignierten Lebenssituation eingerichtet. Immer wieder kam er zurück auf die immer gleichen Selbstvorwürfe und Selbstzweifel. Die Erfahrungen, aus denen seine Dichtung schöpfte, beschränkten sich auf den allzu kleinen Raum seines eigenen Lebens, und von der Welt hatte er nicht viel mehr gesehen als das Land zwischen Böhmen und Wien. Am 11. April 1842, er steckte gerade tief in der *Narrenburg* und wohl auch schon in der folgenden Novelle *Abdias*, schrieb er an den Freund Ludwig von Collin, der als Diplomat in die Schweiz entsandt worden war: »Sie Glücklicher, daß Sie nicht mehr in diesem Civilisationsknopf leben müssen freilich wäre es meiner Meinung nach besser gewesen, wenn Sie zur Gesandtschaft nach Texas gekommen wären – « Und dann begann er von einem eigenen »himmlischen Plan« zu träumen: Mit einigem ersparten Geld würde er bald für ein paar Jahre nach Rom gehen, um dort all die Werke zu schreiben, die man bereits von ihm verlangte. »Daß ich die ewige Stadt sehen und fühlen muß, daß ich das Meer, Italien und den Süden sehen muß, werden Sie am ersten begreifen; denn sonst müßte ich ja gar nach Spanien gehen, oder in die Türkei...« Die Sehnsucht nach der Ferne, die Notwendigkeit, das Einerlei zu durchbrechen und den eigenen Horizont zu erweitern, aus jeder Zeile ist zu spüren, daß Stifter seine Gefahr, in der eigenen Enge gefangen zu bleiben, bereits deutlich erkannte. Jetzt, mit der Unabhängigkeit des freien Schriftstellers, mußte auch möglich werden, was so dringend notwendig war.

Sonnenfinsternis

DAS JAHR 1842 verlief wie gewohnt, 1843 sollte es nicht anders sein. Von sommerlichen Landaufenthalten abgesehen, blieb Stifter in Wien; Rom war weiterhin ein Traum. Allzu viel kam dazwischen. Ihn hinderte nichts Konkretes, den Traum zur Wirklichkeit zu machen, nur die natürliche Schwerkraft der Dinge und seine eigene Trägheit. Was gab es nicht alles zu tun: Der Lebensunterhalt wollte verdient, die Schüler unterrichtet, die Bilder gemalt und die Novellen geschrieben werden. Und welche Mühe hätte ein Aufbruch gekostet: Man müßte entscheiden, planen und sich dann eines Tages tatsächlich auf den Weg machen... Das »alte Erbübel«, über das er schon vor Jahren klagte, hatte ihn wieder gepackt, die Unentschiedenheit, die Unfähigkeit, aus dem Gewußten auch Konsequenzen zu ziehen. Natürlich wäre ihm jetzt als erfolgreichem Autor ein längerer Italienaufenthalt möglich gewesen – wenn er ihn wirklich gewollt und wenn das Wollen auch zum Handeln geführt hätte.

Aber so geschah es nicht, Stifter richtete sich von Jahr zu Jahr mehr in seiner Bequemlichkeit und seinem engen, beschränkten Lebenskreis ein. Wie sehr er dabei einem beliebigen Kleinbürger zu gleichen begann, geht aus dem Bericht eines Verehrers, des jungen Schriftstellers Benkert, hervor, der Stifter einmal in seiner Wohnung aufsuchte. Als er in dem Haus, das man ihm genannt hatte, die Treppen hinaufstieg, sah er sich gezwungen, hinter einem schwergewichtigen, langsamen Ehepaar einherzugehen. Oben angekommen, »drehte sich der Mann auspustend um und sah mich fragend an. Er war, abgesehen von der korpulenten Fülle, ein hübscher Mann, etwa fünfunddreißig Jahre alt, mit wohlwollendem, äußerst ruhigem, mehr phlegmatischem als sinnigem Vollmondgesicht, hoher Stirn, glattgestrichenem Kopfhaar, offenbar ein ganz behaglicher und wohl auch intelligenter Spießbürger. Die nicht minder wohlbeleibte Dame sah ich nur flüchtig an und fragte nun zögernd: ›Bitte, können Sie mir nicht sagen, wo hier der Maler Adalbert Stifter wohnt?‹ – ›Ich bin Adalbert Stifter‹, sagte der dicke Herr völlig ruhig, ›was wünschen Sie?‹ – Ich weiß nicht, wie mir geschah, aber noch heute ist es mir erinnerlich, daß mir bei jenen Worten fast das Herz momentan stockte und ich etwas von einer plötzlichen Leere in mir fühlte. Es war, als hätte man mir einen Kübel kalten Wassers über den Kopf gegossen.«

Was den jungen Mann so außergewöhnlich verstörte, war der Unterschied zwischen der Vorstellung, die man sich von dem Dichter poetischer Jünglinge und edler Jungfrauen machte, und der Wirklichkeit eines allzu wohlgenährten Ehemanns. Er war nicht der einzige, der vor Stifters äußerer Erscheinung erschrak, und 1845 schrieb auch der Kritiker Hieronymus Lorm in einem Brief, der Mann gleiche eher »einem bierliebenden Schustermeister« als einem Poeten. Darin aber liegt mehr als nur eine nebensächliche Äußerlichkeit oder auch die Verwechslung der Persönlichkeit des Autors mit seinem Werk. Stifter begann ein so isoliertes, auf die eigene Existenz und das Schreiben reduziertes Leben zu führen, wie es nach ihm in der österreichischen Literatur vielleicht allein noch Franz Kafka tat. Die Sehnsucht danach, aus seinem allzu kleinen Dasein auszubrechen, sollte Stifter ein Leben lang begleiten, doch ebenso die Unfähigkeit zum Entschluß, es zu tun. Und so wie sich Kafka dann aus seinem Büroalltag in ein imaginäres Amerika fabulierte, so reiste auch Stifter nur mit der Literatur ins Unbekannte. Nach Italien hatte er gewollt »oder gar in die Türkei ...«; weil aus beidem nichts wurde, brach er in seiner neuen Erzählung auf bis in die fernsten Fernen des nordafrikanischen Atlasgebirges am Rande der Wüste.

Abdias

Genaue Zeugnisse fehlen, aber der *Abdias* muß etwa parallel zur *Narrenburg* entstanden sein, und er wurde auch zur gleichen Zeit gedruckt. Als er im Herbst 1842 in dem von Andreas Schumacher herausgegebenen *Österreichischen Novellen-Almanach* erschien, erregte er sogleich ungeheures Aufsehen. Die Exotik des Schauplatzes, die Wüste und die Ruinen einer alten Römerstadt, war ein Grund dafür, doch gewiß nicht der einzige. Mit dem *Abdias* begann Stifter eine Reihe von Erzählungen, in denen das Thema von Schicksal und Schuld mit einem wahrhaft monumentalen Fatalismus erscheint. Es ist, als sei mit einem Schlage alles Licht erloschen und als breite sich eine undurchdringliche Finsternis des Unglücks und der Sinnlosigkeit über die Menschen. Die *Mappe* hatte ja eigentlich noch ausdrücklich beweisen sollen, daß die Geschichte keineswegs nur eine »Tretmühle, sauber wechselnd mit Blutvergießen und Narrheit, sonder Fortschritt und Endzweck« sei; die beiden ausgeführten Scharnast-Novellen illustrierten dann aber genau das, was sie widerlegen sollten.

Der *Abdias* führt noch einen Schritt weiter ins Dunkel. In dieser Geschichte eines jungen arabischen Juden, der sich zu Wohlstand und Glück hinaufarbeitet, der alles verliert bis auf seine blinde Tochter, mit ihr aus der afrikanischen Wüste in den Böhmerwald flieht, wo sie das Augenlicht erlangt und dann vom Blitz erschlagen wird, in dieser Geschichte eines modernen Hiob gibt es nichts, nicht das Geringste, was der Kette von Katastrophen, diesen beliebigen Wechselfällen von Glück und Unglück einen Sinn verleihen könnte, es gibt keine Erklärungen und diesmal auch keinen versöhnlichen Schluß. Und anders als im biblischen Buch Hiob gibt es auch keine Instanz, an die der Mensch sich mit seiner Klage richten kann. Es gibt keinen Gott, dessen Ratschluß, wie unbegreiflich er auch sein mag, den Sinn der endlosen Reihe von unmenschlichem Unglück garantieren würde: Eines Tages wird Abdias, wie es schon seinem Dichter geschehen war, von den Pocken befallen, und seine Frau wendet sich mit Abscheu von dem entstellten Mann; dann überrennen Plünderer raubend, mordend und zerstörend sein Besitztum; bei der Geburt der Tochter lächelt Deborah zum erstenmal wieder liebevoll ihren Gatten an, sie stirbt noch am selben Tage. Doch auch ein nachsommerliches Glück wird nicht gewährt; das Mädchen Ditha geht zugrunde, und der alte Mann verbringt den Rest seiner Tage in stumpfem Wahnsinn.

Nirgendwo sonst hat Stifter die Sinnlosigkeit des menschlichen Lebens und Leidens so ohne alle Hoffnung gemalt. Dem entspricht die Form der Erzählung, die Aufzählung der nackten Tatsachen ohne jede Erklärung. Fortschritt, Absicht, Ziel, selbst die Begriffe des Schicksals, von Schuld und Sühne bleiben ohne Sinn.»Wirklich liegt auch in der gelassenen Unschuld, mit der die Naturgesetze wirken, etwas Schauerndes, wenn mit derselben holden Miene, mit der sie Segen spenden, nun auch das Gräßliche geschieht, und man kann sich des Gedankens nicht erwehren, als greife ein unsichtbarer Arm aus tragischer Wolke, und thue vor unseren Augen das Unbegreifliche – – und dann ist Alles still und unbefangen wie vorher. Dort, zum Beispiele, wallt ein Strom im schönen Silberspiegel, ein Knabe stürzt hinein, das Wasser kräuselt sich lieblich über seine blonden Locken, er verschwindet, und wieder wie vorher wallt der Silberspiegel an der Stätte – –« Diese fast surreale Szene wirkt, als habe Stifter Pieter Bruegels *Landschaft mit Sturz des Ikarus* vor Augen gehabt, wo der Mensch, der dem Himmel zu nahe kam, völlig unbemerkt aus der idyllischen Landschaft verschwindet.

Man könnte dem Dichter vorwerfen, er habe in seinem grenzenlosen Fatalismus hier alle Grenzen zwischen Natur und Schicksal, zwischen der Unschuld und dem Dämonischen vollständig verwischt, und tatsächlich ist der Schluß des *Abdias* von einer nahezu gespenstischen Zweideutigkeit. Die wetterfühlige Ditha zieht den Blitz, der sie tötet, selber an; aber was ist diese Naturkraft wirklich? Blindes Spiel der Natur oder ein »unsichtbarer Arm aus tragischer Wolke«? Tragisch kann der Blitz nur sein, wo einer noch an den donnernden Zeus glauben wollte, für Stifter jedoch, der mit den Kräften der Elektrizität durchaus vertraut war, handelte es sich um ein wissenschaftlich erklärbares Phänomen, und der Tod im Gewitter ist kein tragisches Schicksal, sondern nur ein trauriger Unglücksfall. Diese faszinierende Vieldeutigkeit schafft aber auf der anderen Seite auch das realistische Element der Erzählung, denn Stifter verweigert hier jeden Trost, sowohl den christlichen durch die Unerforschlichkeit des göttlichen Ratschlusses, als auch den einer ästhetischen Ersatzreligion des Idealismus, die im Begriff des Tragischen den Sinn des ungeheuren Unglücks finden will. Erstaunlich ist, daß gerade der Katholik Stifter in seiner Erzählung den versöhnenden Schluß des biblischen Buches Hiob korrigierte.

Die Kritik hatte schon früh bemerkt, daß die Stärke und Originalität des Autors Stifter in seinen Landschaftsschilderungen lag, sie war aber außerstande, die Eigentümlichkeit seines Naturbildes zu erfassen. Stifter vermenschlicht die Landschaft nicht, er mißbraucht sie nicht als stimmungsmäßige Staffage für seine Handlungen. Indem er jedoch die Grenze zwischen Natur und Geschichte immer wieder verwischt, wird ihm die Natur zu einem dämonischen Zwitterwesen, das die Menschen gerade durch seine stumme Fremdheit bedroht. Die Natur soll das Unschuldige schlechthin sein und damit auch Vorbild für die ursprüngliche Reinheit des Menschen, aber durch die gleiche Eigenschaft, indem sie nämlich den Menschen mit »gelassener Unschuld« vernichtet, schlägt sie um ins Schreckbild eines erbarmungslosen, unbeteiligten Schicksals. Stifter hatte während seiner Universitätsjahre auch Physik gehört und befand sich auf der Höhe der zeitgenössischen Naturwissenschaften, im *Kondor* hatte er in einigen Fußnoten den Lesern sogar Informationen über optische und meteorologische Phänomene beim Ballonflug in großen Höhen geliefert. Doch die Entzauberung der Natur durch die Erkenntnis, die den Blitzstrahl des Donnergottes zur elektrischen Ladung machte, bedeutete für ihn zugleich, daß aus ihr die Dimension des *Sinnes* vollkommen verschwand.

Hierin war Stifter ganz und gar ein Kind seiner Epoche, in seinen Landschaftsschilderungen spiegelt sich die Entstehung der modernen analytischen Naturauffassung. Diese moderne Auffassung aber ist in der *Erfahrung* des Menschen nicht nachvollziehbar. Der Physiker weiß, warum der Himmel blau ist, trotzdem kann er nicht anders, als im glänzenden, lächelnden Himmelszelt mehr zu sehen als ein optisches Phänomen, wie schon Jahrhunderte vor ihm es taten. Der Widerspruch, der schon am Schluß des *Hochwaldes* stand, wird unbegreiflich und gerade deshalb unerträglich. Das Gewitter im *Abdias* hat Ditha erschlagen, dann aber schüttet es noch »auf alle Wesen reichlichen Segen herab«, gekrönt von »einem schönen Sonnenuntergang im Westen und einem Regenbogen im Osten«. Wie zum Hohn beschließt der Regenbogen, das religiöse Symbol des Friedens, ein Geschehen, in dem die Natur gleichzeitig als vollkommene Unschuld und als das schlechthin Böse erscheint.

Stifters Bild der Natur ist kein theoretisches Gedankengebäude, es entstammte seiner eigenen Erfahrung. Eines der großartigsten Dokumente dafür ist sein Prosastück *Die Sonnenfinsternis am 8. Juli 1842*, das bereits sechs Tage nach dem Ereignis in der *Wiener Zeitschrift* erschien. Für die frühesten Morgenstunden war eine totale Sonnenfinsternis berechnet worden, und Stifter hatte rechtzeitig einen günstigen Beobachtungsplatz auf dem sogenannten Kornhäuselturm bezogen, einem Anbau des Hauses Seitenstettergasse Nr. 495, in dem die Stifters seit dem Frühjahr Mieter waren und das ihre letzte Wiener Wohnung bleiben sollte. Das Wetter zeigte sich günstig, der Himmel war wolkenlos und klar. Das Naturschauspiel trat genau zu dem vorausgesagten Zeitpunkt ein, doch ganz anders, als er es erwartet hatte. Stifters Text ist ein Meisterwerk, gleichzeitig präzise Beschreibung des unerhörten Geschehens und dichterische Vision von beklemmender Schönheit: »Nie und nie in meinem ganzen Leben war ich so erschüttert, von Schauer und Erhabenheit so erschüttert, wie in diesen zwei Minuten – es war nicht anders, als hätte Gott auf einmal ein deutliches Wort gesprochen, und ich hätte es verstanden.«

Zuerst war es nur ein schmaler Streif, der einen kleinen Teil der Sonnenscheibe verdeckte, dann war es schon, »als schliche Finsternis, oder vielmehr ein bleigraues Licht, wie ein böses Tier heran«, aber die Dunkelheit, die sich nun ausbreitete, dies »unheimliche, klumpenhafte tiefschwarze vorrückende Ding, das langsam die Sonne wegfraß«, all das glich nicht mehr dem gewohnten Abendrot mit einem silbrigen Mond, war vielmehr »ein lastend unheimliches Entfremden unserer Natur«, eine »fremde gelbrote Finsternis«, welche die alltägliche Welt zum Widerschein »in einem schwarzen Spiegel« verwandelte. Dann verschwand auch der letzte Funken Licht, »und dieser Moment war es eigentlich, der wahrhaft herzzermalmend wirkte – das hatte keiner geahnet –«.

Stifter war aufs äußerste erschüttert, »verwirrten und betäubten Herzens« stieg er von seiner Warte zur Erde zurück. Er wußte es selbst: Er als Physiker hätte der Sache gelassener zusehen sollen, denn hatte er nicht alles im voraus gewußt, konnte er nicht jedes einzelne Phänomen detailliert erklären? Und nun war es gerade dies, was ihn so erschreckte, der Triumph des Verstandes, der es gelernt hatte, die Wunder der Natur im voraus zu berechnen und damit sogar den gestirnten Himmel zu entzaubern. Die *Sonnenfinsternis* schwankt nicht nur hier zwischen Bewunderung und Entsetzen. In der überwältigenden Erscheinung hatte er Gottes Wort vernommen, aber zugleich spürte er auch dessen ungeheure, unausweichliche Gewalt. »Vor tausendmaltausend Jahren hat Gott es so gemacht, daß es heute zu dieser Sekunde sein wird«, in der Neutralität der objektiven Naturgesetze erblickt Stifter mit einem Schlage die Unausweichlichkeit des uralten, von den Göttern verhängten Schicksals. Der naturwissenschaftliche Determinismus, der zur Mode des Jahrhunderts wurde, zeigt im Fatalismus sein dunkles Gesicht. Diese Welt war ein für allemal entschieden, es gab keinen Ausweg aus ihrem ehernen, gesetzmäßig ablaufenden Geschick.

Das alte Siegel

Immer wieder quälte sich Stifter mit dem gleichen, mit seinem Thema ab: Gibt es ein Schicksal, gibt es einen kausalen Zusammenhang im Ablauf der Dinge? Darin liegt aber nicht nur ein wissenschaftliches oder religiöses Problem, es ist zugleich die Frage eines Mannes, der dem eigenen Leben nach wie vor fremd gegenüberstand, der sich täglich von neuem fragte, wie er zu dem geworden war, der er war. Hatte es überhaupt Sinn, was er da trieb? Warum handelt ein Mensch, wie er gehandelt hat? Wenn der Weltlauf als ganzer unverrückbar festgelegt war, wie sollte da ausgerechnet ein einzelnes, verlorenes Individuum den Ring durchbrechen und so etwas wie Willensfreiheit besitzen können? Vor Urzeiten hatte Gott die Weltmechanik in Gang gesetzt, und damit war festgelegt, daß in einem durch nichts zu beeinflussenden Augenblick die Sonne sich verfinstern würde; im menschlichen Leben war es wie mit einer Schneeflocke im Gebirge, die sich löst und unversehens zur Lawine wird, » – das Krachen, das Du herauf hörst, als ob viele tausend Späne zerbrochen würden, ist der zerschmetterte Wald – das Aechzen sind die zerschobenen Felsen – dann noch ein wehendes Sausen und dann ein dumpfer Knall und Schlag – – dann Todtenstille – nur daß ein feiner weißer Staub gegen das reine Himmelsblau emporzieht«.

Ein an sich unbedeutendes Ereignis enthüllt sich im Rückblick als der entscheidende Augenblick eines Lebens. Genauso geschieht es dem jungen Veit Hugo, als er eines Tages einen geheimnisvollen Brief erhält, der ihn zu einem Treffen in der Wiener St. Peterskirche einlädt. Daß »diese Flocke sein Herz und sein ganzes künftiges Leben verschlingen« würde, wie hätte Veit Hugo es ahnen sollen? Aus der unverständlichen Bitte eines alten Mannes wird die erotische Begegnung mit einer jungen Frau, die Veit Hugo nie wieder loslassen wird. Wenn es noch eines Beweises für Stifters inzwischen errungene Meisterschaft bedurft hätte, dann lieferte er ihn mit dem *Alten Siegel*. Die Art, wie er in dieser an sich eher unscheinbaren Novelle die verschiedenen Motive miteinander verknüpft, hat nichts mehr von dem leicht entschlüsselbaren Gehalt der Frühwerke. Es ist kaum zu bestimmen, was der eigentliche Gehalt des *Alten Siegels* ist: Unschuld und Vergehen, Schicksal und Freiheit, die Last der Vergangenheit und das Recht auf Gegenwart, Liebe und körperliche Begierde, das ewige Gesetz und das Recht auf ein eigenes Leben, all diese Motive verschlingen sich zu einem mehrdimensionalen Geflecht, das den autobiographischen Hintergrund ebenso einbezieht wie die großen Themen der Epoche.

Veit Hugo kennt von Cöleste nichts als den Namen. Stifters Erzählung ist die Geschichte einer sexuellen Begegnung, einer Leidenschaft, der dieser einsame, isoliert bei seinem alten Vater aufgewachsene junge Mann nichts entgegensetzen kann, weil der Mangel an Welterfahrung ihn in einer fast kindlichen Naivität belassen hat. Was ihm jetzt widerfährt, ist ein Erweckungserlebnis, »das blinde Leben hatte auf einmal ein schönes Auge aufgeschlagen«, und die Erfahrung des eigenen und eines fremden Körpers ist von so ungeheurer Gewalt, daß der aufkommende Zweifel »das ist die Liebe nicht« immer wieder zum Schweigen gebracht wird. Und doch, der Zweifel und die Sehnsucht nach einer aufrichtigen Liebe ohne Geheimnisse und ohne dunkle

Angst bringen die beiden auseinander. Erst elf Jahre später klärt sich bei einer zufälligen Wiederbegegnung alles: Das Waisenkind Cöleste hatte ein trübes Leben in Unfreiheit geführt, war an einen viel älteren Mann verheiratet worden, dann trat Veit Hugo als der erste Glücksstrahl in ihr freudloses Dasein. Nun ist sie frei, und sie hat auf ihn gewartet. Der Mann jedoch weist ihre Liebe zurück. Unwissend war er zum Ehebrecher geworden, und der Frau, die ihn dazu gemacht hat, kann er nicht verzeihen. Er verläßt sie und das gemeinsame Kind — zwar »mit Thränen ringend«, aber er geht.

Stifter erzählt seine Geschichte so, daß alle Sympathie der doppelt betrogenen Frau gilt, die selbst zur Betrügerin wurde. Das Recht aber scheint bei Veit Hugo zu liegen — denn hat er nicht wirklich recht, einer Frau zu mißtrauen, die schon einmal, wenn auch aus den begreiflichsten Motiven heraus, unaufrichtig war? Nur eine Lehre hat Veit Hugo aus der Erziehung seines Vaters mitgebracht, das alte Familiensiegel mit der Aufschrift »Servandus nonnisi honos«, und nach dieser Maxime handelt er: Die Bewahrung der Ehre steht über allem. Doch nun zeigt es sich, zu wenig hat er bei seinem Vater gelernt. Der Wahlspruch ist nicht eigentlich falsch, aber er reicht nicht hin, auf eine komplexe Lebenswirklichkeit eine ausreichende Antwort zu geben. Cölestes Abschiedsworte »meine Sünde ist menschlicher als Deine Tugend — geh' — « drücken genau diese Zwiespältigkeit aus — und das Bewußtsein Stifters, daß es nicht um Urteile geht, sondern um die durch Erfahrung gewonnene Erkenntnis, wie vielschichtig und erbarmungswürdig jedes einzelne Leben ist. Auch in Veit Hugo, der dieses Erbarmen verweigerte, scheint endlich, zu spät, ein Bewußtsein von seinem Versagen zu dämmern, wenn er als einsamer alter Mann von Gewissenszweifeln gequält das Siegel in die Tiefe einer Gletscherspalte wirft.

Nie hat Stifter in irgendeinem seiner Werke einer sinnlich erfüllten Beziehung einen solchen Raum gegeben, und nie hat er dem körperlichen Verlangen ein so großes Recht zuerkannt. Und doch bleibt die Erzählung zwiespältig, das *Alte Siegel* kennt keine eindeutige Moral. Zwar gibt es das Recht auf Freiheit und ein eigenes Leben, doch ein Leben, das sich anmaßte, deshalb alles Recht zu durchbrechen, wäre ebenfalls nicht lebbar. Die Stärke des *Alten Siegels* liegt darin, daß Stifter hier die Gebrochenheit seiner eigenen Lebenserfahrung offen und ohne alle abstrakte Bewertung gestaltete: Eine an unverrückbaren Grundsätzen orientierte Moral vermag die Ambiguität eines gelebten Lebens nicht zu erfassen, in der Wirklichkeit bleibt die Alternative von Böse und Gut, von Richtig und Falsch Theorie. Das war eine schwierige Wahrheit, und in späteren Jahren sollte es Stifter immer mühsamer werden, diese Last zu ertragen.

Eine Wahrheit aber auch, die den Stifter der frühen vierziger Jahre viel näher an das Gedankengut des Jungen Deutschland rückt, als er selber es wohl wahrhaben wollte. Denn der klassische, von Schiller formulierte Konflikt zwischen »Sinnenglück und Seelenfrieden«, wie er sich auch in Goethes *Braut von Korinth* findet, ist im *Alten Siegel* ganz einfach aufgelöst: Der Verzicht auf die sinnliche Erfüllung hat Veit Hugo den Seelenfrieden ganz und gar nicht gebracht. Viel größer ist die Verwandtschaft etwa mit Heinrich Heines wenige Jahre zuvor entstandenem Tannhäuser-Gedicht, und die Rechtfertigung der Ehebrecherin aus Liebe kommt dem jungdeutschen Programm einer Befreiung von den starren Fesseln der überkommenen Sitten sehr nahe. Nie wieder ist Stifter dem Gedanken einer Emanzipation der Sinnlichkeit so weit gefolgt, einer Sinnlichkeit, die im *Alten Siegel* auf der Schneide steht zwischen unwiderstehlichem, bedrohlichem Sog auf der einen und befreiendem Glück auf der anderen Seite.

Die Frage, was denn die Menschen zueinander und wieder voneinander fort treibt, ließ Stifter nicht los, und fast gleichzeitig mit dem *Alten Siegel* entstand noch eine weitere Novelle, die sich dem gleichen Thema aus einem anderen Blickwinkel widmete. *Brigitta* spielt in der Puszta Ungarns und war damit bereits die zweite Frucht der Reise zu Amalias Familie an die ungarische Grenze. Zur Wiener Kunstausstellung 1842 hatte Stifter ein großformatiges Bild eingereicht, das er aus den mitgebrachten Skizzen entwickelt hatte. *Eine Felspartie* fand jedoch wenig Zuspruch. Zu karg, zu hart war die Landschaft, zu öde und einsam die Welt, die es darstellte. Wieder einmal kam der treue Heckenast zu Hilfe: Er kaufte das Gemälde um einhundertzwanzig Gulden, nahm es mit nach Pest und ließ es im Kunstverein seiner Heimatstadt ausstellen — die ungarische Landschaft war nach Ungarn heimgekehrt.

Brigitta

Die neue Erzählung näherte sich dem alten Thema noch einmal von der Seite der schicksalhaften Bestimmung. Wieder jedoch fließen die Grenzen zwischen Schicksal und Natur undeutlich ineinander. In der Übertragung anziehender und abstoßender Naturkräfte auf die menschlichen Gefühle könnte man einen Einfluß der *Wahlverwandtschaften* vermuten, mehr aber noch den durch Gotthilf Heinrich Schuberts *Ansichten von der Nachtseite der Naturwissenschaft*. Ob Stifter dieses damals vielgelesene Werk gekannt hat, ist nicht feststellbar, unwahrscheinlich ist es durchaus nicht, denn die Wirkung des 1808 erschienenen Buches auf romantische Dichter, besonders auf E.T.A. Hoffmann, aber auch auf Friedrich Hebbel, war erheblich. Blickt man in die einleitenden Seiten der *Brigitta*, dann steht Stifters naturwissenschaftliche Metaphorik Schubert erheblich näher als Goethe. Nachtseite der Natur — das bedeutete für Schubert Hellsehen, Somnambulismus, »tierischer Magnetismus« und alle anderen Formen von seelischen Anomalien, die als geheime, ursprüngliche Kräfte zwischen Körper und Geist verstanden wurden.

Genau dies beunruhigt Stifter, nicht das freie Wechselspiel der Kräfte wie in der chemischen Wahlverwandtschaft, sondern jene okkulten, magischen Dinge, die sich jeder Erklärung entziehen. Zwei Beispiele werden ausdrücklich genannt, Geisterfurcht und Somnambulismus: »Wie tief mag der Abgrund erst noch sein, blos an seinem Rande hat die Wissenschaft ein Kerzlein angezündet, und wir sehen diese zwei isolierten Steinchen glänzen, tiefer ist Finsterniß, vielleicht Ewigkeit – –« Stifter hat später den einleitenden Abschnitt der ursprünglichen *Brigitta* ersatzlos gestrichen; jene unheimlichen Bilder von Hellsehen und psychischer Elektrizität, die eben auch aus den Arsenalen der Schauerromantik stammten, mußten ihm dann wie eine unzulässige Trübung seines reinen Weltbildes erscheinen, und auch der Vergleich menschlicher Zuneigung mit tierischem Magnetismus konnte so nicht stehenbleiben. Trotzdem, diese Seiten geben einen wichtigen Hinweis darauf, aus welchen auch sehr zeitgebundenen Quellen Stifters gebrochenes Naturbild beeinflußt wurde.

Im *Alten Siegel* war sexuelles Verlangen die erste und stärkste Anziehungskraft zwischen den beiden Menschen, in *Brigitta* sind die Verhältnisse sehr viel komplexer. Als der Erzähler auf das ungarische Gut des Majors, eines entfernten Bekannten, kommt, spürt er sofort eine geheime Energie, die unterschwellig die Freundschaft des Mannes zu seiner Nachbarin Brigitta bestimmt. Langsam beginnt er zu erkennen, daß der Fünfzigjährige diese seltsame, alternde und nicht schöne Frau liebt: »Ja es war in der That eine ernste, tiefe, merkwürdige Leidenschaft. Nie habe ich ein ähnliches Verhältnis gesehen.« Erst spät kommt es zur Aufklärung des rätselhaften Zustandes. Brigitta war einst ein häßliches, gar nicht den gängigen Vorstellungen entsprechendes Mädchen gewesen, und trotzdem war es gerade Stephan Murai, der attraktivste und begehrteste junge Mann, der um sie warb. Nach kurzer Ehe jedoch hatte er sich von ihr abgewandt, wofür die Verlockung durch eine andere Frau von großer Schönheit nur einen dürftigen Vorwand darstellt. Doch dann, endlose Wanderjahre später, kommt er zurück, läßt sich in der Nähe Brigittas nieder und beginnt noch einmal, um dieselbe Frau zu werben. Der Major ist Stephan Murai.

Nachdem sowohl der *Abdias* als auch *Das alte Siegel* in vollkommene Hoffnungslosigkeit gemündet waren, scheint in *Brigitta* zum ersten Mal wieder ein Lichtstrahl auf, denn am Ende der Erzählung steht die Versöhnung und eine zweite, nun endgültige Bindung. Doch mag es auch wieder die humane Läuterung sein, was diesen glücklichen Ausgang erlaubt – eine sinnvolle Erklärung gibt es hier genauso wenig wie für die doppelte Einsamkeit am Ende des *Alten Siegels*. Stephan Murai selbst versucht, eine solche zu geben, indem er sagt, »gleich bei ihrem ersten Anblicke« habe er »gefühlt, daß er dieses Weib unendlich werde lieben oder hassen müssen«, doch was hier als Erklärung gelten soll, ist ja selbst das eigentliche Rätsel, und die fatale Alternative gleicht einem mythischen Verhängnis. Grundloser Haß und grundlose Liebe stehen auf der gleichen Stufe. Der körperliche Reiz, der Stephan Murai einst an der anderen Frau so verlockte, ist nur ein Instrument jener dunklen Kräfte, die es zu beherrschen gilt; wenn dies aber gelingt, dann kann der Mensch eine noch höhere Form der Liebe erlangen. Auch Murai hat das schmerzhaft erfahren: »– ja es zieht uns das Gesetz der Schönheit, aber ich mußte die ganze Welt durchziehen, bis ich lernte, daß sie im Herzen liegt«. Der Mensch muß alles verstehen, nicht aber im Sinne des verstandesmäßigen *Begreifens*, sondern eines allumfassenden, mitleidenden *Verständnisses*. Genauso handeln Brigitta und Stephan: Wo man im tiefsten Grunde das Tun eines anderen niemals begreift, da kann man einander doch wechselseitig verzeihen.

An *Brigitta* und am *Alten Siegel* ist zu erkennen, wie falsch es wäre, den Stifter der vierziger Jahre umstandslos der literarischen Reaktion zuzurechnen. Schon die Hauptfigur Brigitta selbst stellt eine außergewöhnliche Persönlichkeit dar, eine emanzipierte Frau, die nach dem Scheitern ihrer Ehe ihr Leben entschlossen selbst in die Hand nimmt, ihr Gut bewirtschaftet und all die Arbeit tut, die man gewöhnlich einem Mann zuschrieb. Dabei bleibt es auch nach der Versöhnung mit Stephan Murai; hier gibt es keine Unterwerfungsszene mit einer Rückkehr in die angestammte Rolle der Weiblichkeit, wie noch für Cornelia nach der fehlgeschlagenen Ballonfahrt im *Kondor*.

Für diese bemerkenswerte Gestalt hatte Stifter ein konkretes Modell in seiner Gegenwart: Die in der Mark Brandenburg auf vorbildliche und moderne Weise ihre Güter bewirtschaftende Frau von Friedland galt als Muster einer unabhängigen, auf eigenen Füßen stehenden Frau. Stifter verband mit ihrer Person noch programmatische Gedanken zur Landwirtschaftsreform, die er ziemlich genau einem 1839 erschienenen Buch von Carl Ritter entnahm, es trug den erstaunlichen Titel *Anleitung zur Verschönerung der Landgüter und Landschaften nebst der Bepflanzungsmethode der Felder, Äcker und Wiesen nach englischer Art, das Nützliche mit dem Schönen verbindend*. Damit machte er sich zum Verteidiger einer zeitgemäßen, die Natur respektierenden Agrarwirtschaft, besonders aber auch einer neuen Sozialordnung auf dem Lande, in der das Verhältnis zwischen Bauern und Grundherren auf Gegenseitigkeit und nicht mehr auf Ausbeutung beruhen sollte. Dieses aber stellte sich Stifter, seinem Naturell entsprechend, als Folge eines individuellen Lernprozesses vor, der auf die Einsicht des einzelnen baute.

Obwohl Stifter mit seiner Novelle auf diese Weise durchaus auch politische Akzente setzte, handelt es sich doch keineswegs um ein dichterisch gestaltetes Programm zur Landwirtschaftsreform. Die Gedanken zu einer vernunftgemäßen Beherrschung und Nutzung der Natur besitzen nämlich ihre genaue Funktion in dem dunklen, schicksalhaften Lebensweg der beiden Hauptgestalten. Wenn die

Nachtseite der Natur mit ihren okkulten Kräften so unbegreiflich und drohend bleibt, dann ist Kultivierung, Zivilisierung, Nutzbarmachung die einzige Abhilfe dagegen. Der undurchdringliche Urwald wird gelichtet. Und wenn Stephan und Brigitta sich zu Beginn ihres Lebens in den Schlingen dieses Urwaldes verfingen, wenn seltsame magnetische Kräfte sie zueinander zogen und dann wieder abstießen, so bedeutet auch hier die Humanisierung der Natur Rettung vor den mythischen Gefahren der Seele. Brigitta und Stephan können schließlich deshalb zueinander finden, weil sie nicht mehr auf die Unmittelbarkeit ihrer Sinne und Triebe hören, sondern der Stimme der Vernunft folgen – aber einer humanen Vernunft, in der die Unmittelbarkeit auf höherer Stufe aufgehoben und bewahrt ist. Brigitta und Stephan lieben einander nun nicht mehr einfach, sie geben ihrer Liebe auch die Grundlage einer gültigen Bindung im gemeinsamen Leben und Handeln, und dies Handeln besteht in der gleichsam symbolischen Sorge für eine kultivierte, humanisierte und damit gezähmte Natur.

Das Bemerkenswerte sowohl an *Brigitta* wie auch schon am *Alten Siegel* ist, wie Stifter hier das Recht einer mehrdimensionalen Lebenswirklichkeit gegenüber moralischen Maximen verteidigt. Gerade dieses Bewußtsein zeigt, wie weit entfernt der Autor der vierziger Jahre von jeder reaktionären Position war. In der *Narrenburg* hatte es noch geheißen, daß die wirkliche Liebe so klar und über jedem Zweifel sein müsse wie die Natur selber, alles andere sei eben keine Liebe. In der märchenhaften Grafennovelle mochte das hingehen, im *Alten Siegel* und in *Brigitta* zeigt sich dagegen zum ersten Mal, daß Stifter auch etwas aus seiner eigenen, wirren Geschichte gelernt hatte. Es gab kein Entweder-Oder, es gab kein Ja oder Nein, kein Richtig oder Falsch, die Wirklichkeit lag meist auf undeutliche Art dazwischen. Es ging nicht an, im komplizierten gesellschaftlichen Miteinander der Menschen alle Regeln zu durchbrechen, indem man sich auf die Unmittelbarkeit des Gefühls berief, wie es Cöleste tat; genauso unmöglich jedoch war es, sich gegenüber der konkreten Lebensnot eines Menschen und seiner daraus entstandenen Verschuldung auf eine abstrakte Moralität zurückzuziehen. Man mochte wünschen, daß eine wirkliche Liebe frei von Zweifeln und äußeren Versuchungen bleibt; wenn dies aber, wie bei Stephan Murai, nicht der Fall war, so durfte man deshalb nicht den Menschen als ganzen verwerfen.

Wahrscheinlich ist Stifter niemals zuvor und nie wieder so nah an der Wirklichkeit seines eigenen Lebens gewesen. Doch für sich selbst vermochte er nicht, zu dieser Wahrheit zu halten. Er brachte die Kraft nicht auf, sich einzugestehen, daß auch sein Lebenslauf nicht wie ein Gebirgsbach dahingeflossen war. Die Briefe nämlich, die er in diesen Jahren an Amalia zu schreiben begann, und auch die Darstellung seiner Ehe anderen gegenüber beweisen vor allem den Willen, das Verwirrte wenigstens optisch zu begradigen. Obwohl die beiden letzten Erzählungen so deutlich gezeigt hatten, daß auch eine große Liebe nicht ohne ihre dunklen und unklaren Seiten ist, daß auch eine große Leidenschaft nicht unbedingt gerade zum Glück führt, obwohl er also gerade das gestaltet hatte, was seine eigene Erfahrung war, versuchte Stifter für sich selbst gegen jede Realität das Bild der großen, unzweifelhaften Liebe zu errichten. Daß auch seine Ehe ein Kompromiß war, das konnte er nicht zugeben. Und je größer seine Zweifel wurden, desto lauter erschallten seine Liebesschwüre in den Briefen an seine Frau.

Das Unglück, das es in seinem Leben nicht geben durfte, verbannte er in die Literatur, dafür erschien es dort aber mit der dunklen Gewalt, die nur ein »heimlich Verhängnis« entfachen kann. Man mag sich die Frage stellen, ob Stifter nicht etwas von der Kluft spürte, die sich zwischen dem eigenen fiktiven Lebensglück und dem unabwendbaren schicksalhaften Unglück seiner Erzählungen auftat, ob er tatsächlich glaubte, seine Werke ganz frei von jeder autobiographischen Suche gehalten zu haben – eine Antwort ist kaum zu finden. Persönliche Briefe wie die der dreißiger Jahre an seine adligen Freunde waren rar geworden, Stifter verbarg sich und begann immer stärker, nach außen hin ein Bild von sich zu zeichnen, das seinen eigenen Wünschen eher entsprach als der Wirklichkeit. Und mehr und mehr wollte er sich zwingen, selbst an das eigene Bild zu glauben. Die Werke sind gleichsam Lücken in dieser geschlossenen Selbstdarstellung; hier konnte Stifter es sich erlauben, im objektiven künstlerischen Gewand von seinem Unglück zu sprechen, ohne es als sein eigenes zu erkennen zu geben.

So ist es zu verstehen, daß sich der noch nicht einmal Vierzigjährige im *Alten Siegel*, in *Brigitta* zum ersten Male einem Thema zuwandte, das ihn später immer stärker beschäftigen sollte und das eigentlich das Problem einer anderen, späteren Altersstufe sein sollte: der Lebensnot gealterter Menschen, die sich mit der eigenen Schuld am verlorenen Glück dahinquälen. Schon die junge Brigitta glaubt, als sie sich ihre so lange unterdrückte sinnliche Sehnsucht eingesteht, sie müsse »ein ganzes versäumtes Leben nachholen«, für Veit Hugo und Cöleste aber wird das nie geschehen. Stifter begann mit seinen Erzählungen, in Gestalten, die keinerlei Ähnlichkeit mit ihm selber besaßen, seine eigene, langsam wachsende Lebensangst zu zeichnen. Der Ausweg, den er entwirft, ist aber in Anbetracht seines Alters ebenso erstaunlich wie die Einfühlung in die Probleme dieser alten Menschen überhaupt: Der Vertrag, den Brigitta und Stephan – bevor es dann doch zur neuen Bindung kommt – für ein freundschaftliches Nebeneinander abschlossen, ist bereits ein Vorschein jenes resignierten Miteinander von Risach und Mathilde im viel späteren *Nachsommer*, der Entschluß zu einem eingeschränkten Glück, wo es das volle nicht gegeben hat.

Wie soll man es erklären, daß ein noch halbwegs junger Mann am Anfang einer vielversprechenden Schriftstellerlaufbahn sich bereits mit derartigen Entwürfen für einen beruhigten, resignierten Lebensherbst beschäftigt? Alles erweckt den Eindruck, als habe Stifter Mitte der vierziger Jahre sein Leben in den Grundzügen für entschieden, als habe er etwas wirklich Neues nicht mehr für möglich gehalten. Die Sehnsucht danach blieb, doch wenn schon der Aufbruch zu einer bloßen Italienreise an allem und gar nichts scheiterte, wie sollte dann ein umfassender Aufbruch in diesem Leben noch möglich werden? Von einer friedlichen Resignation wie im *Nachsommer* jedoch konnte kaum die Rede sein, Stifter quälte sich, die Spuren dieser Qual verbannte er aber sorgsam auf die Seiten seiner literarischen Werke.

Bildnis eines Klassikers

Die Lebensumstände von Stifters letzten Wiener Jahren lassen indessen noch einen anderen Grund für diese Resignation erahnen, die eine Art vorzeitiges Altern war. So sehr eine Reise ihn verlockte, so sehr er wußte, wie nötig ihm der Blick auf andere, neue, inspirierende Verhältnisse tat, so spürte er doch zugleich die Gefahr, die darin für sein so mühsam erworbenes Daseinskostüm drohte. Er brauchte das Neue, das Weiträumige, aber vielleicht brauchte er noch weit mehr die Festigkeit geregelter Lebensverhältnisse. Nur diese schienen ihm Schutz vor den verwickelten Angelegenheiten der Menschen zu bieten, nur ein wenigstens äußerlich gleichbleibender Alltag erlaubte es ihm, die dunklen Leidenschaften in seinem Inneren zu kontrollieren und am Ausbruch zu hindern. Wohin es führen konnte, wenn diese Selbstbeherrschung nicht gelang, das hatte er gerade erst am Beispiel des Stephan Murai dargelegt.

Stifters Dichtung und bürgerliche Existenz begannen zu einer einheitlichen Strategie der Lebensbewältigung zusammenzuwachsen. In seinen Erzählungen umkreiste er ohne Unterlaß, was er von den Gefahren wußte, die dem Menschen von außen wie von innen drohten. Sein eigenes Dasein dagegen trachtete er so zu gestalten, daß alles, was eine Gefahr darstellen konnte, aus ihm verbannt wurde. Die wichtigste Bedingung dazu war ein stabiler Hausstand. Die Selbstbestätigung durch den dichterischen Erfolg tat ein übriges. Es hatte Stifter einige Mühe gekostet, sich selber davon zu überzeugen, daß er damit das ihm zukommende irdische Glück verwirklicht hatte, aber vorläufig war es ihm halbwegs gelungen. Was mochte dem gegenüber zum Beispiel eine Italienreise bedeuten? Alles konnte sie in Gefahr bringen. Die Attraktionen, die Rom für ihn bereithielt, hatte er ja schon vor Jahren in seinem Brief an Adolf von Brenner aufgezählt: Frauen, Karneval, Römer, Römerinnen ... Sollte er dort als behäbiger Ehemann mit seiner Amalia auftauchen? Sollte er sich dort ansehen, was ihm als Traumbild eines offeneren, freieren Lebens erschien? War nicht die Gefahr viel zu groß, daß der so ersehnte Anblick des Südens ihm zeigen würde, wie eng, wie arm sein resigniertes Leben doch war, auf wie vieles er bereits verzichtet hatte in seinem Programm der strengen Selbstdisziplinierung?

Die Erzählungen dienten in dieser Strategie sowohl als Beschwörung dessen, was er selber so sehr fürchtete, wie auch zur Rechtfertigung einer Lebensform, die sich nur in einem stets gefährdeten Gleichgewicht zu halten vermochte. Wohin die Leidenschaften führen konnten, hatte schon der *Hochwald* exemplarisch gezeigt. Am Ende von *Brigitta* fiel für den Erzähler nebenher noch eine Lehre ab, die auch ihrem Autor durchaus willkommen war: »Ich aber ging in den Garten hinaus, und dachte: O wie heilig, wie heilig muß die Gattenliebe sein, und wie arm bist du, der du bisher höchstens die trübe Lohe der Leidenschaft kanntest.« Genauso wollte Stifter seine eigene Existenz sehen: als Überwindung der Leidenschaft durch die höhere Form der Liebe. Daß er mit dieser Verklärung seiner Ehemisere zugleich die Geschichte seiner früheren Liebe fälschte, muß ihm dennoch bewußt gewesen sein, denn alle Anspielungen in späterer Zeit zeigen deutlich, daß es ihm nicht gelang, die Liebe zu Fanny in eine endlich überwundene »trübe Leidenschaft« umzudeuten. Er hatte Fanny geliebt, und jede andere Darstellung war Verrat an der eigenen Vergangenheit. Gewiß hatte seine Ehe eine große Bedeutung für ihn – und sei es allein, weil sie bestand und ihm damit einen wesentlichen Teil seiner Lebenssicherheit schaffte. Die heilige Gattenliebe aber, die er aus diesem pragmatischen Fundament machen wollte, die war es nun ganz gewiß nicht.

Stabilität hatte Stifters Leben in diesen Jahren allerdings nicht nur durch die Ehe und den schriftstellerischen Erfolg bekommen, sondern auch durch die Stellung, die er sich mit seiner erfolgreichen Tätigkeit als Hauslehrer langsam erworben hatte. Bekanntschaften waren entstanden, die Stifter in gebildete und gesellschaftlich bedeutende Schichten Wiens führten – doch enge, wirklich persönliche Freundschaften waren nicht mehr darunter. Auch in den ästhetischen Salons der Hauptstadt wurde der junge Modeautor ein Gast, den man mit neugierigen Augen empfing. Der »Geist-Salon« der Baronin Henriette Pereira-Arnstein, mit Namen wie Beethoven oder Goethe verbunden, zählte zu den renommiertesten Einrichtungen dieser Art. Auch die Baronin entstammte einer jener zahlreichen Familien jüdischen Ursprungs, denen der sozialen Aufstieg gelungen war, die später dann, zumeist wegen ihrer Verdienste in Wirtschaft oder Staatsdienst, in den Adelsstand erhoben wurden und nun zu den angesehensten und wohlhabendsten Häusern der Stadt gehörten. Dem Ansehen eines solchen Hauses konnte es nur förderlich sein, wenn die Frauen, neben den pragmatischen Berufspflichten ihrer Männer, schöngeistigen Tätigkeiten nachgingen, die häufig auch mit mäzenatischen Gesten verknüpft waren.

Der Salon der Baronin war für Stifter der Inbegriff vornehmen Lebens. Hier begegnete er so bedeutenden Geistern wie dem berühmten Orientalisten Joseph von Hammer-Purgstall, dem Goethe wichtige Anregungen für den *West-östlichen Divan* verdankte, und besonders Franz Grillparzer, dem einzigen zeitgenössischen Dichter Österreichs, den Stifter bewunderte und sein ganzes Leben lang bewundern sollte. Im Salon von Joseph Wertheimer machte er die Bekanntschaft der jungen Jüdin Barbara Elisabeth Glück, einer überaus interessanten Gestalt des Wiener Literaturbetriebs. Unter dem Namen Betty Paoli schuf sie ein damals vielbeachtetes lyrisches Werk, arbeitete aber auch als Theaterkritikerin und Übersetzerin aus dem Russischen und Französischen. Heute sind die Werke dieser ungewöhnlichen Frau, die erst 1894 starb, unverdienterweise vollkommen vergessen. Als Stifter sie kennenlernte, war Betty Paoli noch nicht dreißig Jahre alt, und die junge, geistvolle Frau machte großen Eindruck auf ihn. Allzu deutlich mußte er spüren, um wie vieles mehr als Amalia diese begabte Lyrikerin dem hohen Frauenbild entsprach, das er selbst in einer Erzählung wie den *Feldblumen* schwärmerisch entworfen hatte. Zwischen Stifter und Betty Paoli, die mit Heckenast auch den gleichen Verleger hatten, bildete sich eine andauernde Freundschaft, doch auch diese überschritt nicht jene Grenzen zu einer persönlicheren Vertrautheit, die Stifter um sich herum aufgerichtet hatte.

Die beiden begegneten sich noch an anderem Orte, nämlich im Hause der fürstlichen Familie Schwarzenberg. Mit diesem hatte Stifter nun eines der ersten Adelshäuser des Habsburger Kaiserreiches betreten, war in Berührung gekommen mit einer der ältesten und berühmtesten Familien des Landes. Doch selbstverständlich war dies keine Begegnung von gleich zu gleich, Stifter kam als Vorleser der fünfundsiebzigjährigen Fürstin Anna Maria Schwarzenberg in das Palais, wo Betty Paoli ihrerseits als Gesellschafterin diente. Den Höhepunkt seines Aufstiegs erreichte Stifter dann im Jahre 1843, als er in das Haus des Kanzlers Metternich gerufen wurde, um dessen Sohn Richard in Mathematik und Physik zu unterrichten. Diese ehrenvolle Berufung läßt deutlich erkennen, wie groß die Wertschätzung war, die man dem Lehrer Stifter entgegenbrachte. Häuser wie das der Schwarzenberg oder Metternich öffneten sich auch Bediensteten nur auf Empfehlung, und Stifters Ruf war von den Eltern seiner anderen Zöglinge verbreitet worden.

Stifters gesellschaftliche Stellung ist jedoch zugleich nicht ohne eine gewisse Zweideutigkeit. Seine Herkunft aus einfachen, ländlichen Verhältnissen, die sich weiterhin an dem manchmal unbeholfenen Auftreten zeigte, war stets deutlich spürbar gewesen, und die Klassenschranken in der feudalen habsburger Gesellschaft galten noch immer streng. Wie sehr Stifter, der sich seit seiner Ankunft in Wien zu adligen Freunden hingezogen fühlte, diese Hierarchie selbst verinnerlicht hatte, zeigt sich an seinem Verhältnis zum Hause Metternich. Anzeichen für selbst die leiseste Kritik an diesem bürokratischen Despoten, der seine Macht längst nur noch der Armee und seinem Spitzelheer verdankte, gibt es nicht; im Gegenteil versuchte Stifter, sich die Figur des Staatskanzlers zum Bilde des weisen, überlegen die Geschicke lenkenden Führers zu stilisieren, der noch nächtens, wenn bereits alles schlief, hoch über dem dunklen Platz zum Wohle des Volkes am Werke war. In dieser verehrenden Unterwerfung vor der Obrigkeit, für die sich schon in der *Aussicht vom Stephansturm* bezeichnende Sätze finden, offenbarte sich weniger Stifters politische Naivität, als vielmehr seine rückhaltlose Anerkennung jeglicher überlieferter Autorität. Stifter war nicht unbedingt und in jeder Hinsicht kritiklos gegenüber seiner zeitgenössischen Wirklichkeit, was sein späteres Wirken im Schulwesen beweisen sollte; niemals jedoch hätte er es gewagt, Mißstände, die er wahrgenommen hatte, den staatlichen Institutionen zur Last zu legen, wie es nur allzu natürlich gewesen wäre.

Auch die Hierarchie von Adel und Bürgertum war ihm sakrosankt. Er registrierte es durchaus, wenn Höhergestellte durch entgegenkommenden, freundlichen Umgang die Distanz überspielten; die Distanz selber focht er nicht an. Am Ende des *Haidedorfs* hatte er noch die Vision entworfen, der Monarch in eigener Person zeichne den Dichter als einen gleichrangigen »König der Herzen« aus. Die Wirklichkeit war etwas anders. Welchen Rang auch immer sich eine Dichterin und ein Dichter erschrieben haben mochten, man fand nichts Besonderes dabei, wenn die beiden um ihres Broterwerbs willen im Hause einer Fürstin als Gesellschafterin oder Vorleser dienten. Auch Stifter schien der Widerspruch nicht aufzufallen, im Gegenteil: »So wie ich in den Kreis der vornehmen Leute trete, wiederholt sich in mir regelmäßig die Empfindung des Schulknaben, wenn der Direktor, der Pfarrer oder etwa der Bischof vor ihm steht. Es dauert immer eine Weile, ehe ich mein Gleichgewicht und mit diesem meine Sprache wiederfinde.« Von der Fürstin erhielt Stifter vierzig, von Metternich fünfundzwanzig Gulden monatlich, doch konnte es durchaus geschehen, wie er am 8. Dezember 1843 in einem Brief an Heckenast klagt, daß man im Hause des Kanzlers zwei Wochen lang einfach auf die Bezahlung vergaß. Daran zu erinnern, war genauso unmöglich wie die Ablehnung der Bitte, der freundliche Dichter möge doch schnell für die Kinder des Hauses ein Schauspiel zum Heiligen Abend verfassen. »Der scheußliche Riese Scharmak oder der Sieg der Amazonen« lautete der Titel des Meisterwerks, die Mißachtung aber, die in einer solchen »Bitte« lag, zeigt deutlicher als alle öffentlichen Bekundungen, wie weit es mit der Hochachtung des Künstlers von Seiten der Mächtigen her war. Man wußte nur allzu gut, daß der Abhängige nicht imstande war, in solch einem Falle mit nein zu antworten.

Doch auch andere, bürgerliche Bekanntschaften machte Stifter bei seinen verschiedenen Tätigkeiten. So hatte er sich seit einer Weile mit Josef Türck angefreundet, dem Sohn des Hofjuweliers, dem er später im *Nachsommer* ein freundliches Denkmal setzte. Dann gab es im Hause Metternich eine schöngeistige Runde aus Aristokraten und Wissenschaftlern, die handschriftlich hergestellte *Monatshefte literarisch-belletristischen Privatvergnügens* redigierte. Stifter trug zu einer Ausgabe den originellen Aufsatz *Zur Psychologie der Tiere* bei. Hier lernte er auch Metternichs Leibarzt Friedrich Jäger kennen und knüpfte mit ihm und besonders auch seiner Frau Therese freundschaftliche Beziehungen an. Auch zu dem Geographen Friedrich

Simony faßte er eine Zuneigung, die lebenslang bestehen bleiben sollte. Mit dem acht Jahre jüngeren Simony hatte Stifter manches gemeinsam: Auch er war von armer Herkunft aus Böhmen, hatte sich selbst das Studium erarbeitet, beschäftigte sich mit Landschaftszeichnungen und zeigte überhaupt eine große Offenheit in Wissenschaft und Kunst. Sein Interesse galt jetzt der Erforschung der Alpen, und Stifter setzte sich sogar bei Heckenast für die Veröffentlichung eines Bandes über das Salzkammergut ein.

So führte Stifter ein Doppelleben. Hier der in bescheidenen Verhältnissen lebende Bürger, dort der in den großen Häusern der Hauptstadt ein- und ausgehende Lehrer. Nur der Dichter, der hier schrieb und dort seine Werke präsentierte, hatte in beschränktem Maße Anteil an beidem. Die Sonderbarkeit dieser Lage zwischen den Klassen beleuchtet der Umstand, daß Amalia, soweit die Zeugnisse reichen, keinerlei Zutritt zu dem vornehmen Umgang ihres Mannes bekam, nichts ist davon bekannt, daß sie womöglich einmal an gesellschaftlichen Veranstaltungen oder Empfängen teilgenommen hätte. Amalia war in besseren Kreisen nicht präsentabel, und Stifter trat deshalb in ihnen stets nur alleine auf.

Die materiellen Lebensverhältnisse des Ehepaars hatten sich durch die Erfolge inzwischen merklich verbessert. Allerdings sollte es Stifter auch in der Zukunft niemals gelingen, aus seinen finanziellen Miseren herauszukommen, denn mit dem Erfolg waren auch die Ansprüche gewachsen. Vor allem wurde bei Stifters gut gegessen und getrunken, und man wird den Eindruck nicht los, die beiden freudlos alternden Menschen hätten sich wenigstens hier einen Ausgleich für manche Versagung gesucht. Auch auf Kleidung und Einrichtung wurde nun größerer Wert gelegt; trotzdem schien die Wohnung bescheiden genug: »Stifter bewohnte zwei Zimmer und einen kleinen Raum«, erinnerte sich später der Schriftstellerkollege Friedrich Uhl. »In dem mittleren Gemache befand sich sein Schreibtisch. Hier empfing er auch Besuche. Auf dem Schreibtisch lag eine hohe Schicht weißen gleichmäßig geschnittenen Papiers und alles, was man zum Schreiben bedarf. Gestört wurde der Blick von außen nicht. Denn gegenüber lag wieder ein hoch aufgeschichtetes Haus, und nur teilweise ruhte Stifters Blick auf einem kleinen Bilde, welches die linke Fenstermauer schmückte. Es war eine Landschaft mit einem großen Vollmond, der fast etwas zu rot aufgegangen war. Von anderen Bildern Stifters hatte ich in der Wohnung keines gesehen. Der Hausrat wurde allmählich schöner und wertvoller, schließlich waren die Möbel des Schlafzimmers aus Nußholz, die des Wohn- und Empfangszimmers aus Mahagoni.«

Der Schriftsteller, der im Kaffeehaus Neuner ein ebenso gern gesehener Gast war wie in den ästhetischen Salons, konnte sich auch weiterhin nicht über mangelnden Erfolg beklagen. Neben seinen großen Erzählungen für die *Iris* und den *Novellenalmanach* hatte er noch weitere, wenig bedeutende Texte veröffentlicht: In der *Wiener Zeitschrift* erschien die nicht allzu gelungene Kriegsanekdote *Wirkungen eines weißen Mantels*, die wohl noch einmal aus dem Fundus der dreißiger Jahre stammte und später, in *Bergmilch* umbenannt, in die *Bunten Steine* aufgenommen wurde; für ein Benefizalbum »zum Besten der durch den Brand am 26.10.1841 verunglückten Bewohner von Spital am Pyhrn« steuerte er die Parabel *Der späte Pfennig* bei, ein kleines Devotionalienstück von allzu naiver Frömmigkeit. Handelte es sich hierbei um Gelegenheitsarbeiten am Rande, so war Stifter mit seinen großen Almanachnovellen in aller Munde. Bereits der *Abdias* hatte, dem Kritiker Sigmund Engländer zufolge, »allgemeine Sensation« erregt, und bei *Brigitta* war es 1843 nicht anders. Immer wieder wurden in Rezensionen seine Texte als die bedeutendsten Beiträge zu den jeweiligen Jahrbüchern hervorgehoben, eine »imponierende Prosa« wurde ihm nachgerühmt und bündig festgestellt: »Stifter ist in seinen Novellen, was wir nur von Tieck, Hoffmann, Fouqué, Brentano und Kleist sagen können – ein Dichter.«

Neben solchem wahrhaftig nicht geringen Lob gab es jedoch auch kritische Stimmen, ein Zeichen dafür, daß Stifter auch als kontroverser, im weitesten Sinne »interessanter« Autor wahrgenommen wurde, als einer, der Diskussionen hervorrief. Die Einwände nämlich waren noch ganz anderer Natur, als sie Jahre später sein sollten, wo man Stifter zu große Ruhe und Beschaulichkeit vorzuwerfen pflegte. 1844 verspürte etwa der Kritiker der *Allgemeinen Theaterzeitung* ein »unheimliches, befriedigungsloses Gefühl« nach der Lektüre des *Alten Siegels*: »Wir können diesem Experimentieren mit tiefer Moral durchaus keinen Geschmack abgewinnen, und so sehr sich auch die modernen Novellisten darin gefallen mögen, so wünschten wir doch und vielleicht eben darum, daß Stifters bisher unentweihte, poesiedurchwehte Feder einem Genre ferne bliebe, das nur der Poesiearmut und der daraus folgenden Sucht nach grellen Gebilden, sein widerlich zuckendes Dasein zu verdanken hat!« So verständnislos diese Polemik gegen die modernen Autoren auch sein mochte – der Rezensent hatte besser als mancher biedere Lobredner den doppelten Boden von Stifters Erzählen gespürt.

»Experimentieren mit tiefer Moral« war tatsächlich kein schlechter Begriff für das, was Stifter im *Alten Siegel* und *Brigitta* getan hatte. Auffällig ist, daß für diese Gruppe von Novellen der Vorwurf, der noch dem *Hochwald* gemacht werden muß, nicht mehr gilt: Zum ersten Mal hatte Stifter auch wirklich überzeugende menschliche Figuren gezeichnet. Doch es waren Ausnahmegestalten, beschädigte, verletzte und verstörte Menschen – die gelangen ihm, wo er aber ins Positive übergehen wollte, glitt er noch immer allzu leicht ins Klischee. Veit Hugo und Cöleste, Brigitta und der Major, das waren Menschen in Extremsituationen, wo die gängige Moral keinen Halt mehr bot. Das Verständnis für den Ehebruch, die Unentschiedenheit, der

Wechsel von Bindung, Trennung und neuer Bindung, darin lag wirklich ein Experimentieren mit der Moral – wenn auch nicht in dem frivolen Sinne, den der Rezensent der Theaterzeitung nahelegen wollte. Es war ein »Experimentieren« der handelnden Personen selbst: Was als Inkonsequenz oder Prinzipienlosigkeit erscheinen mochte, war das Suchen verletzter Menschen nach ihrer eigenen Wahrheit inmitten einander widersprechender Gefühle. Es war die Suche nach einer *eigenen* Moral, wo die überlieferte nicht mehr weiterhalf.

Das Aufsehen, das Stifters Arbeiten machten, war nun längst über die Grenzen gedrungen, und 1844 erschien im Londoner *Foreign and Colonial Quarterly Review* auch der erste längere Artikel außerhalb der deutschsprachigen Länder. Früher schon, im März 1843, hatte der mit dem Autor bekannte Schriftsteller Joseph von Zedlitz den Stuttgarter Buchhändler Cotta, den großen Verleger der deutschen Klassik, auf das neue Talent aufmerksam gemacht: »Kommt Ihnen je eine Novelle, oder ein Roman von einem *Adalbert Stifter* vor, so nehmen Sie auf meine Verantwortung mit beiden Händen, und machen Sie dem Verfasser *gute* Bedingungen. [...] Ich habe ihm sehr geraten sein Talent nicht so zu versplittern, sondern einen Verlag zu suchen, mit dem eine solide Verbindung zu schließen ist«.

Der Hinweis kam zu spät. Stifter selbst hatte am 21. Juni 1842 seinem bisherigen Verleger »ein literarisches Projekt« angekündigt, »von dem ich recht viel erwarte, während gar nichts dabei gewagt ist«. Bei dem anschließenden Besuch Heckenasts in Wien legte er ihm dar, worum es sich handelte: um eine Buchausgabe seiner Erzählungen. Autor und Verleger wurden sich schnell einig. Beide wußten recht gut, welche Bedeutung eine solche Publikation haben würde. Gewiß, Almanache und andere Periodika spielten eine große Rolle in der literarischen Welt des 19. Jahrhunderts, sie wurden viel gelesen, rezensiert, und waren vielleicht sogar die wichtigste Einnahmequelle für einen Autor. Die wirkliche Weihe eines Schriftstellers aber gewährte nur das *Buch*. Auch weiterhin ließ Stifter seine Erzählungen zunächst in Zeitschriften drucken, und erst der *Nachsommer*-Roman sollte eine ganz eigenständige Buchveröffentlichung werden; trotzdem schrieb er nun auch seine neuen Novellen bereits mit dem Gedanken an die spätere »Gesamtausgabe«.

Dabei hatte er jedoch an weitaus mehr gedacht als an eine einfache Sammlung des bereits Publizierten. Nicht nur sollten neue Erzählungen hinzukommen, alles Bisherige mußte darüber hinaus durchgesehen, bearbeitet und in eine Form gebracht werden, die den gewachsenen Ansprüchen und den Maßstäben einer Buchausgabe genügen konnte. Das Unternehmen, auf das er sich damit einließ, steht wahrhaft einzigartig da in der Literaturgeschichte. Stifter begnügte sich nicht einfach mit einer Revision der Texte – er schrieb die meisten von ihnen schlechthin ein zweites Mal, ein Verfahren, das er später genauso auf die *Bunten Steine* anwenden sollte. Bei einigen geht die Überarbeitung so weit, daß man fast von zwei Erzählungen über denselben Gegenstand und mit denselben Personen sprechen kann, so unterschiedlich ist bei ihnen die sprachliche Gestalt. *Studien*, so wollte der Landschaftsmaler Stifter stolz und bescheiden zugleich die geplanten Bände nennen, Studien menschlicher Schicksale in verschiedenster Gestalt.

Biographisch ergibt sich dadurch für die nächsten sechs Lebensjahre eine überaus verschlungene Situation: Stifter war nun stets parallel mit zwei Arbeiten beschäftigt, mit der Niederschrift neuer und mit der Neuformung alter Novellen. Die *Studien* umfaßten dann am Ende insgesamt sechs Bände, die in den Jahren 1844, 1847 und 1850 jeweils zu zweien in den Handel kamen; die Erstfassungen der darin enthaltenen Arbeiten waren zwischen 1840 und 1846 erschienen. Aus diesem Grunde ist es unmöglich, klar zwischen einem »Ur-Stifter« und einem »*Studien*-Stifter« zu unterscheiden, denn lebens- und werkgeschichtlich überschneiden sich beide allzu sehr, als daß wirklich von zwei Schaffensphasen zu sprechen wäre. Als Beispiel sei nur das Jahr 1843 herausgegriffen. Stifter arbeitete damals einerseits an den Urfassungen des *Alten Siegels* und des *Hagestolz*, andererseits bereitete er schon die Neuausgaben von *Kondor*, *Feldblumen*, *Haidedorf*, *Hochwald* und *Narrenburg* vor, die für die ersten beiden *Studien*-Bände geplant waren. Ähnliches gilt für alle folgenden Jahre. So sind die stilistischen Unterschiede nicht pauschal zu erklären, und bei den späteren Erzählungen betreffen sie denn auch ganz andere Elemente als bei den Frühschriften.

Als Stifter sich an die Überarbeitung seiner Erstlingswerke machte, hatte er vor allem manche jugendliche Unreife auszugleichen. Beim Schluß des *Kondor*, der nun zum *Condor* wurde, betonte er noch die enttäuschte Resignation der beiden Hauptfiguren; bei den *Feldblumen* war durch die Form der Brieferzählung nicht viel zu machen, sie mußten wohl oder übel so stehenbleiben. Eine völlig neue Gestalt verlangte dagegen das *Haidedorf*: Der phantastische Schluß mit der gloriosen Erhöhung durch den König konnte als pubertäre Wunscherfüllung nicht mehr tragbar sein; die neue Apotheose eines bewußten Verzichts auf irdisches Glück zugunsten des dichterischen Werks war allerdings in ihrem realen Gehalt auch nicht sehr viel näher an der Wahrheit. Beim *Hochwald* zeigte sich, wieviel die gründliche Arbeit seinerzeit eingebracht hatte, und er konnte fast unverändert übernommen werden. Stifters gewachsene Sicherheit in formalen Dingen beweist auch die *Narrenburg*. Am Gehalt der Erzählung brauchte nichts Wesentliches verschoben zu werden; indem Heinrich nun aber erst am Ende, und nicht schon vor seinem Besuch auf der geheimnisvollen Burg, die Bestätigung für seine Herkunft erhält, wird die entscheidende Frage während des ganzen Rundgangs in dem alten Gemäuer und seiner verworrenen Geschichte so in der Schwebe gehalten, daß Spannung und erzählerische Kraft ganz erheblich gewinnen.

Jede Erzählung stellte den Autor also vor andere Probleme. Trotzdem kann man bestimmte durchgängige Konstanten für die *Studien*-Fassungen hervorheben, und natürlich sind diese auch sehr aussagekräftig für die Entwicklung von Stifters künstlerischer und menschlicher Haltung. Am auffälligsten ist die Glättung der Sprache. Ausgemerzt werden all die Sprunghaftigkeiten und Bizarrerien, die an den frühen Einfluß von Jean Paul oder E.T.A. Hoffmann erinnern mochten, und an ihre Stelle tritt ein gleichmäßiger, gebändigter, an klassischen Vorbildern orientierter Redefluß. Selbst die häufig expressive Zeichensetzung wird normalisiert, Fremdwörter werden durch deutsche Fügungen ersetzt. Obwohl die sprachliche Gestalt im ganzen erheblich gewinnt, ist nicht zu übersehen, daß der Schriftsteller in seinem Bemühen um Gleichmaß und Ausgewogenheit des Guten manchmal zuviel tat und Vollendung in Sterilität und leichte Pedanterie umschlug. Mit dem romantischen Überschwang ging zugleich auch einiges an Lebendigkeit und Temperament verloren, der jugendliche Schwung wird zuweilen nicht nur gebändigt, sondern vom gleichmäßigen Rhythmus der Sprache geradezu erstickt. Stifter näherte sich bereits seinem statuarischen Altersstil.

Die stilistischen Veränderungen sind deshalb so wichtig, weil sie genau dem Wandel in Stifters menschlicher Haltung entsprechen. In der Arbeit an den *Studien* ging es ihm um nicht weniger als die Ausmerzung der romantischen Subjektivität in seinen frühen Werken. Alles, was *nur* subjektiv, *nur* individuell war, erschien ihm nun als der Grund der meisten menschlichen Verwirrungen; alles, was sich nicht zu einem allgemeineren humanistischen Standpunkt läutern konnte, war von vornherein zum Untergang verurteilt. Die Erfahrung, die der Doktor Augustinus in der *Mappe* gemacht hatte, sollte nun für alle Personen gelten: Überwindung der persönlichen Impulse und Leidenschaften im Bewußtsein des höheren Ganzen. In diesem Sinne wurden nicht nur sprachliche Sprunghaftigkeiten ausgeglichen, sondern, der humanistischen Logik folgend, auch allzu exzentrische Eigenschaften bei den Personen selbst gestrichen.

Doch nicht diese Eigenschaften an sich wurden beseitigt, sondern nur deren konkrete Gestaltung, also übertriebene Charakterisierungen und Beschreibungen. Darin aber liegt etwas für Stifters *Studien* ganz und gar Typisches: Die ersehnte idealistische Lehre bleibt eine *tour de force* der Sprache, sie geht nicht in die Personen selber ein. Stifter mochte den Vergleich zwischen menschlicher Liebe und okkulten Naturkräften am Anfang der Urfassung streichen – der Lebenslauf von Stephan und Brigitta bekam dadurch nicht mehr zielgerichteten Sinn als zuvor. Stifter mochte noch so viel gelassene Schicksalsergebung in die Erzählung des Doktors bringen – die grausame Theodizee der *Mappe* verliert deshalb nichts von ihrem absurden Versuch, das Unglück in das eigentliche Glück umzudeuten. Genau darum geht es: Einen Sinn im menschlichen Leben zu behaupten, wo alles Geschehen das Siegel der Sinnlosigkeit trägt. Der ungeheure Fatalismus des jungen Stifter, der seinem offiziellen Herderschen Programm so entschieden widersprach, wird in den *Studien* nicht überwunden, er wird nur sprachlich verkleidet und äußerlich unsichtbar gemacht.

Wo in den Urfassungen Unbegreiflichkeit und Sinnlosigkeit herrschten, bieten auch die *Studien*-Fassungen nirgendwo eine wirkliche Erklärung für das Geschehen; durch ihre sprachliche Gestalt wird eine solche allenfalls behauptet. In erster Linie dienen dazu nun die weiten Naturschilderungen, deren monumentale Gewalt mit Recht die Bewunderung der Leser immer mehr erregte. Auf der anderen Seite setzte es diese Leser in Erstaunen, wenn vor dem Beginn der eigentlichen Handlung Seiten um Seiten standen, auf denen nichts geschah, und wenn es bei einer kein Ende findenden Schilderung des Schauplatzes zu bleiben schien. Die Steppenwanderung des Erzählers in *Brigitta* wurde genauso erweitert wie die Wüstenbilder beim

Abdias. Das Ziel dieser Verschiebungen des Gleichgewichts zwischen Handlung und ihrem Hintergrund war die Betonung des Objektiven gegenüber dem nur persönlichen Schicksal. In der *Mappe* wie im *Abdias* war die Nichtigkeit des individuellen Unglücks ausdrücklich behauptet worden; in der erzählerischen Gestalt der *Studien* wird die bloße Behauptung nun unmittelbar zur Anschauung gebracht, indem die Spuren der Menschen in dem stummen Existieren der Welt gleichsam verschwinden. Primär ist die Welt und ihre übermächtige, tatsächliche Existenz, und nur langsam löst sich aus ihr die zerbrechliche Geschichte von ein oder zwei Individuen, um dann wieder gänzlich in ihr zu versinken.

Der statuarische, zum Klassizistischen strebende Monumentalstil der *Studien* tendiert überall zum Objektiven – aber eben nur als Stil. Stifters Bemühen war es, die Unterschiede zwischen den einzelnen Erzählungen auszugleichen und ihnen, dem Charakter der »Gesamtausgabe« entsprechend, eine einheitliche Sprachgestalt zu geben. Das aber konnte nicht gelingen. Die *Feldblumen* etwa waren durch die Briefform *per definitionem* so subjektiv, daß Stifter, wäre er konsequent gewesen, sie hätte weglassen müssen. Die fatale Hoffnungslosigkeit des *Abdias* war nur durch ein mystisches *Credo quia absurdum*, nie aber durch den Glauben an eine im irdischen Schicksal waltende göttliche Vernunft zu überwinden. Die einheitliche Weltanschauung der *Studien* ist eine Fiktion, und zwar eine ästhetische; die Erzählungen sind nicht Produkt, sondern vielmehr selbst Schauplatz jenes Kampfes, mit dem Stifter sich einen Halt in der verwirrenden Vielfalt des Lebens erringen wollte. Gerade darin aber liegt ihr großer literarischer Reiz: Überall ist die Doppelbödigkeit spürbar, die in so viel sprachlicher Schönheit verborgen ist; überall die Untiefen und Strudel, die unter der gewollt ruhigen Oberfläche drohen; überall die Anstrengung, mit der die Dichtung die angsterregende Wirklichkeit bezwingen will.

Ein Großteil der Erzählungen würde deshalb eigentlich zwei Analysen verdienen; als Beispiel für Stifters Verfahren seien nur die beiden Fassungen des *Alten Siegels* herausgegriffen, die 1842/43 und 1845/46 entstanden. Diese Novelle soll hier stellvertretend als gleichsam typisches Modell stehen: Weder bringt sie grundsätzliche Änderungen des Inhalts mit sich wie das *Haidedorf* oder der Ausnahmefall der *Mappe*, noch beschränkt sie sich auf stilistische Retuschen wie der *Hochwald*. Um so bezeichnender ist das, was Stifter meinte, neu formen zu sollen. Der Gesamtverlauf der Erzählung bleibt unangetastet, doch schon die ersten Sätze verraten eine tiefgreifend verwandelte Erzählhaltung. Sprang die Urfassung mit direkter Rede unmittelbar in die Liebesgeschichte von Cöleste und Veit Hugo hinein, so beginnt die *Studien*-Bearbeitung in epischem Ton mit einer weitläufigen historischen Einleitung: »Veit Hugo Evaristus Almot war der einzige Sohn eines uralten noch aus den Zeiten Laudons und Eugens stammenden Kriegers«, und erst langsam kann die eigentliche Handlung einsetzen.

Auch hier liegen die Unterschiede im Detail. Immer stärker wird nun die seltsame, kindliche Naivität des weltfremd aufgewachsenen jungen Mannes betont, seine Wehrlosigkeit gegenüber dem Einbruch der Wirklichkeit. Dieses Geschehen aber wird nur noch in seiner bloßen faktischen Abfolge aufgezeichnet, alle Eigenschaften der Personen und Orte, die zunächst das Unheimliche der Handlung auch äußerlich illustrierten, verschwinden. Im Ur-*Siegel* hatte sich bei Veit Hugo noch der Verdacht geregt, der kupplerische Greis und sogar Cöleste selber möchten wahnsinnig sein – nichts davon bleibt mehr stehen. Um so stärker aber wird der Eindruck des ganz und gar Unerhörten, da der Widerspruch zwischen der gesitteten Außenseite und den vernichtenden inneren Kräften keinerlei zureichende, und sei's auch pathologische Erklärung mehr findet.

Am bezeichnendsten für Stifters Verfahren jedoch ist der Schluß mit der Wiederbegegnung der beiden Liebenden. Im Almanachdruck hatte Veit Hugo die Abweisung Cölestes noch damit begründet, er könne einer Frau nicht trauen, die schon ihren ersten Gatten verraten hatte. In Anbetracht der Verhältnisse war diese Erklärung allzu fadenscheinig. Deshalb findet sich in den *Studien* der folgende Dialog: »Hugo wurde noch blässer, und sagte: ›Ich habe gedacht, ein anderes Leben führen zu wollen, als der Gatte einer Witwe zu sein, von dem sie sagen, daß er schon vor dem Tode ihres Mannes mit ihr im Einverständnisse gewesen sei.‹ / ›Sie werden es nicht sagen, Hugo,‹ antwortete sie, ›denn kein Mensch weiß es.‹ / ›Ich selber würde es sagen‹, erwiderte er.« Das Für und das Wider, zwischen denen die Entscheidung zu suchen wäre, brauchen keine aus der Wirklichkeit genommenen Motivationen mehr; das einzige Kriterium für Veit Hugos Rückzug ist der vollkommen abstrakte Begriff der Untreue, das bloße Wissen um das, was stattgefunden hat. »Also könntest du der sogenannten Ehre das warme, ewige, klare Leben opfern?« fragt Cöleste jetzt. Genau das wird Veit Hugo tun; das Subjektive – Schmerz oder Verzeihung – hat keine Bedeutung, das einzige, was zählt, ist das objektive vergangene Geschehen, aus dem zwangsläufig das Unheil entsteht. Veit Hugos Entscheidung ist menschlich gesehen um keinen Deut legitimer oder auch nur verständlicher als in der ersten Fassung, dafür besitzt sie jetzt die Gewalt einer eisernen Logik, die sich auf das objektive Gesetz der Welt beruft.

Die letzten Zeilen des *Alten Siegels* gelten dann immer noch der Reue des zum einsamen Greis gewordenen Veit Hugo, und so ist unverkennbar, daß die ganze Novelle unter dem Druck eines starken inneren Widerspruchs steht. Einerseits teilt der spätere Stifter – wie es die *Mappe* eindeutig zeigt – Veit Hugos anti-subjektive Argumentation, andererseits ist der gesamte Handlungsverlauf darauf angelegt, Verständnis für die schuldige Frau zu erwecken.

Nein, Stifters ganzes *Studien*-Projekt war eine einzige Unmöglichkeit. Es war der paradoxe Versuch, in die früheren Werke die gewandelte Haltung des älter gewordenen Schriftstellers einzupflanzen, eine Haltung, die ihnen ganz und gar nicht eigen war. Kann man sich eine Altersversion des *Werther* oder der *Räuber* überhaupt nur vorstellen? Schon die Absicht dazu wäre vollkommen undenkbar. Stifter aber war nicht bereit, seine Jugendwerke eben als Dokumente einer überwundenen Phase stehenzulassen, er wollte in seiner »Gesamtausgabe« ein monolithisches, gleichsam entwicklungsloses Bild seiner Entwicklung schaffen. Es war das Standbild eines Klassikers.

Tatsächlich hatte Stifter in dem knappen halben Jahrzehnt, in dem er jetzt publizierte, eine ungeheuerlich anmutende Entwicklung vollzogen. Auch im Abstand scheint es kaum glaublich, daß der Weg vom *Kondor* zur *Studien-Mappe* in einer so kurzen Zeitspanne vollzogen wurde, und nur die äußerste bewußte Konzentration, mit der Stifter seine schriftstellerischen Mittel übte, kann dafür eine Erklärung bieten. In fünf Jahren hatte er sich vom romantisierenden Anfänger zum formvollendeten Dichter geschrieben; ein witziges, doch um so verräterischeres Detail dazu findet sich in den *Feldblumen*, wo Albrecht bei sich bietender Gelegenheit nun keinen Jean Paul mehr zur Hand nimmt – sondern eben Goethe. Stifter arbeitete so bewußt, wie es nur denkbar ist, an der sprachlichen Form der *Studien*, und am 25. Dezember 1844 bekannte er seine Absicht in einem Brief an Heckenast auch selber. Mitten in der *Studien-Mappe* steckend, beschrieb er die unendliche Mühe der immer neuen Überarbeitungen, die ihm niemals zu viel wurden, »denn die Erzählung des Obrists muß *graniten* sein, ich glaube, daß diese Episode das erste von mir ist, was man etwa *klassisch* nennen könnte.«

Wenn es etwas gibt, was die *Studien*-Erzählungen über alle Unterschiede hinaus miteinander verbindet, so ist es dieser Wille zum Klassischen. Klassisch ist der ruhige Fluß der Handlung, klassisch ist der erhabene Klang der Sprache. Klassisch aber ist bereits schon der Umfang dessen, was Stifter schreibt. Wohl nirgends drückt sich sein gewandeltes Selbstverständnis direkter aus, denn so wie in der Malerei das Großformat von sich aus den Anspruch des Malers manifestiert, so verlangt der klassische Stil zwangsläufig nach den entsprechenden repräsentativen Dimensionen. Wo immer es anging, wuchs der Umfang von Stifters Novellen um ein Beträchtliches. Selbst wenn man von dem Ausnahmefall der *Mappe* absieht, die im Laufe der Zeit von einer bescheidenen Fortsetzungsnovelle zu einem zweibändigen Roman anwachsen sollte, ist die quantitative Zunahme der *Studien*-Fassungen beträchtlich. Die Bescheidenheit des Titels täuscht, gerade das Skizzenhafte sollte mit aller Anstrengung aus den Erzählungen getilgt werden. Stifter war nunmehr nicht nur ein Almanach-Autor, er war ein Dichter, der wirkliche Werke vorzuweisen hatte. Er war damit aber auch das Beispiel eines Autors, der seinen Ruhm gleichsam plante, der von Anfang an bewußt an dem Bild arbeitete, das er von seinem Leben und seinem Werk zu hinterlassen gedachte. Die Korrektur der frühen Schriften gehört genauso dazu wie die Korrektur des eigenen Lebenslaufs im Briefwechsel und in den autobiographischen Momenten der Dichtung. Mit den *Studien* hatte Stifter einen weiteren großen Schritt gemacht hin zu einem Leben, das sich immer stärker auf der Spitze seiner Feder abspielte.

Der unfruchtbare Feigenbaum

IM SOMMER 1843 bekam Stifter zum ersten Mal ein wirklich respektables Honorar als Dichter: vierhundert Gulden, die Heckenast ihm für das fertige Manuskript des ersten *Studien*-Bandes zahlte. Das Ehepaar konnte sich also eine sommerliche Erholungsreise leisten. Dann wartete wieder der Schreibtisch. Nachdem im Herbst die großen Novellen *Das alte Siegel* und *Brigitta* vor die Öffentlichkeit getreten waren, versuchte sich Stifter noch einmal an der Frage von Unausweichlichkeit und Willensfreiheit. *Die drei Schmiede ihres Schicksals* erschienen in den ersten Tagen des neuen Jahres, auf neun Ausgaben der *Wiener Zeitschrift* verteilt. Der künstlerische Rang der kurzen Erzählung ist nicht hoch, denn nur allzu deutlich ist der Abstand, der zwischen dem bedrängenden Problem und seiner gezwungen humoristischen Auflösung klafft.

Stifter war weiter denn je von einer versöhnlichen Lösung seines Lebensproblems entfernt, und in welche Richtung seine Zukunftsangst nun ging, läßt die Novelle erraten, die 1844 seine ganze Arbeitskraft in Anspruch nahm. Die Mühe sollte sich lohnen. In dem wechselvollen Verlauf einer Schriftstellerkarriere stellt *Der Hagestolz* einen vollkommen unanfechtbaren Höhepunkt dar, das erste wirkliche Meisterwerk dieses Autors. Das Gelingen sowohl der Personenzeichnung wie der Landschaftsdarstellung, die Einheit von äußerer Form und Gehalt, all das war jedoch nur durch die Erfahrung mit den *Studien*-Überarbeitungen möglich geworden. Zum ersten Mal ging der Wille zum klassischen Stil direkt in eine neu entstehende Erzählung ein, und in seinem Brief vom 17. Juli bekannte der Autor seinem Verleger, wie sehr sich seine Produktion gewandelt hatte: »Der ›Hagestolz selbst‹ *sollte ein grandios düster prächtiger Charakter* werden, aber er schwoll mir so über alles Maß der Iris hinaus, daß mir jetzt das Abkürzen nicht weniger Mühe machte, als früher das Concipieren. Ich freue mich nur für die Gesamtausgabe, da soll er in seiner ursprünglichen Tiefe und Gewalt auftreten können, wenn er auch einen Band füllt.« Von nun an waren es die Buchausgaben, für die Stifter schrieb; die Journalfassungen blieben Vorabdrucke, die aus finanziellen Gründen unumgänglich waren, zugleich aber die Basis für den zweiten, definitiven Arbeitsgang bildeten.

Der Hagestolz

Der *Hagestolz* setzt mit einer Härte, ja geradezu Brutalität ein, die in Stifters Werk ihresgleichen sucht: »Der unfruchtbare Feigenbaum wird ausgerottet und ins Feuer geworfen.« Mit diesem einen Satz, dem ersten der Erzählung, ist das Grundmotiv angeschlagen, und eigentlich enthält er auch bereits die ganze Hoffnungslosigkeit der eben erst beginnenden Handlung. Mit einer formalen Meisterschaft, einer stilistischen Gewagtheit, welche die konventionelle Einheit im Raum souverän durchbricht, stellt Stifter auf den einleitenden Seiten die beiden Pole der Novelle kraß gegenüber, verbunden nur durch den antithetischen Gegensatz von Jugend und Alter, Hoffnung und Verzweiflung, Leben und Tod. Ein Simultanbild von zwei unendlich weit voneinander entfernten Wirklichkeiten: »Vor einem Hause, das auf einer Insel stand, saß ein alter, alter Mann, und zitterte vor dem Sterben.« Dies ist die eine. »Weit weg von der Einsamkeit des Greises, manche Tagesreise weit, ist ein anderer Platz, wo Bäume grünen, Nachtigallen schlagen, und mehr als fünf Jünglinge mitten in dem Brausen ihres Lebens gehen.« Dies die andere, und erst der Verlauf der Novelle wird zeigen, wie eng die beiden zusammen gehören, wie nah die Drohung der Hoffnungslosigkeit hinter dem jugendlichen Optimismus lauert.

Fünf junge Burschen sind es, die auf der Grenze zum Erwachsenenalter stehen, die ersten Schritte in Beruf und ein eigenes Leben vor sich. Grenzenlos ist ihr Optimismus, und die ganze Welt dehnt sich vor ihnen noch offen und alles versprechend aus. Doch immer wieder unterbricht Stifter den Fluß der Erzählung, um ohne jeden Übergang das Bild des Hagestolzes dagegenzusetzen. »Dann haschen sie nach einem vorüberflatternden Schmetterlinge, und finden auf dem Wege einen bunten Stein. Der Greis aber sitzt, schaut auf nichts, und die leere Luft und der vergebliche Sonnenschein spielen um ihn.« Niemals wieder hat Stifter die Einsamkeit eines Menschen mit so schonungslosen, jeden Trost verweigernden Worten beschrieben: »Dann war es stille auf dem Platze und jeder wanderte seinem Hause zu, um für die ermüdeten Glieder die Ruhe und den Schlummer zu suchen. / Der Greis auf der Insel aber lag in seinem Bette, das in fester, wohlverwahrter Stube stand, und drückte die Augen zu, damit er schlafe.« Wo die einen noch das ganze Leben erwartet, da gibt es für den anderen nur mehr den Tod.

Mit dem *Hagestolz* hat Stifter die Geschichte eines gescheiterten Lebens erzählt. Was aber konnte einen jungen Schriftsteller am Anfang seines Ruhmes, einen neunundreißigjährigen, verheirateten Mann dazu bringen, sich dem verlorenen Leben eines Greises zuzuwenden? Was interessierte Stifter an dieser Gestalt und diesem Lebensende, verdüstert von Einsamkeit, Entbehrung, Lieblosigkeit und Gram? Die beiden Hauptfiguren, der junge Victor und sein alter Onkel auf der Insel, haben keinerlei biographische Ähnlichkeit mit ihrem Autor. Und doch hat sich Stifter in allen beiden verborgen. Ist Victor das Wunschbild für eine glückvolle Jugend, so erscheint der vereinsamte Hagestolz wie die nächtliche Schreckensvision für das eigene Alter. Mit seiner Erzählung hat Stifter verraten, welche Angst ihn schon während jener frühen Jahre quälte: die Angst vor einem definitiven Scheitern des Lebens. Alle äußeren Erfolge konnten das Gefühl nicht zum Verstummen bringen, daß er seine eigene Form noch nicht gefunden hatte, daß er noch immer unendlich weit von jedem Glück und jeder Erfüllung entfernt war. Mit aller Kraft versuchte er sich davon zu überzeugen, das Rechte bereits gefunden zu haben, doch immer wieder spürte er: das war es nicht. Und wenn es dabei bleiben sollte? Wenn der Rest seines Lebens nichts als eine Verlängerung dessen sein würde, was es jetzt schon war? So projizierte Stifter seine eigene emotionale Einsamkeit, sein Verlangen nach wirklicher Zuneigung, nach einem liebevollen Zuhause in das Bildnis eines alten Mannes, der all dies nie besessen hat und langsam an dieser Versagung zugrunde geht. Das andere, das Glück, das auch für ihn möglich gewesen wäre, zeichnete er dagegen in Victor, dem jungen Mann, der das ganze Leben noch vor sich hat.

Von seiner Fabel her ist der *Hagestolz* die Geschichte einer Begegnung, einer Begegnung des Unvereinbaren. Als Victor vor dem Beginn seiner Berufslaufbahn von seinem Onkel zu einem Besuch aufgefordert wird, beginnt für ihn, ohne daß er es ahnt, eine Erfahrung, die zu einer wirklichen Initiation in das ernste Leben, seine Tragik und seine dunklen Seiten werden wird. Der naive Bursche steht plötzlich einem Manne gegenüber, wie er noch nie einen gekannt hat: Hart, unfreundlich und mißtrauisch lebt dieser zwischen staubigen, ausgestopften Vögeln in seinem düsteren Inselhaus, von einer Mahlzeit zur anderen das Verstreichen der leeren Zeit abwartend. Mit keinem Wort verrät er seinem Neffen den Zweck dieses Aufenthalts, der im Verlauf von Tagen und Wochen zu einer Art Gefangenschaft wird; fast wortlos und ohne jedes Verständnis leben die beiden nebeneinander her. Der Alte ist in seinem Gram nahezu verstummt, und nur langsam beginnt Victor an kleinen Gesten zu erkennen, daß er doch noch zu menschlichen Regungen fähig ist.

Eine Szene von einer dramatischen Dichte, wie sie Stifter bis dahin noch nicht erreicht hatte, bringt den Höhepunkt der Erzählung, und wie in einer Engführung werden sämtliche Motive mit beispielloser Konzentration zusammen gebracht. Resigniert stimmt der Onkel endlich Victors Abreise zu, denn er hat eingesehen, daß er als alter Mann von dem Jungen nie das eine bekommen wird, wonach er sich sehnt: Liebe. »Es ist ein Gut, das weit, weit, weit jenseits aller Räume liegt – « Und dann folgt der Dialog, wo mit wenigen Worten alles ausgesprochen wird, was bis dahin unter dem düsteren Schweigen verborgen geblieben war: »›Wenn Ihr Jemanden liebtet, so würde Euch auch wieder Jemand lieben.‹ / ›Dich habe ich geliebt!‹ schrie der Greis heraus, daß Victor fast erzitterte – und es war eine augenblickliche Stille. – – « Dieser eine Satz verwandelt mit einem Schlage rückwirkend die ganzen langen Wochen, die Victor auf der Insel verbracht hat. Aus dem verbitterten, fast zynischen Greis wird plötzlich ein unglücklicher Mann, der sich noch immer und vielleicht stärker denn je nach dem sehnt, was ihm das Leben vorenthalten hat. Je näher er seinem Tode rückt, desto quälender und aussichtsloser wird das Verlangen nach einer späten Erfüllung, nach einer letzten Geste der Zuneigung.

Das unter einem bedrohlichen Gewitterhimmel stattfindende Gespräch wird zu einer wahren Lehrstunde für Victor, doch dessen Gehalt wird er, seines Alters wegen, erst viel später vollkommen erfassen können. Das Unglück erlaubt keine wahre Gemeinsamkeit. In einem Rückblick auf seine verlorenen Jahre zeigt ihm der Onkel, wie schnell aus einer oder zwei verfehlten Entscheidungen, aus Versäumnissen und Leichtfertigkeit ein ganz und gar gescheitertes Leben werden kann, zeigt ihm die Flüchtigkeit der Zeit und die Kürze des Daseins. In der grenzenlosen Offenheit der Jugend scheint die Zukunft unendlich zu sein, und dann ist es unversehens Abend. Doch eines, was Stifter immer stärker als Ideal erschien, hat der Onkel nie erreicht: die wirkliche Schicksalsergebenheit. Er hat keinen Frieden mit sich selbst gemacht, die Aussichtslosigkeit kann die Qual nur verschärfen, und unter dem pädagogischen Eros, mit dem der Onkel seinen Neffen in einer wahren Schule des Lebens erziehen will, funkelt, zweideutig wechselnd mit dem unerfüllten Wunsch nach einem Sohn, die körperliche, erotische Anziehung durch den Jungen: »Sehen wollte ich Dich Victor! – ich habe Deine Augen sehen wollen Deine Haare, Deine Glieder, und wie Du bist – – so wie man einen Sohn ansieht. [...] Du solltest Dein Herz nicht an bebenden Weibern üben, sondern an Felsen – – und ich wäre schon ein Fels.«

Unstillbar muß dieses Verlangen bleiben, niemand weiß das besser als der alte Mann selber, niemand weiß besser als er, daß es für sein Leben endgültig zu spät, daß nichts mehr zu ändern ist. Sein Alter kann einer nicht überwinden, indem er die Nähe einer anderen Generation sucht. Die Chance zum eigenen Leben gibt es nur einmal. Den Schluß skizzierte Stifter in der Urfassung nur mit einigen kurzen Strichen. Staunend erfährt Victor noch mehr: Über Jahre hinweg hatte der Onkel für die materielle Zukunft seines elternlosen Neffen gesorgt, dem nun ein erfolgreiches Leben als Landwirt offensteht. Als er Hanna heiratet, die Tochter der verlorenen Jugendliebe des alten Mannes, vollzieht er im Abstand von einer Generation, was seinem Onkel nicht gelungen war: er begründet einen Hausstand und damit ein tätiges, fruchtbares Dasein, in dem er für die anderen und die anderen für ihn Glück und Erfüllung sind. Das Hochzeitsfest ist ritueller Schlußpunkt der Lehrzeit und zugleich Auftakt für den Schritt in die eigentliche Existenz. »Der Oheim war nicht dabei; der Greis saß einsam und finster auf seiner Insel.« So hart wie die Erzählung anhob, so trostlos und bitter verklingt sie in ihrem letzten Satz.

Es ist, als wollte sich Stifter selbst vor Augen halten, wohin das Leben einen führen konnte, wenn es nicht rechtzeitig in die richtigen Bahnen gelenkt wurde. Was er erzählt, ist das Gleichnis vom unfruchtbaren Feigenbaum aus dem Lukasevangelium, jedoch in dem drohenden Tone, wie er bereits in der Bußpredigt Johannes des Täufers anklingt. Der Tod, dem der alte Mann mit jedem Tage näher kommt, ist das unausweichliche Ende für jeden, und es gibt nur eine Möglichkeit, die individuelle Vergänglichkeit zu überwinden: ein fruchtbringendes Leben für die Zukunft, eine Familie, die das eigene Leben in kommenden Generationen fortsetzt. Wem dies nicht gelingt, der wird vernichtet wie ein verdorrter Baum, und keine Ausnahme von diesem Weltgesetz ist möglich. Die Einsamkeit, in welcher der Hagestolz sein Leben verbracht hat, ist bereits das genaue Abbild jener Vergessenheit, in der er schon bald nach seinem Ende versinken wird, denn es gibt niemanden, in den er ein liebevolles Gedenken an seine Person eingepflanzt hat.

Im Gleichnis vom Feigenbaum und in der ganzen Erzählung zeichnet sich zum ersten Mal Stifters eigenes Leiden an der Kinderlosigkeit seiner Ehe ab, doch ist dieses nur ein Element in dem dunklen Weg des Hagestolzes. Die biologische Unfruchtbarkeit des alten Mannes ist hier das symbolische Bild für das Scheitern im ganzen. Die Sinnlosigkeit seines Daseins besteht darin, daß er seinem Leben keinen Wert über dessen eigene Grenzen hinaus gegeben, nichts geschaffen hat, was ihn selbst überdauern wird. Die ganze Inselklause, das staubige, lichtlose und fast gespenstische Haus mit seinen toten Vögeln und sorgsam weggeschlossenen Likörflaschen, alles ist bereits ein Bild des Verfalls und eines nahen definitiven Endes. Das Leben ist lebbar nur in einem fruchtbaren Kreislauf von menschlichen Bindungen, wer sich aus diesem ausschließt, ist für alle Zeiten verloren.

Der Waldsteig

Wie sehr Stifter sich damals mit dieser Frage herumschlug, verrät die bemerkenswerte Tatsache, daß er fast gleichzeitig zwei Erzählungen zum gleichen Thema schrieb, die auch fast gleichzeitig zur Jahreswende 1844/45 veröffentlicht wurden. *Der Hagestolz* erschien in der neuen *Iris*, *Der Waldsteig* im *Oberösterreichischen Jahrbuch für Literatur und Landeskunde*, das von Adam Kaltenbrunner in Linz herausgegeben wurde. Die zweite, um einiges kürzere Novelle wirkt wie ein Scherzo nach der tragischen Ouvertüre, und wie üblich gelang Stifter der heitere, humorvolle Ton weitaus weniger als das Schwarz in Schwarz der Verzweiflung. *Der Waldsteig* ist deshalb auch weniger als eigenständiges, gelungenes Kunstwerk von Interesse, sondern wegen der seltsamen Konstellation, die er mit dem *Hagestolz* bildet. Ist der *Hagestolz* das erstarrte Monumentalbild eines gescheiterten Lebens, so wird im *Waldsteig* skizziert, wie ein junger Mann sozusagen im letzten Augenblick vor dem gleichen Ende errettet wird.

Herr Theodor, genannt Tiburius Kingston kann als das Muster eines verschrobenen, skurrilen Sonderlings gelten. Obwohl er die Zwanzig noch nicht lange überschritten hat, ist er bereits ein hypochondrischer Eigenbrötler, der lieber seiner eigenen Wege geht, als sich noch allzu viel mit den verwirrenden Meinungen anderer Menschen abzugeben. Seine Beschäftigungen sind ähnlich bizarr und sinnlos wie die des alten Onkels auf seiner Insel, doch zeichnet sie Stifter eher als die Marotten eines fast liebenswerten Kauzes, dem keiner die Flausen aus dem Kopfe zu treiben vermochte, die eine verquere Erziehung ihm dort einst hineingesetzt hatte. Das gelingt erst Maria, dem ebenso schönen wie gutherzigen und lebensvollen Mädchen, dem dieser Hagestolz *in spe* eines Tages bei seinen Spaziergängen durch den wundervollen Wald begegnet. Die Kur, die er sich seiner diversen Hypochondrien wegen verschrieben hat, schlägt in ganz anderem Sinne an: Er heiratet und wird zu einem verständigen Menschen, der ein tätiges und glückliches Leben beginnt. Dieser Schluß hat etwas von einem *coup de théâtre*: In der Urfassung wird das glückliche Finale so schnell und oberflächlich erzählt, daß die Verwandlung des Herrn Tiburius in keiner Weise nachvollziehbar ist.

Die Lehre des *Waldsteig*s ist einfach: Das Glück erwächst aus einer unkomplizierten Liebe, dem wohltätigen Einfluß einer lebendigen Natur und aus dem klaren Entschluß, die Verwirrung der Gefühle und hochgestochene Grübeleien zu überwinden. Das heitere Parlando betont nur noch die vorgebliche Einfachheit der Fabel – dementiert aber zugleich auch die Glaubwürdigkeit der angebotenen Lösung. Denn *so* einfach kann es nun wirklich nicht sein, was auch den Hagestolz hätte kurieren können, als hätte es genügt, beim Erdbeersammeln im Walde einem unverbildeten jungen Landmädchen zu begegnen. Was als zufälliges Geschehen ja durchaus nicht unmöglich sein muß, kann nicht die geringste Gültigkeit über diesen individuellen Fall hinaus beanspruchen. Nachdem Stifter in den *Hagestolz* alles an Sorgen und Angst hineingelegt hatte, was ihn verdüsterte und bedrückte, versuchte er nun, augenzwinkernd und wie mit einem Scherz darüber hinwegzugehen: So schlimm ist's gar nicht gewesen. Was einen Menschen vernichten konnte, war nur eine läppische Grille. Es ist, als habe Stifter mit dem *Waldsteig* die Ernsthaftigkeit des Problems zurücknehmen wollen, um eine Lösung möglich zu machen; als habe er das unwiderrufliche Scheitern des Hagestolzes nicht mehr ertragen. Aber für den trostlosen Lebensrückblick des Alten gab es tatsächlich keine Rettung mehr; um diese auch nur in den Bereich des Vorstellbaren zu rücken, mußte der ausweglosen Situation ihre ganze Schärfe genommen werden – wodurch sie allerdings auch ihren eigentlichen Gehalt verliert: Aus dem alten Mann und seinem tragischen Bewußtsein, daß alles zu spät ist, wird die Komödienfigur des eingebildeten Kranken, der mit ein paar Waldspaziergängen zu heilen ist.

Stifter selbst fühlte sich bei der Niederschrift zunehmend unwohl. Mit den Anfangsseiten war er noch zufrieden, doch die zweite Hälfte, die er in düsterer, depressiver

Stimmung entwarf, wollte ihm kaum noch gefallen. In Gedanken schlug er sich auch längst mit ganz anderen Projekten herum, die ihn aus den Kreisen des Gewohnten ganz und gar herausgeführt hätten. Wenn die Pläne auch Pläne blieben, verraten sie doch viel über die Wünsche und geheimen Ideale des Schriftstellers in dieser scheinbar so ausgeglichenen Periode. Eher im Rahmen des Bisherigen blieben noch ein Roman, dessen Held ein Kind sein sollte, und eine Novellensammlung, für die er auch auf die Mitarbeit von Betty Paoli hoffte. Im Brief an Heckenast aber ist am 17. Juli 1844 schon von ganz anderem die Rede, nämlich von einem dreibändigen historischen Roman *Maximilian Robespierre*: »Hätte ich Muße, ich würde mich sogleich nieder setzen, und diesen Stoff in jener einfachen, quaderartigen Größe hinzuwerfen versuchen, wie er es verdient. Ich glaube, zwischen 2 und 3 Jahren fertig zu sein. Gelingt es, so muß gerade ein solches Werk großes Aufsehen machen. Im Verbrechen und in seinem Sturze trotz aller übermenschlicher Kraft (wie sie oft in Danton sichtbar wird) liegt eine erschütternde moralische Größe, und der Weltgeist schaut uns mit den ernstesten Augen an – wie schön müssen neben diesen Männern einfach schöne, sittliche Frauencharaktere stehen?«

Stifter, der Dichter der böhmischen Wälder, als Romancier der Französischen Revolution und der *terreur*! Die Vorstellung hat etwas geradezu Verwirrendes – und doch liegt in der Faszination, die Robespierre auf Stifter ausübte, eine Logik, die unmittelbar von den früheren Werken herkommt. Der *Hochwald* war auch eine verkappte Geschichtstragödie gewesen, und in der *Aussicht vom Stephansturm* hatte Stifter seine Vorstellung von den historischen Gewalten skizziert. Neu wäre demgegenüber allerdings die brennende Aktualität des Themas gewesen; ein Stoff, der Europas Schicksal für Jahrzehnte bestimmt hatte, erschien Stifter und seinen Zeitgenossen noch immer als ein Gegenwartsstoff, und der Autor war sich dessen, wie sein Brief zeigt, auch durchaus bewußt. Der vermeintliche Idylliker war offensichtlich nicht uninteressiert an dem »großen Aufsehen«, das ein Robespierre-Roman zwangsläufig hervorrufen mußte. Was wäre aus dem Werk geworden, hätte Stifter sich wirklich an die Arbeit gemacht? Projiziert man die Handlung des fiktiven Romans auf jenes fatalistische Geschichtsbild, wie er es in den früheren Texten gestaltete, dann erscheint die Französische Revolution, der Ursprung der modernen Gesellschaft, als die neuzeitliche Tragödie einer sinnlosen Auflehnung gegen das übermächtige Schicksal. Eine Auflehnung, die von vornherein zum Scheitern, zum »Sturz« verurteilt ist, weil sie nicht imstande ist, die Überlegenheit, die unumstößliche Gewalt der äußeren Welt anzuerkennen, und weil dadurch auch der größte, anfangs vielleicht sogar moralische Antrieb ins Verbrechen umschlagen muß. Dies Unterliegen des Individuums unter der Macht der Geschichte war schon der innerste Kern des *Hochwaldes* – vom *Robespierre*-Plan aus wird nun auch dessen aktueller Gehalt deutlich sichtbar.

Geradezu unvermeidlich drängt sich jedoch noch eine andere Gedankenverbindung auf: die mit *Dantons Tod*. Nichts weist darauf hin, daß Stifter Georg Büchners Drama zur Kenntnis genommen hätte, um so deutlicher aber wird die epochale Verwandtschaft der beiden so unterschiedlichen Schriftsteller. Was sie verbindet, ist das pessimistische Geschichtsbild einer bürgerlichen, hoffnungslosen Restaurationszeit. »Ich studierte die Geschichte der Revolution. Ich fühlte mich wie zernichtet unter dem gräßlichen Fatalismus der Geschichte. Ich finde in der Menschennatur eine entsetzliche Gleichheit, in den menschlichen Verhältnissen eine unabwendbare Gewalt, Allen und Keinem verliehen. Der Einzelne nur Schaum auf der Welle, die Größe ein bloßer Zufall, die Herrschaft des Genies ein Puppenspiel, ein lächerliches Ringen gegen ein ehernes Gesetz, es zu erkennen das Höchste, es zu beherrschen unmöglich.«

Diese Stelle aus einem Brief Büchners ließe sich gleichsam als Synthese von *Hochwald* und *Robespierre* lesen, und aus dieser inneren Beziehung wird klar, wie stark die gemeinsame Epoche zwei ganz und gar unterschiedliche Charaktere prägen mußte. Stifter und Büchner entstammten einer Generation von Nachgeborenen, die nicht mehr durch Revolutionsoptimismus geprägt war, sondern nur noch durch ihre Folgen; nicht mehr durch die Ideen von 1789, sondern durch das Hegemonialstreben des Kaisers Napoleon, die europäischen Kriege und die Restauration nach dem Wiener Kongreß. Die einschneidende Erfahrung, mit der die Generationen von Klopstock, Goethe und Schiller sich auseinanderzusetzen hatte, war das Umschlagen einer Menschheitshoffnung in die nachrevolutionäre Schreckensherrschaft; die nach 1800 Geborenen kannten nichts mehr als imperiale Kriege und den Zusammenbruch eines humanistischen Ideals, das seine Gültigkeit ja in der Verwirklichung beweisen sollte.

Warum hat Stifter seinen Plan nicht ausgeführt? Obwohl es dafür keine Selbstzeugnisse gibt, lassen sich doch zumindest zwei Gründe vermuten, die mehr als nur zufälliger, biographischer Natur sind. Einmal ist kaum zu sehen, wie eben gerade unter den Bedingungen der Metternichschen Restauration ein ernsthafter Roman über die Französische Revolution zu publizieren gewesen sein sollte: Der *Maximilian Robespierre* hätte die Hürden der Zensur wohl kaum überwunden. Zum anderen hätte der so aktuelle Stoff Fragen aufgeworfen, die nicht ohne weiteres in dem über-historischen Gegensatz von Natur und Geschichte aufzulösen gewesen wären. Die konkreten Konflikte eines erst wenige Jahre zurückliegenden Ereignisses standen den Zeitgenossen noch viel zu deutlich vor Augen, als daß man sie bereits behandeln konnte wie eine Episode aus dem Dreißigjährigen Krieg. Gerade die Nichtigkeit solcher bestimmten, historisch identifizierbaren Elemente des Geschehens unter der »Gewalt des Gewordenen«, dem großen Strom der Zeit, war jedoch Stifters Anliegen; sein Fatalismus neigte sich immer stärker vom Einzelnen und Besonderen zum Allgemeinen hin. Darum konnte er nicht das Jüngstvergangene gestalten, darum mußte er sich zwangsläufig immer tiefer in eine Geschichte versenken, die schon in ganz andere Schichten des Gewesenen abgesunken war. Sein Bild der Geschichte glich immer mehr einem Rückzug aus der Geschichte. Doch läßt der *Robespierre*-Plan erahnen, wie unentschieden Stifter in den Jahren bis 1848, bis zur Revolution *seiner* Epoche, den politischen Konflikten noch gegenüberstand; der Revolutionsroman hätte seinem Werk durchaus eine andere, aktuellere Richtung geben können.

Doch es ging ihm damit, wie mit vielen anderen Dingen, die ihn aus den Kreisen des Gewohnten herausgeführt hätten, der Plan blieb liegen. Es ist, als blockierte Stifter eine verborgene Scheu vor allem, was – im Literarischen wie im Privaten – das prekäre Gleichgewicht, in dem er sich eingerichtet hatte, ins Schwanken bringen konnte. Alles drängte ihn zu Ruhe und Sicherheit, auch im kleinsten, pragmatischen Bereich. So bewarb er sich im Oktober 1844 mit Erfolg um die Aufnahme in den »Witwen- und Waisenpensionsfonds bildender Künstler in Wien«, wodurch er sich eine Altersversicherung für spätere Jahre verschaffte. Bedingung allerdings war, daß er, von dessen »Gesamtausgabe« die ersten zwei Bände exakt im gleichen Augenblick erschienen, sich weiterhin als Maler, nicht als Dichter verstand. »In letzter Zeit hat der Gefertigte zwar einige kleine Versuche in der Schriftstellerei gemacht«, schrieb Stifter gleichsam entschuldigend in seinem Gesuch, »aber er glaubt, daß ihm das um so weniger hinderlich sei, als ein anderes Mitglied des löblichen Vereins, Herr Anton Ritter von Perger, auch als namhafter Schriftsteller bekannt ist.« Für die finanzielle Sicherheit der Gegenwart sorgte dagegen Heckenast – und zwar in einem Maße, das jede verlegerische Fürsorge weit überschritt. Stifters materielle Bedürftigkeit ist kaum sinnvoll zu dokumentieren: Bis ans Ende seines Lebens enthält nahezu jeder einzelne Brief Bitten um Geld, nicht weit von der Grenze zur Bettelei entfernt. Seien es Ferienreisen, Möbelkäufe, Bücherwünsche oder was immer, Stifter wandte sich an seinen Verleger, der auch fast in jedem Falle den Bitten seines wichtigsten Autors um einen »Vorschuß« nachkam – Vorschüsse, die allerdings niemals ausgeglichen wurden.

Eigentlich ist kaum nachzuvollziehen, was der Grund für dieses unersättliche Verlangen Stifters gewesen sein sollte; er war keineswegs arm, materiell ging es ihm inzwischen nicht schlechter als unzähligen anderen Bürgern des Mittelstandes. War er einfach unfähig zu rechnen? Dem widerspricht alles, was über die großen hausfraulichen Qualitäten Amalias berichtet wird, auf die ihr Gatte so starken Wert legte. Das Wahrscheinlichste ist, daß die Stifters schlicht über ihre Verhältnisse lebten; daß so mancher Mangel im ehelichen Glück ausgeglichen wurde durch die Reize, die materieller Wohlstand zu verschaffen vermag. Stifter, der in seinen Schriften den Wert des einfachen und bescheidenen Lebens feierte, hatte selber nichts davon an sich: Der Besitz wertvoller Dinge verlockte ihn ebenso wie die leiblichen Genüsse von Speise und Trank; die übermäßige Reichhaltigkeit von Amalias und Adalberts Tafel ist mehrfach bezeugt. Wie sollte er nicht auch dies als einen verborgenen Widerspruch seines Lebens empfinden? Eine Bemerkung aus dem *Hagestolz* wie: »der Mann ekelte ihn an, weil er nur so vielerlei aß und trank, und sonst weiter keine Aeußerung gab«, empfindet man bei Stifters eigenen Gewohnheiten als genauso hartes Zeugnis von Selbsthaß wie Jahre später im *Nachsommer* die Beschreibung eines alten Mannes mit den Worten, dieser habe nicht eines von jenen »durch das Fett der vorgerückten Jahre entstellten Angesichtern« gehabt, so wie, mag man hinzufügen, es die späteren Photographien des Autors zeigen.

Mit dem zu Ende gehenden Jahr 1844 konnte Stifter zufrieden sein: Im Herbst kamen die ersten beiden *Studien-*Bände auf den Markt, und auch *Wien und die Wiener*, das ihn so viele Herausgebermühen gekostet hatte, war endlich erschienen. Aus dem ungarischen Tatzmannsdorf, wo die Stifters ein paar Ferientage verbrachten, sandte der stolze Verfasser am 22. September die *Studien* an seinen Bruder Anton nach Linz – nicht ohne jedoch diesen zum Hausgebrauch auf die endgültige Version seiner, der Familie nur allzu bekannten, Jugendgeschichte hinzuweisen, wie sie im *Haidedorf* zu finden war: »Es ist ein Mann, der aus Liebe zur Dichtkunst, die Liebe seiner Braut opferte, und in dem glücklich war, was ihm Gott verliehen«. Der Erfolg, den er inzwischen mit seiner Dichtkunst erlangt hatte, mochte solche Beugung der Wahrheit rechtfertigen: Die Reaktionen auf die *Studien* und auch auf den *Hagestolz* in der neuen *Iris* waren geradezu enthusiastisch. Der *Abdias* bereits, so schrieb Johann Gabriel Seidl, der Kritiker der *Wiener Zeitung*, sei 1843 »das laute Schibboleth für die Almanach-Gourmands der Saison« gewesen. »Seither sind Stifters Novellen Mode-Artikel geworden, um welche sich die Redaktionen gegenseitig beneiden, und es ist der lieben Mode in der Tat Glück zu wünschen, daß sie endlich einmal wieder zu einem Artikel kam, welcher im Grunde keiner Mode unterliegt, weil er unmittelbar der Kunst selbst angehört, welche über alle Mode erhaben ist.«

Die Kritik hatte also sehr wohl Stifters Bestreben erkannt, sich über die Tagesschriftstellerei hinaus am Klassischen zu orientieren. Um so erstaunlicher, daß die Zustimmung an keine literarische Schule gebunden war: sie kam von den gewohnten Journalen des Wiener Kulturbetriebs genauso wie von den radikalen Publizisten des Jungen Deutschland. Aufsätze von zuweilen beträchtlichem Umfang erschienen unter anderem in der Münchner *Allgemeinen Zeitung*, wo Levin Schücking die Bände rezensierte, im *Preußischen Volksfreund*, im *Freimüthigen*; im von Karl Gutzkow herausgegebenen *Telegraph für Deutschland* befand Georg Schirges: »Diese Studien verdienen vorzugsweise modern genannt zu werden«. Eine andere Zeitschrift, die dem fortschrittlichen Flügel zugerechnet wurde, Ignaz Kurandas *Grenzbote*, publizierte einen Artikel, der zu einer recht sonderbaren und wichtigen Beziehung führen sollte. Hieronymus Lorm war der *nom de plume* von Heinrich Landesmann, einem jungen, nahezu tauben und blinden Wiener Kritiker. Trotz seiner radikalen politischen Haltung gehörte er in den vierziger Jahren zu den eifrigsten Propagandisten von Stifters Kunst – um sich ihr später genauso entschieden entgegen zu stellen. Sein Aufsatz ist deshalb so interessant, weil er nicht einfach, wie so viele andere, affirmativ die idyllische Seite Stifters preist, sondern diese im historischen Kontext von Unfreiheit und Zensur zu begreifen sucht. Damit sollte Lorm für lange Zeit vollkommen alleine stehen. Er sah in Stifters Novellen nicht bloße Wirklichkeitsflucht, er verstand sie als eine legitime Opposition gegen die allgemeine Herrschaft des Politischen, wie sie von der Diktatur erzwungen wurde: »Ein späteres Geschlecht wird auf große Taten, die eine glücklichere Epoche herbeischaffen helfen, kaum so dankbar zurückblicken, als auf das stille Wirken weniger, die bescheiden dafür sorgten, daß in den staubaufwirbelnden Kämpfen der Sinn für die eigentliche künstlerische Schönheit noch wach blieb, um die neugeborene bessere Zeit auch ästhetisch genießen zu können.«

Wenn Lorm damit Stifter ausdrücklich für die neue Literatur des Vormärz beanspruchte, so verstand er ihn auf diese sehr differenzierte Weise sogar besser, als der Dichter sich selbst. In einem langen Brief an Heckenast vom 9. Januar 1845 wies dieser die Nähe, in die Lorm ihn gebracht hatte, ausdrücklich zurück: »Das junge Deutschland habe ich am meisten gefürchtet, indem ich mit einer Schattierung desselben, die Tagesfragen, und Tagesempfindungen in die schöne Literatur zu mischen, ganz und gar nicht einverstanden bin, sondern im Gegenteile meine, daß das Schöne gar keinen anderen Zweck habe, als schön zu sein, und daß man die Politik nicht in Versen und Deklamationen macht«. Das Wesentliche von Lorms Argumenten war Stifter vollkommen entgangen, denn der hatte ja gerade das Recht einer Literatur betont, die sich den politischen Zeitläuften konsequent entzieht und genau damit, bewußt oder unbewußt, ihren Beitrag zur erhofften »besseren Zeit« lieferte. Ganz korrekt ist Stifters Verteidigung nicht einmal als Selbstzeugnis: Tagesfragen – von der Frauenemanzipation bis zur Landwirtschaftsreform – hatte er sehr wohl in seine Erzählungen miteinbezogen, und noch der *Nachsommer* enthält lange Traktate zu Staatsführung, Erziehungswesen und anderen politischen Themen.

Trotz der Unterschiede kam eine persönliche Bekanntschaft zustande. Lorm schrieb an Stifter, er sei froh, da er »fast nur mit Büchern verkehre, einmal nicht zu den Toten umkehren zu müssen, sondern in unserer Zeit einen Schriftsteller zu finden, der seines Genies würdig ist.« Dann versuchte er erneut, ihm seine Auffassung vom Verhältnis des Autors zu seiner Epoche verständlich zu machen: »Wer ursprünglich ist, mit einer wahrhaften Dichtersendung begabt, reißt sich scheinbar los von der Zeit, um dann reicher, beglückender, mit selbst gewonnenen Schätzen zu ihr zurückzukehren.« Ob ihm das gelang, dürfte sehr zweifelhaft sein. Die Fähigkeit, andere Meinungen und Einflüsse aufzunehmen, gehörte nicht zu Stifters Gaben. Auch war sein Selbstverständnis als Literat so stark an dem ideologischen Gegensatz von Tagesaktualität und Zeitlosigkeit ausgerichtet, daß er kaum einem Kritiker zu folgen vermochte, der noch in »scheinbarer« Weltabgewandtheit politischen Zündstoff ausmachte. Es ist Stifter entgangen, wie sehr er sich jedoch gerade damit den zeittypischen Tendenzen unterwarf, welche die Literatur nach außerliterarischen Kriterien in ihre Schubfächer zwang. Lorm war dagegen einer der wenigen Kritiker, der Stifters Eigenheiten erfaßte und ihn trotzdem und gerade deshalb als zukunftsweisenden Autor empfand – bei ihm selbst damit aber keine Resonanz weckte.

Im Frühjahr 1845 warteten bereits die Beiträge für die neuen Almanache des Herbstes: *Die Schwestern* waren für die *Iris* bestimmt, *Der beschriebene Tännling* für das bei Sauerländer erscheinende *Rheinische Taschenbuch*. Daneben arbeitete Stifter noch immer an der für den dritten *Studien*-Band vorgesehenen *Mappe*, die sich langsam in ein vollkommen neues, umfangreiches Werk verwandelte. Anregungen dafür brachte der Sommer, denn zum ersten Mal machte sich Stifter mit Amalia auf den Weg nach Oberösterreich und ins heimatliche Oberplan. Warum er damit so lange gewartet hatte, ist schwer nachzuvollziehen. Äußere Gründe können es kaum gewesen sein, bei all den Reisen, die das Ehepaar in den vergangenen Jahren bereits unternommen hatte. Es war wohl die immer weiter gewachsene Entfremdung von Heimat und Familie, was Stifter vor diesem Wiedersehen zurückscheuen ließ, und vielleicht auch ein verborgenes Unbehagen, Amalia an die Stätten seiner frühen Erfahrungen zu führen. Die Beschreibung, die Stifter in der Einleitung der *Studien-Mappe* von dem Besuch im elterlichen Haus gibt, ist vollkommen verfremdet und stilisiert: Wunschphantasie eines trauten Familienlebens, nicht etwa autobiographisches Zeugnis.

Oberplan galt auch nur ein kurzer Abstecher in diesen drei Sommermonaten, für die Stifter einen Bauernhof in der Nähe von Linz zum Domizil gewählt hatte. Hier gab es die Ruhe, die er für seine verschiedenen Vorhaben so dringend brauchte. Trotzdem fand er auch die Zeit zu einer weiteren Exkursion ins Salzkammergut, wo er sich in Hallstadt mit Friedrich Simony verabredet hatte. Simony hat die Begegnung ein Vierteljahrhundert später geschildert – das erste Zusammentreffen oben an der Kirche in einem schweren Gewittersturm, dem sowohl Stifter als auch sein Freund gebannt von der Höhe aus zuschauten.

An den Spaziergängen dieses und des nächsten Tages nahm Amalia, die sich unpäßlich fühlte und wohl auch an den Gesprächen der beiden Männer kein Interesse hatte, nicht mehr teil. Während Simony von seiner winterlichen Besteigung des Dachsteins und des Kralsgletschers erzählte, kam es zu einer sonderbaren Begegnung, denn »im nächsten Augenblicke tauchte ein pausbäckiges, freundlich blickendes Kinderpaar, mit riesigen Filzhüten auf den kleinen Köpfen und mit regendurchtränkten Grastüchern über dem Rücken, hinter den Steinblöcken hervor, uns Erdbeeren zum Kaufe anbietend. Stifter ging auch alsogleich auf den Handel ein, mit dem Bedeuten, daß die Kinder sich mit uns unter den nahen Bretterschuppen verfügen, die Erdbeeren selber essen und uns erzählen sollen, von wo sie kämen und wo sie während des Wetters gewesen seien. Sie waren am Morgen nach der Wiesalpe gegangen, um dem ›Ähndl‹ (Großvater) von der Mutter ›Kost‹ zu bringen, dann sammelten sie Erdbeeren im Holzschlag am Ursprungskogel, wie aber das Wetter gar so ›garstig getan‹ habe, seien sie hinter einen ›Palfen‹ (überhängenden Fels) gekrochen, bis es nicht mehr donnerte, und ›jetzt sind wir da‹...«

Stifter war von der kindlichen Naivität fasziniert, und über Nacht begann seine Phantasie zu arbeiten. Nachdem er anderntags Simonys wissenschaftliche Sammlungen eingehend untersucht hatte und sich noch einmal die Eisfelder mit ihren Höhlen und Klüften beschreiben ließ, sagte er plötzlich: »Ich habe mir jetzt das Kinderpaar von gestern in diesen blauen Eisdom versetzt gedacht; welch ein Gegensatz wäre dies liebliche, aufknospende, frisch pulsierende Menschenleben zu der grauenhaft prächtigen, starren todeskalten Umrahmung! [...] Vielleicht stehle ich Ihnen einmal dieses Bild, wenn Sie nicht vorziehen, es selbst unter die Leute zu bringen.« Der Gewinn aus diesem Diebstahl war *Der heilige Abend*, Stifters vielleicht beliebteste Erzählung, die später in der Bearbeitung für die *Bun-*

ten Steine zum *Bergkristall* wurde. So schnell arbeitete er selten: Im Herbst war die damals noch kurze und unscheinbare Erzählung fertig, pünktlich zu Weihnachten erschien sie in der Wiener *Gegenwart*. Ihre ganze Gewalt konnte diese Parabel von der Verlorenheit des Menschen in einer fühllosen Natur jedoch erst in der ausgearbeiteten Fassung von 1853 entfalten.

Die Schwestern

Die *Schwestern* und der *Beschriebene Tännling* sind die letzten beiden Werke, die Eingang in die *Studien* fanden; mit ihnen schloß sich – nach dem *Hagestolz* wieder in einem bescheideneren Ton – der Schaffenskreis, der dem Dichter seinen frühen Ruhm gebracht hatte. Auch für die *Schwestern* gilt, daß sie erst in der zweiten Fassung ihre eigentliche Form fanden, manches, und vor allem der Schluß, wirkte jetzt noch unausgereift und wenig überzeugend in der Handlungsführung. Trotzdem haben sie ihre Bedeutung als Dokument einer Krise, eines tiefen Zweifels, den Stifter an seiner eigenen Lebensentscheidung zum Schriftstellerberuf verspürte. Stifter, den eine wenig bürgerliche Laufbahn in eine noch immer prekäre Künstlerexistenz geführt hatte, schrieb nach dem *Haidedorf* sein Leben lang keine Erzählung mehr, die eine solche Wahl gerechtfertigt hätte. Beispiele für ein wirklich schöpferisches Vermögen sind bei ihm niemals Künstler, sondern stets Forscher, Wissenschaftler, Landwirte – kurz, mitten im tätigen Leben stehende Menschen. Damit drückte Stifter denselben Zweifel an der bloß ästhetischen Existenz aus, der auch die Zeitgenossen Heine oder Hegel vom »Ende der Kunstepoche« sprechen ließ.

Die neue Novelle zeichnete den Gegensatz von ästhetischem und tätigem Dasein im Bilde zweier Schwestern, zu dem Stifter durch den Auftritt der Wunderkinder Teresa und Maria Milanollo in Wien angeregt wurde. Die Mädchen waren bei ihrem ersten Konzert im Saal der Gesellschaft der Wiener Musikfreunde, das am 22. April 1843 stattgefunden hatte, erst elf und sechzehn Jahre alt; Stifter war durch ihr wundervolles Geigenspiel ebenso beeindruckt, wie ihn die frühe ausschließliche Konzentration auf die Kunst verstören mußte. Hier sah er ein extremes Gegenbeispiel für sein humanistisches Ideal der allseitig ausgebildeten Persönlichkeit leibhaftig vor sich: die frühreife Perfektion auf einem einzigen Gebiet, dem die ganze übrige Charakterbildung zum Opfer gebracht worden war. Diese Begegnung übertrug Stifter auf einen Ich-Erzähler, der nach einer Reisebekanntschaft in der »epischen Einsamkeit« hoch über dem Gardasee die Töchter seines neuen Freundes kennenlernt. Die beiden könnten nicht gegensätzlicher sein: Hier die gesunde, dem Leben zugewandte Maria, die aus eigenem Antrieb eine Pflanzenzucht in der unwirtlichen Bergwelt begründet hat; dort Camilla, deren ganzes Wesen durch das Violinspiel bestimmt wird: »Camilla kam mir sonderbar, ich möchte sagen, unheimlich vor. Diese großen, so ruhigen, beinahe starren Augen, und doch als wären sie so beweglich und unruhig – dieses vorherrschende Schweigen, und doch, als sollte sie einmal beständig geredet haben – diese wirklich außerordentliche Schönheit, und doch etwas Verkommenes darinnen, als flehe die Miene um Abhülfe eines tiefen Uebels, das sie hinwelken mache – dieses todte Wesen an ihr, und dennoch das Gefühl, als hätte und theilte sie die äußerste Lebhaftigkeit mit.«

Von Anfang an hat das Mädchen erfahren, »welch tiefes schwankendes Ding« die Kunst für den sein muß, der von ihr besessen ist; in der Urfassung der Novelle bringt sie mit ihrer Verfallenheit an die Musik sogar die ganze Familie in Gefahr, über der unaufhörlich etwas Unheimliches, Düsteres und Bedrohliches zu lasten scheint. Den wechselseitigen erotischen Verwirrungen entzieht sich der Erzähler, der vielleicht gerade wegen ihrer faszinierenden Rätselhaftigkeit eine tiefe Zuneigung zu Camilla gefaßt hat, durch Flucht. Obwohl ihr Bild den Mann auf seiner ganzen weiteren Reise verfolgt, schließt die Erzählung mit einem Satz, der einen völligen Sinneswandel ankündigt: »Wenn ich je eine Gattin wähle, so ist es Maria, wenn sie mich will – oder keine andere auf dieser Welt.« *Die Schwestern* kranken daran, daß diese Wendung von der problematischen Künstlerin zu der lebenskräftigen Frau zwar in der Konsequenz von Stifters Anschauungen liegt, allein durch nichts auf der Handlungsebene vorbereitet ist. Von der Ökonomie der Novelle her besteht also die einigermaßen bizarre Situation, daß der wesentlichste Augenblick in den allerletzten Absatz gepreßt ist und auch im Charakter des Erzählers keinerlei Begründung findet. Die Entscheidung für ein fruchtbares, tätiges Leben in Arbeit und Familie erscheint hier noch als abstrakte Lehre, nicht aber als wirkliche Konsequenz des Erzählten.

Doch ist, wie bei Stifter so oft, der Erzähler weit davon entfernt, die Hauptperson der Geschichte zu sein. Zwar hat er in den *Schwestern* größeren Anteil an der eigentlichen Handlung als etwa in *Brigitta*, trotzdem bleibt er farblos gegenüber dem Doppelportrait der beiden Mädchen. An ihnen verkörpert sich der Gegensatz, um den es Stifter geht, und das berichtende Ich dient nur dazu, das dialektische Bild dieses Gegensatzes in Bewegung zu setzen und in ein erzählbares Geschehen zu verwandeln. Auch darin zeigt sich etwas von Stifters Bemühen um Objektivierung, deren subjektiver Gegenpol die frühen *Feldblumen* waren, mit ihrer distanzlosen Wiedergabe unmittelbarer Lebenszeugnisse in Form von Briefen. Die Tendenz zum Objektiven ist aber auch bereits der Versuch einer Antwort auf die Kritik des ästhetischen Daseins, wie sie in den *Schwestern* dargestellt wird. Die Kunst, der Stifters Absage gilt und die in der *Studien*-Fassung noch um einiges deutlicher wird, ist die romantische Kunst schrankenloser Subjektivität – einer Subjektivität der Selbstzerstörung, wie Stifter jetzt zu erkennen glaubte. Sein eigenes Schreiben drängte deshalb endgültig in eine andere Richtung, und die Orientierung an wissenschaftlich genauer, sachlicher Beschreibung anstelle von individuellem Überschwang sollte, nachdem er nun einmal das zweifelhafte Künstlertum gewählt hatte, diesen selbstzerstörerischen Kräften Einhalt gebieten.

Der beschriebene Tännling

Die zweite Novelle des Herbstes 1845 wandte sich dann radikal von der Künstlerthematik ab, auf die Stifter nur noch zweimal zurückkommen sollte, in dem enzyklopädischen *Nachsommer* und in der späten Erzählung *Nachkommenschaften* – trotz ihrer persönlichen Bedeutung war die Kunst nicht Stifters eigentlicher Gegenstand. *Der beschriebene Tännling* wurde noch einmal zu einer Rückkehr in die Heimat, ein unmittelbarer Niederschlag des sommerlichen Besuchs mit Amalia. Zum ersten Mal verbarg der Autor nun die Orte seiner Herkunft nicht hinter fiktiven Namen, sondern nennt Oberplan bereits im ersten Satz. Der *Tännling* berichtet von einfachen Leuten, und er ist von der äußeren Einfachheit jener moralischen Erzählungen, die den Menschen ein Beispiel des rechten Weges geben sollen. Und noch einmal ist es eine Geschichte der Eifersucht.

Der Holzknecht Hans liebt seine Verlobte Hanna mit ausschließlicher, unwandelbarer Liebe. Als das Mädchen dann bei einem großen Jagdfest den vornehmen Herrn Guido kennenlernt, der sogleich heftig um sie wirbt, sieht der wortkarge, leidenschaftliche Mann keinen Ausweg als Mord. Mit seinem Beil erwartet er den Nebenbuhler an der großen, mit eingeritzten Zeichen beschriebenen Tanne. »So war es, da die Dämmerung nach und nach verging, so war es, da die todte einfache Finsterniß hereinkam und eine Stunde nach der anderen verfloß. Er war ruhig gesessen und hatte auf den Baum geschaut. Die Nacht, ein dem Menschen fremdes Ding, rückte vor; sie hat deßwegen auch nur den Schlaf, den zweiten Tod für die menschlichen Häupter und das zwitterhafte Schwebeding der Träume.« Eine mitternächtliche Marienvision bringt Hans von seinem Mordvorhaben ab; vor sich sieht er das gleiche wundertätige Standbild, bei dem Hanna als Kind ihre eitle Bitte um Schmuck und schöne Kleider tat, die jetzt mit ihrer vornehmen Hochzeit erfüllt wird. Die Schlußszene, Jahre später, zeigt die reiche, aber unglückliche Hanna, die aus ihrer Kutsche ein Silberstück zu einem armen Mann mit sechs kleinen Kindern hinabwirft. Sie hat Hans, der die Waisenkinder seines Bruders aufzieht, nicht erkannt.

So einfach die Geschichte, so einfach die Lehre. Die Gnade der heiligen Jungfrau hat sich nicht, wie die Dorfbewohner glauben, an Hanna und ihrem materiellen Glück gezeigt. »An ihr hat sich eher ihre Verwünschung, als ihre Gnade gezeigt, – und ihre Weisheit und Gnade und Mirakel haben sich an jemand ganz anderem erwiesen.« Dieser Schluß ist so ideologisch wie eine erbauliche Moritat. Warum auch muß der Wohlstand zwangsläufig ins Unglück führen? Warum garantiert Hans' Entsagung und Selbstüberwindung den inneren Frieden? Es gibt keine Begründung; die Lehre des *Beschriebenen Tännlings* bleibt bloße Behauptung. Hinter dieser Oberfläche aber enthält die Erzählung Züge, die sie von einer bloß moralischen Fabel unterscheidet. Die tiefe, doch fast stumme Treue des einfachen Mannes, seine Unfähigkeit, sich in Worten auszudrücken, seine dumpfe Leidenschaft, die im Augenblick der Verzweiflung in Gewalt umschlagen muß – all das ist groß gesehen und groß beschrieben. Mit der Sprachlosigkeit des Holzknechts fand Stifter zum ersten Mal zu einer Erzähltechnik, die er in seinen späteren Werken immer stärker einsetzen sollte: zum Ausdruck durch Verschweigen. Der krisenhafte Höhepunkt der Novelle, die Mordabsicht, wird niemals ausgesprochen – weder vom Erzähler noch von Hans selbst. Kein Wort findet der Betrogene für seine Verzweiflung. Die Dialoge spielen eine geringe Rolle im *Tännling*, das Wesentliche findet im Geschehen, nicht in der Rede statt.

Eine der seltsamsten Passagen der Erzählung ist die Schilderung der großen Jagd, die für den Landesfürsten und seinen gesamten Hofstaat veranstaltet wird. Nach damaliger Sitte wird alles aufs beste arrangiert: die Tiere aus dem Wald zusammengetrieben, zwischen Zäune gedrängt, so daß am Ende »alles Wild eingeschlossen war, und vom Rande der Tücher herab, wo Bühnen errichtet waren, erschossen werden konnte.« Ein solches Spektakel wäre weniger eine Jagd als ein blutrünstiges Massaker zu nennen – um so erstaunlicher, daß der so sanfte und naturliebende Stifter ohne jedes Zeichen von Mitgefühl die aussichtslosen Fluchtversuche und das Niedermetzeln der gefangenen Kreaturen vorführt. Man ist versucht, darin den Ausbruch seiner eigenen latenten Gewaltsamkeit zu sehen, die er sein ganzes Leben über zu zügeln suchte, denn ähnliche Zeichen finden sich auch sonst in seinen Schriften. Sei es die Szene im *Hochwald*, wo der alte Gregor plötzlich einen Zweig vom Baume »reißt«, um die Schönheit des Blattes zu zeigen; sei es im *Nachsommer*, wo der gewöhnlich so zartfühlende Vogelfreund Risach gegenüber einer als schädlich bezeichneten Art Abhilfe schafft, indem er sie »ohne Gnade mit der Windbüchse« tötet; immer wieder gibt es bei Stifter Augenblicke, wo in unscheinbaren Zusammenhängen die gepflegte Oberfläche der humanen Fürsorge für die Kreatur zerrissen wird.

Noch aus seiner Sommerfrische bei Linz, während er letzte Hand an seine Novellen legte, schrieb Stifter am 21. September 1845 einen Brief an Gustav Heckenast, der seinerseits ein seltsames Zeichen seiner Widersprüchlichkeit ist. »Ich hätte einen Plan. Nur die Skizze: Ich würde nach 2 Jahren oder nach *einem* Jahre Italien besuchen. In Rom 2 *Jahre* bleiben, in Neapel *eines*, um recht viel Geschichte, Landschaft, Meer, Himmel und Leute zu sehen und zu verarbeiten. Bestreiten Sie mir hiezu nur das Reisen (die Bewegung) das *Bleiben* an jedem Orte trage ich selber. Die *Früchte* erscheinen in Ihrem Verlage. Schaden dürften Sie keinen haben, das versteht sich. Denken Sie ein Jahr über das Ding nach, ich will auch ein Jahr nachdenken und mich sehnen. Wenn ich etwa so Meer-Novellen, oder italienische machen könnte, wie jetzt Hochgebirgsleben? Oder ein Drama? − − Völker, Länder, Massen sollte ich sehen.« Im großen und ganzen ist es das Gewohnte: die Sehnsucht nach anderen Verhältnissen und die Bitte um Geld für die Verwirklichung. Wie sonderbar klingt dann aber jener Satz, in welchem der Dichter des *Hochwaldes* nun plötzlich Erzählungen von der italienischen Meeresküste ankündigt, so als habe er bis dahin den österreichischen Schauplatz seiner Werke nur gewählt, weil er anderes eben nicht kannte. Auch die Bindung an Heimat und Herkommen war ein schwankendes Ding. Und natürlich wurde aus alledem auch diesmal nichts. Stifter blieb in Wien, und seine nächsten Erzählungen wendeten sich nicht anderen Ländern und Völkern zu, sondern sie wurden zum Privatesten, Persönlichsten, was er je geschrieben hat.

Figuren der Einsamkeit

DIE JAHRESWENDE 1845/46 brachte tatsächlich Sorgen ganz persönlicher Art – Kindersorgen. Im Herbst war die Ehefrau von Amalias Bruder Philipp Mohaupt in Peterwardein gestorben, und der Witwer versuchte, seine vier Kinder »irgendwo unterzubringen, und wenn sich dann in oder nächst Wien ein bescheidenes Geschäftchen für mich ausmachen ließe, so wollte ich meine übrigen Lebenstage einsam und ruhig in Eurer Nähe zubringen.« Stifter wandte sich an Heckenast um Auskunft, »ob etwa Stiftungen und dergleichen für solche Kinder existieren, falls der Vater ganz blind wird, oder gar stirbt, oder welche Schritte zur vorläufigen Unterbringung solcher Wesen zu tun seien.« Warum sein Verleger in Pest dafür der Richtige sein sollte, warum er solche Informationen nicht am besten in der Hauptstadt selbst beschaffen konnte, das wird aus diesem Brief nicht deutlich. Auch nicht, ob er die Situation nur dramatisieren wollte oder tatsächlich die Zahl der Kinder seines Schwagers nicht kannte, wenn er schrieb: »daß ich fünf Kinder zur Erziehung und Versorgung übernehme kann keine menschliche und göttliche Macht von mir verlangen, da ich die Mittel nicht besitze, und für mein eigenes Alter zu sorgen habe.« Stifter verschonte, wie er es selber aussprach, keinen seiner Freunde mit diesen Problemen; eine Lösung wurde allerdings für den Moment noch nicht gefunden.

Vielleicht trugen jedoch die Ereignisse dazu bei, daß Stifter sich nun noch einmal der immer bedrängenderen Frage der eigenen Kinderlosigkeit zuwandte. Schon in *Brigitta* und im *Hagestolz* hatte sie eine Rolle gespielt; *Der Waldgänger* aber hatte nur noch sie zum Mittelpunkt. Die ganze erste Jahreshälfte und sogar noch die Sommerferien, die Stifter wieder bei Linz verbrachte, gehörten der neuen Arbeit. Der Verfasser war von dem Geleisteten diesmal überzeugt – was bei dem ewig unzufriedenen Verbesserer nicht eben häufig vorkam: »Ich hoffe von dem Waldgänger noch mehr [als vom *Hagestolz*], da der Schluß das Schlagendste und Ergreifendste ist, und die Empfindung am *Ende* eines Buches entscheidet die Aufnahme.« Heckenast hatte sich inzwischen für Stifter noch eine bedeutende Ehrung ersonnen: Die nächste Ausgabe der *Iris*, für die der *Waldgänger* vorgesehen war, sollte auch ein Portrait seines wichtigsten Autors enthalten. Stifter war hingerissen, und der bekannte Wiener Miniaturist Moritz Michael Daffinger machte sich unverzüglich ans Werk. Zum großen Ärger des Modells ließ sich jedoch der Graphiker Carl Mahlknecht, der das Aquarell in Stahl stechen sollte, so viel Zeit, daß erst die *Iris* des folgenden Jahrgangs das Bild an die Öffentlichkeit bringen konnte.

Daffingers Miniatur ist das erste bekannte Bildnis von Adalbert Stifter. Als übermäßig realistische Darstellung wird man es nicht ansehen mögen. Es präsentiert einen freundlichen und beleibten, offenkundig mit sich und der Welt zufriedenen Mann, dessen rundliche Wangen noch keine Zeichen des Alters tragen. Auch die häßlichen Spuren der Pocken hat der Pinsel des Malers schmeichelhaft übergangen. Das Portrait zeigt das typische Gesicht der Epoche – nicht aber das Stifters; wenn man es mit späteren Photographien vergleicht, erkennt man nichts als eine vage Ähnlichkeit in den runden Zügen. Nichts ist zu sehen von der seelischen Dunkelheit, die dieser Schriftsteller gerade in seiner neuen Novelle gestaltete, nichts auch von der fatalistischen Abgründigkeit jener kleinen Erzählung, die als erste Veröffentlichung im neuen Jahr erschien. *Zuversicht* ist eines der seltsamsten Prosastücke, die Stifter je geschrieben hat, rätselhaft vor allem durch den Titel, der dem Gehalt der Anekdote vollkommen zu widersprechen scheint. Nicht krasser könnte auch der Abstand zu jener biedermeierlichen Beschaulichkeit und Ausgeglichenheit sein, die Daffinger so liebevoll aquarelliert hatte.

Zuversicht ist eine kurze Erzählung aus der Zeit gleich nach der Französischen Revolution, und ihre Entstehung verdankt sie gewiß Stifters Beschäftigung mit dem geplanten *Robespierre*-Roman. Im Gegensatz zu jedem anderen Werk kommt der Autor unmittelbar zur Sache, ohne sich mit Schilderungen oder Landschaften aufzuhalten; der nur wenige Seiten zählende Text besteht allein aus Handlung, und diese verläuft ebenso einfach wie katastrophal. Vater und Sohn, die einsam und in einer ungewöhnlich tiefen Bindung in den Ardennen leben, entzweien sich wegen der Liebe des jungen Mannes zu einem einfachen Mädchen. Der Sohn geht nach Paris, schließt sich der Revolutionsarmee an, und als diese eines Tages auf die Truppen der Restauration trifft, sieht er sich unvermittelt seinem Vater gegenüber. Er erschießt ihn und gleich darauf auch sich selbst. In der Tasche des Vaters aber findet sich ein Brief, er bietet dem Sohn Versöhnung und die Ehe mit dem geliebten Mädchen an, das inzwischen einem kleinen Jungen das Leben geschenkt hat.

So ungewöhnlich die äußere Form, die dramatische Gedrängtheit der Erzählung erscheinen mag, so typisch ist trotzdem ihr Gehalt, steht doch im Mittelpunkt eine Frage, die Stifter schon mehrfach beschäftigt hatte und die ihn auch für die eigene Person immer wieder bedrängte: die zerstörerischen Kräfte, die im Charakter eines Menschen verborgen sind. Stifters Deutung ist ebenso modern wie pessimistisch. Die Destruktivität lauert nicht nur in wenigen, besonders verwerflichen Individuen, sie ist in allen, »wir alle haben eine tigerartige Anlage in uns, so wie wir eine himmlische haben, und wenn die tigerartige nicht geweckt wird, so meinen wir, sie sei gar nicht da«. Wer im Vertrauen auf seinen reinen Charakter zuversichtlich hofft, es gebe »gewisse Dinge, [...] von denen man gewiß weiß, daß man nie fähig wäre, sie zu begehen«, gibt sich einer begreiflichen, doch vergeblichen Selbsttäuschung hin. Der seltsame Titel *Zuversicht* über einem so ausweglosen Geschehen kann nur als bittere Ironie verstanden werden; Zuversicht, das ist der ruchlose Optimismus jener Menschen der kurzen, doch entscheidenden Rahmenhandlung, die sich selbst für unanfechtbar halten. Nachdem die Geschichte erzählt ist, »sagten sie sich schöne Dinge, gingen nach Hause, lagen in ihren Betten und waren froh, daß sie keine schweren Sünden auf dem Gewissen hätten.«

Wem diese Zuversicht, diese Fähigkeit zum Selbstbetrug fehlt, der weiß, daß auch er zu allem fähig wäre, der weiß sich vor keiner Untat sicher. Und wiederum wird man sich fragen, welches sehr persönliche Schuldgefühl womöglich hinter dieser Überzeugung stehen mochte. Gewiß aber handelt es sich um einen Zug, der Stifters ganzes Leben und Werk begleitete, seit seiner frühesten Kindheit war ihm das »Entsetzliche und Zugrunderichtende« bekannt, »diese fürchterliche Wendung der Dinge«, mit der in jedem Augenblick gerechnet werden mußte – und die man immer wieder selbst verschuldete. Das Bewußtsein vom eigenen destruktiven Charakter und das äußerste Bemühen, ihn durch die Anstrengung des Willens zu überwinden, dies ist eine geradezu modellhafte Grundfigur der Stifterschen Werke. Die lebenslange Beschäftigung mit der *Mappe* bleibt dafür das gleichsam klassische Beispiel, doch auch Gestalten wie der Hagestolz, wie Stephan Murai oder Veit Hugo tragen in ihrer Lebensgeschichte denselben Kampf aus: Selbst die positiven Kräfte – die Liebe oder die im Begriff der Ehre gemeinte Selbstachtung – können in destruktive Energie umschlagen. Die neueste Erzählung, *Der Waldgänger*, gehört in den gleichen Kontext, und vielleicht gibt es kein anderes Werk, das besser zeigt, wie komplex der Mechanismus war, mit dem Stifter seine eigenen Obsessionen in die objektive Form der Literatur verwob.

Der Waldgänger

Zusammen mit dem *Hagestolz* zählt der *Waldgänger* zu Stifters schönsten Novellen; er ist ein für Werk und Biographie zentraler Text, in dem sich einige von Stifters Eigenarten am vollkommensten ausprägen – nun aber mit einer so großen Radikalität, daß der Abstand zu aller zeitgenössischen Literatur unübersehbar wurde. Die Erzählung besteht aus drei Kapiteln, zweien zu je vierzig Seiten und einem letzten von nur fünf. Es dürfte schwerfallen, etwas zu finden, was dem langen Atem dieser Prosa gleichkommt. Absatz um Absatz, Seite um Seite fließt dahin, ohne daß in dieser traumhaften Vision der oberösterreichischen Landschaft eine Handlung beginnen will. Kurze Reflexionen sind in den Strom der Rede geflochten, hier und da taucht schemenhaft die Figur eines alten Wanderers auf, nur um gleich wieder in den Tiefen des Waldes zu verschwinden. Eine Prosa, die sich durch nichts mehr gedrängt fühlt, die Zeit hat und sich Zeit läßt. Dann, langsam und in kaum merklichen Übergängen, beginnt die Geschichte sich in der Landschaft zu kristallisieren. Sie ist einfach genug. Ein alter Mann, den die Leute wegen seiner Gewohnheiten den Waldgänger nennen, zieht den kleinen Buben eines Forstarbeiters immer näher zu sich heran, bis man die beiden nur noch gemeinsam auf ihren Wegen sieht. Doch das Leben bleibt nicht stehen, eines Tages geht der Junge in die Welt, um einen Beruf zu erlernen, und kurze Zeit später verläßt auch der alleingebliebene Alte die vertraute Gegend. Niemand kennt sein weiteres Schicksal.

Dann aber führt der Rückblick des zweiten Kapitels in das frühere Leben des sonderbaren Menschen zurück. Georg war das einzige, einsam aufgewachsene Kind seiner Eltern, und als er auf die wesensverwandte Corona trifft, fühlt sich der »kühne vereinzelte Mann« durch die »verödete Größe, die in ihrem Wesen lag« heftig angezogen. »Diese Leidenschaft war um so mächtiger, als er bisher immer einsam gewesen war«; und weil »die beiden Menschen gleich scheu und gleich einsam gewesen waren, zog es sie zusammen«: Corona und Georg heiraten. Sie führen eine zurückgezogene, glückliche, doch kinderlos bleibende Ehe. Dieser unerfüllt bleibende Wunsch zwingt schließlich die Katastrophe herbei: Corona, überzeugt, die Fortdauer einer kinderlosen Ehe sei Unrecht, bietet Georg nach dreizehn Jahren Gemeinsamkeit die Scheidung an und setzt sich nach einiger Zeit auch durch. Jeder wird versuchen, in einer anderen Verbindung Nachkommenschaft zu finden.

Das dritte Kapitel hat »nur noch sehr wenig zu berichten. Es ist genau dasjenige geschehen, was nach der Schönheit und dem Eigensinne des menschlichen Herzens geschehen mußte.« Georg heiratet wieder, bekommt auch zwei Söhne, doch er findet nie zum Glück oder auch nur zur Seßhaftigkeit zurück. Eines Tages – nach der Scheidung sind noch einmal dreizehn Jahre verstrichen – begegnen sich Corona und Georg zufällig auf Reisen. Nur wenige Worte werden gewechselt. Als Georg erfährt, daß seine frühere Frau sich zu keiner neuen Verbindung mehr durchringen, daß sie nicht vergessen konnte, verstummt der Mann, und wiederum trennen sich die beiden, nunmehr auf immer. »Georg entkleidete sich bald, ging auf sein Zimmer – – und der achtundfünfzigjährige Mann weinte die ganze Nacht.« Georgs zweite Frau stirbt früh, die Söhne gehen in die Welt, was bleibt, ist das Leben des Waldgängers. Was bleibt, ist ein Leben in Einsamkeit und Reue. Reue um das Verlorene, um das verspielte Glück, das verschenkte Leben. Reue um etwas, was nie wieder gut zu machen ist – und dieses *nie wieder* lastet mit der ganzen Macht absoluter Endgültigkeit.

Die große Schönheit der Novelle, die klassische Vollkommenheit ihrer Sprache lassen leicht übersehen, wie dicht sich Stifter mit ihr an die Grenze des Pathologischen gewagt hat. Der *Waldgänger* ist auch das Dokument einer bedenklichen Verstörung des seelischen Gleichgewichts. Auf den ersten Blick liest er sich als eine Fortschreibung des *Hagestolz*': Wiederaufgenommen werden die Motive von Unfruchtbarkeit und Alter, Vergeblichkeit, Scheitern und Resignation. Doch nun wird ein Element, das zuvor nur eines unter mehreren war, zum ausschließlichen Fixpunkt des obsessiven Blicks: die Kinderlosigkeit. Im *Hagestolz* war die Kinderlosigkeit noch greifbares Bild für die Leere eines liebelosen, vergeblichen Lebens im ganzen; im *Waldgänger* wird das Leiden tatsächlich allein durch das Verlangen nach einem wirklichen, konkreten Kind ausgelöst. Denn außer diesem unerfüllten Wunsch *ist* die Ehe von Corona und Georg ja glücklich, sie haben alles, was ihr Herz begehren kann. Die Frage liegt nahe, was einem Autor in den Sinn kommen mochte, auf diesen Voraussetzungen eine solche Geschichte aufzubauen. Gewiß ist der Kinderwunsch begreiflich und legitim, um so mehr bei einem glücklich verheirateten Paar; wenn seine Unerfüllbarkeit jedoch zu derartigen Konsequenzen führt, dann hat sich ein menschlicher Impuls in selbstzerstörerische Besessenheit verwandelt.

Die liebevolle Zeichnung der Figur überdeckt leicht, daß Coronas Raisonnement nur noch aus inhumanen Abstraktionen besteht. Daß eine kinderlose Ehe eine »Scheinehe« und »eher Sünde« sei, ist nur dann nachvollziehbar, wenn man den Lebensbund nicht als ein in Freiheit und durch gegenseitige Zuneigung und Achtung geflochtenes Band ansieht, sondern als eine von »Pflichten« und »Zwecken« bestimmte Institution, die auch durch Liebe nicht mehr gerechtfertigt werden kann, wenn sie »eines ihrer Hauptzwecke entbehrt«. Wo die zwischenmenschlichen Beziehungen dergestalt von den Zufällen der biologischen Reproduktion abhängig gemacht werden, da ist das Kind nichts anderes mehr als ein Fetisch der Zeugungsfähigkeit. Der ganze Gedankengang ist von einer solchen Absurdität, ja auch psychologischen Unwahrscheinlichkeit, daß man meinen will, er könne nur von einem verstörten, durch das eigene Leiden aufs äußerste bedrängten Gemüt ersonnen worden sein. Und noch einmal wird die Frage unausweichlich, warum für Stifter das Problem der Kinderlosigkeit zu einer so quälenden fixen Idee geworden war.

Schon am 21. September 1845 hatte er Heckenast in einem Brief geschrieben, daß er »wahrscheinlich kinderlos sterbe«; ob dies eine Befürchtung oder eine begründete Gewißheit war, ist natürlich nicht erkennbar. Von nun an verstummte die Klage über mangelnden Nachwuchs nicht mehr. Andererseits sind kaum Zeichen besonderer Kinderliebe bei Stifter bekannt, wie es auch die traurigen Ereignisse um die Sprößlinge seines Schwagers Mohaupt noch beweisen sollten. Vielleicht gibt aber gerade die Inständigkeit der Klagen den Schlüssel zum Verständnis. Denn sonst war Stifter durchaus nicht einer, der seine Sorgen an die Öffentlichkeit brachte; was sein Privatleben betraf, so war die Kinderlosigkeit das einzige, worüber er, wenn auch um so lauter, seinem Schmerz Ausdruck gab, sie war der einzige kritische Punkt im Monumentalbild einer überglücklichen Ehe. Unabweisbar drängt sich der Verdacht auf, daß dieser einzige offen bekannte Schmerz eine Art Ersatzfunktion besaß; der unerfüllte Kinderwunsch stand für die unerfüllte Ehe im ganzen. Nie konnte Stifter sich oder anderen zugeben, daß diese Lebensentscheidung falsch gewesen sei; allein seinem Halbbruder Jakob Mayer bekannte er einmal in einem seltenen, vertraulichen Moment, er würde sich von Amalia trennen, fürchtete er nicht den öffentlichen Skandal.

Ganz gewiß war auch dies eine Selbsttäuschung, denn Stifter hielt nicht nur aus äußerlichen Gründen an seiner Ehe fest. Eines aber wußte er ganz genau: Die Verantwortung für den Ehebund und das Festhalten an ihm, ebenso wie für die ganzen unbefriedigenden, eingeschränkten Lebensverhältnisse, trug niemand anders als er selbst. Er selbst hatte für sein Leben zu entscheiden, er selbst hatte die Folgen zu tragen. Mit einer Ausnahme: Die Unfruchtbarkeit einer Ehe betrachtete jedermann als nicht voraussehbares biologisches Schicksal, schrieb sie auch grundsätzlich der körperlichen Konstitution der Frau zu, nicht ihm. Hier war ein Ventil für das unterdrückte Leiden, an dem er zu ersticken drohte; hier konnte er klagen, ohne den Appell an seine eigene Verantwortung herauszufordern, und auch ohne sich selbst der Notwendigkeit einer Veränderung stellen zu müssen. Stifters Verhaltensweise trägt alle Züge der Verdrängung. Wie groß der bewußte, wie groß der unbewußte Anteil daran gewesen ist, wird man kaum bestimmen können. Doch es war ein Mechanismus in Gang gekommen, der dann auf geradem Wege zu der schweren Krise des Alters führen sollte. Stifter verdrängte und rationalisierte, was ihn bedrohte, und vorübergehend vermochte er so, das labiler werdende Gleichgewicht zu halten; doch indem er sich ganz und gar auf Scheinfragen konzentrierte, wurde eine heilende Auseinandersetzung mit seinen innersten Problemen immer weniger möglich.

So konsequent der Schluß für die innere Logik der Novelle auch ist, biographisch hinterläßt er nur offene Fragen. »Die zwei Menschen, die sich einmal geirrt hatten, hätten die Kinderfreude opfernd, sich an der Wärme ihrer Herzen haltend, Glück geben und Glück nehmen sollen bis an das Grab«; der Erzähler weiß, daß die Entscheidung von Georg und Corona durch und durch falsch war, ja er weiß sogar noch mehr. Wenn er berichtet, wie Georgs leibliche Söhne in ihr eigenes Leben aufbrechen, vielleicht »alle zwei, drei Jahre einen Brief« schreiben, wie Jahre später auch der Hegerbube ihn verläßt, dann spricht er aus, daß auch die so ersehnten Kinder nicht zwangsläufig geben, was man von ihnen erhofft. Wenn Stifter das wußte, wenn ihm also das Illusorische seiner eigenen Fixierung wenigstens zeitweise klar vor Augen stand – warum war er dann nicht imstande, das eigene Leben danach einzurichten? Warum klammerte er sich trotzdem an dieses eine Unglück? Nein, Stifter ging es gar nicht um das wirkliche Kind, es ging ihm darum, einen Ausdruck für seine Qual zu finden, sich und der Welt gegenüber.

Wenn Stifter in seinen Erzählungen so ausdauernd auf Kinderwunsch und Kinderlosigkeit zurückkam – von *Brigitta* bis zu den späten *Nachkommenschaften* –, so drückt sich daran jedoch nicht nur der Zweifel an der eigenen Ehe, sondern auch am eigenen Schaffen aus. Einem uralten Topos zufolge gibt es zwei Möglichkeiten, die Vergänglichkeit, die Sterblichkeit des einzelnen Menschen zu überwinden: Kind und Werk, familiäre und schöpferische Fortdauer. Das Individuum begegnet seiner Angst vor der Übermacht der objektiven Welt, der »Gewalt des Gewordenen«, durch die Hoffnung, auch nach seinem Tode werde etwas von ihm bleiben, Werk und Erben. Das Gleichnis vom unfruchtbaren Feigenbaum meint durchaus nicht nur biologische Unfruchtbarkeit. Dem traditionellen Verständnis nach, das im 19.Jahrhundert seine Gültigkeit noch behauptete, fiel dem Manne jedoch die Rolle des Schöpferischen zu, und Stifter hatte als erfolgreicher Dichter durchaus seinen Teil getan, im Gedächtnis der Menschen zu bleiben. Wenn er darin keinen Trost mehr fand, wenn er trotzdem obsessiv von der biologischen Fortdauer besessen war, dann ist dies auch ein Reflex auf den Verfall all jener Gewißheiten, die er als traditionsbewußter Autor verteidigte. Auch an den religiösen Überzeugungen, zu denen er sich bekannte, muß ein Zweifel erlaubt sein, wenn er das Vertrauen in die sinnhafte Erfülltheit der Existenz dergestalt von Fragen der Fortpflanzung abhängig machte. Stifter brauchte einen Halt, aber gerade deshalb war er überaus sensibel für die Erschütterungen aller überlieferten Wertvorstellungen seiner Epoche, und er suchte den Halt nun gerade an der schwächsten denkbaren Stelle. Die Rolle des Schriftstellers aber vermochte ihm offensichtlich die gesuchte Stabilität nicht mehr zu geben.

Der *Waldgänger* ist das Dokument einer massiven persönlichen Verstörung. Der Tonfall der Erzählung ist tiefe

Trauer und Reue, Verzweiflung und das Bewußtsein, nichts mehr ändern zu können an dem eingeschlagenen Weg. Kein Gegengewicht gleicht diese unendliche Einsamkeit mehr aus, wie noch am Ende des *Hagestolz* das Bild des jungen Ehepaars Hanna und Victor einen hoffnungsvollen Blick in eine neue Zukunft freigab. Stifter war jetzt genau vierzig Jahre alt. Nach außen hin war sein Leben glücklich und erfolgreich; doch kaum, daß er sich hinter der Maske eines fiktiven Erzählers oder einer seiner literarischen Gestalten verbergen konnte, fiel die Bilanz düster aus. Der *Waldgänger* markiert einen Wendepunkt in Stifters Entwicklung, persönlich wie literarisch. Literarisch, weil er sich nun mit nie dagewesener Konsequenz von den Zeitströmungen abkehrte und seinen eigenen Pfad einschlug; persönlich, weil er sich in der Resignation als Lebensprinzip einzurichten begann und der Verdrängungsmechanismus einen Ausweg aus seinem Elend immer stärker versperrte. In beiderlei Sinn hatte sich Stifter innerhalb weniger Jahre fast vollkommen von der Umwelt abgeschottet, einen wirklichen Austausch gab es weder mit Freunden noch mit Schriftstellerkollegen, am wenigsten jedoch mit der Frau an seiner Seite.

In diesem Sinne ist auch der langsame Rückzug in die Provinz zu verstehen, den Stifter nun Schritt um Schritt vollzog. Auch im Sommer 1846 verbrachte er lange Wochen in Linz, arbeitete an der neuen Novelle und an den Neufassungen für die beiden folgenden Bände der *Studien*. Inzwischen fühlte er sich während der Ferienmonate wohler als das ganze Jahr über in Wien. Von seinem Sommersitz aus unternahm er diesmal auch einige kürzere Reisen, fuhr wiederum in den heimatlichen Böhmerwald und stattete seinem alten Lehrer Placidus Hall, der nun als Pfarrer amtierte, einen Besuch in Pfarrkirchen ab. Zum ersten Mal auch ließ er die Grenzen des Habsburger Reiches hinter sich und verbrachte mit Amalia einige Tage in München und Augsburg. Die bayerische Hauptstadt lockte ihn vor allem durch ihren Ruf als künstlerische Metropole, und er verbrachte einen Großteil seiner Zeit in den Museen. Aber auch hier zeigt sich, wie groß seine selbstgewählte Isolierung bereits geworden war: Die modernen Künstler, die in aller Munde waren, beeindruckten ihn kaum, Heinrich Bürkel dagegen, ein eher unbedeutender Landschaftsmaler, wurde für ihn zum großen Meister, und er beschloß sogleich, eines seiner Bilder zu erwerben.

Die angenehmen Sommermonate gingen zu Ende, und zurück in der Großstadt, bedrängten ihn die Sorgen fast stärker als vorher. Gustav Scheibert, ein junger Student aus Linz, den er im letzten Jahr kennengelernt hatte, lag im Sterben. Stifter war im Innersten getroffen; wenn ein junger Mensch so aus dem hoffnungsvollen Beginn seines Lebens gerissen werden konnte, dann rührte das noch einmal an seine tiefsten Ängste, zeigte ihm, wie schnell das endgültige *nie wieder* jeden treffen konnte. Mit Scheibert, dem fast zwei Jahrzehnte Jüngeren, verband Stifter noch einmal eine jener aus Freundschaft und Pädagogik gemischten Beziehungen, wie er sie seinerzeit zu manchem seiner Schüler geknüpft hatte. Es war dies wohl diejenige Form menschlicher Bindung, in der er sich am ehesten zu wirklicher Zuwendung öffnen konnte, und mit Scheiberts Tod verschwand auch sie aus seinem Leben. Stifter schien selbst zu spüren, was er da verlor; er wurde krank und laborierte lange Zeit an einer hartnäckigen Grippe.

Stärker und stärker wuchs ihm Gustav Heckenast in die Rolle des vertrauten Freundes hinein, doch es ist unverkennbar, daß die Beziehung durch die vielen persönlichen und geschäftlichen Probleme starken Belastungen ausgesetzt war. Dem Verleger fiel es häufig schwer, die sonderbare Arbeitsweise seines Autors zu akzeptieren, welcher in seiner Überarbeitungswut kaum jemals die vereinbarten Termine einhielt. Die unstillbaren finanziellen Ansprüche taten ein übriges, Heckenasts Unbehagen zu verstärken. Stifter verteidigte sich in langen Briefen, versuchte umständlich nachzuweisen, daß nur Sorge um literarische Qualität die ewigen Verzögerungen hervorrief, und verzichtete schließlich, um seinen Willen zur Sparsamkeit unter Beweis zu stellen, sogar auf den Ankauf von Bürkels Gemälde. Obwohl seine Schulden bei Heckenast schon erheblich waren, brachte er ihn dazu, in Zukunft ein monatliches Fixum von einhundert Gulden auszuzahlen. Zum Ausgleich versprach er reichliche Ernte: die fertigen *Studien*, ein Drama, zwei Bände vermischter Schriften und, für den Herbst 1847, einen einbändigen Roman: »Es ist die Erzählung, deren Held ein Kind ist, das sich selbst erzieht, oder vielmehr durch Kindlichkeit einen schon alternden zerworfenen Mann erzieht.« Auch in diesem unausgeführten Plan schimmern die gleichen Ängste durch, die schon den *Waldgänger* umtrieben.

Als dieser in der *Iris* erschien, war die Reaktion der Kritik zum ersten Mal in Stifters Laufbahn vorwiegend negativ, wodurch die depressive Stimmung des Herbstes nicht besser wurde. Die Einwände betrafen nahezu überall das gleiche: den weiten Raum, den die Landschaft einnimmt, das Vorherrschen des Unbeweglichen vor dem Fluß der Handlung. Julius Seidlitz formulierte diese Kritik im *Humorist* auf die schärfste, ironische Weise; ihm erschien der erste Teil der Erzählung nur noch als »eine Topographie Oberösterreichs und des angrenzenden Teils von Böhmen«. Doch der Rezensent ging noch weiter, fand im *Waldgänger* »ein gewisses unmoralisches Prinzip der Undankbarkeit, des sittlichen Leichtsinns, ein Spielen mit den tiefsten Gefühlen des Herzens, welches ich bei einem so keuschen Dichter, wie Stifter nicht vermutet hätte. Liegt denn in der Ehe nichts mehr, nichts Höheres, nichts Geistigeres, als der Drang, die Welt zu bevölkern?« Diese Kritik, die unmittelbar auf den Gehalt der Novelle zielte, ist in ihrem Tenor nicht weit von jener entfernt, die im *Alten Siegel* ein »Experimentieren mit tiefer Moral« erblickt hatte; ein solcher Vorwurf mußte Stifter mehr verstören als alles andere.

Subjektiv wußte er sich von solchen Absichten vollkommen frei, er übersah jedoch, wie extrem auf Außenstehende die Konsequenzen wirken mußten, zu denen ihn seine rigorose Verdrängung bereits geführt hatte.

Stifter fühlte sich in Wien nicht mehr wohl, und das Fernweh packte ihn wieder: »Ich habe das Meer noch nicht gesehen, ich habe Italien noch nicht gesehen, ich sehne mich nach beiden. Ich hoffe, es wird auch noch möglich sein – aber wehmütig wäre der Gedanke, wenn es geschähe, da es zu spät ist, und in die verhärtete Seele nichts mehr hineingeht.« Stifter spürte, daß etwas mit ihm vorging, daß er nun, am Anfang des fünften Lebensjahrzehnts, auf der Schwelle zum Alter stand. Und tatsächlich hatte er begonnen, seine Seele mehr und mehr nach außen hin abzuschotten. Erstaunlich ist, wie wenig er sich noch durch andere beeinflussen ließ. Der Grund dafür lag nicht allein in dem immer häufiger beklagten Zustand der zeitgenössischen Literatur, denn auch die Bekanntschaft mit Autoren, die er schätzte, wirkte kaum auf sein Schreiben ein. Bei dem Schriftsteller Joseph von Zedlitz begegnete Stifter im Herbst 1846 Franz Grillparzer, und die Sympathie muß gegenseitig gewesen sein. Auch Joseph von Eichendorff, der die *Studien* sehr wohlwollend besprochen hatte, hielt sich im Winter 1846/47 für sechs Monate in Wien auf, doch obwohl sich die beiden mehrfach sahen, blieb kein fortdauernder Kontakt bestehen. Stifter ließ sich durch Fremdes nicht mehr berühren, und das einzige Werk, das noch Spuren bei ihm hinterließ, wird Grillparzers *Armer Spielmann* gewesen sein.

Er bewegte sich in den illustren Kreisen, er ließ sich hofieren, sein Innerstes aber blieb vollkommen verschlossen. Er speiste bei Zedlitz mit Eichendorff, Grillparzer und Emilie von Binzer, die unter dem Pseudonym Ernst Ritter schrieb, doch die ausgetauschten Komplimente hatten keine wirkliche Folge. Er beriet den Baron Louis Pereira bei der Auswahl für den Kunstverein; er lernte Clara und

Robert Schumann kennen, die ihn mit schmeichelhaftesten Worten zu ihren Wiener Konzerten einluden, doch es blieb beim Austausch von Höflichkeiten. Es ist erstaunlich zu sehen, wie sich Stifter, wo er vielfache Möglichkeiten hatte, gegen jede Erweiterung, jede Belebung von außen her sperrte. Der einzige nähere Kontakt entwickelte sich zu der jungen schwedischen Sängerin Jenny Lind, die in Wien gerade stürmisch gefeiert wurde. Stifter war wieder einmal verzaubert; wieder einmal hatte er eine Frau vor sich, die im Charme ihrer Jugend seinem Idealbild von anmutiger Weiblichkeit entsprach. Er genoß unendlich die Verehrung der gerade Sechsundzwanzigjährigen, und zum Abschied schenkte er ihr gar ein Exemplar der *Studien*. Wie immer konnte er sich am ehesten da öffnen, wo der Altersabstand ihm eine gewisse Überlegenheit sicherte; wo er von gleich zu gleich verkehrte, wie mit den Künstlerkollegen seiner Generation, da wurde er förmlich und steif.

Ein kleiner Lichtblick in diesem Winter war familiärer Natur: Der Stiefbruder Jakob Mayer aus der zweiten Ehe der Mutter kam nach Wien, um an der polytechnischen Hochschule zu studieren. Jakob war dreiundzwanzig Jahre jünger als Adalbert, und auch hier trug der Altersunterschied dazu bei, daß sich zwischen den beiden Brüdern ein engeres, von der Seite des Älteren durchaus väterliches Band knüpfte. Stifter mußte auch finanziell einspringen, und dafür wandte er sich wiederum an den Bruder Anton in Linz, bei dem er ein Darlehen aufnahm. Weniger denn je reichte er aus mit seinem Geld, denn auch die Arztrechnungen wollten bezahlt werden. Die politische Lage in Wien war angespannt, die Preissteigerungen erheblich, auch mußten die Stunden im Hause des Kanzlers Metternich, der 1847 bereits andere Sorgen hatte, vorläufig ausfallen. Ausgerechnet in diesem Augenblick machte sich Stifter daran, einen lange gehegten Plan zu verwirklichen: Er beabsichtigte, »öffentliche Vorträge über das Schöne« zu halten, die sich an ein großes, nicht-akademisches Publikum wenden sollten. Doch in den unruhigen Zeiten des Vormärz war ein solches Vorhaben mehr denn je ein Politikum, Stifter ahnte kaum, worauf er sich in seiner Naivität eingelassen hatte. Gesuche und Anträge mußten eingereicht werden, zuständig für ästhetische Vorlesungen war im Metternichschen Wien allerdings die Polizei- und Zensurhofstelle. Von dort ging die Angelegenheit weiter an das Vizedirektorat der philosophischen Studien der Universität und an die Studienhofkommission.

Überall wurden Gutachten verfaßt, Stifter mußte antichambrieren und verbrachte nach eigener Auskunft einen Großteil des Frühjahrs in Fiakern und Vorzimmern. Am 18. März 1847 hielt er endlich seinen Probevortrag *Über die geistigen Grundlagen, auf denen die Befähigung zum Künstler beruht.* Die Gutachten der Professorenschar ergingen sich in mannigfachem Wenn-und-Aber: Man ist durchaus angetan, »beim Schlusse aber fühlt man sich doch nicht ganz befriedigt«; der Stimme des Vortragenden – immerhin »ein gesundes Sprachorgan« – wäre »noch mehr Fülle und Wohllaut zu wünschen«; und schließlich »mußte es aber befremden, daß H. Stifter das Gefühl (Tiefe des Gemüts) ganz mit Stillschweigen überging«. Am 3. April wurde ein Beschluß gefaßt: Da Stifter frei sprechen wollte, die Vorträge demnach »einer beurteilungsfähigen Grundlage ermangeln«, also nicht im voraus kontrollierbar waren, konnte die Studienhofkommission »auf die Gewährung des Gesuches nicht einraten«. Trotzdem vermochten die Akademiker sich aber den hypothetischen Hinweis nicht zu versagen, daß »außerordentliche Vorlesungen« – gesetzt den Fall, man *hätte* das Gesuch des »Bittstellers« angenommen – »nur an der Universität, keinen Falls aber für beiderlei Geschlecht zugleich gehalten werden dürfen«. Der Polizei indessen war auch dies noch zu liberal, sie kassierte den Beschluß vollständig, und Stifters Plan war gescheitert.

Seine Enttäuschung war grenzenlos. In vorauseilendem Optimismus hatte er bereits den Saal des Musikvereins reserviert und dreihundertfünf Voranmeldungen entgegengenommen. Nun mußte alles annulliert werden. Stifters seelische Verfassung war auf einem Tiefpunkt. Inzwischen hatte sich auch noch die Lage des Schwagers in Ungarn weiter verschärft; wegen eines schweren Gichtleidens sollte er in das Wiener Invalidenhaus der kaiserlichen Armee übersiedeln, doch was aus den Kindern werden mochte, war vollkommen offen. Da entschlossen sich Adalbert und Amalia, eines von ihnen, die kleine Juliane, in ihren Haushalt aufzunehmen. Stifter jedoch, von all der Unbill dieses Winters aufs Tiefste niedergedrückt, konnte die Abreise aus Wien kaum noch erwarten. Er sehnte sich nach seiner oberösterreichischen Idylle, wo er in Ruhe seinen diesjährigen Beitrag zur *Iris* vollenden konnte. Gerade waren der dritte und vierte Teil der *Studien* erschienen, und nun galt es also, auch für die abschließenden zwei Bände die endgültigen Fassungen herzustellen. Stifter hielt nichts mehr in Wien, und früher als sonst, bereits Anfang Juni, ging er nach Linz. Seine Abreise trug alle Zeichen der Flucht.

Prokopus

Die Eheproblematik ließ ihn nicht los. Stifter wandte sich wieder dem Privatesten zu, und als wollte er den ganzen Gegenwartssorgen entfliehen, siedelte er seine Geschichte in einer fernen Vergangenheit an. Mit seiner neuen Arbeit kam er noch einmal auf den alten Plan zurück, einen ganzen Novellenkranz über die gräfliche Familie der Scharnast zu schaffen, doch in den wenigen Jahren hatte sich das Projekt nahezu verflüchtigt. In der Neufassung der *Mappe*, die er gerade im dritten *Studien*-Band, wenn auch recht unzufrieden, veröffentlicht hatte, waren sämtliche Beziehungen zu dem Scharnast-Stoff getilgt; geblieben war also nur noch die *Narrenburg* und nun der *Prokopus*, der vom Leben eines anderen Familienmitglieds berichtete. Ein wirklicher innerer Zusammenhang, wie er in dem Gedanken eines Zyklus angelegt war, kam aber nicht mehr zustande. Und genau dieser fehlte auch der neuen Erzählung selbst; sie zeigt, wohin Stifter seine Eigenarten führen mochten, wenn es ihm einmal nicht gelang, sie durch die Form unter Kontrolle zu bringen.

Die Handlung ist so einfach wie möglich: Der Bund zwischen Prokopus und Gertraud ist eine Liebesheirat, doch trotz aller Zuneigung will das erhoffte Glück nicht kommen. Das Paar verbringt gemeinsam ein langes Leben, zieht fünf Kinder groß, doch am Ende sterben die beiden Menschen unglücklich und jeder in seiner Einsamkeit. »Sie strebten ach! so heiß nach Einigung – ein Haarbreit Hindernis lag nur dazwischen«, was dies Haarbreit eigentlich ist, weiß jedoch niemand zu sagen. Die charakterlichen Unterschiede zwischen dem schwärmerischen Prokopus und der so unpoetischen Gertraud, die ihre Umgebung nur in Ordnung und Einfachheit erträgt, reicht auch dem Autor als Erklärung nicht hin. Es ist, wie es ist – mehr ist über die Wirklichkeit, wie sie nun einmal geworden war, nicht zu sagen. Gewiß hat Stifter hierin auch viel von seiner eigenen Ehemisere verborgen, doch Gertraud ist kaum ein unmittelbares Abbild Amalias, die für die Dichtung ihres Mannes ebensowenig Interesse aufbrachte wie Gertraud für die Eigenheiten des Prokopus. Aber der Dichter will kein Urteil fällen über den Zwist, er berichtet die Fakten, und dabei bleibt es.

Hier liegt aber auch schon sein Scheitern begründet. Die Novelle liest sich wie eine lange Einleitung zu einer Novelle, die niemals beginnt. Damit ist sie indessen ein getreues Abbild der Geschichte, von der sie berichtet – ein *allzu* getreues. Das endlose Warten auf etwas, was niemals kommt, das kann wohl der Gehalt eines Lebens und auch der einer Erzählung sein, nicht aber das Formprinzip des

Textes selber. Der *Prokopus* besitzt nicht einmal eine wirkliche, zusammenhängende Handlung, und schon in seiner äußeren Gestalt vollzieht er von Kapitel zu Kapitel gleichsam ein langsames Verschwinden. Vierzig, vierzehn und drei Seiten zählen die drei Teile; der längste berichtet in farbiger Ausführlichkeit vom Hochzeitsfest, der zweite überfliegt schon um vieles rascher den Lauf der Jahre, und der letzte setzt nur noch den düsteren Schlußpunkt: »Es ist nicht mehr viel zu sagen. Die natürlichen Dinge gehen ihren Lauf, wir mögen noch so großen Schmerz darüber empfinden.« Stifters Absicht ist deutlich zu erkennen, doch diesmal war es ihm nicht gelungen, eine haltbare Form für sie zu finden. Die ewige Wiederkehr des Unvermeidlichen – jener »Zirkelodem der Sterne«, den der alte Prokopus astrologisch beschwört – hat das literarische Werk bis in seine eigene Struktur hinein erfaßt.

Der *Waldgänger* und der *Prokopus* sind die einzigen größeren Erzählungen dieser Zeit, die Stifter nicht in die *Studien* aufgenommen hat; was er sonst in diesem Herbst noch schrieb, gehörte ohnehin dort nicht hinein: *Der arme Wohltäter* wurde als *Kalkstein* Teil der *Bunten Steine*, und der allzu erbauliche *Tod einer Jungfrau* zählte zu jenen kleinen Gelegenheitsarbeiten, wie sie schon früher entstanden waren. *Der Waldgänger* und *Prokopus* jedoch waren die Hauptwerke dieser letzten Vormärzjahre. Der Grund für Stifters Zurückhaltung ist vielleicht am ehesten in der Ablehnung zu suchen, die beide Erzählungen in der Presse fanden und die der Autor sich sehr zu Herzen nahm. Beim *Prokopus* war sie nahezu einhellig. Dabei war die *Iris für 1848*, die nun den Untertitel *Deutscher Almanach* führte, geradewegs zu einer Hommage für den Dichter geworden: Neben seinem neuesten Werk und Grillparzers *Der arme Spielmann* war endlich Daffingers Bildnis zu bewundern, und Betty Paoli hatte ein arg überschwengliches Huldigungsgedicht an ihren Freund beigesteuert, das mit den Versen schloß:

> In tiefem, ahnungsvollen Schweigen
> Verklingt der Erdenstimmen Chor
> Und nur der Liebe Düfte steigen
> Wie Opferhauch zu dir empor.

Das war zweifellos etwas dick aufgetragen, und so mancher Rezensent ließ sich die günstige Gelegenheit nicht entgehen, auf den Abstand zwischen der mißglückten Novelle und Strophen hinzuweisen, die von des Dichters »still erhabner Majestät« kündeten. Stifters diverse Mißgeschicke waren kaum verborgen geblieben, und schon damals zeichnete sich der Literaturbetrieb nicht gerade durch Nachsicht mit gestrauchelten Größen aus. Stifters rascher Aufstieg hatte naturgemäß auch Neid erweckt, und so nimmt die Häme kaum wunder, mit der mancher die letzten Neuigkeiten unters Volk brachte: »Die philosophische Fakultät hat auf das Ansuchen Adalbert Stifters, ästhetische Vorlesungen für Damen an der Universität halten zu dürfen, ablehnend eingeraten, indem das vom Novellisten vorgelegte Programm als ein völlig unsystematisches und verworrenes der Studien-Hofkommission bezeichnet wurde. Wir wissen nicht zu entscheiden, ob Herr Stifter, ob die prüfende Fakultät Recht hat, gewiß aber ist es, daß die poetische Fähigkeit dieses Autors in einer bedauerlichen Abnahme begriffen ist.« Die Bösartigkeit des anonymen Autors im *Grenzboten* steht gewiß allein, doch bezeichnen *Der Waldgänger* und *Prokopus* einen definitiven Wendepunkt in Stifters Laufbahn. So schnell wie er zum Modeautor geworden war, so schnell sollte er nun ins literarische Abseits geraten.

Das Abseits war jedoch zum großen Teil selbstgewählt, und der Rückzug vom Wiener Betrieb in die Provinz ist dafür das deutlichste Zeichen. Der Sommer brachte wieder etwas von der Erholung, die Stifter sich wünschte, und er arbeitete täglich sechs Stunden an den beiden letzten *Studien*-Bänden; er brachte aber auch eine neue Wendung in seinem Leben. Kurze Zeit nach seiner überstürzten Abreise war Philipp Mohaupt mit seinen vier Kindern in Wien eingetroffen. Die sechsjährige Juliane wollten Stifters bei sich aufnehmen, und mit der kleinen Stieftochter wäre dann auch endlich der sehnlichste Wunsch wenigstens im Rahmen des Möglichen gestillt gewesen. Doch auch hier erweist sich die Zweideutigkeit von Stifters Sehnsucht, denn Zeichen wirklicher Zuneigung sind niemals erkennbar. In keinem seiner Briefe, die er von Linz an die daheimgebliebene Amalia schickt, finden sich Grüße an das kleine Mädchen, und auch in späteren Jahren wird sie nur dann erwähnt, wenn sie zu Sorgen Anlaß gab. Niemals entsteht der Eindruck, daß Stifter durch die Anwesenheit eines Kindes aus Fleisch und Blut, nach dem er doch so verlangt hatte, irgendetwas Positives für sein Leben gewonnen hätte. Amalia war inzwischen auch noch krank geworden, und wiederum suchten Angst und Verzweiflung den Ehemann heim. Endlich traf sie in Linz ein, und die Familie fand sich nun erstmals zu dritt in dem direkt am Flußufer gelegenen Domizil wieder, einer Wohnung im zweiten Stockwerk des repräsentativen »Hartl'schen Hauses«, die Nr. 1313 der Unteren Donaulände, von durchaus bürgerlichem Zuschnitt. Der Sommer verlief wie gewohnt, Herbst und Winter in Wien genauso. Stifter hatte nun sein Kind, doch nichts wurde anders. Auch das junge, lebendige Wesen vermochte ihn nicht mehr in seiner Einsamkeit zu erreichen.

Revolution!

DER WINTER WAR 1847/48 nicht weniger deprimierend als ein Jahr zuvor. Die harten Kritiken berührten Stifter mehr, als er es sich eingestehen wollte. Zwar grenzte er sich gern gegen die Tages- und Modeliteratur ab – zu der er doch selber lange genug gezählt hatte –, aber der Gestus des zeitenthobenen Klassikers schützte ihn vor dem Selbstzweifel nicht. Tatsächlich mußte es ihm zu denken geben, daß inzwischen auch wohlgesonnene Kritiker wie Hieronymus Lorm auf Distanz gingen. Der lehnte nicht nur neuere Schöpfungen wie den *Prokopus* ab, das wäre wohl im Einzelfall noch nachvollziehbar und damit zu verschmerzen gewesen; er wandte sich nun auch gegen die neu erschienenen *Studien*-Bände drei und vier: »Durch den gerechten Beifall verführt, mit welchem man sein erstes Auftreten begrüßte, wagt er sich nicht von der kleinen Stelle fort, auf welcher ihm der Beifall wurde. Was anfangs nur eine schöne, eigentümliche Form schien, wird jetzt zur Manier. Herr Stifter *verösterreichert* sich.« Lorm nahm die *Studien* so ernst, wie der Dichter es wollte, er begriff sie nicht einfach als Sammlung früherer Schriften, sondern als neues Werk. Und als solches verwarf er sie. Was diese »Verösterreicherung« auch ganz konkret bedeuten mochte, darauf wies der Rezensent der Leipziger *Blätter für literarische Unterhaltung* hin: die Zwänge der Zensur. Der Außenstehende, der nicht den Gesetzen des Metternichschen Systems zu gehorchen hatte, erkannte besser den Zusammenhang zwischen einer Konzentration auf einen engen Kreis des Individuellen und der schieren Unmöglichkeit, die gesetzten Grenzen ohne offenen Konflikt zu überschreiten.

Doch auch mit Lob wurde der Autor nicht immer froh. Schon 1846 hatte ihn Joseph von Eichendorff in seinem Artikel zur *Geschichte der neuern romantischen Poesie* besonders hervorgehoben, und Stifter war durch die ehrende Äußerung des großen Dichters natürlich gerührt. Wenn Eichendorff indes den *Studien* eine »katholische« Gesinnung zusprach, dann rückte er Stifter damit in eine Nachbarschaft, in der dieser sich nicht zuhause fühlen konnte. Ausdrücklich hob auch Eichendorff ihn über die »gegenwärtige Modeliteratur« hinaus – ein Kompliment, welches ziemlich deutlich eine gewisse Ambivalenz von Stifters Position in den vierziger Jahren erkennen läßt. Denn was war er in der Zeit seit dem *Kondor*, seit 1840 also, anderes gewesen? Stifter *war* ein Modeautor, und als er diese Stellung 1847/48 einbüßte, machte ihn das durchaus nicht glücklich, und er versuchte immer wieder, den Grund dafür zu verstehen. Er verlor sie, weil er nicht bereit und noch weniger fähig war, Konzessionen zu machen; dies aber war die andere Seite seiner Selbstisolation, seiner Scheu, äußere Einflüsse ganz gleich welcher Art in sich aufzunehmen. Die Distanz zu den Strömungen der Zeit gehörte zu Stifters Selbstverständnis als Dichter; eine historische Wahrheit ist sie für die Zeit vor 1848 jedoch keineswegs.

Aber Stifter war im Literaturbetrieb noch immer ein Name, der zählte. Im Sommer 1847 hatte ihn eine Bitte der Augsburger *Allgemeinen Zeitung* um Beiträge und Rezensionen erreicht, und er wollte sich die Gelegenheit nicht entgehen lassen. In einem langen Brief an den Redakteur Aurelius Buddeus legte er seine Gedanken zur zeitgenössischen Literatur dar, und wie so oft, wenn ein Autor zum Rezensenten wird, wurde es ein Plädoyer in eigener Sache. Stifter fühlte sich bereits in der Defensive. Der wiederholte Vorwurf, sich allzu sehr auf den kleinen Bereich des Individuellen zu beschränken, traf ihn um so mehr, als er ja selbst den Wunsch verspürte, sich großen historischen Themen zuzuwenden. In diesem Brief vom 21. August taucht zum ersten Mal der Name Friedrich Hebbel auf, und damit begann die lange Fehde, die beide über Jahre miteinander verbinden sollte. Buddeus hatte einen Artikel über Hebbel angeregt, der damals seit knapp zwei Jahren in Wien lebte. Stifter lehnte ab; »denn nach meiner Individualität und nach meinen Kunststudien muß ich ihn in dem, was er bisher geleistet hat, *völlig verwerfen*«. Die ausdauernde Feindschaft entzündete sich also nicht erst an den gegenseitigen, veröffentlichten Angriffen, sondern sie bestand von Anfang an und ohne persönlichen Anlaß, obwohl natürlich – bei zahlreichen gemeinsamen Bekannten – nicht ausgeschlossen ist, daß manches private Urteil bis zu den Ohren des anderen vordrang.

Die Artikel, die Stifter nun über die verschiedensten Themen zu schreiben begann, trugen dazu bei, daß er sich mehr und mehr verzettelte. Tatsächlich vermitteln diese letzten Monate vor dem großen Umsturz den Eindruck einer tiefen Verunsicherung, an denen die schlechte Aufnahme seiner letzten Erzählungen gewiß einen erheblichen Anteil hatte. An dichterischen Arbeiten entstanden nur die beiden kleineren Novellen *Der arme Wohltäter* und *Die Pechbrenner*, die später in die *Bunten Steine* übernommen wurden. Sonst blieb es bei Plänen, Stifter dachte an einen Roman über Kepler und an einen Zyklus aus der böhmischen Geschichte. Auch hier die gleiche Zweideutigkeit: Während er nach außen hin seine Literatur des Kleinen verteidigte und sich mit vollem Recht gegen die konservative Vorstellung wandte, nur ein großes Thema verbürge ein großes Kunstwerk, beschäftigte er sich mit umfangreichen Vorstudien zu einem großen historischen Roman aus dem Mittelalter – im 19. Jahrhundert sehr wohl ein Modethema. Er war sich seiner Sache weniger sicher, als er es in öffentlichen Äußerungen und Briefen darstellte; die Hinwendung zum Kleinen war nicht immer so freiwillig, wie er es gern gesehen haben wollte, und die »Völker, Länder, Massen« reizten ihn nicht weniger als vor zwei Jahren. Stifter verteidigte sich, so gut er konnte, aber insgeheim wußte er, daß die Kritik ihn an einem empfindlichen Punkt getroffen hatte.

Seltsam ist, wie wenig die politischen Vorgänge des Vormärz in Stifters Briefen aufscheinen. Schon im Frühjahr 1847 war es in Wien zu Hungerrevolten gekommen, und nun, um die Jahreswende 1847/48, wurde der ganze Staat von einer bedenklichen Finanzkrise erfaßt. Nichts davon wurde erwähnt. Die wirtschaftlichen Probleme, die ungelöste Nationalitätenfrage, die unaufhaltsam scheinende Erosion des autoritären und bürokratischen Regierungssystems trieb das Land immer schneller auf den Abgrund zu. Im Rückblick, aus späteren Dokumenten läßt sich erkennen, daß Stifter den Ereignissen aufmerksam folgte; wenn es trotzdem von ihm bis zum Ausbruch der Märzrevolution praktisch keinerlei Äußerungen zur politischen Lage gibt, dann spielt die Vorsicht, bedenkliche Meinungen dem Papier anzuvertrauen, gewiß eine erhebliche Rolle, denn in den Salons, wo er mit Vertrauten sprechen konnte, blieben seine liberalen Ideen nicht unbekannt. Zum anderen aber waren seine eigenen Bedrückungen so stark geworden, daß ihm die Politik nur eine zusätzliche Belastung werden konnte, und wie so oft, wenn er sich überfordert fühlte, reagierte er mit Schweigen und behielt seine Sorgen für sich. Die persönliche Verunsicherung bildete zusammen mit der prekären äußeren Situation eine Drohung, die sich gegen seine ganze Existenz zu richten schien.

Und private Sorgen gab es genug. Heckenast war einmal ungeduldig geworden ob des Mißverhältnisses, das zwischen Stifters finanzieller Bedürftigkeit und seinen literarischen Lieferungen bestand; dieser befürchtete, die Zuneigung seines Verleger-Freundes zu verlieren, und verwies in langen Briefen auf all die Anforderungen, die von außen an ihn herangetreten waren: Amalias noch immer andauernde Krankheiten, Unterstützung für den Stiefbruder Jakob in Wien und die Geschwister in der Heimat, die Einkleidung Julianes, die »so gut wie nackt« in sein Haus gekommen war. Dann gab es Ärger mit der Magd, die ihren Herrschaften Anlaß zur Unzufriedenheit gegeben hatte. Der Entlassung folgten langwierige Streitereien, die Stifter in seinem prinzipientreuen Rechtsempfinden bis in die Amtsstuben des zuständigen Polizei-Unterkommissärs in Linz trug. Dann, im Februar 1848, trat das letzte Unglück ein: Der Schwager Philipp Mohaupt starb mit nur einundvierzig Jahren im Wiener Invalidenhaus. Das Schicksal der zurückbleibenden Kinder war traurig genug. Das älteste Mädchen Josephine, Pepi genannt, kam durch Vermittlung von Stifters Freundin Antonie von Arneth in ein Waisenhaus; später arbeitete sie für kurze Zeit als Dienstmädchen bei den Stifters, dann ging sie nach Wien, wo sie 1859 an Typhus starb. Katharina, die Zweitälteste, befand sich in Szathmar, einem ungarischen Waisenhaus für Soldatenkinder, und auch sie sollte später, gleich Juliane, in Stifters Haus kommen. Der Jüngste war Gustav, ein geistig und körperlich zurückgebliebenes Kind, das im Militärinvalidenhaus der Vorstadt Landstraße aufwuchs. Nach fehlgeschlagenen Berufsplänen, Diebstählen und Unterschlagungen legte Stifter Jahre später die Vormundschaft nieder. Seit April 1868, als er aus der Wiener Beschäftigungsanstalt floh, gibt es keinerlei Spur mehr von ihm.

All das hatte Stifters »ziemlich traurigen Winter« so verdüstert, daß er seinem Bruder Anton am 20. Februar schrieb, er werde in diesem Jahr schon im April nach Linz kommen: »Ich will heuer die Baumblüten in Oberösterreich sehen, es tut not, daß ich Frische und Heiterkeit zur Arbeit bekomme; denn ich habe durch die Besorgnis und Bekümmernis viel Schaden gehabt«. Doch dann sollte alles ganz anders kommen. Am 24. Februar hatte in Paris nach dreitägigen Barrikadenkämpfen die Revolution gesiegt. Die Wirkung auf Europa war ungeheuer. Sofort sprang der Funke auf Deutschland über, auf Italien und Ungarn, wo es nicht nur um Demokratie, sondern vor allem auch um die Befreiung aus der Habsburger Herrschaft ging. Die Ereignisse überstürzten sich mit unerhörter Geschwindigkeit, und trotz der drohenden Vorzeichen hatte kaum jemand eine solche Entwicklung vorausgesehen. So hatte Stifter noch am 11. März über Antonie von Arneth eine Einladung zur Kaiserinmutter für den Abend des 14. erhalten. Aber bereits am 13. März hatte die Revolution auch Wien erfaßt. Im Allgemeinen Krankenhaus zählte man sechzig Tote, doch die Entscheidung war gegen eine militärische Niederschlagung des Aufstandes gefallen. Metternich, der verhaßte Repräsentant des alten Regimes, mußte bei Nacht und Nebel verkleidet nach England fliehen; der Kaiser sah sich gezwungen, den Forderungen seines Volkes nachzukommen: Verfassung, Abschaffung der Zensur und Bildung einer Nationalgarde. So wie in Preußen und anderen deutschen Staaten kapitulierte das alte System praktisch kampflos vor dem Ansturm der Massen; doch auch hier setzte sich die Reaktion nach dem ersten Schock langsam gegen die sich erschöpfende Revolution durch. Trotzdem hat die sofortige Abdankung der alten Machthaber etwas Überwältigendes; es war der Zusammenbruch einer ganzen Epoche, der sich hier in wenigen Märztagen abspielte.

Stifter konnte sagen, er sei dabeigewesen. Die Begeisterung erfaßte ihn wie das gesamte Bürgertum, er war geradezu mitgerissen von dem allgemeinen Glückstaumel. »Erinnern Sie sich noch«, schrieb ihm Betty Paoli einige Monate später, »wie ich am Morgen des 15. März zu Ihnen kam und wie wir uns der neugewonnenen Freiheit freuten? Ich werde es nie vergessen, denn dieser Tag gehörte zu den seltenen, an denen wir das Ideal zur Wirklichkeit verkörpert sehen«. Auch Heckenast, der sich gerade in Wien aufhielt, berichtete später von dem befreiten, geradezu erlösten Eindruck, den Stifter auf ihn machte. Die beiden Männer gingen durch die Innenstadt spazieren, sahen sich die Menge mit ihren Fahnen, Kokarden und Blumen an und beschafften sich die ersten unzensierten Zeitungen. Doch sein eher ängstliches Temperament ließ Stifter zugleich besorgt in die Zukunft schauen: »Der Bau ist niedergerissen«, sagte er zu Heckenast, »wer wird nun den Schutt forträumen, und wo sind die Männer, welche den Neubau aufzuführen Kraft und Beruf haben?«

Der Notwendigkeit, am Neubau mitzuwirken, wollte sich Stifter nicht verschließen. Am 7. April wurden durch ein Vorparlament die Wahlvorschriften für die verfassunggebende Nationalversammlung verabschiedet, die in der Frankfurter Paulskirche zusammentreten sollte. Die allgemeinen und gleichen Wahlen, für die der Grundsatz »Ein Mann, eine Stimme« galt, wurden in Österreich auf indirekte Weise organisiert: Die Bevölkerung wählte sogenannte Wahlmänner, die dann den Abgeordneten bestimmten. Stifter gehörte zu den Wahlmännern für die Innere Stadt, die sich am 30. April versammelten. Die Sitzungen und Diskussionen, an denen er teilzunehmen hatte, häuften sich. Doch auch als Autor wollte er sich an den Bewegungen der neuen Zeit beteiligen, und er begann, der neugegründeten *Constitutionellen Donau-Zeitung* Beiträge zu liefern. Einer der ersten trug den Titel *Über Stand und Würde des Schriftstellers*, ein Versuch, die politische Verantwortung der Schreibenden gegenüber den Folgen ihrer Gedanken zu definieren. Dieser Artikel läßt aber auch schon den Graben erahnen, der sich zwischen Stifter und seinen Zeitgenossen auftun mußte: In seiner lehrhaften Ausführlichkeit, seiner idealistischen, ins Allgemeine abschweifenden Höhenlage konnte er in den stürmischen Märztagen kaum auf größere Resonanz hoffen.

Doch dann, in den ersten Tagen des Mai, wurde der Druck zu stark: Stifter, der sich nach all seinen politischen Aktivitäten »wie gerädert und zerschlagen« fühlte, beschloß, nach Oberösterreich abzureisen. Die Baronin Henriette Pereira gab finanzielle Hilfe, und schon am 6. Mai war Stifter auf dem Weg nach Linz. Amalia und Juliane sollten später folgen. »Hier ist Ruhe und Frieden, daß es mir gegen Wien wie Totenstille erschien«, schrieb Stifter am 11. Mai an Betty Paoli, von der er sich bei seinem überstürzten Aufbruch nicht einmal verabschiedet hatte. Und wirklich mußte ihm Linz wie eine andere Welt vorkommen. Die große Bürgerliche Revolution von 1848 war eine Revolution der Hauptstädte, und im deutschsprachigen Teil Österreichs hatte sie sich auf Wien und Graz beschränkt. In einer Provinzstadt wie Linz jedoch war vom Atem der Geschichte kaum etwas zu spüren. Gewiß, man beteiligte sich an den Wahlen, man begrüßte höflich die Abordnungen aus der Hauptstadt, doch Anteilnahme und Begeisterung hielten sich in überaus engen Grenzen. Stifter war zugleich erleichtert und bedrückt; erleichtert, weil er das vom Lärm der Waffen und Deklarationen widerhallende Wien hinter sich gelassen hatte, bedrückt, weil er auch in der ländlichen Idylle mit seinen Gedanken immer wieder an den Ort der Unruhe zurückkehrte.

Stifters Übergang von Wien nach Linz war endgültig – doch davon ahnte er selber noch nichts. Zunächst war es nur die Flucht vor den revolutionären Wirren, die ihn psychisch immer stärker belasteten und die ihn zudem im Augenblick einer persönlichen Krise getroffen hatten. Von einem Wunsch, einer festen Entscheidung zum Umzug war keine Rede; in den folgenden zwei Jahren sollte es noch zu mancherlei Hin-und-Her kommen, bis Stifter dort blieb, wo er nun war, und mehr als einmal spielte er mit dem Gedanken, nach Wien zurückzukehren. Der Unterschied kann kaum überschätzt werden: Wien, eine Metropole von europäischem Rang, hatte damals etwa vierhundertvierzigtausend Einwohner und war damit vor Berlin die größte deutschsprachige Stadt. Linz zählte gerade einmal knapp sechsundzwanzigtausend, ein beschauliches Städtchen von nur regionaler Bedeutung. Stifter war nach seiner Herkunft alles andere als ein Großstädter, und trotz seines Erfolges war er in Wien auch immer ein wenig fremd geblieben; andererseits waren die zweiundzwanzig Jahre, die er hier verbracht hatte, natürlich nicht spurlos an ihm vorübergegangen, und die Übersiedlung nach Linz war keinesfalls eine problemlose Rückkehr in die Heimat. Die Wahrheit sieht wohl so aus, daß Stifter nun überall zum Fremden geworden war und in seiner inneren Vereinsamung zu keinem Ort mehr eine wirklich heimatliche Verbundenheit entwickelte. Die Ruhelosigkeit der spätesten Jahre spricht dafür Bände.

Mit einem Schlage sah sich Stifter wiederum in einer völlig ungewissen Situation, die Revolution hatte seinem inneren und äußeren Gleichgewicht einen harten Stoß versetzt. Er lebte nun an einem Ort, der nichts als ein Provisorium war, denn sein ganzer Haushalt befand sich nach wie vor in Wien. Materiell war die Lage mehr als prekär, und es war kaum absehbar, wann in derart wirren Zeitläuften wieder ein Interesse an schöngeistiger Literatur erwachen mochte. Und wie sollte die überhaupt aussehen, diese Literatur – das war die drängendste Frage. Stifter war sich vollkommen bewußt, »daß Dichtungen in jetziger Zeit ganz andere Motive bringen müssen, wenn sie hinreißen sollen, als vor den Märztagen: so warf ich mich *ganz* auf den historischen Roman der Ottokarszeit, die gewalttätig und groß war, wie die heutige, und die daher selbst mitten in Krieg und Umsturz gelesen würde, so wie ich sie mitten in heftigen politischen Gefühlen zu arbeiten vermochte.« Stifter beschränkte sich nicht auf die geschichtsabgewandte Idylle, die er für sein äußeres Dasein so nötig brauchte, und alles, was er in seinem Leben noch schrieb oder auch nur plante, bezieht sich direkt oder indirekt auf die große Umwälzung des Jahres 1848.

Und gleichzeitig offenbart sich hier bereits Stifters ganze so mehrdeutige und schwankende Stellung zu seiner Epoche: Es war ihm klar, daß er als Schriftsteller auf die Gegenwart reagieren *mußte*, doch er glaubte, ein Romanzyklus über die Ottokarszeit sei dazu das geeignete Mittel. Er wandte sich in diesem geschichtlichen Augenblick fast zwangsläufig der Geschichte zu, aber einer, die schon zur tiefsten Vergangenheit gehörte. Er versuchte, seinen Zeitgenossen etwas über das Wesen des Historischen zu vermitteln, und übersah, daß diese jetzt aktuelle Antworten verlangten. Stifters aktive Teilnahme an der Revolution war nur von kurzer Dauer, doch sie zeigt, daß er keinesfalls zur Reaktion gehörte. Auch jetzt, nachdem er sich weit hinter die Linien zurückgezogen hatte, lief er nicht einfach zur Gegenseite über: Stifter blieb ein bürgerlicher Liberaler. Wenn er trotzdem dem literarischen Konservativismus immer näher kam, dann durch seine Haltung eines *Unzeitgemäßen*. Vollkommen unzeitgemäß war der Rückgriff auf mittelalterliche Geschichte, unzeitgemäß war die Berufung auf den klassischen Humanismus à la Herder, wie er ihn in seinen politischen Artikeln pflegte. Unzeitgemäß war vor allem der Glaube, die politischen Probleme dieser hochpolitisierten Zeit seien mit unpolitischen Mitteln zu lösen. Und gerade diese Vorstellung trennte Stifter auch von der gegenrevolutionären Restauration, die bald schon zur Attacke übergehen sollte.

Am 15. Mai trat ein Ereignis ein, das Stifter aufs äußerste bestürzen mußte: Der Kaiser floh mit seiner Familie nach Innsbruck. Nun war Ferdinand I. zwar körperlich und geistig behindert und hatte die wirkliche Regierungsgewalt nie in Händen gehabt; Stifter aber war als Künstler für symbolische Gesten ganz besonders sensibel. Die Flucht des Monarchen aus seiner Residenz – das war ein Zeichen für den drohenden Untergang. Von nun an gewann die Angst immer schneller die Oberhand gegenüber der Hoffnung; bald glaubte Stifter, aus seinem abgelegenen Versteck heraus nur noch Auflösung und Zerstörung zu sehen, aber der realistische Blick auf die weiteren politischen Entwicklungen ging ihm verloren. Heckenast wurde zum Empfänger von ausführlichen Briefen, voll von Befürchtungen und dem Wunsch, selbst in die Ereignisse eingreifen zu können. Die Briefe zeigen seine Ansichten unverstellter als die gleichzeitigen Zeitungsaufsätze, die in ihrer pädagogischen, vermittelnden Haltung überaus vorsichtig gefaßt sind. Stifter hatte seine politische Meinung nicht geändert: »Ich bin ein Mann des Maßes und der Freiheit«, schrieb er am 25. Mai an Heckenast und fügte noch eine Definition dieser Freiheit hinzu: »Nicht in Alleingewalt, sondern in der Verteilung liegt sie.« Dieser lange Brief umreißt ziemlich genau Stifters Position: Er hoffte auf eine konstutionelle Monarchie, glaubte an den Wert gesetzlich garantierter Rechte und an die ausgleichende, vermittelnde Funktion des repräsentativen Systems. Der Hinweis auf die englische Tradition macht es vollends deutlich: Stifter war ein bürgerlicher Liberaler im klassisch-demokratischen Sinn.

Er war jedoch kein politischer Denker, und wenn ihn etwas ganz persönlich kennzeichnete, dann ist es das fehlende Vertrauen in die politischen Mechanismen ganz allgemein. »Jeder Mißstand, jedes Übel (von jeder Seite)«, heißt es in dem gleichen Brief, »wird nur durch das gesänftigte, edle, ruhige aber allseitig beleuchtende Wort gut – durch dieses aber wird es ganz gewiß gut – und das Wort, diesen ›sanften Ölzweig‹, so heiß ersehnt, endlich errungen, gebrauchen wir jetzt so selten recht«. Was er am meisten fürchtete an der Revolution, waren nicht so sehr bestimmte politische Entscheidungen, es waren die Ausbrüche von Gewalt, von »Zügellosigkeit« und »Leidenschaft«, kurz: alles was die so notwendige *Ordnung* erschüttern konnte. Stifter dachte über die historischen Ereignisse in psychologischen Kategorien – doch in solchen, die seinen eigenen Obsessionen entsprangen. Ordnung, das war nicht zwangsläufig ein bestimmtes politisches System, das war ein elementares Bedürfnis seines innersten Wesens, das war der Zwang, den man sich selber antat, um irgendeinen Halt zu finden in dieser schwankenden Welt. »Selbstbeherrschung bis zur Opferung des Lebens, Maß bis zur Verleugnung der heißesten Triebe ist nur in der Freiheit möglich; denn sonst kann es als Gebundensein nicht als Selbstbestimmung vorliegen.« Die politisch gemeinte Briefstelle ist viel eher genaue Analyse der eigenen Charakterstruktur: eine Definition der Freiheit als Voraussetzung zur Unterwerfung des eigenen Ich. Es war eine ganz persönliche Erfahrung: Nicht Herrschaft von außen gab Festigkeit, sondern nur Selbstbeherrschung.

Von konkreten Problemen oder Forderungen ist in Stifters Äußerungen viel weniger die Rede als von diesen psychologischen Deutungen. Ein so individueller Blickwinkel verführte ihn dazu, die eigentlichen Machtfragen vollkommen zu unterschätzen: Sein Modell politischer Willensbildung war das ruhige, vernünftige Gespräch. So glaubte er, die demokratische Umwälzung wäre sehr viel besser auf einem gesetzmäßigen Wege erreicht worden als durch Sturmpetitionen an die Adresse des Kaisers; er übersah dabei ganz und gar, daß der eigentliche Grund für die Revolution ja eben die Unmöglichkeit war, Reformen auf friedlichem Wege durchzusetzen. Entscheidungsfindung durch kontroverse Diskussion, das mochte als Modell für die nachrevolutionäre Demokratie durchaus gelten, für das diktatorische *Ancien régime* jedoch gerade nicht. Auf diesem Auge wurde Stifter zunehmend blind: Die traditionelle Fixierung auf Autorität verband sich mit seiner ganz persönlichen Sehnsucht nach stabilen Verhältnissen, ewigen Gesetzen und überzeitlichen Ordnungen – und die kaiserliche Obrigkeit war eben nach wie vor der höchste, durch Jahrhunderte verbürgte symbolische Garant dieser Ordnung.

Im Habsburger Reich kamen im Vergleich zu den anderen deutschen Staaten zwei Umstände hinzu, die das Gefühl der Verunsicherung noch erheblich verstärkten. Der eine war die soziale Frage. Gegenüber Preußen etwa, das unter der Napoleonischen Herrschaft eine Reformperiode mit vielen dauerhaften Errungenschaften erlebt hatte, stand Österreich als nahezu feudales Land da. Die polizeistaatliche Unterdrückung nach innen hatte dazu ein übriges getan, und so ging die Wiener Revolution in politischer

Radikalität weit über die preußische hinaus. Der zunehmende Widerspruch zwischen bürgerlichen und proletarischen Strömungen, ein wesentlicher Grund für das Scheitern von 1848, zeichnete sich in Wien schon deutlicher ab als in Berlin oder den anderen deutschen Staaten. Der zweite Umstand war das Habsburger Nationalitätenproblem. Mit der Demokratisierung verband sich immer lauter die Forderung nach Unabhängigkeit für die nicht-deutschen Nationen im Reich, für Norditalien, Böhmen und Mähren, Kroatien, Serbien und vor allem für Ungarn. Die radikalen Demokraten im Frankfurter Parlament sahen in der Unterdrückung dieser Nachbarvölker geradezu einen Schandfleck für ein erhofftes demokratisches Deutschland. Im Habsburger Österreich bedeutete die Revolution also nicht nur den gewaltsamen Wechsel der Staatsform, sie bedrohte den Staat in seiner ganzen gegenwärtigen Existenz.

Diesen zwei Problemen aber, der sozialen und der nationalen Frage, stand Stifter mit völligem Unverständnis gegenüber, worin er sich nicht von der Mehrheit des liberalen Bürgertums unterschied. In der erwachenden Arbeiterschaft erblickte er nur kulturfeindliche Barbarei; er fürchtete, »das Proletariat würde, wie ein anderer Hunnenzug, über den Trümmern der Musen- und Gottheitstempel in trauriger Entmenschung prangen.« Ein solches Urteil, das auf einfacher Unkenntnis beruhte, wird entschuldbarer sein, wenn man sich erinnert, daß selbst ein Dichter wie Heinrich Heine, der Marx und Engels persönlich kannte, von nahezu identischen Alpträumen heimgesucht wurde. Das politische Bewußtsein des Bürgers fand seine Grenze an der Grenze seiner Klasse. Gleiches gilt für die Grenzen der Nationalitätenfrage. Daß Österreich zu Deutschland gehörte und deshalb in der Frankfurter Paulskirche vertreten sein mußte, war für Stifter selbstverständlich; ein Problem für die anderen Nationen des Vielvölkerstaates vermochte er darin nicht zu erkennen. Der *Status quo* des Reiches war sakrosankt; der Gedanke, Demokratie könne auch Unabhängigkeit für die östlichen Landesteile bedeuten, war ihm undenkbar. Die ungarischen Revolutionäre, allen voran ihr Führer Ludwig Kossuth, waren unreif und verantwortungslos, die erkämpften Autonomiegesetze Hochverrat. Hier spricht ein noch vollkommen ungebrochener Nationalismus aus Stifter, zugleich aber auch das Bewußtsein von der Gefahr, die der alten Ordnung, in der er sein Leben verbracht hatte, gerade aus dieser Richtung drohte.

Es waren Stifters älteste und tiefste Ängste, die hier geweckt wurden. Und auch Abhilfe fand er nur in einer alten Therapie: in der Arbeit. In der Hoffnung auf eine kommende *Iris* schrieb er an einer neuen Erzählung *Der alte Hofmeister*. Sein Hauptgeschäft aber war – der Zeit entsprechend, wie er es verstand – der große Romanzyklus über das Geschlecht der Rosenberger; den ganzen Sommer über las er historische Werke, studierte, exzerpierte und redete sich und Heckenast ein, nach diesen enzyklopädischen Vorarbeiten würde die Niederschrift ein Leichtes sein. Doch soweit war es noch lange nicht, seine Gedanken kehrten immer wieder aus der vergangenen in die gegenwärtige Geschichte zurück. Die Welt wollte nicht zur Ruhe kommen, auch nach Monaten zeichnete sich keine stabile Lösung ab. Dann brachte der Oktober den endgültigen Umschlag zugunsten der Reaktion: Als die Regierung die Verhandlungen mit den ungarischen Demokraten abbrach und auf eine militärische Lösung zumarschierte, war das der Beginn der Oktoberrevolution in Wien. Meuternde Truppen, Arbeiter, Studenten und Bürger übernahmen die Macht in der Stadt, der Kriegsminister Graf Latour wurde im klassischen Stil an einer Laterne erhängt. Der gesamte kaiserliche Hofstaat floh. Am 26. Oktober begann die Gegenoffensive unter Führung des Fürsten Windischgrätz: Österreichische Truppen griffen die eigene Hauptstadt an – man hatte größtenteils tschechische und ungarische Regimenter eingesetzt, um die Attacke auf die eigenen Landsleute nicht unnötig zu erschweren. Am 31. Oktober war der Kampf vorbei, es folgten die standrechtlichen Erschießungen, dann herrschte wieder Ruhe in Wien.

»Ich war im Oktober ganz gebrochen«, schrieb Stifter am 21. November an Heckenast. »Möge Vernunft und Menschlichkeit siegen – zwei Dinge, die jetzt fast aus der Welt geflohen zu sein scheinen.« Er hoffte inzwischen nur noch auf ein Ende der Wirren – um jeden Preis. Die gewaltsame Niederschlagung der Revolution durch Windischgrätz betrachtete er darum fast als Erlösung, jedenfalls als berechtigte Reaktion auf unhaltbar gewordene Zustände. Die wiederhergestellte Ruhe schien ihm recht zu geben; endlich wurde es wieder möglich, an die Lösung einzelner Probleme zu denken. Auch der Regierung war die Notwendigkeit von Reformen bewußt, wenn man Wiederholungen der Geschichte vermeiden wollte. Eine allgemeine Schulreform gehörte zu diesen Projekten. Der bedeutende Pädagoge Ernst von Feuchtersleben hatte sich damit beschäftigt, nun waren der Unterrichtsminister Franz Graf Stadion und sein Ministerialrat Franz Exner für die weitere Ausarbeitung verantwortlich. Der oberösterreichische Statthalter Alois Fischer, der zum bürgerlich-liberalen Flügel zählte, wies auf Stifter hin, und im Dezember erhielt dieser eine Einladung zu Besprechungen im Wiener Ministerium.

Stifter war für die Regierung gleich aus mehreren Gründen interessant. Er galt als liberal und reformwillig, und war zugleich absolut staatstreu und dem Kaiserhaus gegenüber loyal. Niemand konnte besser geeignet sein, ein maßvolles Reformprogramm zu unterstützen und damit zu helfen, der Revolution ihre radikale Spitze abzubrechen – etwas, was er selbst von ganzem Herzen wünschte. Darüber hinaus besaß Stifter einen erheblichen Ruf als fähiger Pädagoge, was für die Schulreform nur nützlich sein konnte. Den Jahreswechsel verbrachte er in Wien, die Verhandlungen zogen sich hin, so daß sich die in Linz wartende Amalia bereits beklagte, wie ihr die Tage lang und die Nächte unerträglich wurden. Trotz der elenden Zustände hatte es ihm die Residenz wieder angetan, und am Silvesterabend schrieb er an seine Frau sogar: »Wenn Du hier wärest, bliebe ich auf alle Fälle da.« So wie er einerseits nach Ruhe verlangte, so reizte es ihn auf der anderen, direkt in die Entwicklung eingreifen zu können. Doch nichts wurde entschieden. Vielleicht ohne es zu ahnen, war Stifter natürlich mitten in die Auseinandersetzungen zwischen den politischen Fraktionen des Landes geraten, und Entscheidungen wurden noch nicht gefällt. Er kehrte nach Linz zurück.

Seine materielle Lage war fast unhaltbar geworden. Einkünfte hatte er keine mehr, und bei seinem Bruder Anton war er hoch verschuldet. Die Protektion des Statthalters Alois Fischer konnte ihm da nur recht sein; dieser schlug im März den »privatisierenden und von der Schriftstellerei lebenden Gelehrten Adalbert Stifter« dem Unterrichtsministerium als Schulrat oder allgemeinen pädagogischen Referenten vor, doch trotz seiner lobenden Empfehlungen ließen die Ernennung und das vorgesehene Jahresgehalt von tausend Gulden auf sich warten. Offenbar hatte ein Professor Deckstein, der noch dazu den Vorzug hatte, ein früherer Lehrer des Ministers Leo Graf von Thun zu sein, Interesse an der gleichen Stelle angemeldet. In seiner Not übernahm Stifter daraufhin von Fischer die Redaktion der halboffiziellen *Linzer Zeitung*, und zum Juni trat er auch in die Leitung des *Wiener Boten* ein. Seine Aufgabe bestand im wesentlichen darin, die Ereignisse im Sinne der offiziellen Regierungspolitik darzustellen. Auch darüber hinaus arbeitete er um ein bescheidenes Salär für den Statthalter, begleitete ihn auf amtlichen Exkursionen, und manches machte er ganz umsonst, zum Beispiel ein Programm für die neue Linzer Realschule, das den Umfang eines regelrechten Buches annahm. All diese Aktivitäten hatten zunächst den einen Zweck, irgendwie ein wenn auch noch so geringes Auskommen zu sichern. Zum anderen passen sie jedoch genau in den Rahmen von Stifters Bemühungen, einen Ausweg aus der schweren Krise der Gegenwart zu finden – einen persönlichen *und* gesellschaftlichen.

Der lange Brief an Heckenast vom 6. März 1849 ist vielleicht das bedeutendste Dokument von Stifters nachrevolutionärer Haltung; sein Ausruf »Das war ein fürchterliches Jahr!« der Schlußpunkt unter einer Entwicklung, die von der anfänglichen Begeisterung zu enttäuschtem Quietismus führte. Zu diesem Zeitpunkt erwartete Stifter von der Bewegung, die im März 1848 begonnen hatte, *nichts* mehr. Doch warum nicht? Ein Scheitern seiner Hoffnungen mußte ja nicht zwangsläufig beweisen, daß sie falsch gewesen waren. Der Ursprung dieser Resignation lag tiefer, lag darin, daß Stifter im tiefsten Grunde *niemals* an die Veränderbarkeit der Welt durch politisches Handeln geglaubt hatte. Sein Geschichtsbild war schon immer von ausweglosem Fatalismus geprägt; wer hoffte, die Geschicke der Welt in seine Hände nehmen zu können, der irrte und mußte tief stürzen. Schon im Vormärz erzählte Stifter vom Rückzug aus der Geschichte; in gewisser Weise nahmen seine Novellen das Scheitern der Revolution vorweg, indem sie *a priori* von der Aussichtslosigkeit überzeugt waren, sich gegen die »Gewalt des Gewordenen« aufzulehnen. Im kurzen Freiheitsrausch der Märztage ließ er sich mitreißen; doch es ist nicht ganz und gar falsch, wenn er nun, ein »fürchterliches« Jahr später, schrieb: »Ich habe mich in Bezug der Dinge, die da kommen werden, keinen Augenblick getäuscht, als ich nur einmal von der Haupttäuschung frei war, nehmlich von der, *von unseren sogenannten gebildeten Leuten etwas zu halten.*« Seine eigentliche Haupttäuschung aber betraf ihn selber: Die Begeisterung hatte ihn an etwas teilnehmen lassen, woran er im Grunde nicht glauben konnte.

Darum ist Stifter nicht wirklich ein Reaktionär, das heißt, er nahm nicht einfach für eine Fraktion des politischen Spektrums Stellung; seine einseitige Parteinahme in den Sozial- und Nationalitätenkonflikten war dabei für einen Bürger seiner Herkunft kaum anders zu erwarten. Doch weil er im Tiefsten von der Vergeblichkeit des politischen Handelns überzeugt war, weil er im Fortschritt immer mehr die Verluste und das Zerstörte sah, fand er sich tatsächlich nach der Revolution auf der konservativen Seite wieder. Konservativ aber in seinem ganz persönlichen Sinne: Er sah die Geschichte als eine übermächtige, zerstörende Gewalt, und sein Konservativismus bestand in dem Versuch, zu retten, was zu retten war. Die Revolution hatte seiner Ansicht nach mehr zerstört als geschaffen: »*Das Ideal der Freiheit ist auf lange Zeit vernichtet*, wer sittlich frei ist, kann es staatlich sein, ja ist es immer; den andern können alle Mächte der Erde nicht dazu machen. Es gibt nur eine Macht, die es kann: *Bildung*.« Der Begriff der Bildung wird von nun an als Generalbaß alle Äußerungen zu Politik und Literatur begleiten; Bildung ist das Allheilmittel für alle Übel der Zeit.

Nur allzu deutlich ist das Unzeitgemäße von Stifters Position – und zugleich erkennt man, wie genau er damit auf die Zeitereignisse reagierte. Im Mittelpunkt aller Überlegungen steht der Versuch, die politischen Probleme mit unpolitischen Mitteln zu lösen. Der Glaube an die ungeheure Macht der Bildung ist ein Erbe des Idealismus, das sich bis in die gerade entstehenden Arbeiterparteien fortsetzte. Bei Stifter, der hier noch immer von seinem Herderschen Humanismus zehrte, liegt die Überzeugung zugrunde, daß alle politischen Konflikte von Unwissen herrühren, von der Unfähigkeit zu sachgerechter Auseinandersetzung. Hätten alle Beteiligten den gleichen Wissensstand, würde man jederzeit zu vernunftgemäßer Einigung kommen. Geleugnet werden dadurch allerdings sämtliche wirklichen, objektiven Interessengegensätze zwischen unterschiedlichen Staaten, Mächten oder Klassen. Mit seinem Einsatz für die liberale Unterrichtsreform, für eine allgemeine Schulbildung beteiligte er sich an einer der großen fortschrittlichen Bestrebungen des Jahrhunderts; mit dem umfassenden Anspruch, in der Bildung die Versöhnung der Klassengegensätze zu leisten, wird sie zugleich unwissentlich ein Teil der herrschenden Ideologie – denn die Restauration, der Stifter seinen Humanismus zur Verfügung stellte, war natürlich weit entfernt von jeder Bereitschaft zur Versöhnung.

Er selbst verlangte nach nichts anderem mehr als nach Ruhe und Versöhnung; die äußeren Verhältnisse bedrückten ihn so sehr, daß er periodenweise unfähig zum Schreiben war. Heckenast beschloß, seine *Iris* einzustellen, die nicht mehr in die neue Zeit zu passen schien; Stifter mußte sich für seinen *Alten Hofmeister* eine neue Verwendung suchen. Das Verschwinden dieses Almanachs, der doch immerhin seinen frühen Ruhm begründet hatte, weckte neue Zweifel an der Zukunft von Literatur, Stifter arbeitete weiter an seinen Rosenberger-Romanen, aber so viel Material er auch anhäufte, das Werk selbst wollte keine Fortschritte machen. Da erreichte ihn plötzlich ganz unverhofft am 3. September ein Päckchen mit Druckbogen für den letzten *Studien*-Band, und schon am nächsten Tage ging ein Brief an den Verleger ab: »Wie eine Taube mit dem Ölzweige erschienen gestern von Ihnen zwei Bogen Korrektur. Ich muß Ihnen gestehen, daß mir Tränen in die Augen traten, als ich das Papier ansah, und ich muß Ihnen sogleich schreiben, ehe ich noch die Bogen lese.« Die vergangene Revolution erschien Stifter nun als Sintflut, und das erste gedruckte Wort, mit dem er an die Vergangenheit anknüpfte, als Verheißung ihres Endes. Nichts konnte ihn stärker berühren als dies symbolische Zeichen: Die neue Zeit begann mit seinen letzten Erzählungen aus der alten; man setzte da an, wo man aufgehört hatte und mochte sich vielleicht sogar vormachen, die Unterbrechung sei nur ein bald vergessener Zwischenfall gewesen.

Die Korrekturen wurden im Laufe des Jahres abgeschlossen, und im folgenden hielt Stifter die Bände fünf und sechs in Händen. Noch einmal hatte er sich mit großer Sorgfalt der Mühe unterzogen, die Erzählungen auf den letzten Stand seines künstlerischen Bewußtseins zu bringen. Die Überarbeitungen betonten jetzt durch ihre Sprache noch stärker die Einheit, die nach Stifters Willen die sechs Bücher bilden sollten. Band fünf enthielt *Hagestolz* und *Waldsteig*, als zwei entgegengesetzte, doch eng aufeinander bezogene Gestalten der Einsamkeit. Der *Hagestolz*, den Stifter für den Almanachdruck gekürzt hatte, erhielt jetzt seine ganze monumentale Wucht zurück; verloren ging dabei allerdings der überaus harte Kontrast zwischen Jugend und Alter, Hoffnung und Resignation, wie ihn der expressive Stil der Erstfassung betonte. Der *Waldsteig* wurde in Umfang und Sprache seinem Gegenüber angepaßt; hier jedoch tat Stifter des Guten sicher zuviel, denn das Mißverhältnis zwischen dem nicht allzu schwerwiegenden Gehalt der Novelle und ihrer nunmehr sehr anspruchsvollen Form ist unverkennbar. Die *Zwei Schwestern*, die mit dem *Beschriebenen Tännling* den Schlußband bildeten, gewannen dagegen sehr. Stifter beseitigte das psychologisch kaum überzeugende Schwanken des Erzählers zwischen den beiden Mädchen, und er gab der Novelle noch eine positive Schlußwendung, die alle Beteiligten in glückliche Eheverhältnisse zu führen verhieß.

Sprechend für Stifters Bemühen um zeitlose Gültigkeit sind häufig nebensächliche Einzelheiten. Im Ur-*Hagestolz* wird die Gruppe fröhlicher Burschen noch mit diesen Worten beschrieben:»Dann drangen sie durch Röhrichte und Auen vor, bis sie zu dem Damme der Eisenbahn gelangten, wo sie mit einem Wagenzuge auf hohem luftigem Sitze thronend in die Stadt zurück fuhren.« Nun konnte man lesen:»[...] bis sie zu einem Damme gelangten, auf dem eine Straße lief und ein Wirtshaus stand.« Die Verwandlung der Eisenbahn in ein Pferdegespann lag gewiß nicht daran, daß Stifter inzwischen zum revolutionären Maschinenstürmer geworden wäre; er empfand die moderne Technik nur einfach nicht mehr als poesiefähig, sie war ihm in der Dichtung zu einem Fremdkörper geworden. Einer geradezu symbolischen Veränderung wurde der Schluß des *Beschriebenen Tännling* unterworfen. Als Hanna ihrem früheren Bräutigam, den sie nicht mehr erkennt und der als armer Schmerzensmann mit seiner Kinderschar dahinzieht, ein Almosen zuwirft, da ergreift Hans das Silberstück im Staub und schleudert es ihr zwischen die Räder ihrer davonrollenden Kutsche. Nichts davon blieb in den *Studien* stehen: »Er ließ später den Taler in eine Fassung geben, und hing ihn in dem Kirchlein zum guten Wasser auf, wie man silberne oder wächserne Füße und Hände in solchen Kirchen aufzuhängen pflegt.« Aus der impulsiven Geste wird die rituelle Handlung, aus dem Objekt des Hasses eine Devotionalie, die man dem unerforschlichen Schicksal zu Füßen legt.

So klang die letzte Erzählung der *Studien* aus. Sechs Bände, die Arbeit eines Jahrzehnts. Ein Ring hatte sich geschlossen. Stifter glaubte, hier neues Land nach der geschichtlichen Sintflut sehen zu können, doch es war eher Abschluß als Neubeginn. Auch wohlmeinende Kritiker, die immer seltener wurden, äußerten die Befürchtung, Stifter könne sich erschöpft haben. Und ist es nicht wirklich bezeichnend: Einer, der doch selbst geschrieben hatte, »daß Dichtungen in jetziger Zeit ganz andere Motive bringen müssen [...] als vor den Märztagen«, begann nun mit einer Sammlung seiner Novellen aus der Epoche vor dem großen Umbruch. Gewiß spielten praktische Gründe dafür eine große Rolle, denn die einmal angefangene Ausgabe sollte natürlich vollendet werden; das Fehlen anderer Werke ist damit jedoch nicht erklärt. Ob Stifter tatsächlich ein Neuanfang als Schriftsteller gelingen konnte, das mußte die kommende Zeit erst noch beweisen.

Dritter Teil
Der Ring zerbricht
1849–1868

Das sanfte Gesetz

DIE REVOLUTION BILDETE den tiefsten Einschnitt in Stifters Leben seit seiner Jugend, doch wie tief er wirklich war, sollte sich erst in den kommenden Jahren zeigen. Alles hatte sich verändert, nicht nur äußerlich durch den Umzug nach Linz und den Eintritt ins Unterrichtswesen. Stifter erweckt nach 1848 plötzlich den Eindruck eines gealterten Mannes. Er ist nicht mehr der erfolgreiche Autor, der in eine offene Zukunft geht; mit einem Schlage hatte die Welt ihre Grenzen gezeigt, räumliche und zeitliche, und das Leben bestand nicht mehr in der Eroberung neuer Bereiche, sondern in dem Versuch, den Bedingungen, wie sie nun einmal geworden waren, noch etwas abzuringen. Nach 1848 beginnt Stifters Bahn sich zu neigen. Der gesamte Lebensrhythmus verlangsamt sich; das äußere Dasein wird immer ärmer an Ereignissen, die Jahre werden gleichförmiger, und auch die literarische Produktivität vollzieht sich nun in langen, mehrere Jahre dauernden Perioden. Nur ein knappes Jahrzehnt hatte Stifters erste Schaffensphase gezählt, doch die Entwicklung, vom *Kondor* bis zum letzten *Studien*-Band, war ungeheuer gewesen und ließ sich ohne Unterbrechung an den regelmäßig erscheinenden Erzählungen ablesen. Die folgenden zehn Jahre dagegen brachten im wesentlichen nur zwei Buchveröffentlichungen, die *Bunten Steine* und den *Nachsommer*, und erst der 1857 erscheinende Roman sollte dem Leser wirklich zeigen, welchen Weg der Autor inzwischen zurückgelegt hatte. Als regelmäßig publizierender Novellist verschwand er dagegen fast ganz, und nur zwei Arbeiten erschienen noch bis zum *Nachsommer*: Anfang 1849 *Die Pechbrenner* und 1852 *Der Pförtner im Herrenhause*. Beide wurden dann als *Granit* und *Turmalin* in die *Bunten Steine* aufgenommen.

Stifter war in der Defensive, und das setzte sich bis ins Innere seiner Erzählungen fort. Die *Pechbrenner* waren die erste Wortmeldung des Dichters nach der Revolution, und obwohl er die Arbeit daran schon 1847 begonnen hatte, wird man die Novelle leicht als Allegorie auf die geschichtlichen Ereignisse lesen können. Es handelt sich um einen historischen Bericht, eingeschlossen von einer Rahmenerzählung über die Begegnung des kleinen Adalbert mit der Wagenschmiere. Die eigentliche Handlung aber spielt zur Zeit der letzten großen Pestepidemie in Böhmen und ist die Geschichte einer Flucht. Um sich und seine Familie vor der Seuche zu retten, zieht sich ein Pechbrenner in die höchsten Höhen des Waldes zurück, abgeschlossen von der ganzen Welt. Seine Angst vor Ansteckung führt ihn geradewegs in die Unmenschlichkeit: Mit brutaler Gewalt vertreibt er eine Familie, die sich in den dichten Wäldern verirrt hatte. Doch alle Vorsicht ist vergeblich – der schwarze Tod rafft jeden dahin, ihn und die Seinen genauso wie jene Menschen, die er selbst dem Zugrundegehen ausgesetzt hatte. Es gibt nur zwei Überlebende: die kleine Tochter der verirrten Familie und den Sohn des Pechbrenners. Der Junge hatte voll Mitleid den Fremden helfen wollen und war deshalb von seinem eigenen Vater zu einem grausamen Hungertod auf einem unzugänglichen Felsen verurteilt worden. Die maßlose Strafe wird zur eigentlichen Rettung, und Jahre später finden die beiden Kinder in eine glückliche Ehe.

Natürlich darf man Stifters Novelle nicht so deuten, als habe er die Revolution als pestartige Seuche denunzieren wollen – davon war er noch weit entfernt. Ihr allegorischer Gehalt liegt auf einer ganz anderen Ebene, nämlich in dem Fatalismus, mit dem ein historisches Geschehen als Naturkatastrophe erlitten wird. Stifter macht, wie es sich schon im *Hochwald* abzeichnete, keinen kategorialen Unterschied mehr zwischen Natur und Geschichte; das eine wie das andere sind ihm Formen einer einzigen unausweichlichen und überlegenen Gewalt. Es ist die ganze *Welt*, der das einzelne Individuum hilflos gegenübersteht. Dem aber kann niemand sich entziehen, es gibt keinen Ort, wo man vor dem Verhängnis sicher wäre – es sei denn außerhalb der Welt. Der Pechbrenner täuschte sich, indem er das gesamte irdische Übel nur in der Pest sah, und Rettung schon im Schutz vor der Seuche. Aber wer vor dem einen flieht, den wird das Unglück aus der anderen Richtung treffen – eine Rettung vor dem Verhängnis, vor der schrecklichen Kontingenz dieser Welt, ist unmöglich.

Stifters Leiden, seine Resignation in der Zeit nach 1848 sind aus diesem Pessimismus heraus zu verstehen – und auch aus dessen Widerspruch zu dem humanistischen Grundimpuls seines Denkens. Denn trotz allem hatte ja der Fatalismus niemals die Hoffnung zum Verstummen gebracht, die Menschen würden eines Tages den Weg aus der selbstverschuldeten Unmündigkeit noch finden, und auch jetzt noch war Stifters pädagogisches Wirken von solchen Ideen bestimmt. Die Gleichzeitigkeit von Hoffnung und Resignation ist vielleicht das Signum dieses Zeitalters zwischen Revolution und Restauration, und sie war keineswegs an bestimmte politische Positionen gebunden. Auch hier drängt sich bei allen Unterschieden die Parallele mit Büchner auf; auch bei diesem stand die Einsicht in den »gräßlichen Fatalismus der Geschichte« unmittelbar neben dem verzweifelten Versuch, dem Weltlauf in die Räder zu greifen, wenn auch mit unvergleichlich radikaleren Mitteln als Stifter. Nur dieser andauernde Widerspruch vermag das Ausmaß von Stifters Enttäuschung nach der gescheiterten Revolution zu erklären – denn allem Geschichtspessimismus zum Trotz war er genau dies: ein enttäuschter Liberaler, dessen Hoffnungen auf politische Veränderung in Grund und Boden zerstört waren. Für ihn war vor allem die *bürgerliche* Revolution gescheitert, und das bedeutete, die ausgleichende, vernünftige Mitte. Übrig blieben die gewalttätigen Extreme; wahrscheinlich teilte

Stifter Betty Paolis Ansicht, die ihm schon am 18. Oktober 1848 in einem Brief geschrieben hatte, »eine Militärdiktatur oder die rote Republik« sei nunmehr die einzige Alternative.

So wurden die Jahre in Linz immer mehr zu einem defensiven Rückzug, und selbst wenn Stifter in den ersten Monaten nach der Wiederherstellung der Ordnung noch an eine fortschrittlichere, gemäßigt liberale Entwicklung geglaubt haben sollte, wurde er von der Wirklichkeit ziemlich schnell enttäuscht. Selbst dazu beizutragen, wie er es sich wünschte, wurde ihm schwer genug gemacht, doch war er seinerseits auch nicht leicht zufriedenzustellen. Die Ernennung zum Schulrat war auf dem bürokratischen Weg irgendwo steckengeblieben und kam nicht voran. Schon im Herbst 1849 verließ Stifter die *Linzer Zeitung* und einige Zeit später auch den *Wiener Boten*, die Redaktionsarbeit konnte ihm auf Dauer nicht genügen. Zugleich ließ er nun seinen gesamten Hausrat aus Wien nach Linz hinüberschaffen, denn für den Augenblick hatte die Ruhe Oberösterreichs in seiner Wertschätzung den Sieg davongetragen. Zwei Wohnungen zu bezahlen, war bei seiner angespannten Finanzlage jedoch ein Ding der Unmöglichkeit. Hier mußte der Wiener Freund Joseph Türck mit einem ziemlich hohen Darlehen aushelfen, dessen Rückzahlung später noch für einige unerfreuliche Diskussionen sorgte. Kaum hatte sich Stifter in seiner Wohnung häuslich eingerichtet, da erreichte ihn ein Schreiben des Unterrichtsministeriums, mit dem ihm die Schulratstelle für die Gymnasien Niederösterreichs angeboten wurde, eine Stelle, die naturgemäß einen Wohnsitz in Wien verlangte. Wieder gingen die Überlegungen hin und her, und Mitte November machte sich Stifter in Begleitung Amalias auf den Weg in die Hauptstadt. Doch das Dampfschiff Huniad, mit dem sie donauabwärts reisten, erlitt bei Grein Schiffbruch, und das Ehepaar kehrte unverrichteter Dinge nach Linz zurück.

Stifter, der das Wiener Angebot inzwischen bereits angenommen hatte, schrieb am 22. November dem befreundeten Kupferstecher Joseph Axmann, von dem auch die Illustrationen für die *Studien* stammten, er werde »bald und zwar auf immer« in die Hauptstadt zurückkehren. »Jetzt warte ich das Dekret ab, das nächster Tage ausgefertigt wird, und komme dann ganz und gar.« Was nicht kam, war das Dekret. So sah er sich im Dezember doch noch gezwungen, diesmal mit der Postkutsche nach Wien zu reisen, um seine Angelegenheiten zu fördern. Doch wieder gestaltete sich alles komplizierter als gedacht. Nun stellte man Stifter den Schulratsposten für die Volksschulen in Oberösterreich in Aussicht, doch auch hier war noch nichts endgültig, als er nach Hause zurückkehrte. Ein kleines Ereignis jedoch vermochte vielleicht seinen Wünschen Auftrieb zu geben: Am 30. Dezember war in der *Allgemeinen Zeitung* ein Bericht aus Linz erschienen, der Stifters Berufung nach Wien bereits als vollendete Tatsache ansah und den großen Verlust beklagte, den dieser Weggang für die oberösterreichische Hauptstadt bedeuten werde. »Er kennt diese Bevölkerung wie den Baum vor seinem Vaterhause; die Landsleute sind gewohnt, sich an ihn zu wenden, mit ihm zu sprechen, ihn anzuhören. Um aber hier die Schulen auf einen guten Standpunkt zu bringen, gehört vor allem dazu, daß die Bauern selbst zur Überzeugung kommen, wie gut und nützlich ihren Kindern eine höhere Bildung sei, und hierzu möchte Stifter vor andern berufen sein, während seine Stimme in Wien doch wohl ungehört verhallen könnte.« Die so deutlich, mit so schmeichelhaften Wendungen ausgesprochene Wertschätzung Stifters konnte auch in der Residenz nicht ungehört bleiben, doch zunächst hieß es weiter warten.

Daß er selbst nun immer stärker nach Linz neigte, hatte mehrere Gründe: Einmal hoffte er, daß ihm hier mehr Zeit zu literarischer Arbeit bleiben würde als im so viel größeren Wien; zum anderen zog er die Tätigkeit im Bereich der Volksschulen, die in Linz seine Aufgabe sein würde, den

Gymnasien vor. Ein Hauptmotiv jedoch nannte er öffentlich nicht: die Flucht in einen überschaubaren Raum. Einer, der davon etwas ahnte, war der Freund Friedrich Simony, der sich seit einiger Zeit dem Aufbau eines naturhistorischen Museums in Klagenfurt widmete. Schon ein Jahr zuvor, am 3. Februar 1849, hatte er Stifter aufgefordert, nicht nach Linz, sondern zu ihm nach Kärnten zu ziehen: »In allem Ernste gesprochen, meine Aufforderung an Dich, hieher zu kommen, ist nicht bloß ein flüchtiger Gedanke, sie ist aus der *lang genährten Überzeugung* hervorgegangen, daß Du hier den Boden finden wirst, der Dir bisher mangelte, *um etwas wahrhaft Schönes, Ganzes zustande zu bringen*. Die einseitige Richtung in Deinen ›Studien‹ hat schon manche gewichtige Widersacher hervorgerufen; *einen* Vorwurf, den auch ich Deinen Arbeiten machen muß, nämlich den allzu großen *Mangel an historischem Stoff*, wodurch Du verleitet wirst, Deine herrlichsten Gedankenblüten an Unbedeutenheiten zu vergeuden, wirst Du hier beseitigen können. *In Kärnten kannst Du ein Walter Scott werden*, in Linz wirst Du dich selbst vergessen machen.« So deutlich hatte es ihm zuvor kaum jemand gesagt – und noch dazu war es hier einer, an dessen Freundschaft und Verständnis Stifter nicht den geringsten Zweifel haben konnte.

Trotzdem, und obwohl er durchaus wußte, wie berechtigt solche Warnungen waren, band er sich mit allem, was er unternahm, noch fester an Linz. Im Hinblick auf das Schulamt hatte er seine Tätigkeit für den Statthalter Alois Fischer abgegeben, doch als sich auch im Frühjahr 1850 immer noch nichts tat, wurde seine materielle Lage unerträglich. Als Ausweg aus seiner Not bot er Heckenast an, ihm das Verlagsrecht an der Gesamtausgabe der *Studien* gegen eine einmalige Zahlung zu verkaufen. Nach längeren Verhandlungen einigte man sich auf eine Summe von sechstausend Gulden, von denen jedoch Schulden in Höhe von über dreitausendachthundert Gulden abgezogen wurden.

Der Rest sollte in vier Raten bis Juli 1851 ausgezahlt werden. Am 1. August wurde der Vertrag unterzeichnet. Inzwischen war auch die Schulangelegenheit zu einem guten Ende gekommen: Durch Dekret vom 3. Juni war Stifter zum Volksschul-Inspektor für Oberösterreich mit dem Titel eines k. k. Schulrates und einem Jahresgehalt von eintausendfünfhundert Gulden ernannt worden. Der frischgebackene Staatsdiener ließ ein Exemplar der *Studien* besonders einbinden und sandte es an seinen obersten Dienstherrn, den gerade erst auf den Thron gestiegenen Kaiser Franz Joseph II., und dieser bedankte sich mit der »Goldenen Medaille für Wissenschaft und Kunst« bei seinem Linzer Schulrat.

Zunächst ließ sich die neue Arbeit sehr gut an, Stifter war froh, endlich wieder eine geregelte Tätigkeit aufnehmen zu können. Nun durfte er seinen Teil zu einem vernünftigen Bildungssystem beitragen, das er als die Grundlage eines jeden Staates erkannt hatte. Stifters Aufgabe bestand vor allem im Reisen, in der Inspektion der gesamten Lehranstalten des Landes. Die Volksschule, die er sich ausdrücklich gewünscht hatte, war natürlich der am weitesten verbreitete Schultyp, und so hatte er genug zu tun. Im ersten Herbst besuchte er noch, solange die Wetterverhältnisse es erlaubten, das Bergland des Salzkammergutes, im Winter hatte er sich die Ebene vorgenommen. Der Umgang mit der ländlichen Bevölkerung und den Kindern machte ihm Freude: »Wenn ich alle die lieben Knaben und Mädchen, von denen ich mir dachte, ich möchte sie als Kinder haben, nach Hause genommen hätte, so hätten sie in der Wohnung keinen Platz mehr«, schrieb er am 10. Oktober an Türck. Doch leider waren diese Inspektionsfahrten nicht die einzige Dienstpflicht, denn daneben standen die Büroarbeiten, die Anfertigung von Berichten, was dem Schulrat bereits sehr viel weniger zusagte. Die Stunden zum Schreiben waren dagegen rar: Entweder schrieb Stifter im Amt, morgens zwischen acht und zehn Uhr, bevor die anderen Beamten eintrafen, oder, wenn ihn dienstliche Angelegenheiten abhielten, abends zwischen sechs und neun. Am Nachmittag blieb noch Zeit zum Zeichnen und Malen.

Wie nicht anders zu erwarten, nahm er es mit seiner Arbeit sehr genau. Stifters Schulakten sind vor allem ein Beweis für seine pädagogische Sachkenntnis. Er war nicht nur der Intellektuelle mit großen Herderschen Ideen im Kopf; er war ein Schulmann, der sein Augenmerk vor allem anderen auf die ganz konkreten Lebensumstände in den Städten und Dörfern richtete. Stifter wußte, welche Bedeutung für den Schulbesuch die Arbeitsverhältnisse auf dem Lande hatten, wo das Leben sich nach dem Rhythmus der Jahreszeiten richtete, nach Ernte und Schneefall, und wo die Mitwirkung der Kinder eine unumgängliche Notwendigkeit war. Er erklärte seinen Vorgesetzten, wie die jämmerliche materielle Lage der Lehrerschaft, die gleichsam auf Almosen, auf Trinkgelder angewiesen war, jeden wirklichen Fortschritt verhinderte. Er protestierte gegen unerträgliche, finstere, feuchte und viel zu kleine Schulräume: »Welche Verachtung oder wenigstens Nichtbeachtung setzt das sogar bei gebildeten Menschen voraus, welche Verkennung unserer nur zu lange vernachlässigten Pflichten gegen die kommenden Geschlechter in bezug auf geistige und leibliche Gesundheit!« Stifters Hauptvorwurf aber war pädagogischer Natur, nämlich daß die Schulen sich auf das mechanische Anlernen von abstraktem Erwachsenenwissen beschränkten, ohne auf den besonderen Entwicklungsstand von Kindern einzugehen. Aus alldem wird deutlich, daß Stifter sich von den achtundvierziger Ideen durchaus nicht gelöst hatte; seiner Angst vor Umsturz, seinem Geschichtspessimismus zum Trotz war er in allen konkreten Angelegenheiten weiterhin der liberale fortschrittliche Pädagoge, der an eine umfassende Reform von unten, von den Volksschulen her glaubte.

Auf der anderen Seite war der Schulrat jedoch immer

noch Adalbert Stifter, der einzelgängerische Dichter, dem es schwerfiel, sich in den Berufsalltag eines Beamten einzupassen. Nun, da er sich für Linz entschieden hatte, wollte ihm das Provinzleben doch nicht so recht gefallen, und nachdem er die Weihnachtsferien 1850/51 in Wien verbracht hatte, begannen sich die Klagen über das Dasein in »diesem kunst- und wissenschaftslosen Böotien« zu mehren. Die geselligen Begegnungen mit den Wiener Freunden gaben ihm jetzt das Gefühl, in der »Verbannung« zu leben: »Mein Amt freut mich, aber den Umgang der Freunde zu entbehren, jeden Kunstgenuß zu entbehren, wird mir täglich schwerer. Auch an meine Arbeiten, die ich wieder aufgenommen habe, hängt sich das, sie werden mir farblos und gefallen mir nicht. Es ist oft zum tot ärgern, wie es in dieser Stadt langweilig ist«, so schrieb er am 1. Juni 1851 an Joseph Türck, der in Wien jetzt zu seinen vertrautesten Bekannten zählte. Aber es war noch mehr als das, denn auch in seiner Arbeit hatte er immer häufiger mit dem Unverständnis und der Ablehnung durch die Menschen zu tun, die nicht einsahen, warum etwas, was seit Jahrhunderten so war, wie es war, nun plötzlich anders werden sollte. Und am 8. Oktober ließ er sich gegenüber Türck auch schon einmal zu dem Seufzer »O goldene Zeit meiner früheren Unabhängigkeit« hinreißen.

So ging das Jahr 1851 zu Ende, voller Amtsgeschäfte, mit weniger Zeit für die Dichtung, und wiederum ohne jene Ruhe und Zufriedenheit, nach denen Stifter so sehr verlangte. Ein privater Zwischenfall kam noch hinzu: Im Dezember war die elfjährige Juliane während einer Amtsreise Stifters von zuhause fortgegangen und blieb zwei Wochen lang verschwunden. Es ist das erste deutliche Anzeichen dafür, daß etwas mit der Erziehung der Adoptivtochter nicht stimmte, doch es ist nicht das einzige. Auffallend ist, welch minimale Rolle das Mädchen in den zahlreichen Briefen spielt, wie ihre Existenz geradezu übergangen wurde. So hatte es sich Stifter angewöhnt, von seinen zahlreichen Fahrten alte Gerätschaften aller Art mitzubringen, von Schränken über Porzellane bis zu ländlichem Hausrat. Amalia teilte die Sammelwut ihres Gatten, und dieser fand dafür in einem Brief auch eine einfache Erklärung: »Sie hat keine Kinder und sonst keine Unterhaltung.« Wie sollte die kleine Juliane nicht spüren, daß sie für ihre Stiefeltern eben doch »kein Kind« war, sondern nur ein unzureichender Ersatz. Immerhin befand sie sich nun bereits seit mehr als vier Jahren im Hause, ein Zeitraum, der wohl lang genug war, die Wirkungen ihrer ärmlichen Kindheit zumindest etwas auszugleichen. Ihre Flucht hatte wohl auch konkretere Gründe: Amalia hatte das Mädchen geschlagen, und wohl kaum zum ersten Mal. Stifter war beunruhigt, er zeichnete das Bild des eigensinnigen, schwer zu beherrschenden Mädchens sogar in eine neue Erzählung ein, aber im alltäglichen Leben schien es ihm nicht zu gelingen, einen wirklichen Zugang zu Juliane und ihren Problemen zu finden.

Die Einsamkeit wuchs weiter. Stifter arbeitete an seinem Roman und hatte zugleich eine Sammlung von Novellen für die Jugend begonnen. Obwohl seine Lebenslage doch nun fast alles bot, was er sich gewünscht hatte, nahmen seine Klagen zu. Vielleicht aber auch gerade, *weil* er es erreicht hatte – und weil er nun spürte, wie wenig das an seiner inneren Verfassung änderte. Eine Entschuldigung dafür suchte er wie immer in irgendwelchen äußeren Gründen, und jetzt wurde es die Revolution, die er für alles verantwortlich machte. Erst jetzt, im Verlauf der fünfziger Jahre, mit einem gewissen Abstand also, begann er die Ereignisse von 1848 so stark zu verzeichnen, daß sie ihm als Katastrophe, als der Untergang der guten alten Welt schlechthin erschienen; eine Einschätzung, die kaum noch politisch, sondern viel eher lebensgeschichtlich motiviert war. Einmal, im Frühjahr 1852, erreichte ihn ein Brief, den auch ein »von so mancherlei Dingen gequältes Gemüt« geschrieben hatte und mit dem einer der seltsamsten Briefwechsel in Stifters Leben begann. Die Absenderin war die 1804 geborene Louise von Eichendorff, eine Schwester des Dichters, die in Baden bei Wien lebte. Louise von Eichendorff war eine einsame, zu schweren Depressionen neigende Frau, und sie bekannte in ihrem Schreiben, daß Stifters Werke mit das einzige seien, was ihr in der Umdüsterung ihres Gemüts noch Trost zu geben vermochte. Eine Einladung in ihr Haus schloß den Brief. Dieser Besuch wurde später auch verwirklicht, und eine lebenslange Freundschaft knüpfte sich an.

Andere Reaktionen, die von außen kamen, waren weniger erfreulich. Um den Dichter Stifter war es, seit er selbst kaum noch veröffentlichte, stiller geworden. Um so härter traf ihn Hebbels Epigramm *Die alten Naturdichter und die neuen*, das 1849 zum ersten Mal erschienen war und bei einem Neudruck Stifter ausdrücklich als einen der Adressaten nannte:

Wißt ihr, warum euch die Käfer, die Butterblumen so
    glücken?
Weil ihr die Menschen nicht kennt, weil ihr die Sterne
    nicht seht!
Schautet ihr tief in die Herzen, wie könntet ihr schwärmen
    für Käfer?
Säht ihr das Sonnensystem, sagt doch, was wär euch ein
    Strauß?
Aber das mußte so sein; damit ihr das Kleine vortrefflich
    Liefertet, hat die Natur klug euch das Große entrückt.

Das war so ungerecht wie falsch – und es traf doch. Man wird bei Stifter vergeblich nach Beschreibungen von Käfern suchen, und die hierarchische Gegenüberstellung von Universum und Blume ist von geradezu erstaunlicher Naivität. Wenn Stifter sich trotzdem getroffen fühlte, dann deshalb, weil Hebbel, dieser Dichter, den er ohnehin vollständig ablehnte, seinen Finger in eine Wunde gelegt hatte, die immer noch brannte. Stifters Haltung zu dieser Kritik, die ja auch wohlmeinende Freunde wie Simony geäußert hatten, war nämlich viel unsicherer, als es seine durch die Angriffe provozierten öffentlichen Äußerungen glauben machen. Ein Teil in ihm mußte den Kritikern zustimmen. Seit Jahren zogen sich durch seine brieflichen Äußerungen die Klagen, daß es ihm an Weite und Größe, an historischem und geographischem Überblick fehlte, und die Angriffe bestätigten nur, was er selber empfand. Am 20. März 1850 stimmte er zögernd der Publikation weiterer Erzählungen durch Heckenast zu, »aber die Gegner haben doch darin Recht, daß nicht immer solche idyllische Sachen kommen sollen, und man muß sie nicht heraus fordern, namentlich, daß nicht auch das Publikum sage: es ist doch wirklich so.« Deshalb sollten ihnen sofort neue Werke folgen, die den Eindruck korrigieren würden: Eine allgemeinverständliche Einführung in das Staatsrecht, eine Sammlung Briefe zu aktuellen Zeitfragen und endlich der große historische Roman.

Alles kam anders; als die eigentliche Reaktion Stifters muß man die zwei Bände *Bunte Steine, Ein Festgeschenk für die Jugend* ansehen, die endlich in den ersten Tagen des Jahres 1853 erschienen. Die Rechte hatte der Autor seinem Verleger wiederum pauschal, diesmal gegen dreitausend Gulden, abgetreten. Sechs Erzählungen umfaßte die Sammlung, jede trug einen Gesteinsnamen zum Titel. Die meisten waren überarbeitete Fassungen von Zeitschriftendrucken: Neben den frühen *Wirkungen eines weißen Mantels* und dem *Armen Wohltäter* standen die *Pechbrenner*, in denen Stifter die grausamsten Passagen gestrichen hatte, und die Weihnachtsgeschichte aus dem Salzkammergut, die nun als *Bergkristall* zu einem mächtigen Bild der Verlassenheit des Menschen in der stummen Natur geworden war. Nur zwei Geschichten waren relativ neu: *Turmalin* war als *Der Pförtner im Herrenhause* ein Jahr zuvor in dem Prager Jahrbuch *Libussa* erschienen; *Katzensilber* kam als einzige Erstveröffentlichung hinzu. Zwei Dinge unterschieden die *Bunten Steine* von den *Studien*: Zum einen hatte der Autor versucht, sowohl mit den einheitlichen Titeln als auch dadurch, daß alle Geschichten von Kindern erzählten, den Bänden einen Zusammenhang zu geben, den die frühere Sammlung nicht besaß. Die andere Neuigkeit war die ausführliche Vorrede. Mit ihr wollte Stifter auf die Angriffe antworten und zugleich den Lesern die theoretischen Grundlagen seines Schreibens darlegen.

Die Fehde zwischen Hebbel und Stifter, die als eine der berühmten literarischen Debatten des 19. Jahrhunderts in die Geschichte einging, ist eine kuriose Angelegenheit. Ein Dialog zweier Schriftsteller, die konsequent aneinander vorbeireden, die keinerlei Verständnis für den jeweils anderen aufbringen, die, was zumindest für Stifter gilt, auch sich selbst gegenüber nicht wirklich aufrichtig sind, und die zu guter Letzt unfähig bleiben, zu erkennen, wie nah sie sich in manchen Positionen kommen. Das Persönliche kann man getrost beiseite lassen; Stifter irrte sich gründlich im Wesen seines Gegners, den er für einen großsprecherischen Marktschreier halten wollte. Unaufrichtigkeit war es – allerdings eine durchaus verständliche –, wenn er die Kritik jetzt sehr viel heftiger zurückwies, als sein Selbstzweifel es eigentlich zulassen sollte – denn den konnte er naturgemäß nicht publik machen. »Es ist einmal gegen mich bemerkt worden, daß ich nur das Kleine bilde, und daß meine Menschen stets gewöhnliche Menschen seien«, beginnt diese Vorrede, in der Hebbels Name nicht genannt wird, um fortzufahren: »Großes und Kleines zu bilden hatte ich bei meinen Schriften überhaupt nie im Sinne, ich wurde von ganz anderen Gesetzen geleitet.« Der metaphysische Unterschied zwischen Groß und Klein wird geleugnet: »Das Wehen der Luft das Rieseln des Wassers das Wachsen der Getreide das Wogen des Meeres das Grünen der Erde das Glänzen des Himmels das Schimmern der Gestirne halte ich für groß: das prächtig einherziehende

Gewitter, den Blitz, welcher Häuser spaltet, den Sturm, der die Brandung treibt, den feuerspeienden Berg, das Erdbeben, welches Länder verschüttet, halte ich nicht für größer«, der von keinem Beistrich gegliederten Litanei des ausgeglichenen Lebens stehen die eruptiven Mächte der Zerstörung gegenüber.

Soweit hätte Stifter einfaches Spiel gehabt, denn die Annahme, es gäbe in den Naturerscheinungen eine Hierarchie, die durch bloße Quantität begründet sei, ist absurd; leicht war auch zu zeigen, daß die Größe historischer Gestalten für die Literatur nicht zwangsläufig interessanter sein mußte als das Leben der »gewöhnlichen Menschen« – vor allem, wenn ein Autor eben gar nicht *interessant* sein wollte. Doch Stifter tat mehr: Er drehte den Spieß um und behauptete nun, die »eigentliche Größe« liege tatsächlich gerade in den klein genannten Dingen. Damit widersprach er natürlich einerseits seiner eigenen Behauptung am Anfang, zum anderen war *diese* Hierarchie genauso willkürlich wie die Hebbelsche. Stifter begab sich hier auf ein gefährliches Terrain, denn die theoretische Reflexion war gewiß nicht seine Stärke. Im wesentlichen bezog er sich noch immer auf das, was er von Herder gelernt hatte: auf die unmittelbare Verbindung von Natur und Geschichte. Die kritische Lehre Kants, daß zwischen beidem ein kategorialer Unterschied bestand, schien er zu ignorieren. Die Gesetze, die für das eine galten, mußten auch für das andere Bestand haben.

»Wir wollen das sanfte Gesetz zu erblicken suchen, wodurch das menschliche Geschlecht geleitet wird«, hinter diesem Gedanken steht letztlich eine religiöse Überzeugung, wenn auch nicht unbedingt eine christliche. Das »sanfte Gesetz« ist darin »das Gesetz der Gerechtigkeit das Gesetz der Sitte, das Gesetz, das will, daß jeder geachtet geehrt ungefährdet neben dem andern bestehe, daß er seine höhere menschliche Laufbahn gehen könne, sich Liebe und Bewunderung seiner Mitmenschen erwerbe, daß er als

Kleinod gehütet werde, wie jeder Mensch ein Kleinod für alle andern Menschen ist.« Was Stifter hier formuliert, ist eine Ethik der Gleichrangigkeit und des Gleichgewichts, eine Ethik des Respekts und der allumfassenden *Sympathie* im klassischen Sinne. Sie verlangt, daß jedes Wesen in seiner besonderen Eigenart respektiert wird und daß ihm nichts angetan wird, was es in seiner Besonderheit gefährdet. Zugleich hat jedoch kein einzelner Mensch das Recht, durch ausschließliche Fixierung auf sich selbst nur sein eigenes Dasein zu verwirklichen und damit das Gleichgewicht zu zerstören, durch Leidenschaft, titanische Anstrengung oder Herausforderung des Schicksals, wie es in den idealistischen Ästhetiken wohl hieß. Genau dies aber sah Stifter in den Figuren der Hebbelschen Tragödie verwirklicht – »mächtige Bewegungen des Gemütes furchtbar einherrollenden Zorn die Begier nach Rache den entzündeten Geist, der nach Tätigkeit strebt, umreißt, ändert, zerstört, und in der Erregung oft das eigene Leben hinwirft«, es ist, kurz gesagt, die Gestalt des grenzüberschreitenden, des »faustischen Menschen«, diese Grundfigur des europäischen Denkens, was hier verworfen wird.

Natürlich ging es nicht ohne Mißverständnisse ab. Hebbel selbst hatte in *Mein Wort über das Drama* ausgesprochen, die Kunst habe »die Vereinzelung durch die ihr eingepflanzte Maßlosigkeit selbst immer wieder aufzulösen und die Idee von ihrer mangelhaften Form zu befreien gewußt. In der Maßlosigkeit liegt die Schuld, zugleich aber auch, da das Vereinzelte nur darum maßlos ist, weil es, als unvollkommen, keinen Anspruch auf Dauer hat und deshalb auf seine *Zerstörung* hinarbeiten muß, die Versöhnung, so weit im Kreise der Kunst danach gefragt werden kann. Diese Schuld ist eine uranfängliche, von dem Begriff des Menschen nicht zu trennende und kaum in sein Bewußtsein fallende, sie ist mit dem Leben selbst gesetzt.« Die Nähe dieser Gedanken zu Stifter zeigt einmal mehr, wie sehr auch gegensätzliche Geister ein und derselben

Epoche sich in Grundstrukturen ihres Denkens ähneln. Gewiß hätte Stifter dem Satz »In der Maßlosigkeit liegt die Schuld« einen unmittelbar individuellen, moralischen Sinn gegeben, und er war überzeugt, der Einzelne könne diese Maßlosigkeit durch Selbstbeherrschung überwinden lernen; als Grundannahme hätte er ihm sicherlich zugestimmt. Von seinem ganzen Wesen her konnte er jedoch nicht anders, als nach dem Ausgleich dieser Maßlosigkeit verlangen; er wollte nicht, wie Hebbel, das tragische Schicksal des scheiternden Helden gestalten, er wollte jene Gestalten zeigen, die gleichsam unter dem Wind der Geschichte lebend das sanfte Gesetz verwirklichen und so das Gleichgewicht der Welt wiederherstellten.

Dieses umfassende Gleichgewicht der Welt bezieht sich aber nicht nur auf die Menschen; in Stifters Vorstellung gebührt auch der Natur, jedem Tier und jeder Pflanze, ja sogar jedem Ding der gleiche ursprüngliche Rang und die gleiche Achtung. Mit den *Bunten Steinen* vollendet sich eine Entwicklung, die schon in den großen Naturbildern des *Hochwaldes*, der *Mappe* oder des *Waldgängers* angelegt war: Stifter verläßt eine Perspektive, durch die der Mensch zur Krone der Schöpfung wurde. Er entwickelt eine Sprache und eine Erzählhaltung, in der alles auf gleichem Rang existiert. Der Kornhalm, den schon der kleine Adalbert bewunderte, ist kein geringeres Wunder als die ungeheure Energie der Gestirne. Der Mensch steht nicht höher als die Welt, in der sich sein Leben vollzieht. Hier näherte sich Stifter einer uralten Denkfigur: Das griechische Wort *Kosmos* hat zugleich die Bedeutung von *Welt* und von *Ordnung*; die Welt ist die Ordnung schlechthin, und vor dieser Erkenntnis, die zwischen Tautologie und Mystik schwankt, gibt es nur noch eine mögliche Haltung: das Staunen und die Unterwerfung.

Die schönste Verkörperung dieser Haltung hatte Stifter im *Armen Wohltäter* geschaffen, mit jenem alten Landpfarrer, der im Kar, einem der ärmsten und ödesten Landstriche, in selbstverständlicher Entsagung sein Amt bekleidet, ein Narr Gottes von franziskanischer Einfachheit und Armut im Geiste. Einer, der im wahrsten Sinne des Wortes die Kinder zu sich kommen läßt und sich von seinen winzigen Einkünften noch so viel abspart, daß damit der Grundstock für einen Schulbau gelegt werden kann. In der Neufassung als *Kalkstein* fügte Stifter noch eine kleine, doch überaus bezeichnende Episode hinzu. Als der Erzähler bei einem hereinbrechenden Unwetter zum erstenmal unter dem Dach des Pfarrers Schutz sucht, wird er Zeuge eines seltsamen Vorgangs: »Der Pfarrer sagte, daß es seine Gewohnheit sei, bei nächtlichen Gewittern ein Kerzenlicht auf den Tisch zu stellen, und bei dem Lichte ruhig sitzen zu bleiben, so lange das Gewitter dauere.« Genauso geschieht es. Die beiden Männer sitzen einander schweigend gegenüber, in einer rituellen Wache, einer wortlosen Andacht vor den Wundern der Welt.

Immer deutlicher wurde in den *Bunten Steinen* jedoch ein Zug, der zeigt, wie schief Hebbel mit seinem Vorwurf der kleinmalerischen Käfer- und Blumenpoesie lag, nämlich der Zug des Gewaltsamen und Elementaren, das Umschlagen von Natur in die Naturkatastrophe. Ansätze dazu gab es bereits in früheren Erzählungen nicht selten: die furchtbare Dürre im *Haidedorf*, die Gewitter im *Abdias*, vor allem die monumentale Schilderung des winterlichen eiserstarrten Waldes in der *Studien-Mappe*. Auch der ergriffene Bericht von der Sonnenfinsternis gehört in diesen Zusammenhang. In den *Bunten Steinen* steht neben der Gewitternacht in *Kalkstein* der katastrophale, zerstörerische Hagelschlag von *Katzensilber*, der als unerhörte Heimsuchung über die Menschen hereinbricht. Nichts jedoch reicht heran an die visionäre Gewalt der zunächst so unscheinbaren Weihnachtsgeschichte, und schon der neue Titel *Bergkristall* faßt ihre beiden Hauptelemente zusammen: die menschenferne, ja menschenfeindliche Einsamkeit des Hochgebirges und die kristalline Todesstarre der

Natur. Die Anekdote ist so einfach wie nur möglich: Zwei Kinder geraten am Weihnachtstag auf dem Heimweg vom Nachbardorf in einen Schneefall, der ihnen jede Orientierung nimmt. Hier tritt die Katastrophe ohne Blitzschlag ein, hier sinkt sie lautlos und fast unmerklich über die Menschen. Doch dann ist die Erkenntnis da: Sie haben sich hoffnungslos verirrt.

Das Zeichen dieser Katastrophe ist die vollkommene Stille, die Abwesenheit von jedem menschlichen Bezug, es gibt nur noch »eine einzige weiße Finsternis« und das »stumme Schütten« vom Himmel. Unvermerkt sind die Kinder bis an das Eis der Gletscher vorgedrungen, verloren in einer fremden, unbewohnbaren Natur: »Sie waren winzigkleine wandelnde Punkte in diesen ungeheuern Stücken.« Grausam wirkt diese Natur jedoch nur aus der Perspektive der Menschen, die in ihr die Todesdrohung vernehmen; den naiven Kindern, die kein wirkliches Bewußtsein von der ungeheuren Gefahr besitzen, offenbart sich dagegen die überwältigende Schönheit dieser unmenschlichen Welt. In einer Gletscherhöhle verbringen sie die Nacht, staunend vor dem Schauspiel des Nordlichts und dem schweigenden Kreislauf der Gestirne, diesem mythischen Symbol für die ewige Wiederkehr des Gleichen. Die Rettung der Kinder am nächsten Vormittag ändert nichts an diesem Naturbild, in dem die Menschen nur am Rande als »winzige Punkte« vorkommen. Und nur aus ihrem Blickwinkel, durch ihre Schwäche und Verletzlichkeit, wird die ewige Schönheit der kosmischen Ordnung zu einer grauenvollen Bedrohung: Ohne die Menschen wäre diese Welt vollkommen. Auch hier berührt sich Stifter mit Hebbels Vorstellung einer tragischen Schuld, die »mit dem Leben selbst gesetzt« ist, mit einem unaufhebbaren Widerspruch zwischen dem menschlichen Bewußtsein und der bewußtlosen Welt.

Die Schuld ist auch eines der geheimen Zentren der *Bunten Steine*, und in zwei Erzählungen näherte sich Stifter dem Thema in einem noch persönlicheren Ton: *Turmalin* und *Katzensilber* sprechen von dem Versagen Erwachsener gegenüber Kindern. In *Katzensilber* vernimmt man das erste Echo von Stifters Erfahrung mit dem eigenen Kind, mit der Stieftochter Juliane. Das dunkelhäutige »braune Mädchen«, jenes verwahrloste Kind, das sich einer bürgerlichen Familie anschließt, dessen Eingliederung in eine geordnete Welt am Ende jedoch mißlingt, nimmt viele Züge der so schwer zugänglichen, so schwer beherrschbaren Juliane auf und ist zugleich eine neue Verkörperung der klassischen Mignon-Gestalt. Damit zeichnete Stifter das Bild eines Menschen auf der Grenze zwischen Natur und Kultur, zwischen verlorener Ursprünglichkeit und gescheiterter Zivilisierung durch Erziehung – ein Ort, an dem sich nicht leben läßt. Ähnliches gilt für *Turmalin*: Ein Ehebruch, für den der Erzähler keinen anderen Grund zu nennen weiß, als daß er eben mit Notwendigkeit geschehen mußte, zerstört eine Familie und das Leben ihrer Mitglieder. Die schuldige Frau verschwindet spurlos, eines Tages auch ihr Mann mit dem kleinen Mädchen. Erst viel später findet sich die Fortsetzung der Geschichte. Der betrogene Ehemann hatte ein völlig zurückgezogenes Leben geführt und in seinem egoistischen Schmerz das Kind soweit vernachlässigt, daß es nach seinem Tod ein Leben als geistig Behinderte führen muß. Nur eines hat er sie gelehrt, eine Litanei des Unglücks, die das arme Kind selbst nicht einmal versteht: »Wenn ich fragte, was ich für eine Aufgabe habe, während er nicht da sei, antwortete er: ›Beschreibe den Augenblick, wenn ich tot auf der Bahre liegen werde, und wenn sie mich begraben‹; und wenn ich dann sagte: ›Vater, das habe ich ja schon oft beschrieben‹, antwortete er: ›So beschreibe, wie deine Mutter von ihrem Herzen gepeinigt in der Welt herumirrt, wie sie sich nicht zurück getraut, und wie sie in ihrer Verzweiflung ihrem Leben ein Ende macht.‹ Wenn ich sagte: ›Vater, das habe ich auch schon oft beschrieben‹, antwortete er: ›So beschreibe es noch einmal.‹

Wenn ich dann mit der Aufgabe, wie der Vater tot auf der Bahre liegt, und wie die Mutter in der Welt umher irrt, und in der Verzweiflung ihrem Leben ein Ende macht, fertig war, stieg ich auf die Leiter, und schaute durch die Drahtlöcher des Fensters hinaus.«

Selten hat Stifter ein Bild so hoffnungslosen, stummen Entsetzens gemalt wie dieses. Doch ist der dunkle Hintergrund allen Erzählungen der *Bunten Steine* gemeinsam, sei es als Pest oder als Eiswüste, sei es als die Einsamkeit des Pfarrers im Kar. So hatte Stifter zwar keine wirklichen Jugendgeschichten geschrieben, wie es der Untertitel versprach, er hatte aber zumindest einen Teil seiner Vorrede dichterisch eingelöst: Erzählend hatte er gezeigt, daß der innere Gehalt eines Geschehens nichts zu tun hatte mit der pathetischen Wucht des historischen Hintergrunds, mit dramatischen Handlungsmomenten oder mit der Bedeutung der Personen. Gerade der fast gänzliche Verzicht auf alle diese Momente macht aus einer Erzählung wie *Kalkstein* ein eigentümliches und einzigartiges Meisterwerk, und sie ist selbst der vollkommenste Ausdruck dessen, was der arme Pfarrer über die spröde Karlandschaft ausspricht: »Sie sagen, die Gegend sei häßlich, aber auch das ist nicht wahr, man muß sie nur gehörig anschauen.« Dieses *gehörige Anschauen* ist es, was das sanfte Gesetz verlangt – ein Blick, der das Gleichgewicht der Welt respektiert und intakt läßt; ein Gesetz, das die taoistische Lehre von der sanften Macht des Schwachen ebenso in sich trägt wie die Erkenntnis des alttestamentlichen Predigers, daß ein jegliches Ding unter der Sonne seine eigene Zeit und Stunde habe.

Seltsam jedoch ist der innere Gegensatz, den die *Bunten Steine* bezeugen: Wie sie einerseits dies sanfte Gesetz als Postulat aufstellen, andererseits sich in einer Düsterkeit verlieren, die kein Gegengewicht mehr kennt. Dieser Gegensatz ist aber vielleicht der unmittelbarste Ausdruck für die Verfassung Stifters in den ersten nachrevolutionären Jahren. Seine ganz persönliche Einsamkeit war immer mehr gewachsen, seine Hoffnung auf politische Veränderungen enttäuscht, und seit er sich langsam dem fünfzigsten Lebensjahr zu nähern begann, verengte sich auch der offene Raum der Zukunft mit jedem Tag. In dieser Bedrängnis mußte ein Gegengewicht geschaffen werden, er *mußte* zeigen, daß die mächtigen Kräfte der Destruktion, die inneren und äußeren, nicht die Oberhand behalten würden und ein sanftes Gesetz der schwachen, doch unüberwindlichen Kräfte das Gute letztendlich durchsetzen werde: »So ist dieses Gesetz, so wie das der Natur das welterhaltende ist, das menschenerhaltende.« Das »menschenerhaltende Gesetz« – nirgendwo hat Stifter den humanistischen, utopischen Kern seiner Weltsicht schöner ausgesprochen als in diesem Wort. Und nirgendwo hat er den dunklen Untergrund dieser Utopie schwärzer gemalt als in Geschichten wie *Granit*, *Kalkstein* oder *Turmalin*. Stifter wollte keine Idyllen, und deshalb war er um so entsetzter, als er die Illustrationen für die zwei Bände zu Gesicht bekam. Heckenast hatte diesmal den berühmten Maler und Zeichner Ludwig Richter engagiert, doch die Wirkung bei seinem Autor war verheerend: »Welcher Schreck! Da ist alles verfehlt.« In einem langen Brief zeigte Stifter hart und ironisch sämtliche Fehler auf, er kritisierte das Manierierte und Verniedlichende der Bilder, die nichts vom Gehalt seiner Erzählungen wiedergaben. »Wäre ich Verleger, ich würfe die Vignetten weg.« Dazu war es zu spät, doch immerhin schnitt der Verfasser aus seinen Widmungsexemplaren die entsprechenden Seiten heraus. Sein Urteil war unbestechlich.

Ein Nachsommertagtraum

DIE ERSTEN LINZER Jahre sind jene Epoche, in denen Stifter am ehesten dem verbreiteten Klischee entspricht: ein pflichtbewußter Beamter, ein die Provinz verklärender Dichter und ein ruhiger Kleinbürger, der seinen diversen, etwas kauzigen Liebhabereien nachgeht – alles in allem ein liebenswertes Original. Nichts davon entspricht der Wirklichkeit. Hinter der Oberfläche ist das Bild zerrissener denn je. Und bezeichnend für Stifter verschärft sich seine innere Krise in dem Maße, wie seine äußere Situation sich festigt und dem Gewünschten endlich zu entsprechen scheint. Stifter war Schulrat, er war verheiratet und hatte ein kleines Mädchen, er war ein geachteter, wenn auch nicht unumstrittener Dichter. Mit seiner Stellung war er zu einem respektierten Bürger der Stadt geworden, der auch zahlreiche Ehrenämter bekleidete. Sein Interesse für Antiquitäten und die überlieferten kulturellen Schätze des Landes hatten ihm 1853 den Titel eines Konservators für Kunst- und historische Denkmale in Oberösterreich eingetragen. Und doch schimmert durch alle Briefe der Eindruck eines Lebens, in dem nichts mehr stimmte.

Private Mißgeschicke haben daran einen gewissen Anteil. Es war zu einem heftigen Zerwürfnis mit dem Stiefbruder Jakob Mayer in Wien gekommen; der Grund dafür lag in einer verwickelten Verlobung des jungen Mannes mit der Tochter des Kupferstechers Axmann, besonders aber darin, daß Jakob mit der Gattin seines Bruders kaum zurecht kam und daraus auch kein Hehl machte. Dinge dieser Art waren unangenehm, aber kaum ausschlaggebend für die düstere Stimmung. Schlimmer war schon die beunruhigende Erfahrung mit Juliane, die Stifter nicht losließ – um so weniger, als der Stadtklatsch weiter ging, als ihm lieb sein konnte. Es gab Stimmen, die davon wissen wollten, daß Amalia ganz und gar nicht die gute Mutter war, zu der ihr Ehemann sie erklärte, und daß sie Juliane eher wie ein Dienstmädchen als wie eine wirkliche Tochter behandelte. Die Ansprüche des kleinen Haushaltes waren inzwischen erheblich gestiegen; nur dadurch ist zu erklären, daß trotz des soliden Gehalts und der unvermindert fließenden Vorschüsse Heckenasts das Stiftersche Budget sich beständig in einer krisenhaften Lage befand und durch Darlehen stabilisiert werden mußte. Stifter selbst rechtfertigte das mit den erheblichen Repräsentationsaufwendungen eines Schulrates; der Wahrheit näher dürfte die Vermutung kommen, das in freudloser Ehe lebende Paar habe sich mehr und mehr mit Äußerlichkeiten getröstet. Stifters Verhältnis zur Realität seines Geldbeutels war fast naiv; nicht dessen Inhalt war die Richtschnur seiner Anschaffungen, sondern das, was er für notwendig hielt.

Die gutbürgerliche Wohnung am Donauufer wurde mit wertvollem und altem, repräsentativem Mobiliar ausgestattet, und daß die Frau Schulrätin sich standesgemäß kleidete und eine Theaterloge anmietete, schien auch ihrem Ehemann selbstverständlich. Einen ganz erheblichen Posten beanspruchten die leiblichen Genüsse. Amalia war eine gute Köchin, und der Qualität ihrer Speisen entsprach die Quantität nur allzu sehr. Stifter, der das Maß und die Selbstbeherrschung zum Leitbild eines jeden vernünftigen Lebens erklärt hatte, kannte an der Tafel weder das eine noch das andere. Seine Leidenschaft für üppiges Essen, alkoholische Getränke und gute Zigarren überschritt jedes vernünftige Maß und war – ganz besonders bei der sitzenden Lebensweise als Schriftsteller und Bürokrat – seiner Gesundheit mehr als abträglich. Schon immer hatte er zu einer gewissen Fülle geneigt, nun aber verwandelte sich diese in regelrechte Fettleibigkeit – und Amalia tat es ihrem Gatten nach. Die Photographien dieser Jahre zeigen einen Stifter mit Doppelkinn und aufgedunsenen Zügen, eine behäbige, schwerfällige Gestalt, bei der sich die Weste über einem massigen Körper spannt. Das Gesicht aber erscheint angestrengt und starr, unfähig zum geringsten Anflug eines Lächelns. Stifter ging langsam auf die Fünfzig zu, doch er war schon ein alter Mann.

Es mag sein, daß man bei den damals herrschenden bürgerlichen Umgangsformen nach außen nur wenig von dem spürte, was in Stifter vorging. Um ihn herum hatte sich ein kleiner Bekanntenkreis gebildet, dessen Zuneigung und Verehrung ihm gut tat. Dazu gehörten der literarisch und künstlerisch interessierte Apotheker Heinrich Reitzenbeck, der Gymnasialprofessor Johannes Aprent, aus dem Stifters engster Mitarbeiter werden sollte, und die Familie des Sattlermeisters Kaindl, bei dem Bruder Anton angestellt war. Auch der alte Jugendfreund Sigmund von Handel lebte nun in Linz. Später kamen das adlige Ehepaar Binzer und der Holzbildhauer Johann Rint hinzu – alles in allem eine durchaus angenehme Gesellschaft, die seinen Wert erkannte. Als Paul Alois Klar, der Herausgeber des Prager Almanachs *Libussa*, eine Lebensbeschreibung des Dichters veröffentlichen wollte, da machte sich Heinrich Reitzenbeck mit Stifters Hilfe an die Arbeit. Seine zurückhaltende Darstellung war so informativ wie persönlich, und man merkt ihr an, wie sehr Stifter dem Freunde die Feder geführt hatte. Begleitet wurde die Einführung Reitzenbecks, der auch einige unbeholfene Huldigungsverse beigesteuert hatte, von einem reichlich mißglückten Portrait, mit dessen wenig schmeichelhafter Wirkung der Geehrte kaum glücklich werden konnte.

Und überhaupt, glücklich schien er durchaus nicht zu sein. Immer lauter wurde in den fünfziger Jahren der Widerhall der Klagen. Die Zahl und der Umfang der Briefe schwoll zeitweise zu einer wahren Lawine an; es ist, als ob ein Vereinsamter in endlosen Monologen zu jemandem spricht, auf dessen Antwort er nicht mehr hört. Der wichtigste Empfänger war natürlich Gustav Heckenast. Ihm gegenüber erging sich Stifter auch in langen, häufig mit Wiederholungen angefüllten Reflexionen über die eigene Dichtung; er versuchte, die Stellung seines Werkes in der Geschichte zu definieren und setzte sich immer stärker von der Gegenwart und den Zeitgenossen ab. Diese Briefe sind zugleich Selbstanalyse und Darstellung nach außen; unübersehbar ist jedoch auch hier der monologisierende Charakter, der für den späteren Leser noch dadurch verstärkt wird, daß Heckenasts Antworten verschollen sind. Die Klage aber setzte den Hauptakzent fast aller Korrespondenzen. Zwei Motive sind es, die immer wiederkehrten: die Revolution und der Beruf. Je größer der Abstand wurde, desto stärker verzeichnete Stifter das Bild der historischen Ereignisse. Nun, da sie langsam in die Vergangenheit zu sinken begann, wurde ihm die Revolution zu einem wahren Schreckensphantom, zur Ursache aller Übel und aller Fehlentwicklungen in Staat und Gesellschaft. Längst hatte die Reaktion wieder das Ruder in der Hand – Stifter schrieb sämtliche Mißstände beharrlich der Revolution zu. Parallel damit begann sich ihm das Bild der Epoche vor 1848 zu verklären. Inzwischen wollte es ihm beinahe so scheinen, als habe die Revolution, indem sie die finstersten, unkontrollierbaren Kräfte im Menschen erweckte, einen dämonischen Ausbruch der Leidenschaft in friedfertigen Zeiten bedeutet; seine eigene frühe Begeisterung schien er mehr oder weniger verdrängt zu haben.

Der andere Grundton der Klage war das Amt. Was so hoffnungsvoll begonnen hatte, war in kürzester Frist zu einer lähmenden Last geworden. Alles bedrückte ihn bis zu »beinahiger Verödung meines Gemütes«, trotz aller Gesellschaft fühlte er sich in der Provinz einsam und verlassen, die Schulangelegenheiten raubten ihm die Zeit zum Schreiben und, schlimmer noch, belasteten ihn auch über die reinen Amtsstunden hinaus: »Ich glaube, daß die Dinge sich an mir versündigen«, ist das traurige, von Selbstmitleid nicht ganz freie Fazit. Stifter mußte sich Rechenschaft ablegen, daß er seine Stelle mit einer Täuschung angetreten hatte: Er hatte geglaubt, wirklichen Einfluß auf das Bildungswesen nehmen zu können, und war statt dessen in einer subalternen Verwaltungsstelle angekommen. Dem inneren Drang, sich wieder an die Dichtung zu machen, stand die banale Alltagswirklichkeit entgegen. »Dort trinkt ein Schulmeister Branntwein, hier zerfällt ein Schulgehilfe mit der Pfarrerköchin, dort wollen die Bauern die Sammlung nicht geben... u.s.w. u.s.w. − − und ich muß diese Dinge bearbeiten.« Bezeichnend aber ist ein Satz aus dem Brief an Heckenast vom 13. Mai 1854: »Meiner Gattin sage ich kein Wörtchen; denn sie fühlt sich ohnedem durch diese Verhältnisse gedrückt, und den Leuten hier könnte ich nichts der Art sagen, denn sie hielten mich, wenn ich über ein Amt klage, um daß sie mich beneiden, wahrhaftig für verrückt.« Dasselbe galt gewiß auch für Amalia, die vor dem Schulratstitel ihres Gatten mehr Respekt hatte als vor allen seinen Schriften zusammen, und wahrscheinlich hat sie diese niemals gelesen.

Wenig kann die innere Vereinsamung Stifters deutlicher zeigen, und doch liegt auch in seinem Leben und Leiden als Amtsperson die immergleiche, schon lange bekannte Ambivalenz. Wenn er nämlich in den lauten Klagen der Briefe sämtliche Übel seines Lebens nun auf den Beruf und die Revolution schiebt, so trägt dies wiederum alle Züge einer Selbstentlastung. So wie er das ganze Unglück seiner Ehe auf die biologische Frage der Kinderlosigkeit reduzierte, so projizierte er auch seine Depressionen auf Ursachen, die außerhalb seiner unmittelbaren Verantwortung lagen. Der Not des Broterwerbs konnte er sich kaum entziehen, und die politische Situation war ihm am allerwenigsten zuzuschreiben. Natürlich brachten die Amtspflichten oft starke Belastungen mit sich, doch daß diese für sich genommen durchaus erträglich waren, hatte er selber ausgesprochen. Und die Revolution als Ursache aller Widrigkeiten ist kaum noch für eine politische Aussage zu nehmen. Nur zu gut paßte sie in Stifters alte Vorstellung einer Geschichte, die der Mensch von außen erleidet; nun war er es selbst, der sein Leben und sein Werk einer verkommenen und kunstfeindlichen Epoche abringen mußte. Eine Epoche, in der das Ministerium tausend Gulden als Beitrag zu einer oberösterreichischen Gemäldegalerie strich, für »Forstdinge Viehausstellung etc.« jedoch Großzügigkeit walten ließ.

So lebte er hin, unzufrieden mit sich und der Welt, mit dem Amt und all den Werken, die er nicht schrieb. »Vielleicht wird man einmal diesen Brief lesen, und die im Mutterleib getöteten Kinder bedauern, dann wird es zu spät sein, wie es bei Kepler zu spät war, der auch in diesem unseligen Linz lebte, und wie es bei Mozart zu spät war.« Wie schnell war aus dem ruhigen Donaustädtchen »dieses unselige Linz«, gar ein »Hottentothien« geworden! Und was für eine verstörende Metaphorik, in der er seine Schreibhemmung mit einer Abtreibung verglich! Ob Stifter seine Umgebung über diese innere Qual täuschen konnte? Die einzige, die offen aussprach, was sie empfand, war Louise von Eichendorff. Schon kurz nach ihrer brieflichen Bekanntschaft mit Stifter hatte sie dem verehrten Autor ein Angebot gemacht: Er sollte gemeinsam mit seiner Frau zu ihr auf das Grundstück bei Wien ziehen und dort in einem noch zu erbauenden Gartenhaus in einer gleichsam Goetheschen Idylle nur noch seiner Dichtung leben. Natürlich blieb es bei Plänen, aber während der persönlichen Begegnung und im weiteren Briefwechsel hatte Louise von Eichendorff Stifters Problematik besser erkannt als seine anderen Freunde, denn ihr eigener, zur Schwermut neigender Charakter machte es dieser Frau leichter, durch die Maske des provinziellen Biedermanns zu blicken. Der Briefwechsel der beiden trägt zuweilen geradezu tragikomische Züge: Stifter versuchte ohne Unterlaß, Louise ihre Depressionen mit mehr oder weniger allgemeinen Exkursen über die Schönheit der Welt auszureden; Louise dagegen wollte den nach außen so zufriedenen Schulrat zum Eingeständnis seines Unglücks bewegen. Nach Stifters eigenem Bericht hatte sie ihm Ende August 1854 auf den Kopf zu gesagt, was sie von seiner Lebenslüge dachte, und am 22. Oktober schrieb sie in einem Brief: »Die Welt erscheint mir wie eine durch die grausamsten Torturen ausstudierte Folterkammer und Schlachtbank! [...] Es scheint mir durchaus unmöglich, daß auch Sie trotz der mündlichen Versicherung des Gegenteils *glücklich sein können*; [...] mein Inneres ist [in] diesem Augenblick so krank, daß es mir scheint: ›bis hieher und nicht weiter‹, als könnte ich nicht mehr leben aber auch nicht sterben«.

Wenn Stifter etwas in seinem eigenen, immer prekäreren Gleichgewicht nicht gebrauchen konnte, dann waren es solche unverhüllten Verzweiflungsausbrüche. Doch auf der anderen Seite fühlte er sich wahrscheinlich von Louise besser verstanden als von jedem anderen; das Bild von der »Folterkammer und Schlachtbank« könnte unmittelbar aus dem *Abdias* oder der *Mappe meines Urgroßvaters* stammen. Stifter war nicht fähig, sein Unglück offen auszusprechen, und so mußte er sich mit aller Kraft gegen Louise von Eichendorff wehren. Was ihn bedrückte, das verarbeitete er in seiner Dichtung, sonst aber wurde es konsequent verdrängt. Über all das, was ihm in seinem trüben Alltag fehlte, tröstete er sich mehr und mehr mit seinen tausenderlei Beschäftigungen hinweg. Als Schulrat, Landeskonservator, Vize-Vorstand des Kunstvereins und Referent des Museums hatte er bereits ausreichend zu tun; dazu kamen noch seine »Liebhabereien als Dichter Maler Restaurateur alter Bilder und Geräte nebst Gerumpel, wozu mich noch im vorigen Sommer die Cactusnarrheit überfallen hat«. Wenn Stifter je dem Klischee des biedermeierlichen Spießers entsprochen hat, dann jetzt – die Ähnlichkeit mit Spitzwegs betulichem *Cactusfreund* ist so offensichtlich wie verräterisch für die erbaulichen, beschränkten Züge seines Werks. Er pflegte seine Kakteen und hätschelte seinen Hund; Beschäftigungen eines Mannes, der nicht weiß, wohin mit seinen Gefühlen, der niemanden hat, dem er wirkliche Zuneigung schenken kann.

Es paßt in das Bild des pedantischen Bürgers, wenn Stifter im Jahre 1854 ein *Tagebuch über Malereiarbeiten* anlegte, in dem er fast bis zu seinem Tode mit geradezu bedenklicher Akribie jede einzelne an der Leinwand verbrachte Minute festhielt. Im August 1867, in seinem letzten Lebensjahr, als er gerade an einem allegorischen Gemälde *Die Ruhe* arbeitete, war die Archivierung der eigenen Lebenszeit bis zur Vollkommenheit gelangt. Alles wurde in eigenen Spalten notiert: Monatstag, Arbeitszeit, Gegenstand, sowie das endliche Resultat in Stunden und Minuten:

5	7.21	9.33	an der Ruhe gemalt (Berge)	2	12
5	2.29	3.26	an der Ruhe gemalt (Berge)	-	57
9	2.16	3.24	an der Ruhe gemalt (Berge)	1	8
10	2.35	4. 6	an der Ruhe gemalt (Berge)	1	31
11	9.35	10.18	an der Ruhe gemalt (Berge)	-	43

Und so weiter, über Jahre und Seiten. Es folgten Additionen, Gesamtabrechnungen für einzelne Bilder, bestimmte Perioden. Das System ist von absoluter Perfektion und vollendeter Sinnlosigkeit. Man wird den Eindruck nicht los, daß hier ein Mensch versuchte, wenigstens in der Arithmetik sein Leben unter Kontrolle zu halten. Als Stifter mit seiner Buchführung begann, war er fast fünfzig Jahre alt; er spürte, wie sein Leben immer schneller zu verrinnen drohte und unternahm die absurde Anstrengung, die flüchtige Zeit wenigstens in Zahlenkolonnen festzuhalten. Ähnliche Anzeichen für diese Obsession, das eigene Dasein zu inventarisieren, waren das exakte Haushaltsbuch und später, in der letzten Krankheit, die minutiöse Aufzeichnung des täglichen Befindens. Was die Malerei betraf, so entsprach der Erfolg nicht den so peinlich genau festgehaltenen Mühen, denn schon am 7. Juli 1855 hatte

Stifter an Gustav Pechwill geschrieben, »in der Malerei habe ich 13 Bilder seit 8 Jahren angefangen und keins vollendet, nur die Cactus werden jetzt sehr gut gewartet und bewundert«.

Es war aber nicht nur der alltägliche »sogenannte Schulschlendrian«, was Stifter sein so lange ersehntes pädagogisches Amt vergällte, es waren auch sehr konkrete Ereignisse. Gemeinsam mit seinem Freund Johannes Aprent hatte er viel Zeit und Mühe in die Zusammenstellung eines *Lesebuches zur Förderung humaner Bildung in Realschulen und in anderen zu weiterer Bildung vorbereitenden Mittelschulen* gesteckt, das 1854 bei Gustav Heckenast erschien. In der Textauswahl ist Stifters Hand deutlich erkennbar; der Schwerpunkt liegt auf der deutschen Klassik, auf Goethe und Herder, und verrät ein ungebrochenes Vertrauen in die Kraft der humanistischen Ideen. Ohne reaktionär zu sein, nimmt das *Lesebuch* den Platz eines traditionsbewußten, liberalen Konservativismus ein. Nach längerem Hin-und-Her verweigerten jedoch die staatlichen Kommissionen dem Werk 1855 die Zulassung an öffentlichen Schulen. Der enttäuschte Schulrat schrieb diese Entscheidung umstandslos dem allgemeinen Niedergang der Kultur zu; seine Vermutung, die Verfasser der offiziellen Lesebücher hätten sich einen unliebsamen Konkurrenten vom Halse schaffen wollen, kommt der Wirklichkeit wohl näher als die amtliche Begründung, das Buch habe den Lehrplänen nicht entsprochen. Noch größer war die Enttäuschung, als ihm durch Erlaß vom 24. September 1856 die Zuständigkeit für die Linzer Realschule, die ihm besonders am Herzen gelegen hatte, entzogen wurde. In einem lange schwelenden Konflikt hatte er gegen den Direktor und für die Lehrerschaft Partei ergriffen, der ministeriale Erlaß kam einer harten Rüge gleich, die Stifter als höchst ungerecht empfand. So tief war die Kränkung, die ihm diese Affäre und die Ablehnung des *Lesebuches* zugefügt hatten, daß er von einer Pensionierung am Ende des zehnten Dienstjahres zu träumen begann.

Fast unausweichlich mutet es an, wenn Stifters Unzufriedenheit, sein tiefsitzendes Unglück, erste körperliche Folgen zeitigte. Rückblickend erzählte er am 23. August 1855 Heckenast in einem Brief davon, den er nach dem zweiten Auftreten der Krankheit an seinem Erholungsort schrieb: »Schon im vorigen Jahr nach den Prüfungen und nach einer längeren Reihe von Tagen, an denen ich unausgesetzt an dem Schreibtische saß (täglich bis 9 1/2 – 10 Uhr Abends), ohne einen einzigen Spaziergang zu machen, empfand ich allerlei seltsame Dinge an meinem Körper, denen ich keinen Namen geben konnte, und auf die ich nicht achtete, weil ich von Jugend an einer sehr rüstigen und unverwüstlichen Gesundheit genoß. Ich ward reizbar, mürrisch, erschrak, wenn ein Federmesser zu Boden fiel, und, was ganz lächerlich war, fürchtete mich, wenn ich im Wagen saß, und auf eine Inspektion fuhr. Später kamen Wallungen im Kopfe dazu.« Drei Monate dauerte dieser Zustand. Als noch schlimmere »Obstruktionen eintraten« und »Angst und Unbehaglichkeit den ganzen Körper erfaßten«, konsultierte Stifter den Arzt. Dieser schrieb die Beschwerden einem Mangel an Bewegung zu, und tägliche Spaziergänge halfen dem Übel auch vorläufig ab. Nun, ein Jahr später, war es wieder soweit, daß »die Nerven ergriffen waren, das Drücken zunahm, Unlust und Unruhe sich einstellte, und selbst die Verdauung litt.« Stifter nahm Urlaub und fuhr zum ersten Mal seit langen Jahren in die Heimat. Er mietete sich mit Amalia und Juliane in der kleinen bayerischen Ortschaft Lackenhäuser ein, unmittelbar an der Grenze zu Böhmen, westlich des Plöckensteins und nur wenige Kilometer von Oberplan entfernt. Im Hause des wohlhabenden Franz Xaver Rosenberger, das in achthundert Meter Höhe am Fuße des Dreisesselberges lag, wollte Stifter Ruhe und Gesundheit wiederfinden, und bis ans Ende seines Lebens sollte er nun hierherkommen, um vor den Bedrängnissen seines Lebens zu flüchten.

Denn schon zu diesem frühen Zeitpunkt war es Stifter

bewußt, daß seine Krankheit nicht einfach körperlichen Ursprungs war, sondern von einem inneren Leiden bewirkt wurde. Natürlich schob er sie vor allem auf die Enttäuschungen und Überlastungen durch den Beruf, doch bereits in jenem ersten Brief an Heckenast deutete er an, daß vor allem anderen eines an ihm nagte: der Gram über das Nichterreichte, über das versagte Glück. Der graue Alltag, die triste Ehe, das immer schneller naherückende Alter, all das vergiftete ihm das Dasein, und so war es kein Wunder, daß er »sehr an Nerven oder Hipochondrie oder dergleichen« litt. Was sich hier zeigte, waren die ersten Vorboten des Endes. Nie mehr sollten Stifter seine Krankheiten verlassen, und im Jahre 1857 plagten ihn zum ersten Mal stärkere Leberbeschwerden. Allen Vorhaltungen zum Trotz schaffte er es nicht, sein Leben zu ändern; weiterhin gönnte er sich den Luxus maßloser Schlemmerei und griff ohne Zurückhaltung zu Wein und Bier. Sechs Forellen, so wird berichtet, taugten ihm gerade als Vorspeise, und die Krebse wurden in Dutzenden gezählt. Was ihm das Leben sonst vorenthielt – er hielt sich dafür mit den fleischlichen Genüssen der Tafel schadlos.

Der Erholungsaufenthalt am Dreisesselberg hatte ihm gut getan, wozu auch beitrug, daß er zum ersten Mal seit langer Zeit kontinuierlich an seinem Werk arbeiten konnte. Ein neues Projekt hatte sich inzwischen ganz und gar in den Vordergrund geschoben und den historischen Roman verdrängt. Jene Erzählung, die zum Abdruck in der *Iris* bestimmt war und erst *Der alte Hofmeister*, dann *Der alte Vogelfreund* heißen sollte, hatte sich in Stifters Phantasie zu einem eigenen großen Buch erweitert; am 9. Juni 1853 ist, in einem Brief an Heckenast, zum ersten Mal von seinem Titel die Rede: *Der Nachsommer*. Was Stifter an diesem Sujet jetzt am meisten reizte, war die Grundkonstellation eines Mannes, der sich, von Amtsgeschäften enttäuscht, auf seinen Landsitz zurückzieht und dort in der milden Sonne des Alters, unter angenehmen Beschäftigungen in Kunst und Wissenschaft, nach einem vertanen Leben zumindest ein heiteres Alter genießt. Eine Abendphantasie, die Stifter auch für das eigene Dasein pflegte; in den Briefen an Louise von Eichendorff und an Gustav Heckenast malte der von Pensionierung träumende Schulrat sie häufig genug aus. Was für die Nachsommeridylle noch fehlte, war natürlich das Geld. Mit verzweifeltem, fast kindlichem Optimismus hoffte er, daß wenigstens »der Zufall Vernunft annimmt, und mir den 1^t Treffer in der 54. Lottoanleihe schickt«; auf der anderen Seite überredete er Heckenast zu höchst riskanten Aktienspekulationen, bei denen dieser dann auch einen gehörigen Verlust erlitt. Die zehntausend Gulden, um die der Verleger Westbahnaktien erworben hatte, konnte er abschreiben; der von Stifter prophezeite Gewinn, der den Traum vom späten Glück finanzieren sollte, blieb ebenso aus wie dieses selbst.

Das menschliche, kleine Glück schien ihm noch einmal zu Beginn des Jahres 1855 näher zu kommen. Im Januar erhielt er Post von zwei jungen Mädchen aus Klagenfurt. Die Schwestern Louise und Josefine Stifter hatten in der *Libussa* Reitzenbecks kurze Biographie gelesen und wandten sich nun an den verehrten Autor mit der Frage, ob nicht vielleicht ein Verwandtschaftsverhältnis bestehe. Mehr als drei Monate zögerte Stifter, bis er auf die schönen und offenen Briefe antwortete, doch dann tat er es mit solcher Herzlichkeit, als habe er lange auf diese Gelegenheit gewartet. Die äußeren Anzeichen schienen für eine Verwandtschaft zu sprechen, und Stifter schloß die beiden Mädchen bald so ins Herz, daß er sie, die er doch nur aus Briefen kannte, schon beinahe als Töchter, in jedem Fall aber als Wahlnichten ansah. Um so erschütterter war er, als die zweiundzwanzigjährige Louise bereits im September des nächsten Jahres an einer Gehirnhautentzündung starb, und er trauerte um sie wie um eine enge Verwandte. Dieses Jahr 1856 zeigte ihm den Tod mehrmals aus der Nähe. Im Februar war nach nur dreijähriger Ehe Risa Heckenast gestorben, und Stifter versuchte den verzweifelten Witwer in langen, tiefempfundenen Briefen zu trösten. Für den Sommer lud er seinen Verleger zu einer Reise nach Böhmen ein, und die beiden Männer verbrachten eine gemeinsame Zeit am Fuße des Dreisesselberges. Auf dem Rückweg nach Linz machten sie Halt in Oberplan und besuchten die Mutter des Dichters. Die fünfundsiebzigjährige Frau war aber so geschwächt, daß Stifter beim Abschied damit rechnen mußte, er könne für immer sein. Als ihn in dieser Traurigkeit bei der Rückkehr auch noch die völlig unvermutete Nachricht vom Tode der noch so jungen Louise traf, da schrieb er an Louise von Eichendorff die Worte: »Sie haben oft gesagt, daß Sie nicht glauben, daß ich glücklich bin, und ich habe stets geantwortet, daß ich es aus voller Seele bin. Jetzt möchte ich sagen, ich bin es nicht, wenn ein solcher Ausspruch nicht doch im Grunde ein Frevel wäre.«

Noch tiefer zog er sich in seine Dichtung, den immer weiter wachsenden *Nachsommer* zurück. Das Frühjahr 1857 verging mit Depressionen. Erst als der Sommer kam, gelang es Stifter, seine gedrückte Stimmung zu überwinden, und die kleine Familie brach im Juni, noch vor der Vollendung des großen Romans, zu einer Reise auf. Über Graz und Marburg fuhr man nach Klagenfurt, wo die neuen Verwandten besucht wurden, von dort nach Triest, zu Josefines Bruder Wilhelm. Hier endlich, in der Nähe von Duino, ging einer von Stifters größten Wünschen in Erfüllung: zum ersten Mal sah er das Meer. Zwei frühe Morgenstunden verbrachte er allein am Strand, und noch spätere Briefe zeigen, wie tief die Erschütterung dieses Naturerlebnisses nachwirkte. Der Rückweg führte mit einem Umweg über das Friaul, über Monfalcone und Udine, und so berührte auch Stifter in der äußersten nordöstlichen Ecke sein so lang ersehntes Arkadien. Es war das erste und letzte Mal, daß er nach Italien kam, und es blieb auch das letzte Aufflackern jenes lebenslangen Wunsches, aus der Enge des eigenen Daseins in die Weite aufzubrechen. Die bittere Ironie seines Lebens wollte es, daß die einzige Berührung mit der lockenden Ferne so gering war, ihm nur gerade noch einmal zu zeigen, was er sich selbst versagt hatte. Nach diesem einen Blick in den Süden kehrte er zurück nach Klagenfurt und von dort nach Linz; die Wahlnichte Josefine kam mit und lebte nun neben Juliane als zweite Tochter im Stifterschen Hause.

Der große Brief vom 20. Juli, in dem der Heimgekehrte Heckenast von seiner Reise berichtete, spricht aus, wie überwältigend der Eindruck des Meeres und die Erfahrung eines anderen Landes, einer anderen Sprache gewesen waren; er verrät aber ebenso, daß Stifter in der Begegnung mit dem Fremden auch sich selbst erkannt hatte – und diese Erkenntnis war nicht angenehm gewesen. »Goethe ist erst durch Italien ein großer Dichter geworden, wäre ich vor 20-25 Jahren zum ersten Male und dann öfter nach Italien gekommen, so wäre auch aus mir etwas geworden. Das Herz möchte einem brechen bei Betrachtung gewisser Unmöglichkeiten«, schrieb er und stellte damit sein ganzes Leben und sein ganzes Werk radikal in Frage. Nie hatte er so deutlich gesehen, was jenes harte »es war alles, alles zu spät« des Hagestolzes in einem Menschenleben wirklich bedeuten konnte. Was konnte ihn darüber trösten, »daß ich so alt geworden bin, und das nicht gesehen habe«? Der Hoffnung, doch noch einmal für längere Zeit aufzubrechen, traute er wohl selber nicht mehr. In dieser wechselhaften Stimmung des Jahres 1857 war es, daß er am 12. September Heckenast sagen konnte: »Heute um 12 Uhr habe ich das letzte Wort des Nachsommers niedergeschrieben. Das war ein Stück Arbeit.«

Das war es. Als der *Nachsommer* Mitte Dezember in die Buchhandlungen kam, waren es drei Bände, der kürzeste zählte vierhundertzwanzig, der längste vierhundertdreiundachtzig Seiten. Ein Stück Arbeit war es jedoch auch in jedem anderen Sinn gewesen. Stifter hat in diesen Roman alles hineingelegt, was er von der Welt in seinem Denken erfassen konnte; er ist eine Summe seines ganzen Lebens und Schreibens, der Höhepunkt seines Werks. Und nicht nur des seinen: Der *Nachsommer* gehört zu jenen Büchern, die einsam und unerreicht, einzigartig und vollkommen in der Landschaft der deutschsprachigen Literatur stehen; eines jener wenigen Meisterwerke, die fremd wie ein Findling in ihrer Zeit liegen und eine unmittelbare Wirkung nicht haben konnten. Ganz und gar gegen seine Epoche angeschrieben, ist er doch ohne Bezug auf sie kaum zu verstehen; in jeder Faser von Stifters persönlichster Lebenserfahrung geprägt, ist er doch Lichtjahre entfernt von jeder romanhaften Autobiographie. Erst der *Nachsommer* ist Stifters wirkliche Antwort auf 1848 und vor allem auf die nachrevolutionäre Periode der Enttäuschung. Die *Bunten Steine* und die zwei *Studien*-Bände von 1850 waren in allen ihren Elementen noch mit den vierziger Jahren verknüpft; nun hatte Stifter den Bereich der Novellistik verlassen und sich etwas völlig Neuem, der epischen Großform zugewandt.

Der *Nachsommer*, obwohl er ungefähr dreißig Jahre früher spielt, ist der Roman der fünfziger Jahre. In ihm, in dem langen, mühsamen Stück Arbeit, zeichnet sich der Weg des Autors selber ab, seine Auseinandersetzung mit den politischen und privaten Enttäuschungen, aber auch der Versuch, auf ihnen noch das positive Gegenbild einer Hoffnung zu errichten. Bereits die Wahl der literarischen Gattung ist programmatisch: Zwar nannte Stifter das Werk im Untertitel bescheiden »Eine Erzählung«, von seiner gesamten Struktur her knüpfte er jedoch an den Bildungsroman des deutschen Idealismus und an sein kanonisches Beispiel, den *Wilhelm Meister* an. Dieser Romantypus, der auf die außergewöhnliche, umgrenzte Handlung verzichtet, um die gesamte Entwicklung eines Individuums zu einem sinnvollen Glied der Gesellschaft zu demonstrieren, kam Stifters pädagogischen Absichten weit entgegen. Auf keine andere Weise konnte er besser seine Überzeugung gestalten, daß jede positive Weiterentwicklung der Menschheit nur auf dem gewaltlosen Weg der Erziehung und Selbsterziehung möglich sei; nur die Erkenntnis des sanften Gesetzes der Humanität konnte den Menschen vor den dunklen Abgründen bewahren, die draußen und in ihm selber lauerten. Der Bildungsroman ist stets die Vorführung eines exemplarischen Lebenslaufs – keineswegs aber eines außergewöhnlichen. Die große Ausnahmegestalt wird sich ihren Weg alleine und auch *gegen* die Gesellschaft und ihre Zwänge bahnen; wird dabei aber auch immer wieder den Gefahren der Ichbezogenheit, der Einseitigkeit und Maßlosigkeit begegnen, die Stifter so schreckten. Wenn das gelungene Leben im Gleichgewicht zwischen Individualität und Anspruch der Gemeinschaft bestehen sollte, dann wurde zum exemplarischen Leben gerade das, was nichts Außergewöhnliches mehr an sich hatte.

Die Fabel des *Nachsommers* ist denkbar einfach – besonders für ein Werk von weit mehr als tausend Seiten. Heinrich Drendorf, der Ich-Erzähler, dessen Name in diesem mit Namen so sparsamen Buch erst gegen Ende fällt, ist Sohn eines begüterten Wiener Kaufmanns. Der solide Wohlstand der Familie erlaubt es dem Vater, Heinrich zu einem »Wissenschafter im allgemeinen« werden zu lassen; ohne jeden äußeren Zwang folgt er seinen Interessen, betreibt Studien aller Art und widmet sich dann besonders den Naturwissenschaften; auf immer ausgedehnteren Fußreisen lernt er Land und Leute, das Wetter und die Pflanzenwelt, geologische Formationen und Gesteine kennen. In einer Gegend, in der man die Landschaft von Kremsmünster wiedererkennen kann, kommt es zu der Begegnung, die Heinrichs Leben entscheidet und mit der die zentrale Romanhandlung beginnt. Der Zufall führt den jungen Wanderer in ein über und über mit Rosen bewachsenes Landhaus, dessen Besitzer, ein noch rüstiger alter Mann, namenlos, weißhaarig und in auffälliger Einfachheit gekleidet, ihn gastlich für die kommende Nacht aufnimmt. Aus ein paar Stunden Schutz vor dem drohenden Gewitter, die Heinrich erbittet, wird seine eigentliche Lehrzeit, werden jene sechs Jahre, die der Kern des Romans umfaßt.

Jahr für Jahr kehrt Heinrich wieder, einmal für kürzere, einmal für längere Zeit, vor allem im Sommer, doch auch Frühjahr und Herbst erlebt er im Rosenhaus, das ihm zur Schule für ein ganzes Leben wird. Sein Gastfreund, der erst nach einigen hundert Seiten zu seinem Namen Freiherr von Risach findet, hat sich mit seinem Anwesen eine wahre Versuchsanstalt für ein gelungenes Dasein, für Ausgleich und Gleichgewicht geschaffen, und wie es Stifters Bildungsidealismus verlangte, enthält sein abgeschlossener Raum die ganze Totalität der Welt *en miniature*. Eine modellhafte Architektur, die nur edelste Materialien und diese nur ihrer natürlichen Struktur entsprechend verwendet, eine modellhafte Landwirtschaft, vorbildliche Methoden eines natürlichen Pflanzenschutzes und Respekt für den Lebensraum der Tiere, ein Bildungskosmos mit Bibliothek und Gemäldesammlung – schlechthin alles, was Heinrich für seine Entwicklung braucht, findet sich an diesem Ort. Zuweilen schlägt der Modellcharakter des Rosenhauses fast ins Museumshafte um; so etwa, wenn die auserlesenen Marmorfußböden von Treppe und Halle nur noch mit schützenden Überschuhen aus Filz betreten werden können und sich damit der vollkommene Lebensraum dem tatsächlichen Leben wieder entfremdet. Heinrichs Bildungsgang vollzieht sich nach klassischem Vorbild in Stufen und immer weiteren Kreisen. Von Risach sanft geführt, in pädagogischen, bisweilen enzyklopädisch anmutenden Gesprächen belehrt, widmet er sich vor allem der Geologie und Landschaftskunde. Auf seinen Gebirgsreisen beginnt er sich für Brauchtum und Volkskunst zu interessieren, er sammelt alte Gegenstände, läßt aus Marmor kunstvolle Gebrauchsgeräte anfertigen, erlernt das Zitherspiel, zeichnet und malt.

Keine seiner Beschäftigungen folgt einem konkreten Ziel, immer noch ist er »Wissenschafter im allgemeinen«. Risach bestätigt ihn in der von seinem Vater empfangenen Lehre, »der Mensch sei nicht zuerst der menschlichen Gesellschaft wegen da sondern seiner selbst willen. Und wenn jeder seiner selbst willen auf die beste Art da sei, so sei er es auch für die menschliche Gesellschaft.« Diese Verpflichtung nach außen aber ist es, was die rechtmäßige Selbstverwirklichung vor dem Absturz in Egoismus schützen soll; in Stifters Version des klassischen Humanismus zeichnet sich genau die Denkfigur seiner nachrevolutionären Epoche ab, die den Eigennutz der Gründerzeit mit dem Gemeinwohl versöhnen will. An dem Musterfall Heinrich Drendorf zeigt sich jedoch bereits, wie wenig tragfähig diese Konstruktion ist, denn zur angestrebten Selbstverwirklichung braucht man viel mehr als die beschworene Bildung: Stifter wählte nicht zufällig einen jungen Mann, der zwar aus reichem bürgerlichem Hause stammt, selber jedoch dem Zwang des Geldverdienens nicht mehr unterliegt. Tatsächlich wird sein Lebensgang einzig und allein durch diesen Umstand möglich; nur das völlige Fehlen materieller Zwänge erlaubt es ihm, seinen intellektuellen Horizont ohne jeden pragmatischen Zweck über alle Daseinsbereiche auszudehnen. Auf der anderen Seite trägt dies nicht wenig zur Künstlichkeit einer Figur bei, deren Tätigkeiten nur aus einem abstrakten Bildungsideal, nicht aber aus konkreten, zielbewußten und persönlich gefärbten Interessen erwachsen.

Zeremonielle Höflichkeit, das Fehlen jeden Humors, ein feierlicher Ernst prägen diesen Roman, der in einer wundervoll zarten, durchsichtigen und kühlen Sprache geschrieben ist. Es ist der Ernst von Menschen, die sich der Bedeutung jedes einzelnen Schrittes, jeder einzelnen Handlung bewußt sind, denn jeder Augenblick ist unwiederbringlich in dieser vergänglichen Welt. Höflichkeit bezeugt den Respekt vor der Existenz des Anderen, so wie der sorgsame Umgang mit den Gegenständen, die Pflanzenpflege und das Füttern der Vögel ein Zeichen für die Achtung ist, die man der gesamten Schöpfung und jeder ihrer Kreaturen entgegenbringen muß. In diesem Hause, wo Zeit im Überfluß vorhanden ist, gibt es keine verlorene Zeit; hier herrscht das sinnerfüllte, in jedem einzelnen Augenblick substantielle Dasein. Und dieses Dasein zeigt sich deshalb von seiner hellsten Seite; im *Nachsommer* ist gleichsam die Schwerkraft aufgehoben, selbst im elementarsten Sinne verspürt man die Welt nie als Last: Die Wanderungen ermüden nicht, das Wetter schickt keine quälenden Hitzetage und bei den Mahlzeiten ißt und trinkt niemand so viel, daß ihn danach die Fülle drückt. Die Körperlichkeit selbst ist verschwunden in dieser schwebenden Atmosphäre, wo beständig die leichte Brise eines milden Sommertags zu wehen scheint.

Der Umgang der Menschen miteinander untersteht diesem Gesetz von Höflichkeit und Distanz, und die Distanz ist wiederum nichts anderes als die Achtung vor dem innersten Wesen des Anderen. Sie ist das Bewußtsein von der − wie Kleist es nannte − »gebrechlichen Einrichtung der Welt« und besonders der menschlichen Beziehungen selbst. Die Gestalten des Rosenhauses nähern sich einander mit der gleichen Sorgfalt und Vorsicht, wie sie ihre fragilen Vasen und Kunstgegenstände berühren. In seiner *Éducation sentimentale*, einem zentralen Kapitel jedes Bildungsromans, folgt Heinrich Drendorf den gleichen Regeln. Eines Tages erscheint Besuch in dem ruhigen Landsitz: Mathilde, eine alternde, »verblühenden Rosen« gleichende Frau, und Natalie, ihre Tochter, ein Traumbild an Schönheit, Anmut, Bildung und gewählter Sittsamkeit. Die Annäherung der jungen Leute, die sich über mehrere Jahre erstreckt, geschieht ohne jede Leidenschaft, ohne Verliebtheit, ohne Sehnsucht und ohne jeglichen Zweifel; nichts wird ausgesprochen, und bis zu dem glücklichen Tage, wo der Zufall das gegenseitige Geständnis herbeiführt, verheimlicht der Erzähler seine Zuneigung nicht nur dem Leser, sondern vor allem sich selbst. Die Beziehung zwischen Natalie und Heinrich ist in jedem Augenblick von demselben pathetischen Ernst getragen, der den ganzen Roman durchzieht.

Diese Tilgung von sinnlicher Liebe und Leidenschaft, Stifters endgültige Antwort auf die wirren Lehrjahre zwischen Fanny und Amalia, verwandelt die Sphäre des Romans vollends in ein künstliches Paradies. Der Vergleich mit anderen Bildungsromanen spricht Bände: Nichts von der erotischen Schwebe des *Wilhelm Meister*, von den riskanten Verwechslungen in Karl Immermanns *Epigonen*, nichts von der faszinierenden, zuweilen überwältigenden Sinnlichkeit in Kellers *Grünem Heinrich*. Nichts auch von den Verwirrungen, wie Stifter selbst sie im *Alten Siegel* oder in *Brigitta* beschrieb. Stifter wollte sein Idealbild einer ausschließlichen, doch leidenschaftslosen Liebe zeichnen, und so mußte er alles vermeiden, was an Leidenschaft erinnern konnte. Der *Nachsommer* ist ein Roman ohne jede offene Sexualität. Wo von körperlicher Schönheit so unausgesetzt die Rede ist — sei es bei der marmornen Mädchenstatue im Treppenhaus, sei es bei der jungfräulichen Natalie selbst —, wird jeder Anklang an das körperliche Begehren radikal vermieden. Nichts ist verräterischer, als die Schilderung des Hochzeitsabends. »Ein Teil der Gäste hatte noch heute das Haus verlassen, ein anderer wollte es bei Anbruch des nächsten Tages tun, und einige wollten noch bleiben.« Nach einem Absatz fährt der Erzähler fort: »Im Laufe des folgenden Vormittags, da sich die Zahl der Anwesenden schon sehr gelichtet hatte, kamen noch einige Geschenke zum Vorschein.« Kein Schweigen könnte lauter klingen, nutzt der Erzähler doch sonst jede Gelegenheit für Umständlichkeiten dieser Art: »Dann entkleidete ich mich, schloß die Schlösser meiner Zimmer ab, und begab mich zur Ruhe«. Ein Schweigen, das zum Verschweigen wird und in diesem Falle der schieren Hilflosigkeit entspringt:

Der Autor weiß schlicht nicht mehr weiter, weiß nicht, wie er den Skandal des körperlichen Begehrens in seiner körperlosen Welt auch nur denken soll.

Bevor es zur Hochzeit kommt, hat Heinrich die letzten beiden Kapitel seiner Lehrzeit zu absolvieren. Das eine ist die traditionelle Bildungsreise durch ganz Europa – zwei Jahre, die im Buch kaum zehn Zeilen in Anspruch nehmen. Das andere ist jener lange Rückblick, in dem Risach vor dem jungen Mann nun seine eigene Lebensgeschichte ausbreitet. Dieser Roman *en abyme* nimmt einen großen Teil des dritten Bandes ein, und sie ist für das Ganze von erheblicher Bedeutung. Risachs Jugenderinnerungen bilden den Kontrapunkt, ohne den der *Nachsommer* tatsächlich zu einer sterilen Idylle geworden wäre. Sein Leben nämlich verlief nicht so konfliktlos wie das seines glücklichen Schülers. Als mittelloser Hauslehrer verliebte er sich in Mathilde, die Tochter seiner adligen Herrschaft. Als er ihren Eltern gegenüber zustimmte, gleichsam für eine Probezeit die Bindung zu lösen, fühlte sich das leidenschaftliche Mädchen verraten und wandte sich ihrerseits vollkommen von dem Geliebten ab. Jahrzehnte vergingen; Risach heiratete ohne Liebe und wurde Witwer, er machte Karriere im Staatsdienst, wurde geadelt und fast zum Freunde des Kaisers, doch am Ende mußte er auch hier erkennen, daß er nicht den richtigen, seinem Wesen entsprechenden Weg eingeschlagen hatte. Er quittierte den Dienst und lebte von nun an allein seinen geistigen und künstlerischen Interessen auf jenem Landsitz, dessen Rosenpracht ihn an die verlorene Liebe erinnerte. Als eines Tages die verwitwete Mathilde mit ihren beiden Kindern vor den Blüten steht, erkennen beide, wie sehr sie sich geirrt hatten; von nun an bleiben sie sich nah auf ihren benachbarten Anwesen, leben »in Glück und Stetigkeit gleichsam einen Nachsommer ohne vorhergegangenen Sommer.«

Nur vor diesem dunklen Hintergrund ist das glückliche Ende zu verstehen, Risachs und Heinrichs Lebensgeschichten sind so eng aufeinander bezogen, daß sie nur gemeinsam dem Roman seinen Sinn verleihen. Stifter selbst hatte in einem Brief an Heckenast geschrieben, »die zwei jungen Leute sind weitaus nicht die Hauptsache, sind eine heitere Ausschmückung des Werkes, sein Ernst und sein Schwerpunkt muß irgendwo anders liegen« – in dem tragischen Ton nämlich, den Risachs Rückblick in die vermeintlich so heile Welt hineinklingen läßt. Denn horcht man hinter den nachsommerlichen Grundakkord von heiterer Resignation, dann läßt sich nur eines über Risach sagen: Sein Leben ist im ganzen gescheitert. Weder im Beruf noch im Persönlichen hat er erreicht, was möglich gewesen wäre. Und auch im reinen Kristall des ruhigen Alters klafft deshalb ein Sprung, den Stifter mit äußerster Zartheit, dadurch aber um so ergreifender zeichnet. Als Heinrich nach dem intimen Bekenntnis die Frage stellt, warum die beiden Altgewordenen nicht wenigstens für ihre verbleibende Lebenszeit in eine Bindung gefunden hätten, da hat er genau diese Wunde berührt: »Die Zeit war vorüber«, lautet Risachs Antwort, »das Verhältnis wäre nicht mehr so schön gewesen, und Mathilde hat es auch wohl nie gewünscht.« Mathilde hat es nie gewünscht, aber Risach? Die Wunde ist niemals verheilt, die Zeit hat nichts darüber vermocht, nichts kann das verlorene Leben zurückgeben, und im tiefsten Innern ist Risach so unglücklich wie nur der alte Hagestolz oder der Waldgänger, seine finsteren Spiegelbilder.

Erst Risachs dunkle Geschichte zeigt, was der *Nachsommer* wirklich ist: das Traumbild eines gelungenen Lebens. Auf dem Hintergrund von Verlust und Versagen, Sehnsucht und Versagung entwirft Stifter eine Utopie, die keine phantastischen Elemente aus einer imaginären Zukunft braucht. Die gewohnte Welt mit allen ihren kleinen und großen Dingen ist es selbst, die das Glück, wenn man es nur zu greifen vermöchte, dem Menschen bietet. Und darum ist der *Nachsommer* auch eine Art Wunsch-Autobiographie seines Dichters, der sich jenseits aller biographischen Ähnlichkeit in zwei Personen spaltet: Hier der junge Heinrich, der zeigt, wie das Leben hätte sein können, wenn es eben nicht das wirkliche Leben mit all seinen Wirren, Unentschiedenheiten und Versäumnissen gewesen wäre; dort der alte Risach, dessen Herbst den traurigen Trost bereithält, »welch ein Sommer hätte sein können, wenn einer gewesen wäre.« Der *Nachsommer* ist ein Roman im Konjunktiv. Die Welt wäre das Glück, wenn der Mensch in seiner Leidenschaftlichkeit es nicht immer wieder selbst zerstörte. Stifter fühlte sich jetzt als alter Mann. Der *Nachsommer* ist das Abbild jenes Traums, den er nun für sein eigenes Alter träumte.

Obstruktionen

DIE WIRKLICHKEIT MACHTE sich unangenehm bemerkbar. Selten war ein Werk aus Stifters Hand so negativ aufgenommen worden, wobei die Reaktionen von verständnisloser Ablehnung bis zum puren Hohn reichten. »Drei starke Bände! Wir glauben nichts zu riskieren, wenn wir demjenigen, der beweisen kann, daß er sie ausgelesen hat, ohne als Kunstrichter dazu verpflichtet zu sein, die Krone von Polen versprechen.« Die Kritik des alten Intimfeinds Hebbel war ein reines Fehlurteil; doch wenn er ironisch fortfuhr, »es fehlt nur noch die Betrachtung der Wörter, womit man schildert, und die Schilderung der Hand, womit man diese Betrachtung niederschreibt«, dann zeigte er ganz gegen seine eigene Absicht, wie nahe Stifter mit seinem *Nachsommer* bestimmten sprachlichen Problemen der modernen Literatur bereits gekommen war. Diese Modernität aber, die den erkenntnisskeptischen Zweifel an der allwissenden Erzählperspektive in die Romanform selbst aufnahm, mußte nicht nur Hebbel entgehen; wie so oft bei Stifter verdeckte die biedermeierliche Außenseite die stille Gewagtheit seiner Prosa. Und so weltabgewandt, wie es manchem erschien, war das Romantableau auch sonst durchaus nicht: Die pädagogische Grundintention bezog sich auf die Gegenwart, und die Versöhnung von Bürgertum und Adel, der Bürgerstolz in den Schlußworten des alten Risach, sind unmittelbare Reflexe von 1848. »Ich habe wahrscheinlich das Werk der Schlechtigkeit willen gemacht, die im Allgemeinen mit wenigen Ausnahmen in den Staatsverhältnissen der Welt in dem sittlichen Leben derselben und in der Dichtkunst herrscht.« Eine solche Absicht, wie Stifter sie am 11. Februar 1858 gegenüber Heckenast umriß, hat mit gegenwartsferner Idyllik nichts zu tun.

Der Brief an den Verleger war nötig geworden, weil auch dieser sich zunächst in den Roman nicht hineinfinden konnte; nach den Erläuterungen des Dichters und einer geduldigeren Lektüre war er dann der Bewunderung für Stifters Leistung voll. Auch Louise von Eichendorff tat ihrem Freunde den »Schabernack« an, das Buch »nicht zu verstehen« und »allerlei Absichten heidnischer Prinzipe« darin zu finden. Ihr Unbehagen war jedoch dem öffentlichen ganz entgegengesetzt. Beanstandeten die Vertreter der Gegenwartsliteratur den Rückzug von der Gesellschaft, so vermochte die einsame, depressive Louise gerade den Trost nicht anzunehmen, den Stifter im privaten Glück versprach. Genau hier, am Schnittpunkt dieser beiden Kritiken, liegt das vollkommen Unzeitgemäße, die Mitwelt Verstörende des *Nachsommers*. In einer Epoche des rasantesten Fortschritts in Wissenschaft, Technik und Produktion, der wirtschaftlichen Expansion und der sozialen Umwandlung, hatte für Stifter die öffentliche, die gesellschaftliche Sphäre alle sinnstiftende Kraft verloren. Auf die unendliche Ausweitung des äußeren Horizonts reagierte er mit einem Rückzug in den engsten Bereich des Privaten. Heinrichs zweijährige Reise durch Italien, Spanien, Frankreich und England, seine Bekanntschaft mit den Metropolen Europas sind für seine Lehrjahre ein Nichts gegenüber dem engsten Familienkreis. Darin liegt das Moment seiner Modernität: Stifter gestaltete den Erfahrungsverlust einer sich beschleunigenden Welt, den Verlust der Landschaft, des Sehens und der Zeit. Das Rosenhaus ist keine Idylle einer heilen Welt von gestern – und so heil ist diese Welt auch gar nicht –; in ihm zeichnen sich vielmehr wie auf einem photographischen Negativ die anthropologischen Veränderungen ab, die durch die technologische Revolution der nächsten Jahrzehnte ausgelöst wurden.

Stifter wußte, was er geleistet hatte. Dennoch mußte es ihn aufs äußerste kränken, wenn Hebbel ihn öffentlich »das überschätzte Diminutiv-Talent« nannte. Entgegen allen Beteuerungen war er bei Kritik durchaus empfindlich. Trost gab da nur die oft begeisterte Zustimmung, die er von Freunden und Bekannten erfuhr. Vor allem anderen beglückte ihn der Zuspruch Heckenasts, der trotz des auch buchhändlerischen Mißerfolgs fest zu seinem Autor und dessen Roman stand. Stifter dankte es ihm durch immer freundschaftlichere Briefe; er, der sich gerne im geistigen Umkreis des großen Weimarers sah, verglich ihre Korrespondenz nun häufig mit der zwischen Goethe und Schiller. Was als Kompliment gemeint war, drückte zugleich jene Stilisierung aus, die für Stifters späte Jahre so typisch wurde. Und doch zeigt der Vergleich mehr noch den unendlichen Abstand zwischen Weimar und Linz: den Abstand zwischen dem Olymp des großen Universalisten einer vergangenen Epoche und der spießbürgerlichen Enge des Schulrats, der vergeblich vom kleinen Glück im beschaulichen Winkel träumte. Der sicheren Überzeugung, mit dem *Nachsommer* ein Buch für die Zukunft geschrieben zu haben, eines, »das einiger Dauer wert sei«, stand die Sehnsucht nach einer Lebensform entgegen, die von allem Wandel erlösen sollte. Doch das Verlangen, es seinem Risach gleichzutun, scheiterte nicht nur an den Finanzen; Stifter wäre in seiner wachsenden Ruhelosigkeit, in seinen Hypochondrien und Depressionen inzwischen wohl gar nicht mehr in der Lage gewesen, seinen eigenen Traum zu leben. Der Wunsch nach einem ruhigen, leidenschaftslosen Alter blieb der wehmütige Traum eines Mannes, der noch immer außerstande war, die eigenen Leidenschaften, die aufbrausende Erregbarkeit und Stimmungsabhängigkeit zu beherrschen.

Jeder Schicksalsschlag, der ihn traf, traf ihn ganz. Der Winter 1857/58 war besonders quälend. Die allgemeine Ablehnung des *Nachsommers* brachte Phasen von Selbstzweifel und Mutlosigkeit; die ganzen Monate über wurden Adalbert, Amalia und Josefine von hartnäckigen Krankheiten geplagt, und selbst den Hunden ging es nicht besser. Da teilte ihm sein Bruder Johann mit, daß die Mutter Magdalena am 27. Februar in Oberplan gestorben war. Stifter war bis ins Innerste erschüttert. Obwohl er in den letzten Jahren nur noch selten den Weg in die Heimat eingeschlagen hatte, fühlte er sich wie verwaist, eines der wichtigsten Bande, die ihn auf dieser Erde hielten, war zerrissen. Um zur Beisetzung zu fahren, war es zu spät, und Stifter überließ sich ganz und gar seinem Schmerz. Er versuchte, die Ruhe wiederzufinden, und arbeitete mehr denn je an Materialstudien für den ersten Band seiner historischen Romantrilogie, der nun den Titel *Witiko* trug. Doch dann folgte der nächste Schlag. Josefine, die zweite Ziehtochter, wurde und wurde nicht gesund. Zunächst waren es nur Grippe, Erkältungen und Katarrhe, doch ihr Zustand verschlimmerte sich zusehends. Dann lautete die Diagnose auf Lungentuberkulose, und als der Arzt ihren Zustand für hoffnungslos erklärte, wurde sie im Sommer zurückgebracht zu ihren Verwandten nach Klagenfurt.

Nichts wollte mehr gelingen, und der nächste Winter wurde noch schlimmer als der vorige. Stifter litt an einer Augenliderentzündung, durfte weder lesen noch schreiben oder malen, und in der erzwungenen Untätigkeit wurde er noch ungeduldiger und reizbarer als sonst. Die »Fortepianoübungsstücke der Kinder des Dampfschiffahrtsagenten Gebert, der unter mir wohnt«, sägten ebenso an seinen Nerven wie der Gesang der Nachbarinnen; wenn Juliane aus der Zeitung vorlas, »war es nicht auszustehen, wie sehr man ihr anmerkte, daß sie gar nichts davon verstehe«; diktieren war unmöglich, weil die Anwesenheit eines anderen jeden Gedanken im Keim erstickte. Da kam die Nachricht, daß Amalias andere Nichte Josepha, die in Wien als Dienstmädchen arbeitete, mit zwanzig Jahren an Typhus gestorben war. Obwohl kein persönlicher Kontakt bestand, ließ Stifter sich durch diese neuerliche Erinnerung an den Tod noch weiter verdüstern, und da auch Amalia kränkelte, war die Stimmung im Hause denkbar schlecht. In dieser trüben

Situation geschah es, daß Juliane in den frühesten Morgenstunden des 21. März 1859 das Haus verließ und spurlos verschwunden blieb. Hinterlassen hatte sie nichts als einen Zettel: »Ich gehe zu meiner Mutter in den großen Dienst«, und diese rätselhaften Worte gaben zu den schlimmsten Befürchtungen Anlaß. Man suchte und wartete, doch ohne Ergebnis. Mitten in der angstvollen Unruhe meldete ein Brief aus Klagenfurt das Ende der Wahlnichte Josefine. Dann kam Gewißheit: Am 18. April war oberhalb von Mauthausen eine Leiche aus der Donau geborgen und anonym bestattet worden. Erst jetzt hatte man sie als die Vermißte erkannt; es gab keine Zeichen von Gewalt, und alles deutete darauf, daß Juliane selbst den Tod im Wasser gesucht hatte.

Stifter war wie vernichtet. Diese Wendung der Dinge war fürchterlicher als alles, was ihm bislang begegnet war. Er zerquälte und zergrübelte sich den Kopf, er befragte Nachbarn, Freunde und Bekannte. Was hatte das Mädchen, das zwölf Jahre bei ihm gelebt hatte, zu dieser grauenvollen Tat getrieben? Er wollte an alles glauben, an eine unglückliche Liebe oder an einen plötzlichen Anfall von Wahnsinn, doch er wußte genau, daß er der eigenen Verantwortung nicht ausweichen konnte. Auch gab es Stimmen genug, die ganz andere Gründe nannten und ihm gewiß zu Ohren kamen: Amalia habe ihre Nichte weniger als Tochter denn als Dienstmädchen betrachtet, habe sie nicht nur geschlagen, sondern in ihrem Geiz halb verhungern lassen und, alles in allem, nahezu mißhandelt. Und wenn dem so war, mußte sich der Schulrat selbst mindestens der Fahrlässigkeit anklagen – des pädagogischen Versagens ohnehin. Die zahlreichen Briefe, in denen er von seinem Unglück schrieb, klingen wie Hilferufe eines Fassungslosen, der, um weiterleben zu können, die Welt, vor allem aber sich selbst davon überzeugen muß, »daß weder meine gute treffliche Gattin noch ich in entferntester Hinsicht an diesem Tode Schuld sind«. Dieser Brief an Heckenast, am 26. April, am Tage nach der Todesnachricht geschrieben, läßt ebenso deutlich die Selbstanklagen spüren wie die Vorwürfe, die man in Linz, und sei es noch so versteckt, den Adoptiveltern machte. Am Ende versuchte Stifter sich mit biologischen Erklärungen zu beruhigen, eine »Übersetzung der Menstruation ins Gehirn« schien ihm nun die wahrscheinlichste Ursache für die Verzweiflungstat des achtzehnjährigen Mädchens, doch nichts brachte ihm Ruhe und Trost. Unaufhörlich kamen seine Gedanken auf das Schreckliche zurück, Tag für Tag erinnerte ihn Julianes Abwesenheit an die Katastrophe. Noch lange werde die Lücke sichtbar bleiben, schrieb er Heckenast am 24. August: »Das ist aber nicht das Übelste, und ist eigentlich Selbstsucht; aber etwas anderes reicht tiefer: einer natürlichen Todesart gegenüber kann man sich fügen, und sich in ein holdes Andenken vertiefen; ein selbstgewählter Tod hat immer etwas Schauerliches, das sich nicht verwischt, und das desto schattenhafter gegen uns tritt, je näher und teurer der Unglückliche war.« Der Gedanke an Selbstmord hatte ihn schon immer beunruhigt, und Spuren davon finden sich bereits in den frühen *Feldblumen* und in *Wien und die Wiener*; die Vorstellung, einer könne das eigene Leben wegwerfen, mußte ihm als die furchtbarste Konsequenz jenes »Entsetzlichen und Zugrunderichtenden« erscheinen, das den Menschen aus dem eigenen Inneren heraus bedrohte. Und je stärker er in seinen Depressionen die Versuchung zur Selbstzerstörung spürte, desto tiefer mußte ihn der Schock darüber treffen, was hier in seiner unmittelbaren Nähe und Verantwortung geschehen war.

Die Gründe für diese Katastrophe werden niemals ganz nachvollziehbar sein, doch aus allen vorliegenden Dokumenten geht hervor, daß Stifters Verhältnis zu »seinen« Kindern von höchst zwiespältiger Natur gewesen ist. Dem übersteigerten Kinderwunsch steht die Unfähigkeit gegenüber, sich den wirklichen Kindern zuzuwenden. Das

Verhalten gegenüber den Waisen seines Schwagers Philipp Mohaupt läßt – vorsichtig ausgedrückt – zumindest einen gewissen Mangel an menschlicher, familiärer Zuwendung erkennen; Juliane hatte man adoptiert, doch ihre Geschwister waren mehr oder weniger sich selbst und einem Leben in Armut und subalternen Berufen überlassen. Daß die Stifters sich nun, nach Julianes Tod, an deren Schwester Katharina erinnerten, läßt das Bild nicht angenehmer aussehen; sie wußten nicht einmal, wo das Mädchen inzwischen lebte. Als Erkundigungen auf Wiener Amtsstellen ohne Ergebnis blieben, ließ Stifter durch Heckenast eine Suchmeldung in ungarische Zeitungen setzen, und diese hatte im Juli 1860 Erfolg: Katharina wohnte als Dienstmädchen in dem Städtchen Großwardein. Sie freute sich sehr über Post von ihrem »Herrn Schwager« und die Nachricht, »daß sich meine Schwester in solch großem Glükke befindet«; die Verwechslung der Tante Amalia mit ihrer Schwester wirft ein deutliches Licht auf die Enge der verwandtschaftlichen Bande. Katharina kam nach Linz in den Stifterschen Haushalt, doch das Experiment mit Juliane wurde nicht wiederholt: sie kam nicht als Tochter, sondern ausdrücklich als Hausangestellte. Als solche blieb sie bei ihrer Tante bis zu deren Tod. Diesmal waren die Verhältnisse eindeutig, und von Konflikten ist nichts mehr bekannt.

Von dem Schlag, den ihm Julianes Selbstmord versetzt hatte, vermochte sich Stifter nicht mehr zu erholen, und die dunklen Stimmungen legten sich dichter und dichter um ihn herum. Am 15. Januar 1860 sandte er – allerdings ein Jahr zu früh – an den verehrten Grillparzer einen Glückwunsch zum siebzigsten Geburtstag. Nach wenigen Zeilen wurde aus dem Huldigungsbrief jedoch eine lange Klage über das so schwarze vergangene Jahr. Grillparzer antwortete zwei Tage später mit einem Schreiben, das ein bewegendes Zeugnis seiner Zuneigung ist: »Mein edler Freund! / Fast hätte ich gesagt, Ihr Brief habe mir große

Freude gemacht. Ich hätte aber gelogen; denn der Bericht von Ihren häuslichen Unglücksfällen hat mich so betrübt, daß darüber von Freude nichts zu empfinden war.« Sogar etwas wie Trost fand der alte, in sein inneres Exil verbannte Dichter: »Und doch sind Sie gewissermaßen besser daran, als ich. Sie haben sich wenigstens die Erregbarkeit der Empfindung bewahrt, indes ich mich abhärte und manchmal vor mir selbst erschrecke, so stumpf bin ich geworden.« Und er unterzeichnete seinen langen Brief, dessen fast liebevoller Ton in seinen bitteren Altersjahren gewiß nichts Gewöhnliches war, mit »Freundschaft und Gruß bis an's Ende.« Stifter war bewegt, und als er im Frühjahr ein paar Wochen mit Amalia in Wien verbrachte, begegneten sich die beiden größten lebenden Dichter Österreichs auch wieder persönlich. Er sah noch andere Freunde, den alten Gönner Andreas Baumgartner, der inzwischen Minister gewesen und nach seiner Pensionierung zum Freiherrn erhoben worden war, den Maler P.J.N. Geiger, von dem auch die Illustrationen zum *Nachsommer* stammten. Er besuchte Louise von Eichendorff auf dem Lande und feierte ein Wiedersehen mit dem Jugendfreund »Pepi« Colloredo. Im Winter fuhr er noch einmal, in Angelegenheiten des Kunstvereins, nach Wien, doch diesmal war Amalia nicht bei ihm, und er grämte sich unaussprechlich.

Die nächsten Jahre vergingen in einer Eintönigkeit und Ereignislosigkeit, daß nur wenig zu erzählen bleibt. Stifter schrieb an seinem *Witiko*, doch die Arbeit an dem Geschichtsepos war mühsamer als alles andere, was er je unternommen hatte, und ging nur langsam vorwärts. Die Amtstätigkeiten waren eine tagtägliche Belastung, und wenn er jetzt auf Dienstreisen ging, quälte ihn mehr als je zuvor die Abwesenheit seiner Frau. Das Manuskript des *Witiko* führte er auf allen diesen Exkursionen mit sich, und in freien Abendstunden setzte er am Wirtshaustisch Seite um Seite hinzu. Die Begegnung mit den einfachen Leuten vom Lande, denen er sich der Herkunft nach verbunden fühlte, war noch das Angenehmste in seinem Beruf. Seit dem Abschluß des Konkordats zwischen Staat und Kirche im Jahre 1855 war das Schulwesen wiederum vollständig in die Zuständigkeit des katholischen Klerus übergegangen, und der Schulrat hatte Zug um Zug jede wirkliche Verantwortung verloren. Daran änderte auch nichts, daß Stifter am 2. Februar 1855 zum »wirklichen Schulrat« mit einem erhöhten Gehalt von eintausendachthundert Gulden befördert worden war. Seine Berichte und Vorschläge, die weiter den liberalen Ideen einer Bildungsreform verpflichtet waren, wurden abgelehnt; in Auseinandersetzungen stand er regelmäßig auf der falschen Seite und verteidigte zum Beispiel Schüler, die sich über ihren Direktor beschwert hatten, gegenüber der Ministerialbürokratie – kurz: auch das Amtsleben wurde immer konfliktreicher, und vom Ende der fünfziger Jahre an ertrug Stifter seine Berufspflichten nur noch als schwere Last.

Je älter er wurde, desto einsamer fühlte er sich, und besonders unter den Briefen an Heckenast ist kaum einer, der nicht Klage darüber führt. Doch ein Blick auf seinen gewachsenen Freundeskreis in Linz läßt ahnen, daß diese Einsamkeit vor allem eine innere war. An Umgang, auch anregendem, fehlte es nämlich durchaus nicht. Da waren Aprent und Reitzenbeck als die treuesten Anhänger, da waren die adligen Freunde Binzer und Handel, da waren der Holzbildhauer Rint und die Maler Karl Blumauer und Carl Löffler. Auch von außerhalb kam Besuch, so der literarisch gebildete Rechtsanwalt Balthasar Elischer aus Pest, mit dem sich ein freundschaftlicher Briefwechsel entwickelte. Doch all diese Freundschaften konnten bei Stifter das Gefühl der Vereinsamung nicht aufheben. Und auch die Berichte über den Eindruck, den er in jenen Jahren machte, zeigen einen Mann, der in seiner Kontaktfähigkeit zumindest gestört war. Häufig glich die Konversation mit ihm eher Vorträgen, ein Thema mußte gründlich abgehandelt, ein Zusammenhang mußte ausführlich und ohne Rücksicht auf die Zuhörer erklärt werden, und besonders Amélie von Handel, die aus Frankreich stammende Frau seines Jugendfreunds, stand unter seiner Pedanterie und Langsamkeit zuweilen erhebliche Qualen aus. Spannungen waren unausweichlich, und in manchen Häusern waren seine Besuche nahezu gefürchtet. Auf der anderen Seite konnte das Gespräch mit ihm, wenn es um Literatur und Kunst ging und keine größere Gesellschaft ihn befangen machte, einen tiefen Zauber ausstrahlen. Johannes Aprent hat davon in bewegenden Worten erzählt.

Familienkontakte gab es kaum. Amalias einzige Verwandte diente als Hausangestellte. Mit Adalberts Geschwistern in Oberplan bestand wenig Berührung, der Bruder Anton in Linz war im Umgang ebenso schwierig wie er selbst. Um so glücklicher war Stifter, als der Stiefbruder Jakob Mayer in Wien nach jahrelangem Zerwürfnis eine Wiederannäherung versuchte. Zwar konnte er es sich nicht versagen, dem jungen Mann noch einmal gewissenhaft seine Schuld an dem langdauernden Zwist auseinanderzusetzen, doch war er im Grunde froh, denjenigen unter seinen Geschwistern wiederzufinden, der ihm menschlich und intellektuell am nächsten stand. Immer häufiger flüchtete sich Stifter in kleine Krankheiten und Unpäßlichkeiten; jedes häusliche Zerwürfnis regte ihn maßlos auf, und auch Amalia laborierte inzwischen fast ständig an Nervosität, Atembeschwerden und ähnlichem. Ihre ganze Energie steckte sie nach wie vor in den Haushalt. Neben Katharina wirkte noch ein zweites Hausmädchen in der großzügigen Fünfzimmerwohnung, die mit den Jahren immer kostbarer eingerichtet worden war. Als Prunkstück stand jener prachtvolle Barockschreibtisch da, den der Dichter im *Nachsommer* als Risachs Besitz geschildert hatte; der reich mit Delphinen, Meerjungfrauen und kräftigen Männern verzierte Schrein war Stifters ganzer Stolz, und ein solcher Luxus wurde ihm nicht leicht zu teuer. Seine ganzen Gefühle schenkte er Äußerlichkeiten dieser

Art: den Antiquitäten, den Kakteen und nicht zuletzt den Hunden. Wie so mancher Einsame mit ihm, hielt er inzwischen die Tiere für bessere Gefährten als die Menschen, unter denen er fremd blieb, und er vermochte im Notfall eine ganze Nacht am Krankenbett von Amalias Seidenpinscher zu verbringen. Die Kakteen liebte er so leidenschaftlich, daß er zu spätester Stunde die Freunde Amélie und Sigmund von Handel aus dem Bette holte: Im Kerzenschein sollten sie mit ihm beobachten, wie sich an der Spitze des Stamms die zarten Lippen der Blüte langsam öffneten.

Auch der bildenden Kunst galt weiter seine Zuneigung. Bei einem, der als Maler mit dem Handwerk so vertraut war wie er, müssen gewisse Vorlieben allerdings äußerst befremdlich wirken: Heinrich Bürkel und Carl Löffler, besonders aber der Freund J. P. N. Geiger, das waren die Namen, die er für die größten seiner Zeit halten wollte. Aus solchen krassen Fehlurteilen spricht aber weit mehr als biedermeierlicher Zeitgeschmack: Sie sind Ausdruck einer fast vollständigen Abkopplung Österreichs von der zeitgenössischen Entwicklung, und Stifter, auf seinem eigenen, einsamen Weg, hatte diese Isolierung für sich noch verschärft. Man kann davon ausgehen, daß er den größten Teil der modernen Kunst und Literatur schlechthin nicht *kannte*, und um das Ausmaß dieses Abstandes zu ermessen, genügt es, sich vor Augen zu halten, daß die Zeitgenossen des *Nachsommer*s im europäischen Roman Dickens und Flaubert hießen. Das gleiche gilt für die Malerei: Die große französische, doch selbst die deutsche Romantik war spurlos an ihm vorübergegangen; auch hier verband sich schlichte Unkenntnis der Werke mit einer ängstlichen Ablehnung jeder allzu emotionalen, expressiven Kunst. In seinem Urteil über Gemälde blieb Stifter so unsicher, wie er es in seinem eigenen Roman nie gewesen war: Bei Veduten und beschaulichen Landschaftsbildern verwechselte er tatsächlich die schiere Idylle mit seiner Vision eines geschichtsfreien Mikrokosmos des gelungenen Lebens, verwechselte das kleine Glück im Winkel mit den *Minima Moralia* seines Rosenhauses. Einen Ehrenplatz in seiner Sammlung nahm Geigers Darstellung des Abdias ein; dagegen wurde eine Venus des gleichen Malers normalerweise durch einen grünen Seidenvorhang zudringlichen Blicken entzogen.

Stifters eigenes Scheitern als Maler dürfte seinen eigentlichen Grund genau in dieser Unsicherheit des Urteils finden, denn technisch war er in jahrzehntelanger Übung zu durchaus respektablen Ergebnissen gekommen. Seine Sujets hatten sich im Laufe der Zeit verwandelt. Die anspruchslosen Landschaftsbilder und Stadtansichten waren in den Hintergrund getreten, und Stifter mühte sich nun bereits seit langem an bedeutungsvollen allegorischen Studien ab, in denen er »Ideale Landschaften« oder Ideen wie *Die Ruhe*, *Die Vergangenheit*, *Die Bewegung*, *Die Schwermut* anschaulich machen wollte. Gerade mit diesen groß konzipierten Werken kam er nicht zurande; der *Mondaufgang* von 1855 dagegen, den er wohl als unvollendete Skizze begriff, bezaubert gerade durch seine unangestrengte Leichtigkeit. Stifter scheiterte, weil ihm in seinen Gemälden genau das nicht gelang, was das Eigenste seiner Dichtung ist: ein großes, eigentümliches Bild der Natur. Ging er beim Malen über Genreszenen hinaus, verrannte er sich in unfruchtbare Idealisierung; es gibt keine Parallele für die Stummheit der kosmischen Eiswüste in *Bergkristall*, die unendliche Einsamkeit der Urwälder im *Waldgänger*, geschweige denn für die vernichtenden Katastrophen von Schnee und Hagelsturm. Um solche Visionen auch optisch zu fassen, hätte Stifter Erfahrungen aufnehmen müssen, wie sie etwa William Turner oder der Zeitgenosse Caspar David Friedrich gestaltet hatten; *hier* bestand tatsächlich jene innere Kommunikation, die der enthusiastische Stifter bei den pedantischen Illustrationen eines Geiger zu erblicken meinte. Das Gewitterritual in der kargen Kalksteinlandschaft ist von so offensichtlicher Nähe zu Friedrichs Lebensthema des Menschen im Angesicht der Natur, zur religiösen Grundstimmung dieser elementaren Lebenserfahrung, daß Stifters Fehlurteile nahezu unverständlich werden und man versucht ist, dem Sprachkünstler eine wirkliche Sensibilität für die bildende Kunst abzusprechen. Doch Stifter malte weiter bis ans Ende seines Lebens, und er fand – jenseits von Ansprüchen auf Malerruhm – dabei häufig jene Ruhe und Entspannung, deren er so nötig bedurfte.

So vergingen die Jahre nach Julianes Tod im Einerlei von Beruf, mühevoller Arbeit am *Witiko* und diversen Liebhabereien. Als Heckenast ihm Ende 1859 von seiner neuen Eheschließung erzählte und die junge Frau ein Kind erwartete, machte er seinen Autor damit überglücklich. Gerade vier Jahre später jedoch mußte Stifter erfahren, daß Gustav und Lenke Heckenast sich scheiden ließen. Die Nachricht traf ihn vollkommen unvorbereitet in seiner tiefsten Wunde, und wochenlang kam er nicht über das Unglück hinweg. Seine eigene Ehe dauerte nun schon ein Vierteljahrhundert. Im November 1862 wollten die Stifters zur Silberhochzeit nach Wien fahren, um in der Augustinerkirche, wo sie sich einst das Jawort gegeben hatten, Gott für ihre glückliche Ehe zu danken. Doch Amalia bekam Grippe, und in Wien sollte die Tollwut herrschen, und da der Pinscher Putzi, den der Maler liebevoll konterfeit hatte, weder zu Hause bleiben noch den Gefahren ausgesetzt werden durfte, verbrachten Amalia und Adalbert den Ehrentag mißmutig in Linz. Das eheliche Verständnis zwischen den beiden war gewiß nicht gewachsen, häusliche Zerwürfnisse gab es nach wie vor, doch je unglücklicher und einsamer der Alternde wurde, desto stärker wußte er sich von Amalia abhängig. Seit dem Tod Julianes war Amalia die einzige, die ihm noch etwas wie Halt geben konnte; sie war da, und auf ihre Gegenwart konnte er sich verlassen.

Am stärksten allerdings wurden seine Gefühle, wenn

Amalia nicht *zu* gegenwärtig war: Wenn der Schulrat sich auf Amts- und Inspektionsreise befand, dann ging Brief um Brief an die Gattin nach Linz, Berichte von den Alltäglichkeiten der Fahrt, Schwüre ewiger Liebe und Klagen über die Schmerzen der Trennung. Kaum war ihm Amalia aus den Augen gekommen, übertrug er seine Hypochondrien auf sie und litt Höllenqualen bei der Vorstellung, was ihr in seiner Abwesenheit alles an Krankheiten und Unfällen zustoßen mochte. Als ihn einmal im Gasthof ein Brief mit der Aufschrift »Dringend« erwartete, war er einer Ohnmacht nahe und konnte kein Wort der vor seinen Augen tanzenden Buchstaben entziffern; Amalia *mußte* schwerkrank oder gar schon gestorben sein. Natürlich handelte es sich nur um eine gleichgültige Amtsangelegenheit, doch der erschöpfte Stifter brauchte den ganzen Abend, um wieder zur Ruhe zu kommen. Diese Ruhe gab es für ihn nicht mehr, er lebte jetzt in ständiger Angst vor wirklichen und eingebildeten Gefahren, und mit Entsetzen malte er sich seine Verlassenheit nach ihrem Tode aus: »Ja unsere eheliche Liebe unsere eheliche Eintracht und unser durch unsere Herzen in ihrem langen Zusammenleben gegründetes Sichzugehören ist unser größtes Glück auf dieser Erde, es ist mein Glück, es ist Dein Glück. Möge uns der Himmel nicht zu frühe zerreißen; doch wie Gott will. Solltest Du vor mir sterben, so wird die Erinnerung an Dich mein einziges Glück auf der Welt sein; alles andere wird sich öde und leer vor mir hinbreiten, und ich werde mich dem Tage entgegen sehnen, der mich an Deine Seite bringt; denn an Deiner Seite muß ich begraben werden, so wird es mein Testament verordnen.« Doch Steigerungen waren noch möglich: »Und wenn es ein Jenseits gibt, und wenn dann für selige Menschen Gott anschauen das Höchste ist, und wenn Gott anschauen nichts anders sein kann, als ihn immer mehr in seinen Werken erkennen (denn ganz ergründen können wir ihn nicht; weil wir dann er selber sein müßten) und wenn für Menschen das höchste Werk Gottes wieder das menschliche Herz ist, so ist für mich wieder sein höchstes Werk Dein Herz, das ich am besten kenne, es ist auch dort wieder mein höchstes Glück, und im Himmel wird unsere zum Schönsten gereinigte und geläuterte Liebe unser Himmel sein.«

Wenig läßt in diesen Ergüssen, die sich auf unzähligen Seiten wiederholen, den großen Dichter erkennen, und die theologischen Abschweifungen für den Hausgebrauch werden seine Gattin durchaus kalt gelassen haben. Wen aber wollte Stifter mit den wortreichen Beschwörungen überzeugen? Amalia? Sich selbst? Die Nachwelt? Daß er in späten Jahren alle seine Briefe mit Blick auf eine postume Selbststilisierung schrieb, steht fest; mehrfach hat er mit Heckenast eine Veröffentlichung seiner Korrespondenz besprochen. Und er selbst brauchte die Suggestion eines glücklichen Familienlebens wohl dringender als seine harte und verbitterte Ehefrau. Und trotzdem hatte sich etwas verändert. Einst hatte Stifter Jakob Mayer gestanden, er ließe sich am liebsten scheiden, und der Jüngere hatte dies wie auch manches eigene, harte Urteil über die Ehe seines Bruders in Tagebuchaufzeichnungen festgehalten. Davon konnte nun keine Rede mehr sein. Stifter brauchte Amalia; das heißt, er war in einem Alter, wo ein Neubeginn für ihn vollkommen undenkbar geworden war. Sein Leben war, wie es war, und daran war nichts mehr zu ändern. Doch Abhängigkeit ist keine Liebe – auch die Jahre hatten keine wirkliche Zuneigung aus dieser Bindung entstehen lassen. Je länger und ausschweifender die Schwüre wurden, desto stärker erwecken sie den Eindruck, *notwendig* gewesen zu sein, rhetorische Phantasien über einen Gegenstand, den ihm die Wirklichkeit vorenthalten hatte.

Die schriftstellerischen Arbeiten gingen langsam voran, und der *Witiko* machte so große Mühe wie kein anderes Werk zuvor. Es scheint, als habe sich Stifter hier eine Aufgabe gestellt, die seinem dichterischen Temperament im Grunde widersprach und an der er vor allem als an einer zu erfüllenden Pflicht festhielt. Der Zwang zur historischen Exaktheit, dem er sich freiwillig unterworfen hatte, fesselte seine Einbildungskraft und hemmte jenen Zug, durch den die Geschichtsvision des *Hochwaldes* noch ganz ins Phantastische gerückt worden war. Von Zeit zu Zeit mußte er sich deshalb bei Dichtungen erholen, die ihm wieder freies Erzählen möglich machen konnten, und hier nun geschah etwas ganz und gar Überraschendes: Zum ersten und letzten Mal gelang Stifter eine humoristische Erzählung. Die zwischen Sommer und Herbst 1863 entstandenen *Nachkommenschaften* sind einzigartig in seinem Werk, und zwar auch deshalb, weil er bei diesem heiklen Thema sonst keinen Spaß verstand. Dieses eine Mal sollte es ihm glücken. Es glückte ihm, weil er sich nicht noch einmal in jenem angestrengten Plaudertonfall versuchte, der so manche Seite von *Wien und die Wiener* verdorben hatte, sondern eine Sprache erfand, deren Komik immer haarscharf an der Groteske entlanggleitet und der Selbstironie der Geschichte genau entspricht. Die Novelle steht gewiß am Rande von Stifters Spätwerk, doch sie zeigt ganz überraschend eine Perspektive auf, die er in seinem Leben nicht genutzt hat. Das Verblüffende an dieser Erzählung nämlich ist, daß es Stifter hier einmal vermochte, über sich selbst und seine Probleme zu lachen. Auch die *Nachkommenschaften* nehmen diese Probleme ernst, rücken sie aber in jene ironische Distanz, die eine fröhliche Selbstdemontage möglich macht. Alle großen Lebensthemen scheinen hier auf, und der Dichter scheute sich auch nicht einmal, sein Meisterwerk, den *Nachsommer*, zartfühlend zu persiflieren.

Gleich mit ihrem ersten Satz knüpft die Handlung an die Künstlernovellen der vierziger Jahre an – aber in welch respektlosem Ton: »So bin ich unversehens ein Landschaftsmaler geworden. Es ist entsetzlich.« Und mit einer furiosen Suada entwirft der Erzähler Peter Roderer die Schreckensvision einer von Landschaftsmalern überschwemmten Welt, in der nichts vor ihren Pinseln sicher ist, kein Winkel existiert, der nicht schon hundertmal abgemalt worden wäre, eine endlose Vervielfachung der sichtbaren Wirklichkeit in Ölfarbe, eine wahre Heimsuchung für die unter der Bilderflut verzweifelnde Menschheit. Warum noch malen, wenn es schon zu viele Bilder gibt? Wozu noch schreiben bei all den Büchern? »Und doch ist es mit einem Buche viel besser, als mit einer in Öl gemalten in einem Goldrahmen befindlichen Landschaft. Ein Buch ist an sich klein, kann in einem Winkel liegen, die Blätter können herausgerissen werden, und die Teile des Einbandes können als Deckel auf Milchtöpfchen dienen; aber die Landschaft, mit deren Goldrahmen die Menschen Mitleid haben, kann mehrere Geschlechter hinter einander warten, bis sie in einem Gange eines Schlosses, oder in dem Vorhause eines Wirtshauses, oder an der Außenwand eines Trödlergewölbes hängt, und endlich, wenn gar kein Gold mehr an dem Rahmen ist, und die Farben alle Töne ihres Lebenslaufes bekommen haben, in der Rumpelkammer alle Jahre in eine andere Ecke gestellt wird, und so gleichsam als ihr eigenes Gespenst umgeht, während von dem Buche schon alle Blätter verbraucht sind, und die Deckel morsch und schimmelig geworden und weggeworfen worden sind.«

Hält man sich die peinliche *Nachsommer*-Ordnung vor Augen, dann ist das »in einem Winkel« liegende Buch schon eine mittlere Sensation – von zerrissenen Einbänden auf Milchtöpfchen ganz zu schweigen. Doch Stifter kannte keine Gnade mit den Künstlern. Es scheint, als habe er von der eigenen Pedanterie, von Gewissenhaftigkeit, von sanften und allen anderen Gesetzen dies eine Mal genug gehabt und sie einem lustigen Autodafé überantwortet. Das Motiv eines Zweifels am Künstlertum stammt aus den *Zwei Schwestern*, die Heilung eines Sonderlings durch die Liebe aus dem *Waldsteig*, die Grundidee aber verweist auf den *Nachsommer*: auf den Vorrang des tätigen Lebens vor der ästhetischen Existenz. Peter Roderer will nicht nur einfach beliebige Landschaftsbilder malen, er hat es sich vorgenommen, die »wirkliche Wirklichkeit« mit seiner Kunst wiederzugeben, und deshalb hat er sich — als getreuer Schüler der *Bunten Steine* — das unscheinbarste, undankbarste Sujet vorgenommen, das sich denken läßt: ein Moor. Hier, wo nichts zu sehen ist, glaubt er, der wirklichen Wirklichkeit, dem Wesen der Dinge und der Welt auf die Spur zu kommen. Kuriert wird er von dieser Hybris nicht nur durch die Liebe der schönen Susanna, sondern auch durch die lebenserfahrene Zuneigung ihres Vaters — ein dem Biere zugeneigter Doppelgänger Risachs. Wenn die ersten Worte, welche die beiden Liebenden je miteinander sprechen, gleich »Auf ewig« lauten, dann parodiert Stifter damit sogar die pathetische Verlobung von Heinrich und Natalie. Und als am Ende noch eine gemeinsame Familienabstammung entdeckt wird, kommt es endlich zu einer der für den späten Stifter so typischen Verwandtenheiraten.

Sicher gehören die *Nachkommenschaften* nicht zu Stifters Meisterwerken, Brüche in der Handlung und in den Figuren sind unverkennbar. Doch der anarchistische Humor, die befreiende Sprache der Erzählung werfen ein kurzes Schlaglicht auf jene ungenutzte Möglichkeit, die auch in Stifters sonst so ordnungsgemäßer Existenz gelegen hätte. Die Diagnose der Kunst als gleichsam psychosomatische, aus dem Mangel geborene Krankheit ist auch Selbstanalyse — für eine Therapie war es allerdings zu spät. Der Verzicht auf die Kunst ist bei Peter Roderer keineswegs der Verzicht eines schrulligen Sonntagsmalers auf seine Marotte; im Gegenteil, bei aller Komik des Erzählens ist Roderers Künstlerschaft von höchstem Ernst getragen, und seine Bilder gehören auch für einen Kenner »zum Allerbesten, was die neue Kunst hervorgebracht hat.« Doch gerade dieser Ernst läßt ihn am Ende die ästhetische Existenz verwerfen: durch die Erkenntnis, daß der absolute Anspruch der Kunst das Leben zwangsläufig aufzehrt. Man muß sich entscheiden —

zwischen der Welt und ihrem Abbild, zwischen der Wirklichkeit und dem Schein.

Stifter selbst hatte sich für die Wirklichkeit entschieden – in der Literatur. Eine Entscheidung, deren Verwirklichung im Leben ihm jedoch nicht gelang. Er selbst litt an dieser heillosen Krankheit, die er diagnostizierte, er selber konnte den Verzicht nicht leisten, weil die Kunst das einzige war, was seinem Leben noch Zusammenhalt gab. Als er vor nunmehr bald fünfzehn Jahren als nicht mehr ganz junger Mann die literarische Laufbahn eingeschlagen hatte, da war ihm die Kunst der letzte Ausweg nach dem Scheitern aller halbherzigen Versuche, in einem bürgerlichen, tätigen Dasein Fuß zu fassen. Jetzt war ihm die Literatur ganz an die Stelle seines ungelebten Lebens getreten. Und mit dem Blick auf diesen langen Weg beginnt man zu ahnen, daß die ungenutzte Möglichkeit, die in den *Nachkommenschaften* so fröhlich anklingt, eben doch keine Möglichkeit gewesen war.

Die Große Geschichte

DIE TRÜBE EREIGNISLOSIGKEIT der Jahre nach Julianes Selbstmord wurde erst gegen Ende 1863 unterbrochen, nun aber durch eine Krise, die schon unmittelbar auf Stifters eigenes Ende vorausdeutet. Aus der tiefen Depression, die ihn jetzt ergriff, sollte es keinen Ausweg mehr geben. Wie so häufig in den letzten Jahren kamen die ersten Anzeichen als körperliche Störungen. Erst am 12. Februar 1864 berichtete Stifter seinem Freund Heckenast, was ihm während dieses Winters widerfahren war: »Schon im October hatte ich zeitweilig Mahnungen von Kleinmut Ängstlichkeit und dergleichen, was ich nicht achtete, November war so so. Im Dezember brach es aus. Der Arzt nannte es einen schleichenden Tiphus. Ich weiß es anders: ein *Nervenübel* war es (ich kenne den Namen nicht).« Wieder wollte Stifter die Ursachen in den bekannten Äußerlichkeiten suchen: in Berufsärger, Mangel an freundschaftlichem Umgang, in der Notwendigkeit, seine Zeit statt der Kunst den alltäglichen Amtsdingen widmen zu müssen. Diesmal jedoch wurden die Symptome bedenklicher als je zuvor. Stifter litt an Heiserkeit und Würgeanfällen, er ekelte sich vor dem Essen und begann abzumagern. Die Umwelt wurde ihm unerträglich: Bewegung und Lärm im Hause verursachten ihm Qual, und unangenehme Ereignisse aus der Nachbarschaft oder Zeitungsnachrichten mußten sorgfältig vor ihm verborgen werden. Manchmal wurde er von regelrechten Anfällen heimgesucht, von Weinkrämpfen und Angstzuständen, die er nicht mehr zu kontrollieren vermochte.

Ärzte wurden hinzugezogen, die Untersuchungen aber ergaben keine organischen Befunde. Offensichtlich hatte seine allzu üppige Ernährung im Zusammenhang mit der sitzenden Lebensweise im Büro und am Schreibtisch den

Zusammenbruch bewirkt. Dr. Karl Essenwein, der Arzt, welcher ihn von nun an bis zum Ende begleiten sollte, verbot jede geistige Arbeit, verordnete Bewegung und vegetarische Kost. Stifter bestellte sich Spargel aus Wien und mietete einen kleinen Garten zu körperlicher Arbeit. Trotz des Verbots jedoch saß er bald wieder an seinen Texten; er spürte genau, Schreiben war das einzige, was ihm helfen konnte, war die einzige Existenzform, die er noch ertrug. Für den *Witiko*, das mühsam wachsende Schmerzenskind, fühlte er sich noch nicht kräftig genug, und so nahm er sich Mitte Januar eine Arbeit vor, die ihn nun schon ein halbes Leben begleitete: Er begann, die *Mappe meines Urgroßvaters*, von der schon zwei Fassungen gedruckt waren, ein weiteres Mal umzuarbeiten, und zwar diesmal zu einem zweibändigen Roman. Im Frühling fühlte er sich endlich ein wenig besser, doch er war vollkommen verändert. Stifter selbst wollte diese Verwandlung als ein hoffnungsvolles Zeichen ansehen: »Mein Körper, den ich mißhandelte, und als unbedingtes Werkzeug ansah, das dem Geiste zu dienen hat, mein Körper, dessen Mahnungen ich schon vielleicht 3 bis 4 Jahre her verachtete, und den ich zur Geistesarbeit zwang, die dann doch nicht rasch und fröhlich genug ging, worauf ich ihn noch mehr ins Joch spannte, und noch länger darin ließ, dieser Körper ist gegen mich aufgestanden, und hat, da er lauter sehr gute Bestandteile besitzt, die, wie jeder Arzt sagt, der mich untersuchte, in vollkommen regelmäßigem Zustande sind, seine eigene Verjüngung vorgenommen. Er hat seit Dezember, in welchem Monate er den Sturm begann, sein ganzes altes Wesen abgestoßen, und ein neues zu erzeugen begonnen.«

Stifter, dessen enormes Übergewicht bis dahin auf allen Bildern nur allzu deutlich erkennbar ist, hatte extrem an Gewicht verloren, er war mager, zeigte ein eingefallenes Gesicht. Was er selbst als Verjüngung sehen wollte, wirkt jedoch auf den Betrachter anders: Aus der großen Verwandlung war die Gestalt eines alten Mannes entstanden. Doch auch bei ihm herrschte der Optimismus durchaus nicht immer vor; Stimmungsumschwünge von einem Augenblick zum anderen, Verzweiflungsausbrüche ohne erkennbaren Anlaß kehrten so regelmäßig wieder, daß er etwa Heckenast darum bat, unangenehmere Nachrichten zur Schonung auf spätere Briefe zu vertagen. Die hypochondrische Selbstbeobachtung, mit der er seinen Zustand unaufhörlich analysierte, verschärfte die Beschwerden gewiß nur noch mehr. Zu dieser Zeit begann er sein Krankheitstagebuch *Mein Befinden* zu führen, in dem er mit einer die Grenze des Peinlichen überschreitenden Genauigkeit alle Merkmale seiner körperlichen Verfassung festhielt, Appetit und Verdauung ebenso wie Schlaf, seelisches Befinden und alle Arten realer oder eingebildeter Symptome. Das Ausmaß dieser Zergliederung des eigenen Körpers überschreitet jede sinnvolle Selbstbeobachtung eines Kranken bei weitem und ist selbst schon eine pathologische Erscheinung. Stifter spürte – und er hatte es im Brief auch ausgedrückt –, daß sein Körper sich weigerte, dieses Leben weiterhin zu ertragen; *was* daran aber so unerträglich war, das wollte er noch immer nicht wahrhaben.

Obwohl die Ärzte ihm bescheinigt hatten, daß er organisch gesund sei, stellt sich schon jetzt die Frage, was an seinem Leiden körperlicher, was seelischer Natur gewesen ist. Die moderne Medizin kennt keinerlei Schwierigkeiten, jenseits eines Entweder-Oder die enge Verbindung zwischen beidem anzuerkennen. Ohne jeden Zweifel litt Stifter an einer schweren körperlichen Krankheit. Genausowenig kann jedoch ein Zweifel bestehen, daß er diese Krankheit ganz wesentlich selbst herbeigeführt hatte. Die Störungen entstanden durch eine übermäßige Belastung des Verdauungsapparats und der Leber; jene Maßlosigkeit in Essen und Trinken, der Stifter sich hingab, ist aber als libidinöse Ersatzbefriedigung wohlbekannt. Stifter aß und trank nicht nur mehr, als ihm gut tat, sondern auch mehr, als ihm wirkliches Vergnügen bereitete; ständig berichtet das Tagebuch von Übelkeit, Lähmung und Völlegefühlen nach den Exzessen an der Tafel. Wenn der mißhandelte Körper eines Tages diesen Zustand nicht mehr verkraftet, dann handelt es sich gewiß um einen körperlichen Krankheitsprozeß, aber um einen, der durch seelischen Notstand hervorgerufen wurde. Stifters Körper verriet, was dieser sich mit seinem Bewußtsein nicht einzugestehen wagte: daß er sich in einer lebensbedrohlichen Krise befand.

Was diesen Zusammenbruch bewirkt hatte, ob es einen konkreten Auslöser gab, das läßt sich bei Stifters Verschwiegenheit in allen intimeren Dingen seines persönlichen Lebens nicht mehr sagen. Wenn man jedoch den Verlauf der vergangenen Jahre zurückverfolgt, dann ist die Annahme eines solchen Anlasses vielleicht sogar überflüssig. Stifter hatte sich langsam auf die Krise zubewegt, ohne sich klar zu machen, wie es um ihn stand. Er hatte sich in eine innere Vereinsamung begeben, die immer schwerer zu ertragen war; er hatte sich mit Gewalt über das Unglück seiner Ehe hinweggetäuscht; er zwang sich zu einem stumpfen Alltag, in dem er keine wirkliche Freude mehr fand. Dann hatten die familiären Katastrophen, vor allem der Selbstmord Julianes, den gleichförmigen Fluß der Tage und Jahre unterbrochen, und nach diesem Tod wurde Stifter seines Lebens nicht mehr froh. Plötzlich muß ihm bewußt geworden sein, daß auch für ihn eingetreten war, was er in Erzählungen wie dem *Hagestolz* und dem *Waldgänger* beschworen hatte. Er stand nun kurz vor seinem sechzigsten Jahr, und mit einem Schlage hatte er es begriffen: Was er sich gewünscht hatte, war nicht gekommen und würde nicht mehr kommen. Sein Leben war so, wie es war, und für alles andere war es endgültig zu spät.

Diese Erkenntnis muß ihn mit der Wucht einer Katastrophe getroffen haben. Trotz seiner äußerlich so beruhigten, geregelten Existenz hatte Stifter bis dahin unbewußt in der Naivität eines jungen Mannes gelebt, der immer an eine offene Zukunft glaubt. Die erste Krise nach der Revolution hatte dem Gebäude schon einen kräftigen Stoß versetzt, doch jetzt kamen die Fundamente zum Einsturz. Was er dunkel geahnt hatte oder durch die Literatur bannen wollte, das war nun Wirklichkeit geworden. Die Jahre waren dahingeflossen, von einem zum andern hatte er sich mit etwas abgefunden, was ihm für ein ganzes Leben unerträglich erschienen wäre. Nun war dieses Leben vorbei, und wahrscheinlich spürte er auch bereits, daß selbst der Alterstrost eines Nachsommers ein Traum bleiben würde. Vielleicht waren dies die Schmerzen einer verspäteten Reife, vielleicht wurde Stifter nun zum ersten Mal wirklich erwachsen, das heißt, er erkannte zum ersten Mal die Macht der Wirklichkeit gegenüber Wünschen, Träumen und Illusionen auch in seinem eigenen Leben. Doch wenn es so war, dann kam das Erwachen zu spät. Er, dem zeit seines Lebens jede Entscheidung so schwer gefallen war, hatte zu lange gezögert. Er, der wie kein anderer das Wesen der Dinge und das Wesentliche des Lebens beschworen hatte, war selbst bei Ersatz stehengeblieben: Er hatte keine Liebe, sondern nur eine lieblose Ehe gefunden; kein großzügiges, auf weite Horizonte gerichtetes Leben, sondern kleinbürgerliche Enge und angstvolle Abschottung nach außen.

Bei allem hatte er gezögert, immer war Unentschiedenheit das Merkmal seines Lebens, bei seiner beruflichen Laufbahn ebenso wie beim Werben um Fanny oder bei der lustlos eingegangenen Ehe mit Amalia. Nur eines gab es, wo er nicht gezögert, wo er die Möglichkeit ergriffen und tatsächlich etwas verwirklicht hatte: die Literatur. Sie war ihm alles geworden: Wunscherfüllung und Lebensersatz auf der einen Seite, Instrument zu Welterkenntnis und Selbstverständigung auf der anderen. So nimmt es nicht wunder, daß auch in der schweren Krankheitskrise die Literatur das einzige war, was Stifter weiterhelfen konnte – und daß er sich nun wiederum die *Mappe* vornahm, ist nur folgerichtig. Der *Witiko*, jene mühevolle Arbeit, mit der er dem eigenen Wesen immer Gewalt antat, als müsse er der

Welt und sich selbst etwas beweisen, dieses zum Objektiven neigende Geschichtsepos konnte ihm jetzt nichts nützen. In die *Mappe* aber, von der sich seine Phantasie nie lösen wollte, hatte er über all die Jahrzehnte sein ganzes persönliches Erleben verwoben, sie war zwar nicht zur Autobiographie, aber doch zur Geschichte seiner Seele geworden, in der er jetzt seine ganzen Wünsche und Nöte noch einmal überdenken konnte.

Im Juli war der erste Band, also die Hälfte des geplanten Romans fertig. Stifter wurde aus Krankheitsgründen vom Dienst freigestellt – für sechs Monate zunächst, doch es sollte für immer sein. Eine Erholungsreise tat ihm not, und so brachen die Stifters zu einem dreimonatigen Urlaub in den bayerischen Lackenhäusern auf. Die gewohnte Umgebung, die kleinen Spaziergänge taten dem Rekonvaleszenten gut, der Wald, die Luft und das reine Gebirgswasser sollten zu seiner Genesung beitragen, aber auch wieder das gute Bier und der Wein, wie er erwartungsvoll an seinen Wirt Franz Rosenberger geschrieben hatte. Langsam fühlte er sich besser, obwohl seine Reizbarkeit, seine plötzlichen Angstzustände nicht verschwunden waren. Als er im Herbst nach Linz zurückkehrte, brachte ihn das Leben in der Stadt einem Rückfall nahe. Der dunstige und kalte Winter bedrückte ihn; Heckenast mahnte den *Witiko* an, und Stifter packte plötzlich die Furcht, auch das Freundschaftsverhältnis zu seinem langjährigen Verleger könnte ernsthaft getrübt sein. In einem langen, wortreichen Brief suchte er ihn davon zu überzeugen, daß nur seine Sorgfalt, sein Wunsch zu äußerster Vollkommenheit die Verzögerungen bewirkt hatten; er setzte ihm auseinander, daß er nur aus Rücksicht auf ihn, seinen Verleger, die Mühe dieser endlosen Überarbeitungen auf sich nahm. Doch auch Stifter spürte, daß er unter den aktuellen Umständen kaum in der Lage sein würde, den dreibändigen Roman in absehbarer Zeit zu vollenden, und so machte er Heckenast schweren Herzens den Vorschlag, die drei Teile separat zu veröffentlichen.

Anfang Dezember wurde sein Krankenurlaub um drei Monate verlängert, und der Autor arbeitete an den letzten Korrekturen für den ersten Band des *Witiko*. 1865 war es soweit, das Buch erschien. Die Illustrationen stammten wiederum von dem befreundeten Maler Geiger, und Stifter war von der gewiß äußerst bescheidenen Titelzeichnung, die den Helden zu Pferde zeigt, geradezu hingerissen; von tiefer Dankbarkeit ergriffen bat er Geiger in einem Brief um das freundschaftliche Du, etwas, was er nicht mehr häufig tat in seinen späten Jahren. Nur Gustav Heckenast sandte er kurz darauf, am 2. April, das gleiche Zeichen einer engen persönlichen Bindung: »Sie haben sich als meinen besten und treuesten Freund bewährt, ich bin der Ihrige stets gewesen, und habe Ihnen gesagt, daß ich Sie nach meiner Gattin nebst meinen Geschwistern am meisten liebe. Geben wir uns also für die Spanne Leben, die wir noch haben, das brüderliche Du.« Und er schloß: »Sei also mit diesem Worte zum ersten Male gegrüßt, Du mein liebster und bester Freund!« Heckenast ging gerührt auf das Anerbieten ein; trotz all der Spannungen, wie sie sich in der Zusammenarbeit mit einem schwierigen Autor zwangsläufig ergaben, war ihm stets bewußt geblieben, wen er in Stifter für seinen Verlag besaß, und dem Bewußtsein vom Wert des Dichters entsprach auch eine tiefe, in vielen Jahren gewachsene Zuneigung zu dem Menschen. Stifter versicherte ihm, kräftig zu arbeiten und alles für die Fertigstellung der beiden ausstehenden Teile des *Witiko* zu tun; auch die *Mappe* sollte in kurzer Zeit vollendet sein.

Noch ein schönes Zeichen hatte die Jahreswende gesetzt: Großherzog Carl Alexander von Sachsen-Weimar, der Enkel von Goethes herzoglichem Freund, hatte von Stifters Krankheit erfahren und sandte dem Dichter einen verehrungsvollen und herzlichen Brief, mit dem er sich in die Weimarer, den Künsten zugewandte Tradition seiner Familie stellte. Stifter, der sich mit Goethe so eng verbunden fühlte, war durch die Geste sehr bewegt. Mit der Gesundheit aber wollte es auch im neuen Jahr nicht besser gehen. Auf vielfachen Rat fuhr Stifter im April nach Wien, um sich von weiteren Ärzten untersuchen zu lassen. Offensichtlich wurde dem Patienten keine neue Diagnose mitgeteilt, und man hielt eine Kur in Karlsbad für die angebrachteste Behandlung. Stifter wiegte sich deshalb in der Hoffnung, eine solche Kur »werde mich vollkommen herstellen«, doch der Eindruck, den er auf seine Freunde und Bekannten machte, erweckte weniger Optimismus. Helene, die Tochter des Malers Carl Löffler, die ihm bei einem Besuch die Türe öffnete, erkannte gar den Freund ihres Vaters nicht wieder, so sehr war der gealtert, abgemagert und verfallen. Der Linzer Mitarbeiter Johannes Aprent zeichnete ein trauriges Bild aus dieser Zeit: »Der Mann, der sonst in strammer Haltung kräftigen Schrittes einhergegangen war, wandelte jetzt gebeugt und gebrochen durch die Gassen, auch für den, der nie seinen Namen gehört hatte, ein Gegenstand des Mitleids. War er allein, so grübelte er nach Sitz und Ursache der Krankheit, zergliederte sie und vertiefte sich in ihre kleinsten Einzelheiten; kam ein Freund, so war die Krankheit sein erstes und letztes Wort, und man machte nur ungern den Versuch, ihn von dem traurigen Gegenstande abzubringen, weil er doch erleichtert schien, wenn er davon sprechen konnte.« Der Aufenthalt in Wien tat ihm gut. Im Unterrichtsministerium, das er um eine weitere Verlängerung seines Krankenurlaubs angehen mußte, kam man ihm mit Wohlwollen entgegen und stellte ihm für den Fall einer vorzeitigen Pensionierung sein volles Gehalt in Aussicht. Für den Augenblick löste das die finanziellen Probleme allerdings noch nicht, denn die vorgesehene Kur kostete mehr, als Stifter, der nie Rücklagen gebildet hatte, aufbringen konnte. Dazu kamen die hohen Arzthonorare der letzten Zeit. Er bat Heckenast um zweihundert Gulden, er schrieb an den Bruder Jakob Mayer und setzte ihm umständlich seine Lage auseinander. Beide schickten jeweils dreihundert Gulden, wozu noch weitere dreihundert als Gabe der Weimarer Schillerstiftung kamen. Besonders die Sendung Jakobs rührte Stifter zutiefst, und in einem langen Antwortbrief beschwor er eine immer bessere, glückliche Zukunft für ihr brüderliches Verhältnis.

Anfang Mai fuhren Stifter, Amalia, Katharina und das Hündchen Putzi über Passau und Regensburg nach Karlsbad. Dort mieteten sie in dem Haus »Zu den zwei Prinzen« in unmittelbarer Nähe der Heilwasserquellen eine Wohnung, die Stifter einem Hotelaufenthalt vorzog. Badearzt war der Doktor Josef Seegen aus Wien, mit dem der Patient sich von Anfang an gut verstand. In Briefen an seine Freunde berichtete Stifter hoffnungsvoll von den Fortschritten seiner Genesung. Zu den Adressaten gesellte sich nun ein Mann, der in den verbleibenden Lebensjahren immer wichtiger werden sollte: Der Freiherr Adolf von Kriegs-Au war seit 1863 als Hofrat beim Linzer Statthalter beschäftigt und ging noch im September 1865 als Sektionschef und Leiter der Abteilung für Kultus und Unterricht ans Ministerium in Wien. Mit ihm, der auch eine gute literarische Bildung besaß, hatte sich der Schulrat in den vergangenen Jahren angefreundet, und nun wurde er mehr und mehr zu seinem Vertrauensmann in der Hauptstadt, der sich intensiv für alle Urlaubs- und Ruhestandsgesuche einsetzte. Am 22. Mai aber erzählte ihm Stifter von etwas ganz anderem, was ihn in Karlsbad stark bewegte: von dem Gefühl, auf Goethes Spuren zu gehen. »Ich habe, die Geistes- und Herzensgaben abgerechnet, eine ungemeine Ähnlichkeit in meinem sonstigen Wesen mit Göthe, daß ich mich zu diesem Menschen, wie mit Zauber hingezogen, fühle« – die Identifizierung mit dem klassischen Olympier erreichte bei Stifter in diesen unruhigen letzten Jahren ihren Höhepunkt. Wieder einmal griff er zum *Wilhelm Meister*, und er besuchte den zweiundneunzig Jahre alten August Kästner, den Sohn von Werthers Lotte.

Stifter meinte noch immer, daß es ihm besser gehe, und

nicht nur dem Hausarzt Dr. Essenwein in Linz, sondern auch Heckenast wurde in langen Briefen wiederholt der ganze Krankheitsverlauf auseinandergesetzt. Die Therapie bestand vor allem im Karlsbader Heilwasser und in mäßigem Essen – das er sofort zu einer qualvollen »Hungerbehandlung« erklärte. Schlimmer aber waren nach wie vor die psychischen Zustände, nämlich »tiefe Niedergeschlagenheit, gänzliche Mutlosigkeit, Verzweifeln am Genesen, Unruhe, daß man an keinem Platze bleiben kann, gegenstandslose Angst, Gemütsschwäche bis zum lauten Weinen, Gereiztheit, ein Sandkorn bringt die größte Aufregung oder plötzlichen Zorn oder ungemeine Betrübnis.« Und dann offenbarte Stifter seinem Freunde eine Angst, die das deutlichste Licht auf seine Verfassung wirft: »Ich habe zu manchen Zeiten zu Gott das heiße Gebet getan, er möge mich nicht wahnsinnig werden lassen, oder daß ich mir in Verwirrung das Leben nehme (wie es öfter geschieht).« Immer bedrohlicher empfand Stifter, daß etwas in ihm außer Kontrolle geriet, daß er die destruktiven Kräfte in seinem Inneren nicht mehr zu beherrschen vermochte und sie ihn zu Dingen trieben, die er mit dem Verstand entsetzt von sich schob. Die meisten Briefe mit ihrer immer wieder erklärten Hoffnung auf vollständige Genesung zeigen dagegen die andere Seite seiner Zerrissenheit: den Wunsch, vor der brutalen Wirklichkeit die Augen zu schließen.

Fünf Wochen blieben die Stifters in Karlsbad, dann reisten sie in Richtung Prag. In Königswart bei Marienbad wurde im Schloß des ehemaligen Privatschülers Richard von Metternich, der jetzt Botschafter in Paris war, Station gemacht; als Pfarrer und Kustos der Kunstsammlungen lebte hier auch Paul Rath, ein alter Bekannter aus Stifters frühesten Wiener Jahren. Prag war als Reiseziel ausgewählt worden, weil der Dichter dort einen wichtigen Schauplatz für seinen *Witiko* einmal selbst in Augenschein nehmen wollte; aus dem gleichen Grunde folgte auf den

Besuch an der Moldau noch ein Abstecher in die Reichsstadt Nürnberg. Über Regensburg ging es weiter in die Lackenhäuser, wo Stifter seinen Erholungsurlaub fortsetzen wollte, solange es das Wetter und die Finanzen gestatten mochten. Er blieb bis Ende Oktober, und in diesen Monaten entstand jene kleine Erzählung *Der Waldbrunnen*, in die der alte Mann noch einmal wie von einem sanften Abendlicht beschienen alles hineinlegte, was er im Leben ersehnt und nicht bekommen hatte. In vieler Hinsicht ist die Novelle eine Variation auf *Katzensilber* aus den *Bunten Steinen*: Wieder wird die Geschichte eines »wilden Mädchens« und ihrer Eingliederung in die Kultur erzählt, doch im Gegensatz zu der früheren Erfahrung des Scheiterns gelingt diesmal das Experiment einer Erziehung durch Liebe. Der Name des Mädchens, Juliana, zeigt, daß Stifter hier das Trauma seiner späten Jahre in einem Wunschbild zu jenem glücklichen Ende führte, welches es in der Wirklichkeit nicht gegeben hatte. Und in der Gestalt des alten Stephan Heilkun, dem das Erziehungswerk glückt, erfüllte er sich noch einen anderen Traum: den von einer reinen, unbedingten Liebe. »Du heiliger und Du gerechter Gott! So ist es denn zum ersten Male in meinem Leben, daß ich von jemandem um meiner selbst willen geliebt werde, von einem Menschen, dem ich nichts gegeben und getan habe, weshalb Menschen sonst Dank oder Zuneigung schuldig zu sein glauben, oder was sie durch ihr Entgegenkommen zu gewinnen hoffen«, das sind die Worte des alten Stephan, nachdem er zum ersten Mal begriffen, wie sehr das wilde Mädchen an ihm hängt.

Bei näherem Hinsehen ist dieser Ausruf jedoch nicht nur falsch – denn Stephan hat unendlich viel für die vernachlässigte Juliana getan –, sondern überhaupt das verzweifelte Räsonnieren eines aufs äußerste bedrängten Gemüts. Denn was kann dieses Ideal einer Liebe »um meiner selbst willen« eigentlich meinen? Stephan Heilkun war verheiratet, hatte Kinder und lebt nun mit seinen beiden Enkeln; woher nur kommt dieses Verlangen nach einer Liebe, die darüber noch hinausgehen sollte? Was verbirgt dieses abstrakte, vollkommen lebensfremde Ideal? Aus vielen Äußerungen wird deutlich, daß es Stifters eigenes Verlangen war, was er hier gestaltete. Und es läßt sich erraten, daß sich hinter dieser Sehnsucht nach einer unbedingten Liebe die Sehnsucht nach Liebe schlechthin verbirgt, eine Sehnsucht, die nie Erfüllung gefunden hatte. Wie so viele Einsame lenkte Stifter seine Wünsche nach Zuneigung und Liebe immer stärker von den Menschen fort; wie vielen, die an Störungen in ihren menschlichen Kontakten leiden, erschienen ihm die Tiere, seine Hunde vor allem als diejenigen Wesen, die ihm diese unbedingte Liebe entgegenbrachten. *Der Waldbrunnen* ist ein einziger Ausdruck dieser ungestillten und nunmehr unstillbaren Sehnsucht nach Liebe, Zuneigung und Nähe, und kaum je hat der Dichter seine Gestalten selbst mit solcher Zuneigung und Zärtlichkeit gezeichnet, wie in diesem unscheinbaren späten Text.

Ende Oktober verließ er die Lackenhäuser und reiste heim nach Linz. Dort aber vermochte er es kaum zu ertragen, und schon nach wenigen Tagen machte er sich wieder auf den Weg. Für den nahenden Winter hatte er sich Kirchschlag zum Aufenthaltsort gewählt, ein kleines, in etwa tausend Meter Höhe liegendes Dorf oberhalb von Linz. Seinen Mitbürgern mochte das als eine ziemlich skurrile Idee erscheinen, doch Stifter fühlte sich in der Bergluft wohler als in der Stadt. Wovor er sonst noch geflohen sein mag, lassen seine Briefe an Amalia erraten. Als er im November wegen eines amtsärztlichen Gutachtens kurz nach Linz hinab mußte, kam es offenbar zu einem schweren Zusammenstoß der Eheleute. Am 2. November schrieb Stifter, wiederum aus Kirchschlag, seiner Frau in demütigem Tonfall: »Ich bereue tief, daß ich Dich gekränkt habe, als ich in Linz war. Ich bin noch ein unvernünftiges Kind«, und am 12. fügte er hinzu: »Ich sehe manches nachher ein. Im Augenblicke kann ich nur nicht Mann sein. Du wirst es mir doch gewiß verzeihen«. Alles deutet darauf hin, daß Amalia ihrem Mann Vorwürfe machte, weil er ihre sexuellen Ansprüche nicht mehr befriedigen konnte. Hält man sich die Bilder des alten, von der schweren Krankheit gezeichneten Stifter vor Augen, dann wirft ein solcher Mangel an Mitgefühl und Verständnis ein Licht auf diese Ehe, wie es bedrückender, quälender kaum gedacht werden kann. Nur vor diesem Hintergrund ist das verzweifelte Liebesverlangen des *Waldbrunnens* zu verstehen. Zum Hochzeitstag am 15. November sandte Stifter jedoch wieder einen jener Briefe voller Treueschwüre an Amalia, denen der sozusagen repräsentative Charakter für die Nachwelt unmittelbar anzusehen ist.

Die Arbeit dieser Monate galt dem *Witiko*; während des Winters beendete Stifter den zweiten, im neuen Jahr erscheinenden Band des Romans, und damit hatte er den größten Teil des Werkes bezwungen. Ein weiteres Jahr später, 1867, war dann auch der dritte Teil gedruckt und damit ein Unternehmen zum Abschluß gekommen, das unendlich mehr Zeit gekostet hatte, als der Dichter bei seinem Beginn vorausgesehen hatte. Trotzdem blieb der gewaltige, tausendseitige Roman, den Stifter wie schon den *Nachsommer* »Eine Erzählung« nannte, in gewisser Weise Fragment; als er das fertige Werk in Händen hielt, war ihm bewußt, daß für die beiden geplanten Romane *Wok* und *Zawisch*, die das Epos zur Trilogie gemacht hätten, seine Kraft nicht mehr reichte. Schon das, was er vollendet hatte, war ihm nur unter Aufbietung aller Energien gelungen, und ohne die ständigen Mahnungen Heckenasts wäre wahrscheinlich auch der *Witiko* nie erschienen.

Dieser Roman ist ein vollkommen einsam dastehendes Werk, mit nichts vergleichbar in der deutschsprachigen oder europäischen Literatur seiner Zeit; in Sprache, Aufbau und Form so fremd wie ein erratischer Block. Und doch ist es – dem äußeren Anschein monolithischer Geschlossenheit entgegen – auch ein Werk der tiefsten Widersprüchlichkeit. Widersprüchlich ist allein schon seine Existenz: Stifter hatte sich mit aller Ausdauer zu einem Werk gezwungen, dessen Sinn er in der programmatischen Vorrede zu den *Bunten Steinen* selber anzweifelte, er hatte endlich auch seinen großen Roman geschrieben, obwohl er doch die Scheidung von Groß und Klein ausdrücklich bestritt. Vielleicht war ihm der Widerspruch gar nicht bewußt geworden, doch mit dem *Witiko* richtete er sich unausgesprochen nach der gängigen Hierarchie, für die der historische Roman den höchsten Rang in der Gattung einnahm.

Mit dieser Erzählung kehrte Stifter wieder in seine Heimat zurück, in die gleichen Gegenden, die bereits dem *Hochwald* als Schauplatz dienten. War die frühe Novelle eine poetische Phantasie über die Zerstörung der Burg Wittinghausen, so berichtet der Roman von ihrem Ursprung. Historischer Hintergrund der Handlung ist der Erbfolgestreit um den böhmischen Herzogthron im 12. Jahrhundert. Da der Sohn des regierenden Soběslaw beim Tode seines Vaters noch zu jung ist, um die Herrschaft anzutreten, wählen die Edelleute des Landes Soběslaws Neffen Wladislaw zum neuen Herzog. Die Frage der Legitimität dieser Wahl wird zum thematischen Zentrum des gesamten Buches. Der zwanzigjährige Witiko, auf der Suche »nach einem großen Schicksale, das dem rechten Manne ziemt«, gerät in die Mitte dieser Auseinandersetzungen, doch da er auf die Frage nach dem Recht der Streitenden für sich keine Lösung findet, zieht er sich aus der Geschichte zurück, um seinen Hof im Oberen Plan zu bewirtschaften. Erst bei Ausbruch des offenen Krieges gibt er seine Neutralität auf und geht für den Herzog Wladislaw mit seinen »Waldleuten« in den Kampf; der übergangene rechtmäßige Nachfolger hat sein Recht verspielt, indem er es auf den Empörer Konrad von Znaim übertragen hat. Im weiteren Verlauf des Buches wird von den Erfolgen Witikos und seiner Leute berichtet: Seine Gewandtheit im

Kampf, vor allem aber sein moralischer Rigorismus und seine unbestechliche Urteilskraft bringen ihm die Anerkennung des Herzogs, Ehre und Macht.

Der zweite Handlungsstrang erzählt von Witikos Gründung einer Familie. Schon auf den ersten Seiten begegnet der junge Mann der sechzehnjährigen Bertha von Jugelbach, und die Entscheidung der beiden füreinander ist ebenso schnell wie unumstößlich. Die Bedingung ihrer adligen Eltern für eine Heirat erfüllt Witiko mit seinem Beitrag zum entscheidenden Sieg des Herzogs: Er wird zum Lehnsherrn des böhmischen Waldlandes erhoben, errichtet seine Burg Witikohaus, und als er mit Bertha die Ehe schließt, treffen politische und private Handlungsebene in der Apotheose des neubegründeten Stammes zusammen. Der Roman klingt aus mit dem triumphalen Bild des Mainzer Reichstags im Jahre 1184, auf dem die Dichter und Sänger dem vierundsechzigjährigen Witiko mit dem Vortrag des Nibelungenliedes huldigen. Dies ist die deutlichste von zahlreichen Anspielungen, mit denen Stifter gleichsam sein eigenes Unternehmen rechtfertigte, indem er auf eine kommende Zukunft verwies, in der die böhmischen Kämpfe ebenso ihren Chronisten finden würden, wie die Nibelungen einst in mythischer Vorzeit – ein Hinweis auf sich selbst und seinen eigenen Roman.

Das Einzigartige am *Witiko*, das, was ihm die Aura der Unlesbarkeit eintrug, ist natürlich nicht diese Handlung, es ist die sprachliche Gestaltung und die Form. Sein Kennzeichen ist die äußerste Gleichförmigkeit, beinahe Monotie des Erzähltons. Der objektivierende Sprachfluß wird nie unterbrochen, Details werden mit dem gleichen Gestus vorgetragen wie entscheidende Ereignisse; zeremonielle Begrüßungen, Wechselreden und die Sorge um die Pferde geben durch ihre ausdauernde Wiederholung dem Text einen eigentümlichen Rhythmus, der alles in seinen schwachen, aber unwiderstehlichen Strom zieht. Auf den ersten Blick könnte es scheinen, als habe Stifter die Imitation eines historischen Chronikstils versucht, doch trotz aller archaisierenden Stilmerkmale ist die Sprache des *Witiko* weit davon entfernt – ebenso weit wie von den altertümelnden Sprachklischees trivialer Historienromane des 19. Jahrhunderts. Sprachlich und stilistisch bewegt sich der *Witiko* in einem Niemandsland, einem Nirgendwo, einem Als-ob: Mit seinem zwar archaischen, jedoch vollkommen fiktiven und hypothetischen Gewand versucht er zu zeigen, wie ein böhmisches Nibelungenlied, das nie geschrieben wurde, hätte aussehen können, wenn die historischen und kulturellen Voraussetzungen es erlaubt hätten. Dies aber muß zwangsläufig die Fiktion eines Autors im 19. Jahrhundert bleiben, und paradoxerweise nähert sich seine karge, bis ins Extrem reduzierte Sprache damit eher Prosaformen des 20. Jahrhunderts als den imaginären historischen Vorbildern.

Modern ist all das am *Witiko*, was die Zeitgenossen so verstörte: die bis auf ihr Skelett abgemagerte Sprache, der emotionslose Protokollstil, die fast leblose Abstraktheit der Gestalten. Als wollte er die Kritik am allwissenden Autor vorwegnehmen, begrenzte Stifter das Erzählte rigoros auf das Sichtbare, und sogar der Titelheld selbst ist für die Romanperspektive nicht bestimmender als die anderen Figuren. Der Verzicht auf eine Individualisierung der Menschen ist bis an die Grenze des Möglichen getrieben – und darüber hinaus. Es gibt keine wirkliche psychische oder charakterliche Motivierung der Handlungen, und die leidenschaftslose Vernunft, die hinter allem Tun und Lassen als Ideal steht, kann diese nicht ersetzen. Mit diesen stilistischen Mitteln führte Stifter eine Tendenz, die auch früher schon in seinen Werken angelegt war, zum Extrem: die Tendenz zum objektivierenden, gleichsam ontologischen Schreiben, zu einer Epik, die den Menschen der Gewalt des Tatsächlichen unterordnet. Die Welt ist, wie sie ist – so könnte man den metaphysischen Grundton benennen, auf den der *Witiko* gestimmt ist. Ein Autor, der sich auf ein solches Erzählen einläßt, hat offenkundig weder vor der Wiederholung noch vor der puren Tautologie Angst. Daß für ein vorbeiziehendes Heer ein Dorf erst im Norden, dann im Süden liegt, wäre keinem anderen eine Mitteilung wert; kein anderer würde Sätze wagen wie: »Es ging einen langen Berg hinan, dann eben, dann einen Berg hinab, eine Lehne empor, eine Lehne hinunter, ein Wäldchen hinein, ein Wäldchen hinaus, bis es beinahe Mittag geworden war.« Stifter erzählt, als gehe es ihm nicht um eine strukturierte, auf die Lösung des Knotens zustrebende Handlung, sondern als wäre sein Ziel einzig der Nachvollzug eines Geschehens, das mit der Unausweichlichkeit eines Naturereignisses abläuft.

Zu der spannungsgeladenen Widersprüchlichkeit des *Witiko* trägt noch bei, daß er unausgesprochen auch ein Gegenwartsroman ist. Auf einige merkwürdige Anachronismen hatten den Autor bereits Freunde hingewiesen: Beispielsweise zählten Tischtücher, Messer und Gabel im 12. Jahrhundert gewiß nicht zur häuslichen Ausstattung. So etwas aber sind läßliche und eher erheiternde Fehler, wie sie einem Autor trotz genauester Quellenstudien nun einmal unterlaufen; viel schwerer wiegen Dinge, die ans Herz des Romans selber rühren. Großen Raum nehmen die Diskussionen der böhmischen Edlen ein, die immer wieder um den Nachfolgestreit kreisen, und die Frage der Legitimierung des Herrschers durch einen gleichsam demokratischen Entscheid ihrer Versammlung ist eines der wesentlichen Kriterien für die endliche Lösung des Problems. Solches Übertragen von parlamentarischen Regeln auf eine feudale Gesellschaft ist allerdings eine unübersehbare Verfälschung der historischen Realität. An vielen Einzelheiten läßt sich erkennen, wie Stifter sich von politischen Konstellationen seiner Gegenwart beeinflussen ließ: Die Forderung des Edlen Kochan, daß keine »Satzungen entworfen werden, die der Herzog beschwören muß, sondern daß gar kein Herzog sei« gibt radikale Positionen der

Verfassungsdebatte von 1848 wieder, und die Frage, ob die Königskrone von Gott oder von den Vertretern des böhmischen Adels verliehen werden solle, entspricht exakt dem Konflikt zwischen Friedrich Wilhelm IV. und der Frankfurter Nationalversammlung. Dies aber sind keine bloß nebensächlichen Abweichungen mehr; es sind tief in der Werkstruktur verankerte Zeichen dafür, daß der Roman von seinem geschichtlichen Gehalt her eher dem 19. als dem 12. Jahrhundert zugehört.

Vielleicht war Stifter sich nicht einmal bewußt, daß er auch damit seinen eigenen Prinzipien zuwiderhandelte, denn oft genug hatte er verkündet, daß ein reines Kunstwerk von Zeittendenzen frei bleiben müsse. Natürlich ist der *Witiko* kein Abbild der jüngsten Ereignisse; er ist jedoch als utopisches Geschichtsmodell in historischem Gewand überall auf die aktuellen Probleme bezogen. Stifter projizierte in eine ferne Vergangenheit zurück, wie er sich das Verhältnis von Mensch und Geschichte dachte, und er entwarf das Szenario für ein richtiges, von Verantwortungsbewußtsein getragenes Handeln im politischen Raum. Mit der Idee, daß auch die Geschichte einem gesetzlich vorgezeichneten Weg folgte, war er natürlich ganz Kind seiner Zeit; hier zeigen sich epochale Grundvorstellungen, die unmittelbar auf Hegel und Marx verweisen. Stifter gibt dem allerdings noch eine sowohl ethische als auch wiederum objektivierende Ausrichtung: jenes »sanfte Gesetz« der Humanisierung, das sich eben auch in der Geschichte verwirklicht, wenn der einzelne Mensch von seinen eigenen Interessen absieht und stattdessen dem ehernen Lauf der Welt von sich aus folgt. Witikos Erklärung, »ich habe gar keine Meinung, ich erwarte nur die Dinge«, ist der Verzicht auf jedes Handeln aus individuellen Motiven heraus; die Vernunft tritt an die Stelle der verhaßten Leidenschaft, das geschichtliche Gesetz an die des freien Spiels von unterschiedlichen Interessen, Wünschen und Bedürfnissen.

Der Verzicht auf Individualität und Subjektivität ist das

einzige, was als konkrete Forderung stehen bleibt, denn die Unterordnung unter das »Gesetz der Dinge« bleibt leer, solange das Wesen dieses Gesetzes nicht von seinem Gehalt her bestimmt ist. »Und wenn du zu tun strebst, was die Dinge fordern, so wäre gut, wenn alle wüßten, was die Dinge fordern, und wenn alle täten, was die Dinge fordern; denn dann täten sie den Willen Gottes«, so klingt Stifters Maxime in den Worten des Kardinals Zdik. Auf Witikos Einwand, er wisse oft nicht, »was die Dinge fordern«, erhält er die Antwort: »Dann folge dem Gewissen, und du folgst den Dingen«. Am Ende muß sich der ethische Rigorismus auf die bloße Tautologie berufen, und der Objektivismus schlägt um in einen Appell an die subjektivste Instanz des Individuums: das Gewissen. Darin aber zeigt sich die Unmöglichkeit, die politischen Konflikte des bürgerlichen Zeitalters mit der rückwärtsgewandten Utopie einer organischen Feudalgesellschaft zu lösen. Dieser Utopie fehlt nicht nur jede konkrete Überzeugungskraft für die Zukunft, sie kommt auch rückblickend nicht ohne eine tiefe Idealisierung der Vergangenheit aus. Denn was könnte Stifters Vorstellung von der Vernunft in der Geschichte ferner sein als gerade jene mittelalterlichen Kriege, die auschließlich um persönlichste Interessen, um Macht, Reichtum und Ruhm geführt wurden? Nur durch die Distanz vieler hundert Jahre war es Stifter möglich, das rücksichtslose, von leidenschaftlicher Machtgier getriebene Morden der großen und kleinen Despoten in jenes didaktische Welttheater der Geschichte zu verwandeln, in dem auch die Kriege nur um der Humanisierung des Menschen willen geführt werden. »Der Herzog tut dieses darum, daß nicht Menschen, welche dieselbe Sprache reden, dieselben Kleider haben, dieselben Fluren bewohnen, dieselben Voreltern zählen, dieselben Gesichtszüge tragen, sich zerfleischen«, die große Friedensutopie, die Stifter dem Herzog in den Mund legt, kann nicht die eines Herrschers im 12. Jahrhundert sein, es ist Stifters eigene.

Auch für den *Witiko* gilt, was der Dichter selbst schon über den *Nachsommer* ausgesprochen hatte: er ist bewußt gegen die eigene Epoche geschrieben. Erst in hundert Jahren werde man ihn mit diesem Roman verstehen, sagte der Autor nun zu seinem Bruder Johann. Die öffentliche Reaktion entsprach dem ziemlich genau. Bei Erscheinen des ersten Bandes war die Kritik durchaus nicht ablehnend; man spürt jedoch hinter dem zurückhaltenden, eher höflichen Lob, daß der Respekt weniger dem Buch an sich galt als vielmehr dem ehrfurchtgebietenden Gegenstand aus der großen Geschichte. Endlich hatte der vielgescholtene Idylliker selbst etwas Großes zu erzählen. Mit den beiden folgenden Bänden in den Jahren 1866 und 1867 nahm die Zustimmung jedoch rapide ab. Die Werke Walter Scotts oder Scheffels *Ekkehard* waren die anerkannten Muster eines historischen Romans, und allen von dort beeinflußten Erwartungen widersprach der *Witiko* so sehr, daß ihm die Ablehnung geradezu sicher sein mußte. Im 19. Jahrhundert ist Stifters Buch wahrscheinlich der am radikalsten unzeitgemäße Roman der gesamten deutschsprachigen Literatur, und im Gegensatz zum Willen seines Autors hat er Bestand nicht als politisch-historischer Entwurf, sondern als einzigartiges ästhetisches Wagnis, als Sprachkunstwerk und stilistisches Experiment.

In jenem Winter 1865/66 blieb Stifter mit Unterbrechungen bis Ende März in Kirchschlag. Viele Dutzend Briefe gingen an Amalia nach Linz, mit denen er ihr seine unwandelbare Liebe versicherte, doch wenn er zu einem kurzen Besuch nach Hause kam, ging die persönliche Begegnung kaum ohne größere Zusammenstöße ab. Endlich hatte er sich nun dazu durchgerungen, bei Hofe um die Versetzung in den Ruhestand anzusuchen. Sein Freund Kriegs-Au, der gerade zum Ministerium versetzt worden war, wurde in Wien zum verläßlichsten Vertreter seiner Interessen und leistete bei den nötigen Gutachten und Eingaben mancherlei Hilfe. Er vor allem befürwortete eine Pensionierung mit vollem Gehalt, die für Stifter bei seiner materiellen Lage und der ökonomischen Erfolglosigkeit seiner letzten Schriften lebenswichtig war; im Normalfall hätte ihm ein Drittel seiner Bezüge zugestanden. Und er tat noch mehr, als der Schulrat wohl ahnte: In einem vertraulichen *Pro domo* für das Ministerium merkte er an, daß Stifters Krankheit unheilbar war. Woher er dieses Wissen besaß, ist nicht klar, denn Stifter selbst wiegte sich – zumindest nach außen – noch immer in der Hoffnung auf eine baldige Genesung. Denkbar ist, daß Kriegs-Au Näheres von den verschiedenen Ärzten erfahren hatte, die Stifter untersuchten, ohne ihm jedoch die Wahrheit über die Befunde zu sagen. Der Glaube nämlich, daß ihm organisch nichts Wesentliches fehle, war längst nicht mehr aufrechtzuerhalten. Stifter litt an einer Leberzirrhose, die er durch sein exzessives Essen und Trinken selbst zumindest beschleunigt hatte. Gewohnheiten, von denen er auch in den Jahren der Krankheit nicht abließ, wie seine Briefe und das Tagebuch erschreckend beweisen. Wann diese Diagnose tatsächlich gestellt wurde, ist bei den spärlichen Zeugnissen nicht zu entscheiden. Stifter hat wohl nie von ihr erfahren; die Anmerkung von Kriegs-Au läßt jedoch ahnen, daß der hoffnungslose Zustand des Patienten zumindest für einen Teil seiner Umgebung kein Geheimnis mehr war.

Endlich, am 27. November 1865, war es soweit, und Stifter konnte an Amalia schreiben: »Unser allergnädigster Kaiser hat mich zum Hofrate ernannt, und mir den vollen Gehalt als Pension gewährt. Nun ist Ruhe in meinem Herzen und die Gesundheit ist die sichere Folge.« Er war glücklich, und die neue Frau Hofrätin sicherlich auch. Stifter fuhr kurz nach Linz, um seine Diensträume dem Nachfolger zu übergeben, doch er hielt sich kaum zu Hause auf und kehrte möglichst schnell auf die Höhen von Kirchschlag zurück. Nun konnte er unbelastet von Amtsmühen tun, was er wollte: an großen Werken arbeiten und von der Arbeit an großen Werken träumen. Der *Witiko* schritt langsam voran, die *Mappe* ruhte von neuem, doch er versuchte, Heckenast die Herausgabe seiner Briefe schmackhaft zu machen. Vier bis sechs Bände sollten es werden, selbst wenn das allzu Persönliche abgerechnet wurde, das nicht ans Licht der Öffentlichkeit durfte. Auch hier nahm sich Stifter Goethes Gestus des Sich-selbst-historisch-Werdens zum Vorbild, und die Briefausgabe sollte der erste Pinselstrich an jenem Selbstbildnis sein, das Stifter der Nachwelt zu überliefern gedachte. Der Verleger aber, der wohl das öffentliche Interesse bezweifelte, reagierte zögernd, und man kam auf das Projekt nicht mehr zurück. Doch auch die zahlreichen Briefe, die Stifter nun von seinem Berg aus an Amalia, Heckenast und andere Freunde sandte, waren schon Teil dieser Selbstdarstellung; mit nicht zu erschöpfender Ausdauer und häufigen Wiederholungen beschrieb er seine gegenwärtige Lage, seine Gefühle und seine Hoffnungen, als wolle er nicht nur die anderen, sondern vor allem sich selbst von seinem späten Glück überzeugen: »Jetzt kann ich ohne Sorge und nur in Berührung mit edlen Menschen, die ich mir suche, und in der Erhabenheit der Natur meinen höheren Bestrebungen und meinen teuren und mich lohnenden Arbeiten leben. *Mein Nachsommer hat begonnen.*« Stifter wußte, jetzt oder nie war es an der Zeit, seinen Traum vom Rosenhaus zu verwirklichen.

Auf des Messers Schneide

STIFTER WAR NUN einundsechzig Jahre alt, und endlich hatte er seinen Traum erreicht: Er war aller materiellen Sorgen ledig, er war frei zum Schreiben, zum Malen. Er war ein Dichter mit dem Einkommen eines Hofrates. Er konnte wohnen, wo er wollte, auf dem Lande oder in der Stadt, er konnte reisen. Er war sicher, daß seiner Genesung nun nichts mehr im Wege stand, und er malte sich seine Zukunft in rosigen Farben: ein besonnter Lebensherbst an der Seite seiner über alles geliebten Gattin, gute Freunde und heitere Gespräche, eine angenehme Umgebung, ruhige Arbeit und ein ruhiges Glück. Die zwei Jahre, die ihm noch blieben, wurden das vollkommene Gegenteil, das schreckliche Zerrbild dieser Idylle. Jetzt, wo »Ruhe in sein Herz« kommen sollte, packte ihn die Ruhelosigkeit so sehr, daß er es an keinem Ort mehr aushielt. Anstatt gelassen an seinem Werk zu arbeiten, wechselte er unstet von einem Manuskript zum anderen. An der Seite seiner Amalia hätte er leben wollen, doch nirgendwo wurde es ihm so unerträglich wie bei ihr und in der Linzer Wohnung. Der Stifter der letzten Lebenszeit macht den Eindruck eines Gepeinigten, der auf der schmalen Grenze zum psychischen und physischen Zusammenbruch balanciert, und sein Nachsommer wurde zu einem unaufhaltsam schneller werdenden Abgleiten in die Nacht.

Das Jahr 1866 wurde zum schlimmsten in Stifters Leben, und wahrscheinlich ist es bezeichnend, daß ausgerechnet die positive Wendung seiner Pensionierung die schwerste Krise auslöste. Nach der Versetzung in den Ruhestand blieb Stifter zunächst in Kirchschlag und genoß das neue Leben auf seine Weise: Er ging spazieren, malte und schrieb, er gönnte sich das ausgezeichnete Bier, die Zigarren und das gute Essen. Natürlich arbeitete er weiter am *Witiko*, doch wahrscheinlich entstand nun auch bereits *Der Kuß von Sentze*, eine der beiden seltsamen Erzählungen, die sein so vollkommen unverstandenes Spätwerk bilden. Erst am 30. März fuhr Stifter zurück nach Linz, wo er den ganzen folgenden Monat verbrachte. Aber schon begann ihn die alte Unruhe wieder zu quälen, er konnte und wollte nicht bleiben, und am Ende war dieses Frühjahr der längste zusammenhängende Zeitraum, den er in seiner eigenen Wohnung zubrachte. Wiederum hatte er Mühe, das Geld für die geplante Karlsbader Kur aufzubringen; Freunde setzten sich für ihn ein, und auch die Weimarer Schillerstiftung trug erneut zu der Reise bei. Am 1. Mai kam die Familie – Adalbert, Amalia, Katharina und Putzi – endlich in Karlsbad an, wo die gleiche Wohnung wie im Vorjahr bezogen wurde. Einen Monat lang hatte Stifter Ruhe.

Überblickt man das ganze Jahr 1866, so ist jedoch von Ruhe keine Spur. Nirgendwo hielt er es aus, nirgendwo vermochte er zu bleiben. Kam er an einem Ort an, dann fühlte er sich für kurze Zeit etwas besser, doch sehr schnell ergriff in wieder seine zwanghafte Nervosität, und er packte seine Koffer. Das war Stifters Jahr: Drei Monate in Kirchschlag, je einer in Linz und in Karlsbad. Vom 3. Juni bis zum 6. Juli in den Lackenhäusern, bis zum 23. Juli in Linz, danach in Kirchschlag. Anfang August kehrte er für wenige Tage nach Linz zurück und reiste bereits am 9. in die Lackenhäuser, von wo aus er auch eine kurze Fahrt nach Oberplan unternahm. Er blieb bis in den Herbst, am 28. November kam er wiederum in Linz an, brach am 30. fluchtartig nach Kirchschlag auf und kehrte schon zwei Tage später in seine Wohnung zurück, wo er nun den Winter zubrachte. Diese sinnlose Hetze von Ort zu Ort, dieser hektische Rhythmus, der zum Ende hin immer panischer wird, um dann plötzlich wie erschöpft zu enden, all das zeigt einen Mann, der von seinen inneren Dämonen gejagt keinen Ruhepunkt mehr findet: Stifter hatte jene äußerste Einsamkeit erreicht, in der kein Ort, kein Mensch ihm mehr einen Anlaß zum Bleiben gab. Ein flackerndes, irrlichterndes Hin-und-Her, in dem er seine letzte Lebenskraft verbrauchte. Als seien auch seine selbstzerstörerischen Kräfte nunmehr erschöpft, brachte 1867, das letzte Jahr, dann eine gewisse trügerische Beruhigung mit sich.

Warum diese Krise aber ausgerechnet jetzt, zu einem Zeitpunkt, der ihm doch mit dem Abschied vom Amt eine so große Erleichterung verschafft hatte? Der Gedanke liegt nahe, daß gerade diese äußerliche Erlösung ihn mit aller Gewalt auf die eigentlichen Probleme seiner Existenz zurückstieß. Allzu lange hatte er auf jene alltägliche Mühsal verwiesen, um Klagen, Depressionen und Düsterheit vor sich und den anderen zu rechtfertigen; nun war dies alles von ihm genommen, das Glück aber trotzdem ausgeblieben. Äußere Zwänge konnten nicht mehr erklären, warum es keinen Nachsommer gab. Die Einsicht, die das »Jetzt oder nie« in ein »Nie« verwandelte, muß so quälend gewesen sein, daß sie Stifter bis hart an die Grenze des Wahnsinns trieb. Immer häufiger entglitten seine psychischen Reaktionen der bewußten Kontrolle. Die verzweifelte Ortlosigkeit dieses Jahres ist darum gleichsam die verzerrte Gegenfigur zu jenem Nachsommertraum, der seine Verwirklichung vor allem im Bilde des Hauses, des eigenen, richtigen Ortes findet. Der alte Stifter gehörte nirgendwo mehr hin, und so wollte und konnte er nirgendwo mehr bleiben. Auf diese Reisen, seine vorletzten, machte er sich allein; Amalia begleitete ihn nur nach Karlsbad, in den mondänen Kurort, nicht aber in die dörfliche Abgeschiedenheit der Lackenhäuser oder von Kirchschlag, wo es nichts gab, was sie reizen konnte. Am Ende mochte das Stifter sogar recht gewesen sein; es befreite ihn vom bedrückenden Alltag dieser Ehe, und es gab ihm die Möglichkeit, seine eheliche Liebe in immer lauteren brieflichen Hymnen zu proklamieren.

Doch auch jetzt, im Frühjahr 1866 fand Stifter wieder

äußere Umstände, die er nicht zu verantworten hatte und auf die er sein Unwohlsein schieben konnte: die politische Lage. Die Spannungen zwischen Österreich und Preußen wurden vor allem durch Bismarcks Konfliktstrategie immer gefährlicher, und Stifter sah bereits den drohenden Krieg am Horizont. Und was das eigene Leben betraf, so wußte er genau: Gesundheit und Wohlergehen waren ihm sicher, wenn nur dieses große Unglück, dieser Krieg vermieden werden konnte. Einen Monat blieb er mit Katharina in den Lackenhäusern, versuchte mit Wandern, Malen und Schreiben seine Ruhe wiederzufinden, doch die Weltläufte wollten es nicht erlauben. Seit Anfang Mai standen die preußische und die österreichische Armee in Waffen bereit, am 14. Juni stimmte die Versammlung des Deutschen Bundes auch der Mobilisierung des gesamten nichtpreußischen Bundesheeres zu. Der Krieg war da. Stifter fühlte sich wieder bis ins Tiefste erschüttert, wieder waren Chaos und Gewalt in die Welt eingebrochen. Trotzdem wollte er in seinem Vertrauen auf die Gesetzmäßigkeit der Geschichte nicht nachlassen: »Vielleicht feiere ich im Herbste das Siegesfest in Wien mit; denn ein Sieg muß es diesmal werden, sonst müßte man ja an allem Rechte verzweifeln. *So lange die Geschichte spricht, hat Frevel nie dauernd gesiegt*«, schrieb er am 26. Juni an den alten Freund Joseph Türck in die Hauptstadt. Bismarck hatte wegen der preußischen Großmachtinteressen diesen Krieg gewollt, und so zweifelte Stifter nicht, daß der Störer des Friedens »jetzt schon berufen ist, unter den Rädern seines Getriebes zermalmt zu werden«.

Doch auch wenn seine Sympathien in dieser Auseinandersetzung eindeutig waren, vermochte er darin am Ende nur einen wilden Ausbruch dunkler Triebe zu erkennen, der seiner humanistischen Hoffnung auf eine Erziehung des Menschengeschlechts kraß widersprach: »Mich betrübt es sehr, daß Menschen zur Schlichtung ihrer Händel noch raufen müssen, und daß diese Menschen noch dazu Brüder desselben Volkes sind.« Natürlich hinterließ dieser Konflikt seine Spuren im *Witiko*, im Bruderkampf der böhmischen Fürsten; seltsam ist jedoch, wie Stifter, der am 24. Juni an Heckenast schrieb, ihm sei »jeder Krieg zwischen Menschen ein Scheusal«, in seinem Roman versuchte, demselben Krieg durch die monumentale Sprache alles Grausame zu nehmen und ihm eine sinnvolle Funktion im Geschichtsverlauf zuzuweisen. Hier betrachtete er das Geschehen mit jener Ruhe und Distanz, die er für die Gegenwart nicht aufbringen konnte. So groß seine Hoffnung auf einen Sieg des Rechts, also Österreichs gewesen war, so mächtig mußte der Schock werden, als die Armee Franz Josephs am 3. Juli bei Königgrätz die entscheidende Niederlage erlitt. Und das Massaker war grausamer als alles, was man sonst an Schlachten kannte: Vierundvierzigtausend Österreicher und neuntausend Preußen waren auf dem Feld der Ehre geblieben.

Sofort nachdem Stifter die Nachricht erreicht hatte, machte er sich auf den Weg nach Hause. Doch in Linz, in der Nähe Amalias und in der Normalität des Alltags, hielt er es weniger aus denn je, er brauchte Ruhe und Einsamkeit. Bereits am 23. Juli brach er wieder auf, diesmal nach Kirchschlag: »Ich bin gestern, als ich dir den schmerzlichen Abschiedskuß gegeben hatte«, schrieb er am nächsten Tag an Amalia, »die Treppe mehr hinunter gewankt als gegangen.« Obwohl er alles tat, um sich die furchtbare Welt aus dem Sinn zu schlagen, spazierenging und Zeitungsnachrichten fortschob, konnte er sich nicht erholen. Schon Anfang des nächsten Monats kehrte er nach Linz zurück, blieb aber nur wenige Tage und traf am 9. August wieder in den Lackenhäusern ein. Seine innere Unruhe manifestierte sich nun auch noch in der Furcht vor Krankheiten und Seuchen, vor Brechruhr und Cholera, und selbst wenn er wußte, wie unbegründet diese Angst war, so trieb sie ihn doch unwiderstehlich fort. Hier, in der heimatlichen Landschaft, wollte er bleiben und arbeiten, hier beendete er den zweiten Band des *Witiko*, der dann auch sofort erschien. Langsam ließ seine Anspannung etwas nach.

Immer stärker aber drängte sich eine völlig andere Geschichte vor den historischen Stoff: die Geschichte des eigenen Lebens, das so ganz aus seiner ruhigen Bahn zu geraten drohte. Die Wiederbegegnung mit der Heimat gab dieser zurückschauenden Betrachtung neuen Stoff, und Anfang September machte sich Stifter für ein paar kurze Tage auf den Weg nach Oberplan. Dem Hofrat, dem berühmt gewordenen Kind des Dorfes, wurde ein ehrenvoller Empfang bereitet, und man spannte sogar ein Transparent zum Grußeaus. Am meisten bewegte ihn jedoch das alte Haus, der Ort seiner eigenen Ursprünge. Und hier saß er nun eines Tages am Tisch der Wohnstube und begann jenen Text, mit dem er sich von seinem eigenen Leben Rechenschaft geben wollte: »Es ist das kleinste Sandkörnchen ein Wunder, dessen Wesenheit man nicht ergründen kann.« So fremd, so unbegreiflich war er sich selbst geblieben: »Ich bin oft vor den Erscheinungen meines Lebens, das einfach war, wie ein Halm wächst, in Verwunderung geraten.« Und dann tastete er sich zurück zu jenen »Urerinnerungen«, in denen schon alles war, was sein Dasein bestimmen sollte: »Weit zurück in dem leeren Nichts ist etwas wie Wonne und Entzücken, das gewaltig fassend, fast vernichtend in mein Leben drang und dem nichts mehr in meinem künftigen Leben glich«; und: »Ich erinnere mich an Strebungen, die nichts erreichten, und das Aufhören von Entsetzlichem und zu Grunderichtendem.« Stifter kam mit seinen Lebenserinnerungen nicht über wenige Seiten hinaus, es blieb bei jenem kurzen Impuls im Hause der Kindheit. Doch auch hier konnte der alte Mann keine Ruhe finden. Die kleinen Sprößlinge seiner Geschwister stören ihn, und seine Kinderliebe, die immer recht theoretisch geblieben war, unterlag dem Bedürfnis nach Stille und Schweigen. Stifter reiste zurück in die Lackenhäuser.

Dort blieb er bei seinen gewohnten Beschäftigungen. Mitte September kam sogar Amalia recht widerwillig für sechs Wochen auf Besuch, aber im Grunde schien ihm die Einsamkeit längst wünschenswerter zu sein als die Gesellschaft dieser fremden Frau, mit der er verheiratet war. Er ging spazieren und verbrachte Stunden in die Betrachtung der Landschaft versunken. In optimistischen Augenblicken sah er sein Werk weiterhin wachsen, und er versprach seinem Verleger nicht nur den dritten Band des *Witiko*: »Dann kannst du gleich die Mappe, und 2 Bände neuer Erzählungen heraus geben. Indessen rückt dann der Zawis vor, und wird als Nebenerholung ein Lustspiel fertig.« So verging der Herbst. Amalia war noch nicht lange zurück in Linz, da kam ein Brief des Hausarztes Dr. Essenwein in die Lackenhäuser: sie war krank. Stifter wurde von Angst gepackt. Seine Cholerafurcht hatte bereits vorher nahezu paranoide Ausmaße erreicht, er durchforschte die Zeitungen nach Meldungen, zählte die Krankheitsfälle in Linz und anderswo, doch nun sah er seine Gattin selbst bedroht und entschloß sich zur sofortigen Heimkehr. Der Wagen war bereits auf den 19. November bestellt, da trat jenes Naturereignis ein, das der tief erschütterte Dichter später in Worte zu fassen versuchte: »Es wurde ein Schneesturm, wie ich ihn nie ahnte, und es wurden Wirkungen, die weit über mein Wissen gingen. Und zwei und siebenzig Stunden dauerte die Erscheinung bei ihrem ersten Auftreten ununterbrochen fort.« Stifter war in den Lackenhäusern eingeschlossen, an eine Abreise war nicht zu denken. Tag um Tag setzte sich das Schauspiel fort. »Das war kein Schneien wie sonst, kein Flockenwerfen, nicht eine einzige Flocke war zu sehen, sondern wie wenn Mehl von dem Himmel geleert würde, strömte ein weißer Fall nieder, er strömte aber auch wieder gerade empor, er strömte von links gegen rechts, von rechts gegen links, von allen Seiten gegen alle Seiten, und dieses Flimmern und Flirren und Wirbeln dauerte fort und fort und fort wie Stunde an Stunde verrann. Und wenn man von dem Fenster weg ging, sah man es im Geiste, und man ging lieber wieder zum Fenster.«

Stifter wartete, wie ein gefangenes Tier lief er im Hause hin und her, unfähig zu jeder Tätigkeit starrte er aus dem Fenster, und nachts sah er das Weiß vor seinem inneren Auge: »Was Anfangs furchtbar und großartig erhaben gewesen war, zeigte sich jetzt anders, es war nur mehr furchtbar. Ein Bangen kam in die Seele. Die Starrheit des Wirbelns wirkte fast sinnbestrickend, und man konnte dem Zauber nicht entrinnen.« Jetzt empfand er nur noch Panik. Sein Zustand verschlechterte sich so rapide, daß er aus dem nahen Schwarzenberg einen Arzt rufen mußte; später gestand er Dr. Essenwein, daß seine verzögerte Abreise weniger an dem Schneesturm selbst gelegen hatte, als an dem psychischen Kollaps. Er ließ Leute kommen, um einen Weg freizuschaufeln, doch in der Frühe war alles wieder verschneit. Erst nach unerträglichen Tagen erlaubte eine Wetterbesserung den Aufbruch; hinter seinem Regenschirm kämpfte sich der Hofrat durch den Schnee, in Schwarzenberg trieb er einen alten Fuhrschlitten auf, und am nächsten Tage, am 28. November, traf er nachmittags um vier in seiner Wohnung ein. Amalia, die wohl eine Leberkolik hinter sich hatte, ging es recht gut, doch Stifter erlitt einen Zusammenbruch. »Das Glück des nun folgenden Zusammenlebens zu schildern, liegt nicht in dem Zwecke dieser Zeilen«, heißt es am Ende seines Berichts *Aus dem bayrischen Walde*, doch in Wirklichkeit hielt er es keine achtundvierzig Stunden zu Hause aus. Am 30. November flüchtete er nach Kirchschlag, wie gejagt von dem »Bild des weißen Ungeheuers« und seiner rasenden Cholerafurcht. Doch auch in seinem Dorfe konnte er sich und seinen Ängsten nicht entkommen, und am 3. Dezember war er wieder in Linz. Die atemlose Flucht war zu Ende. Vollkommen erschöpft und krank legte er sich zu Bett, doch es dauerte Wochen, bis sich die zwanghaften Halluzinationen nach und nach verloren. Auch der Drang zu den unaufhörlichen

Ortswechseln war erloschen, Stifter blieb in Linz und machte sich so gut es ging wieder an die Arbeit.

Wahrscheinlich entstand damals jene zweite der beiden letzten Erzählungen, die erst aus dem Nachlaß veröffentlicht wurde. *Der fromme Spruch* und der Anfang 1866 entstandene *Kuß von Sentze* gehören so eng zusammen, daß sie fast als Variationen über ein Thema betrachtet werden können. Beide erzählen die Geschichte einer Liebe, die gleichsam gegen den Widerstand der Liebenden zu wachsen beginnt; für beide bildet eine Verwandtenheirat das glückliche Ende; und in beiden wird die Bindung durch einen traditionellen, rituellen Akt herbeigeführt: einerseits durch den Friedenskuß, der sich in den Kuß der Liebe verwandelt, zum anderen durch den apodiktischen Spruch, der das unvorhersehbare Schicksal beschwört: »Die Ehen werden in dem Himmel geschlossen.« Eines aber verbindet die Novellen noch mehr als alle inhaltlichen Parallelen: die Sprache, und dieser Sprache verdankten sie auch das gemeinsame Schicksal, zunächst von Zeitschriften, dann vom Publikum ganz und gar abgelehnt zu werden. Nie hatte sich Stifter so weit von einer realistischen Erzählhaltung, von ausmalender Farbigkeit entfernt. Der Einfluß des *Witiko* ist unverkennbar, doch was dort noch als mittelalterlicher Chronikstil durchgehen mochte, war hier auf einen reinen Gegenwartsstoff übertragen. Die zeremonielle Förmlichkeit, die bis auf ihr karges Gerüst reduzierte Aufzählung der Fakten, die Ausmerzung aller Subjektivität – Stifter hatte seinen Stil bis zu einem Extrem getrieben, das nur noch völliges Unverständnis hervorrufen konnte.

Weiter konnte er nicht gehen. Stilisierte Einfachheit der Mittel bis zum Exzentrischen, keine Spannung, keine psychologische Motivierung, alles ist gleichsam vorentschieden und wird nur noch wiederholend nachvollzogen. Die Erzählung selbst verwandelt sich ins Ritual. Im *Frommen Spruch* gibt es Szenen, die zur reinen Tautologie werden, zur Bedeutungslosigkeit als Stilprinzip: »»So schließen wir die Verhandlung über diesen Gegenstand‹, sprach die Tante. / ›Schließen wir sie‹, erwiderte der Oheim, ›da ja doch nichts zu verhandeln ist.‹ / Sie schlossen, weil wirklich nichts da war, das verhandelt werden konnte.« Mit dieser Minimalkunst, in der die Welt auf das reduziert wird, was der Fall ist, und die verschweigt, wovon nicht mehr gesprochen werden kann, wagte sich Stifter weiter in die Moderne vor, als ihm auch Freunde folgen mochten: Selbst Johannes Aprent wagte nach Stifters Tod nur eine entschärfte Fassung zu publizieren. Die Erklärung des Autors, er habe mit dem *Frommen Spruch* die Umgangsformen eines antiquierten Landadels karikieren wollen, scheint wohl niemanden überzeugt zu haben, und sie trifft auch nur einen Teil der Wahrheit. Das so vollkommen Unerhörte der Erzählungen besteht darin, daß Stifter hier seine Sprache des Verschweigens, die das Entscheidende durch Aussparen enthüllt, auf den letztmöglichen Punkt gesteigert hatte.

Im *Frommen Spruch* leben die alternden Geschwister Dietwin und Gerlint jeweils allein auf ihren Landgütern, doch um die Familie nicht erlöschen zu sehen, beschließen sie, eine Ehe zwischen der Nichte Gerlint und dem Neffen Dietwin einzuleiten. Alles jedoch beginnt in die falsche Richtung zu laufen: Die jungen Leute, so scheint es, lieben nicht, wie gewünscht, einander, sondern jeweils überkreuz die Ehestifter. Erst das Ende offenbart, daß der Mangel an Liebe den Alternden die Sinne verwirrte und daß sie den eigenen heimlichen Wunsch für Wahrheit nahmen. Die Bitte des jungen Dietwin um die Hand der jungen Gerlint wird für sie zum Augenblick der Wahrheit. »Als die Geschwister in dem Saale allein waren, sagten sie eine Weile gar nichts. / Dann rief die Tante: ›Dietwin, Dietwin, Dietwin!‹ / Der Oheim sprach: ›Das ist nun freilich anders, als wir gedacht haben, wir müssen es hinnehmen, daß wir gedacht haben, was wir gedacht haben.‹ / ›Ja wohl müssen wir es hinnehmen‹, sagte die Tante. / ›Meine liebe Schwester Gerlint‹, sagte der Oheim, ›nun ist die größte Sorgfalt anzuwenden, daß niemand erfahre, welche Gedanken wir gehabt haben.‹ / ›Ich werde sie niemandem offenbaren‹, sagte die Tante. / ›Ich auch nicht‹, antwortete der Oheim, ›wenn nur nicht jemand durch Ahnungen, Deutungen und dergleichen darauf kommt.‹ / ›Das wagt niemand zu denken‹, sagte die Tante.« Die Sehnsucht der Einsamen, die Freudlosigkeit ihres Alters findet seinen Ausdruck nur in der Sprachlosigkeit. Durch die eingebildete Liebe haben sie offenbart, was sie auch einander nie eingestanden in ihren bedeutungslosen Gesprächen, doch die einzige Reaktion ist eine Rückkehr ins Schweigen.

So verschwieg auch Stifter der Welt sein eigenes Unglück. Seine Kraft schien versiegt. Still verbrachte er den Winter in Linz, arbeitete am letzten Teil des *Witiko* und schrieb nur wenige Briefe. Ende April 1867 ging es wieder nach Karlsbad, zum letzten Mal – denn Stifter rechnete mit seiner endgültigen Genesung. Von seinem Kurort aus konnte er Heckenast am 5. Mai nun endlich die langersehnte Mitteilung machen: Der *Witiko* war vollendet. Er verspürte eine unermeßliche Erleichterung. Trotzdem blieb sein psychischer Zustand weiter prekär, und es ist anzunehmen, daß er während des Karlsbader Aufenthalts seinen ersten Selbstmordversuch unternahm. Zuweilen erwachte er bei Nacht mit quälenden Angstzuständen, und die Hauswirtin berichtete später einem Bekannten, der Dichter habe während eines seiner Anfälle beinahe Hand an sich selber gelegt. Es war offenkundig, daß man ihn mit größter Vorsicht behandeln mußte. Anfang Juni reiste die kleine Familie über Regensburg und Passau zurück nach Linz, Stifter selbst fuhr bald weiter nach Kirchschlag. Als ihn von neuem ein Anfall aus dem Schlaf riß, da setzte er sich hin und schrieb: »Einzig teure Gattin! Es ist eben 12 Uhr Nachts am 24. Juni: Ich erwachte um halb 12 Uhr unter Angst und Wallungen und Schwindel. Es litt mich nicht mehr im Bette. Ich stand auf und kleidete mich an. Sollte mich hier, von Dir getrennt, ein Unfall treffen, so schreibe ich diese wenigen Worte für Dich nieder, die Dir danken sollen für alle Liebe und Güte, die Du mir in diesem Leben erwiesen hast. Diese Liebe und Güte ist größer gewesen, als ich verdient habe. Ich habe Dich geliebt, wie ich nie etwas auf dieser Erde geliebt habe.« Worte, die von der Todesangst eingegeben wurden. »Wahrscheinlich ist es nur eine Erscheinung, wie ich sie auch in Karlsbad zwei Male hatte; aber in dem Augenblicke ihres Daseins glaube ich immer, es komme etwas Ungeheures.« Er spürte, wie das Dunkel immer stärker von ihm Besitz ergriff.

Diesmal blieb Stifter kürzer als sonst in Kirchschlag, und auch als er im September noch einmal hinauffuhr, war es nur für eine Woche. Jetzt, nach dem Abschluß des *Witiko*, galt seine ganze Mühe noch einmal der *Mappe*, die ihn durch sein ganzes schöpferisches Leben begleitet hatte. Er nahm sich die 1864 begonnene Neufassung wieder vor und überarbeitete sie noch einmal von Anfang an, bis der Tod ein Ende setzte. Im Oktober unterbrach er kurz die Niederschrift und fuhr am Allerseelentag ein letztes Mal in die Heimat. Auch die *Letzte Mappe* ist eine Rückkehr in mehrfachem Sinne: Rückkehr zu einem alten Werk, Rückkehr in die eigene Jugend, Rückkehr aber auch zu einer sprachlichen Form, die vor den hermetischen Experimenten der Spätzeit liegt. Die *Letzte Mappe* zeigt, daß Stifter als Dichter noch lange nicht am Ende war, daß er fähig war zu Umkehr und Neubeginn. Gewiß ist auch in diesen unvollendeten Roman viel aus der strengen, ruhigen Welt des *Nachsommers* eingegangen, doch ist der Stil wiederum gelöster geworden, farbiger und geschmeidiger, und er hat ein Werk von hoher sprachlicher Schönheit entstehen lassen. Der wichtigste Grund für diese Bereicherung der stilistischen Mittel war der Stoff, das Eintauchen in die eigene, so bildergesättigte Erinnerung. Die einleitende Rahmenerzählung, die vom Auffinden der Mappe im Hause der Kindheit berichtet, verwischt nun jegliche Distanz zwischen Dichtung und Wahrheit. Der Dichter selbst stellt sich als Urenkel des Doktors Augustinus vor, und seine Gattin Amalia, die Oberplan nur ein einziges Mal besucht hatte, wird ausdrücklich mit Namen genannt. Trotzdem schildert auch das Anfangskapitel keine unmittelbaren Tatsachen: Stifters eigene Kindheitserinnerungen, Begebenheiten aus späterer Zeit werden in eine fiktive Handlung eingewoben, die immer Literatur, niemals Autobiographie ist.

Die erzählte Geschichte hatte sich in ihren Grundzügen seit dem Zeitungsdruck von 1841/42 nicht verändert, als Kunstwerk gab es jedoch keine Gemeinsamkeit mehr. Die Verbindung mit dem Scharnast-Stoff der *Narrenburg* und des *Prokopus* war bereits in den *Studien* getilgt worden, dafür kehrte nun, breit in den Hauptstrang eingebettet, die Episode des Eustachius zurück, die in jener zweiten Version keinen Platz mehr gefunden hatte. Die Romanfassung aber ist trotz der bekannten Handlung ein eigenständiges Werk, denn zum ersten Mal werden die Ereignisse nun chronologisch, fast chronikhaft berichtet. Auch weit über die Rahmenerzählung hinaus gingen Elemente des eigenen Lebens darin ein: Anfang und Ende der Liebe zu Fanny ebenso wie die Zeit der Krise und der Nervenkrankheit. Die *Letzte Mappe* ist nicht nur die persönlichste unter Stifters späten Erzählungen, sie wurde sogar wieder persönlicher als die *Studien-Mappe* selbst. Und obwohl der Dichter auf einen Jugendstoff zurückgriff, gehört diese letzte Arbeit ganz und gar dem Spätwerk an, so stark ist sie durch die Erfahrung der Jahre nach dem großen Umschwung von 1848 geprägt. Maß, Ernst und klassische Strenge bestimmen den Rhythmus, Konzentration auf das Wesentliche die inhaltlichen Motive. Der pädagogische, humanistische Grundimpuls ist schärfer herausgestellt als je zuvor: die Überwindung der Subjektivität, die Heilung des unglücklichen Bewußtseins durch Selbstüberwindung, Beständigkeit und Pflichterfüllung. An den zentralen Szenen läßt sich der Wandel verfolgen, den Stifter in einem Vierteljahrhundert vollzogen hatte.

Mittelpunkt der ganzen Erzählung war immer der Augenblick, da Augustinus Margaritas Liebe verspielt. In der Urfassung ist es ein wilder Anfall von Eifersucht, mit Vorwürfen und moralischer Erpressung, der dem beleidigten Mädchen allen Anlaß gibt, sich von dem psychisch labilen Liebhaber abzuwenden. In den *Studien* vollzog sich der Bruch bereits in durchaus gemäßigten Bahnen, aber noch immer ist die Unbeherrschtheit, das verletzende, schroffe Mißtrauen des Doktors der Grund für das Scheitern dieser Liebe. In der *Letzten Mappe* bleibt nichts davon. Schon äußerlich ist die Szene auf wenige Worte reduziert. Ein ruhiger Satz, mit dem Augustinus seinen Zweifel an Margaritas Zuneigung ausspricht, genügt, um alles zu entscheiden. Jede Leidenschaft, jeder seelische Affekt ist nun getilgt, es geht nicht länger um die mehr oder weniger berechtigte Lösung eines Eheversprechens. Der folgende, feierliche Dialog ist nur noch Nachvollzug des Unabänderlichen: »Ich kann Euch lieben, achten, ehren, Ihr könnt mir nach meinem Vater der teuerste Mensch bleiben; aber wessen Gattin ich werden soll, mit dem soll ich eins werden; sich selbst aber glaubt man immer, Ihr habt mir nicht geglaubt.« Die bloße Tatsache, daß für eine Sekunde Zweifel war, wo keiner sein durfte, ist bereits zuviel und verletzt den Anspruch eines unbedingten, totalen Vertrauens. Die Schönheit der Erzählung verhüllt, welch nahezu unmenschlicher Objektivismus hinter diesem Anspruch steht – gerade weil er sich eben nicht mehr auf die subjektiven, verletzten Gefühle des Mädchens beruft. Augustinus hat nicht mehr einfach seine Verlobte beleidigt, er hat ein Weltgesetz übertreten.

Deshalb spielt auch die Frage, ob Margarita ihm verzeihen kann, keine Rolle; Augustinus muß eine lange Entsühnung durch Arbeit, Verzicht und Aufopferung in seinem Arztberuf beginnen. Und noch etwas mußte geändert werden: In diesem letzten Herbst, da Stifter sich immer stärker von dem »Ungeheueren« bedroht fühlte, gegen das er sich kaum noch zu wehren vermochte, strich er den Selbstmordversuch des Augustinus aus dem Manuskript. Er mußte die Augen abwenden von dem, was er in seiner wachsenden Angst vor dem Tode in sich selbst verspürte. Die reine, klassische Welt seiner Dichtung sollte ihn vor dem Grauen beschützen, und doch wußte er jetzt, daß die Literatur kein Ausgleich für ein verlorenes Leben war. Noch einmal erträumte er sich in der Dichtung eine tätige Existenz, wie er sie sich gewünscht hätte und die nun niemals mehr kommen würde. Diese Geste des Abschiednehmens verleiht der *Letzten Mappe* ihren einzigartigen Ton, gibt ihr etwas von jener »Zartheit, die oft einsamen Menschen eigen wird« und die auch seine eigene war.

Stifter erweckt den Eindruck, als sei er in diesen letzten Monaten so stark mit sich selbst beschäftigt gewesen, daß ihn die Dinge von außen nur noch schwach berührten. Im Juni schrieb er in der *Wiener Zeitung* einen Aufsatz über Maximilian, den Habsburger, der zum Kaiser von Mexiko erklärt und von den republikanischen Truppen des Benito Juarez erschossen worden war; es ist Stifters letzte Äußerung zu politischen Fragen. Mit Rührung nahm er im September den Hausorden des Weimarer Großherzogs in Empfang. Als dann im Oktober die *Katholische Welt* den *Frommen Spruch* ablehnte, da antwortete Stifter dem Herausgeber Leo Tepe auf seine Kritik mit einem so gelassenen Brief, als handelte es sich um das Werk eines ganz anderen Autors, und anstatt sich gekränkt zurückzuziehen, schrieb er einen neuen Text. Mit einem Jahr Abstand machte er sich an die Beschreibung jenes großen Schneesturms im Bayrischen Walde, der ihn fast überwältigt hatte, und es wurde unter all den elementaren, sich zum Katastrophalen neigenden Naturbildern seines Lebens das schrecklichste und hoffnungsloseste, die Vision einer gewaltsamen, unbegreiflichen Natur und des wehrlos ausgelieferten Menschen. Der Dichter erlebte den Druck seines Textes nicht mehr, er erschien erst im folgenden Jahr, nach seinem Tod. Eine letzte Freude erfuhr er, als Carl von Hippel ihm sein Buch *Natur und Gemüt, Beiträge zur Ästhetik der Pflanzenwelt* mit einer gedruckten Widmung zueignete; dann brach die Verbindung nach außen ab.

Die letzten Photographien zeigen einen Greis. Stifter war erst zweiundsechzig, doch er war mager, eingefallen und gebeugt. Im August hatte ihn ein junger Mann aus der Steiermark besucht, Peter Rosegger, und von ihm stammt das späteste Bild des kranken Dichters: »Über der Donaustadt lag der sonnigste Vormittag. Stifter saß in seiner Wohnung. Das erste von seiner Seite war die Entschuldigung, daß er mich im Hauskleide – er stak in einem dichtgefütterten Schlafrocke – empfangen müsse, er sei leidend. Dann warf er einen wehmütigen Blick hinaus in den Sommertag. – Ich sah die Blässe und die feinen Furchen und eine Art von Harm in seinem Antlitze; das war nicht das heiter behäbige volle Gesicht, welches den ›Studien‹ als Titelkupfer beigegeben ist. Ich sah die Silberfäden in seinem Backenbarte und in den Locken des Hauptes, auf welches soeben die Sonnenstrahlen fielen. Aber die Strahlen taugten ihm nicht, er ließ die Fensterrollen nieder. Und nun wir eingehüllt waren und keinen Sommer mehr sahen, hub er an recht von dem Sommer zu sprechen.« So wie er sich aus dem Dunkel der Todesnähe in die Kindheit zurückdachte, so brauchte er den Schatten des verschlossenen Hauses, um noch einmal ganz das Glück des Sommers zu erleben. »Nie zuvor auf meinen einsamen Wegen habe ich die Natur in solcher Schöne geschaut als hier in der Stube des alten Mannes«, – des schreibenden, der begonnen hatte, langsam aus der Welt hinaus zu gehen. Die letzten Monate gehörten den Erinnerungen und der Dichtung.

Gegen Ende Oktober wurde Amalia krank. Der Arzt diagnostizierte eine Grippe, und sie griff auch auf die anderen Familienmitglieder über. Mitte November erfaßte sie auch Stifter selbst. Zunächst nahm er sie nicht übermäßig wichtig, blieb zu Hause und arbeitete langsam weiter an der *Mappe*. Im Dezember wurde es ernst, und der Arzt verordnete Bettruhe. Stifter wurde unruhig, die Verzögerung der Arbeit quälte ihn ebenso wie die Einsamkeit in seinem Zimmer. Am Heiligen Abend bat er Aprent um einen Besuch: »Ich bin zwar so heiser, daß ich fast nichts reden kann, aber ein Weilchen kannst Du doch bei meinem Bette sitzen, wir reden ein weniges, und dann gehst Du wieder. Der Arzt sagt, es geht zu Ende, und dann ist Alles auf einmal gut.« Noch glaubte er, daß nur die Krankheit zu Ende ging. Am 22. Jänner 1868 schrieb er an Gustav Heckenast mit Bleistift seinen letzten Brief: »Teuerster Freund! Ich schreibe Dir im Bette. Die Grippe, welche ich von meiner Gattin erbte, und die Anfangs so zahm und leicht auftrat, daß ich sie in meiner Rüstigkeit nicht viel beachtete, ist so groß verschleppt worden, daß ich sie jetzt im Bette ausdünsten muß. Zur Verzweiflung bringt mich die Unterbrechung meiner Arbeit, zur Verzweiflung, daß der Arzt zu uns vier Personen (vier wurden ergriffen) nun schon seit Oktober geht. Ich bitte Dich bei allem, was an unserer Freundschaft heilig ist, und sie ist ja sonst so innig gewesen, laß mich in dem Elend meines Hauses nicht im Stiche. Es wird sich ja alles wieder ausgleichen. Du setzest Dir und mir ein Denkmal, und gewiß wird Dein Sohn die Früchte ernten. Ich küsse Dich tausend Mal, ich bin Dein Freund, der gewiß alles für Dich tut. Küsse die Kleinen. Adalbert Stifter.« Nun wußte er es doch. Als Aprent zum letzten Mal auf Besuch kam, zeigte er ihm das Manuskript der *Mappe*: »Hieher wird man schreiben: Hier ist der Dichter gestorben.« Aprent erfüllte den Wunsch.

In der Nacht vom 25. auf den 26. Januar erwachten die Nachbarn von lauten Geräuschen in Stifters Wohnung. Als Amalia einen Augenblick das Zimmer ihres Mannes verlassen hatte, griff Stifter zum Rasiermesser und schnitt sich quer durch den Hals. Die zurückkehrende Amalia fand ihn blutüberströmt im Bett. Der sofort gerufene Arzt vermochte nichts mehr zu tun, als die Blutung zu stillen und die Wunde zu vernähen. Der befreundete Domdechant Schropp spendete die Sterbesakramente. Zwei Tage noch lebte Stifter ohne Besinnung, er starb am 28. Januar um acht Uhr in der Früh. Als Todesursache nannte Dr. Essenwein »Zehrfieber infolge chronischer Leberatrophie«, und der amtliche Totenbeschauer Dr. Kainzelsberger übernahm diese Diagnose. Obwohl man alles tat, um die Wahrheit zu verbergen, kamen bald Gerüchte über einen Selbstmord auf, und die Diskussion darüber ist nie verstummt. Es ist eine Diskussion ohne Sinn. Der Freitod eines Verzweifelten ist nichts Ehrenrühriges, und der Widerspruch zwischen dem Streben nach leidenschaftsloser Reinheit und diesem blutigen Ende ist der gleiche Widerspruch, der sein ganzes Leben und Werk begleitet hatte. Die Vollendung der Dichtung mußte dem Leben versagt bleiben, das unter dem gewaltsamen Harmonisierungswunsch am Ende zerbrach. Es war kein friedlicher Ausklang. Ob es körperliche Schmerzen, ob seelische Qualen gewesen sind, die ihn zu der Verzweiflungstat trieben, wird nie zu entscheiden sein. Und warum auch? In diesem Stadium des Leidens ist diese Unterscheidung längst bedeutungslos.

Als Josef Rint, der Sohn des Bildschnitzers, die Totenmaske abnahm, mußte zur Abdeckung der Wunde ein dicker Papierstreifen um den Hals gelegt werden. Am Morgen des 30. Januar begleitete ein langer Trauerzug Adalbert Stifter zu seiner letzten Ruhestätte. Ein böhmisches Holzkreuz schmückte das Grab, in dem fünfzehn Jahre später auch Amalia Stifter beigesetzt wurde. Die Wiener Schriftstellervereinigung hatte einen Lorbeerkranz gesandt, die Lehrer und Schüler von Linz folgten ihrem pensionierten Schulrat, und es wird berichtet, daß die Gesänge von dem jungen Organisten Anton Bruckner geleitet wurden.

Anhang

Nachwort

MIT DIESEM BUCH lege ich den vorläufigen Schlußpunkt einer Beschäftigung mit dem Werk Adalbert Stifters vor, die vor fünfzehn Jahren mit der Lektüre des *Nachsommer* begann. Es handelt sich dabei um eine Biographie, um die Erzählung eines Lebens – doch auch wenn zur Lebensgeschichte eines Autors seine Schriften selbstverständlich hinzugehören, wird deren Darstellung zwangsläufig andere Gestalt annehmen als in einer systematischen, literaturkritischen Analyse. In der chronologischen Gesamtdarstellung eines Menschen treten Bezüge des Werkes zu Lebenslauf und Geschichte von sich aus stärker in den Vordergrund. Grundsätzliche Aspekte zu Stifters Dichtung und zum Problem der Biographie habe ich in zwei früheren Aufsätzen dargelegt, die in der Bibliographie nachgewiesen sind.

Die Arbeit stützt sich im wesentlichen auf die primären Quellen: die Werke, den Briefwechsel und Lebensdokumente. Für die Jugendgeschichte, aus der nur wenige Zeugnisse überliefert sind, ist jeder Biograph auf die Berichte von Stifters Freunden Heinrich Reitzenbeck und Johannes Aprent angewiesen, die vieles aus des Dichters eigenem Mund erfahren haben. Wo nichts anderes angegeben ist, folge ich im Ersten Teil den biographischen Skizzen dieser beiden Autoren. Darüber hinaus ist dieses Buch natürlich seinen bedeutenden Vorläufern verpflichtet: Die Biographien von Alois Raimund Hein (1904) und Urban Roedl (1936) stellen wichtige Schritte in der Stifterforschung dar. Besonders die Arbeit Heins ist für jede biographische Beschäftigung mit Stifter nach wie vor unverzichtbar, da dieser noch Zeitgenossen des Dichters, darunter Amalia Stifter, persönlich befragen konnte und so von Dingen zu berichten weiß, die sonst nirgendwo überliefert sind.

Um den editorischen Apparat so weit wie möglich zu entlasten, wurde für die Anmerkungen wie folgt verfahren. Da die Kritische Ausgabe noch nicht abgeschlossen ist, wird nach zwei verschiedenen Werkausgaben zitiert; orthographische Inkonsequenzen mußten dafür in Kauf genommen werden. Lebensdokumente werden wenn irgend möglich nach den leicht zugänglichen Sammlungen von Enzinger, Fischer und Privat (siehe Bibliographie) nachgewiesen. Stifters Briefe werden mit Datum und Empfänger angeführt und können so in jeder beliebigen Ausgabe der Korrespondenz, vor allem der Prager Gesamtausgabe, überprüft werden.

Die Literatur zu Stifters Leben und Werk ist überaus umfangreich, daneben – durch ihren häufig ideologischen und beschönigenden Charakter – in weiten Teilen auch äußerst problematisch. Eine Auflistung des wissenschaftlichen Schrifttums kann nicht Aufgabe einer Biographie sein, und die folgende Auswahlbibliographie erhebt deshalb keinerlei Anspruch auf Vollständigkeit.

Am Ende der Arbeit möchte ich denjenigen danken, die auf die eine oder andere Weise an ihrem Zustandekommen beteiligt waren. Von Michael Krüger kam die Anregung zu diesem Buch und darüber hinaus ein andauerndes, nachhaltiges Interesse. Dieter Bänsch war über ein Jahrzehnt hin ein Gesprächspartner, dessen Vertrautheit mit dem Stifterschen Werk mir immer wieder produktive Anregung gab. Die Niederschrift der endgültigen Fassung begann ich 1993 während langer Sommerwochen in Goreto, am Fuße des Monte Rosa, und es war weder das erste noch das letzte Mal, daß ich die Gastfreundschaft von Gianfranco, Massimo und Luisa Bonola genießen konnte. *Grazie, cari amici!* Am meisten aber schulde ich Elisabeth Edl. Ohne ihre kritische Distanz gegenüber Adalbert Stifter und seinem Biographen wäre dieses Buch nicht so, ohne ihre Gegenwart und die gemeinsame Arbeit in vielen Jahren gar nicht entstanden. Eine Widmung kann nur ein schwacher Ausdruck dieser Dankbarkeit sein.

München, zu Ostern 1995.
W. M.

Nachweise

Die Werke Stifters werden nach den folgenden Ausgaben zitiert:

Sämtliche Werke in fünf Einzelbänden. Hg. von Fritz Krökel und Magda Gerken. München 1949 ff. - Die Siglen bedeuten: ST = *Studien*; NA = *Der Nachsommer*; BS = *Bunte Steine und Erzählungen* (revid. Auflage 1990, hg. von Uwe Japp); WI = *Witiko*; MP = *Die Mappe meines Urgroßvaters / Schilderungen / Briefe.*
Werke und Briefe. Historisch-kritische Gesamtausgabe. Hg. von Alfred Doppler und Wolfgang Frühwald. Stuttgart 1978 ff. - Zitiert als KA.

Aufbruch vor Tag

9 Weit zurück: MP, S. 602 f. - *11* Der erste Druck: ST, S. 103 (*Feldblumen*). - *12* fürchterlichen Wendung: BS, S. 22 (*Granit*). - *12* Merkwürdig: MP, S. 603. - *13* Ich bin oft: MP, S. 602. - *14* Doch Genie: Charles Baudelaire: *Le peintre de la vie moderne.* In: *Œuvres,* Bd 2 (Pléiade), S. 690.

Erster Teil

22 Mam: MP, S. 603 ff. - *25* Vor meinem väterlichen: BS, S. 19. - *27* Als Knabe: BS, S. 15 f. - *28* ja so köstlich: Fischer, S. 40. - *30* Als Knabe: MP, S. 610 (*Autobiographische Skizze 1867*). - *30* seine Schüler: MP, S. 607. - *31* ergriffen ihn: Fischer, S. 41. - *32* Meine ersten Schriftstellerversuche: MP, S. 610. - *33* Das hätte ich nie: Fischer, S. 38.

35 Indes war die Lage: Privat, S. 36. - *38* Den vorzüglichsten: MP, S. 599 f. - *39* An seinem Lehrer: MP, S. 607. - *46* Unsere jungen Leute: Pierre Bertaux: *Friedrich Hölderlin.* Frankfurt/M. 1978, S. 42. - *52* Lebhaft steht vor mir: Fischer, S. 45. - *54* Als der Lehrer: MP, S. 611. - *54* Dulce est: MP, S. 945. (»Angenehm ist es, in den Wohnungen der Vorfahren zu verweilen und sich die Worte und Taten der Ahnen zu vergegenwärtigen.«) - *56* In Kremsmünster: MP, S. 611.

63 ein Gewimmel und Geschiebe: MP, S. 286 (*Wien und die Wiener*). - *63* Gewirre dieses Häusermeers: MP, S. 297. - *64* in die Wildnis: MP, S. 347. - *64* Dort klingt Musik: MP, S. 300. - *64* einen Palast: MP, S. 353. - *66* Nur durch den festen Vorsatz: MP, S. 357. - *68* O, ich bin glücklich: Privat, S. 126. – *69* Weder Menschen: Fischer, S. 76. – *70* Da sind die: MP, S. 35. – *71* Mein Herz: NA, S. 171 f. – *72* Herr Adalbert Stifter: Fischer, S. 54.

76 hübsches Gesichtchen: Privat, S. 65. – *92* ein sonderbares Gemisch: Adalbert Stifter: *Julius*. Hg. von Franz Hüller. Augsburg o. J., S. 13. – *93* Arm ausstreke: ebda, S. 20. – *97* er könnte auch einmal: Fischer, S. 93. – *100* Ich könnte niederknien: An Adolf von Brenner, 24.September 1834. – *101* Ich habe zwar: Fischer, S. 88. – *106* Ich weiß nur das Eine: MP, S. 912 f.; vgl. KA 1.1, S. 57. – *106* Ich danke Ihnen: Privat, S. 131 f.

Zweiter Teil

111 mystischen Aufsatz: An Sigmund von Handel, 17.Juni 1836. – *112* O teurer, lieber Sigmund: An Sigmund von Handel, 17.Juni 1836. – *113* das Mutterherz: KA 1.1, S. 178. – *114* er ist auch ein König: KA 1.1, S. 188. – *114* krank: KA 1.1, S. 182. – *114* während eines ganzen Sommers: Fischer, S. 52 (nach Reitzenbeck). – *115* Oder ich lese: KA 1.1, S. 99 f. – *117* Sind das Polaritäten: KA 1.1, 60. – *117* eine würdevolle Jungfrau: KA 1.1, S. 109. *117* Das ist das Hohe: KA 1.1, S. 116. – *118* Wer einmal Selbstmord: KA 1.1, S. 130. – *120* Es war ein herrlicher: Fischer, S. 114. – *121* Es wird mich von ganzem Herzen: Fischer, S. 115. – *123* Das Weib: KA 1.1, S. 22. – *125* Jedenfalls ist in Adalbert Stifter: Enzinger, S. 1. *125* Herr, Sie haben da: Enzinger, S. 2.

132 Das Inventar: Fischer, S. 105. – *134* Ihre selbstgewählte Stellung: ST, S. 178 f. – *137* Das einzige Kind: KA 2.1, S. 133 f. (*Der Pförtner im Herrenhause*). – *139* Seine Heirat: Fischer, S. 110. – *140* Ein wundervolles: Privat, S. 133. – *141* Es war eine Zeit: Fischer, S. 106. – *142* Stifters Frau: Alois Raimund Hein: *Adalbert Stifter. Sein Leben und seine Werke*. Prag 1904, S. 593. – *143* Wenn's gelingt: An Sigmund von Handel, 20.September 1837.

152 Gregor hatte: ST, S. 275. – *154* Es war ein unheimlicher Gedänke: ST, S. 266. – *154* als sei selbst: ST, S. 267. – *155* die Mädchen: ST, S. 216 f. – *155* Haidedorf: ST, S. 168. – *155* Mit all der Unschuld: ST, S. 207. – *155* das sich wie ein Totes: ST, S. 259. – *156* Noch nie: ST, S. 1201 f. – *160* Kommunikationsmittel: MP, S. 302. – *161* die gewaltige Naturkraft: MP, S. 289. – *162* Gräßlichkeit: MP, S. 302. – *162* bis einmal: MP, S. 291.

167 Alle Irrtümer: Johann Gottfried Herder: *Ideen zur Philosophie der Geschichte der Menschheit*. Werke Bd 6. Hg. von Martin Bollacher. Frankfurt/M. 1989. S. 638. – *168* die da meinen: KA 1.2, S. 14 f. – *169* unermeßlichen Haushalt: KA 1.2, S. 37 f. – *169* besserer, weit sanfterer Mensch: KA 1.2, S. 27. – *170* Du willst ein Amt: KA 1.2, S. 65. – *171* gnädige Frau: MP, S. 339. – *172* o was ist alles: An Amalia Stifter, 21.August 1841. – *172* Nun, meine schöne: An Amalia Stifter, 25./28.August 1841. – *176* ein klares: ST, S. 350. – *177* Du liebe Blüte: ST, S. 298 ff. – *177* Ja, sagt einmal: ST, S. 304. – *177* ach, es ist und bleibt: KA 1.2, S. 88. – *178* Das ist keine gute: ST, S. 372. – *178* Gewalt des Gewordenen: KA 1.1, S. 337.

181 Bitte, können Sie: Urban Roedl: *Adalbert Stifter. Geschichte seines Lebens.* Bern 1958, S. 153. – *181* einem bierliebenden Schustermeister: Enzinger, S. 73. – *183* Wirklich liegt: KA 1.2, S. 105. – *185* auf alle Wesen: KA 1.2, S. 157. – *185 Die Sonnenfinsternis*: MP, S. 501-512. – *187* das Krachen: KA 1.2, S. 176. – *188* diese Flocke: KA 1.2, S. 177. – *188* das blinde Leben: KA 1.2, S. 184. – *188* das ist die Liebe nicht: KA 1.2, S. 194. – *189* mit Thränen: KA 1.2, S. 205. – *189* Servandus: KA 1.2, S. 172. – *189* meine Sünde: KA 1.2, S. 205. – *190* Sinnenglück: *Das Ideal und das Leben.* In: *Schillers Werke.* Dritter Band. Hg.von Dieter Schmidt. Frankfurt / M. 1966, S. 99. – *192* Wie tief: KA 1.2, S. 211. – *192* Ja, es war: KA 1.2, S. 247. – *193* gleich bei: KA 1.2, S. 242. – *193* ja es zieht: KA 1.2, S. 256. – *196* heimlich Verhängnis: KA 1.2, S. 242. – *197* ein ganzes versäumtes Leben: KA 1.2, S. 239.

200 Ich aber ging: KA 1.2, S. 256. – *204* So wie ich: Roedl, a.a.O., S. 179 – *205* Stifter bewohnte: Fischer, S. 131. – *206* allgemeine Sensation: Enzinger, S. 39. – *206* Stifter ist: Enzinger, S. 37. – *207* unheimliches, befriedigungsloses Gefühl: Enzinger, S. 40. – *208* Kommt Ihnen je: Fischer, S. 131 f. – *209* Gesamtausgabe: An Heckenast, 17. Juli 1844. – *214* Veit Hugo: ST, S. 677. – *215* Hugo wurde: ST, S. 728 f.

219 Der unfruchtbare Feigenbaum: KA 1.3, S. 11. – *219* Vor einem Hause: KA 1.3, S. 11 f. – *220* Dann haschen: KA 1.3, S. 13. – *220* Dann war es stille: KA 1.3, S. 15. – *222* Es ist ein Gut: KA 1.3, S. 96. – *222* Wenn Ihr: KA 1.3, S. 97. – *223* Sehen wollte ich Dich: KA 1.3, S. 98 f. – *223* Der Oheim: KA 1.3, S. 108. – *228* Ich studierte: Georg Büchner, undatierter Brief an Wilhelmine Jaegle, um den 9. – 12. März 1834. – *230* In letzter Zeit: Fischer, S. 137 f. – *231* Der Mann ekelte ihn: KA 1.3, S. 95 f. – *231* Durch das Fett: NA, S. 43. – *232* das laute Schibboleth: Enzinger, S. 53. – *233* Diese Studien: Enzinger, S. 42. – *233* Ein späteres Geschlecht: Enzinger, S. 50. – *234* fast nur mit Büchern: Fischer, S. 146. – *236* Ich habe mir jetzt: Fischer, S. 151 f. – *238* epischen Einsamkeit: KA 1.3, S. 184. – *238* Camilla: KA 1.3, S. 216. – *238* welch tiefes: KA 1.3, S. 148. – *239* Wenn ich je: KA 1.3, S. 234. – *240* So war es: KA 1.3, S. 276. – *241* An ihr: KA 1.3, S. 280. – *242* alles Wild: KA 1.3, S. 259. – *242* reißt: KA 1.1, S. 230. – *242* ohne Gnade: NA, S. 148.

244 irgendwo unterzubringen: Fischer, S. 155. – *244* ob etwa Stiftungen: An Heckenast, [Wien, Januar oder Februar 1845]. – *245* Ich hoffe: An Heckenast, 22.Mai 1846. – *246* wir alle haben: MP, S. 356. – *247* sagten sie sich: MP, S. 360. – *248* kühne, vereinzelte Mann: BS, S. 422 f. – *249* nur noch sehr wenig: BS, S. 448. – *249* Georg entkleidete sich: BS, S. 451. – *250* Scheinehe: BS, S. 440-444. – *252* Die zwei Menschen: BS, S. 453. – *252* alle zwei, drei Jahre: BS, S. 452. – *256* Es ist die Erzählung: An Heckenast, 18. Oktober 1846. – *256* eine Topographie: Enzinger, S. 90. – *257* Ich habe das Meer: An Heckenast, 16.November 1846. – *258* öffentliche Vorträge: Fischer, S. 174. – *259* beim Schlusse: Fischer, S. 177. – *259* einer beurteilungsfähigen Grundlage: Fischer, S. 179. – *261* Sie strebten: BS, S. 520. – *262* Es ist nicht mehr: BS, S. 518. – *262* Zirkelodem: BS, S. 520. – *263* In tiefem: Enzinger, S. 123. – *263* Die philosophische Fakultät: Enzinger, S. 126.

265 Durch den gerechten Beifall: Enzinger, S. 111. – *266* katholische: Joseph von Eichendorff: *Werke*, Bd 3. Hg.von Marlies Korfsmeyer und Klaus-Dieter Krabiel. München 1976, S. 49. – *268* so gut wie nackt: An Heckenast, 9. September 1847. – *270* Erinnern Sie sich: Fischer, S. 214. – *270* Der Bau: Privat, S. 233. – *271* wie gerädert: An Heckenast, 4.Mai 1848. – *273* Daß Dichtungen: An Heckenast, 8.September 1848. – *277* das Proletariat: An Heckenast, 8.September 1848. – *280* privatisierenden: Fischer, S. 222. – *284* Dann drangen sie: KA 1.3, S. 14; bzw. ST, S. 797. – *285* Er ließ später: ST, S. 1171.

Dritter Teil

293 Er kennt: Fischer, S. 237. – *294* In allem Ernste: Fischer, S. 217. – *296* Welche Verachtung: Fischer, S. 265. – *297* diesem kunst- und wissenschaftslosen: An Joseph Türck, 8.November 1851. – *298* Sie hat keine: An Karl Domberger, 7. Dezember 1850. – *298* von so mancherlei: Fischer, S. 278. – *299* Wißt ihr, warum: Friedrich Hebbel: *Werke*. Hg. von Gerhard Fricke, Werner Keller, Karl Pörnbacher. München 1965. Bd 3, S. 122. – *301* Es ist einmal: BS, S. 7 f. – *302* Wir wollen: BS, S. 10. – *303* mächtige Bewegungen: BS, S. 9. – *303* die Vereinzelung: Hebbel, a.a.O., S. 567 f. – *305* Der Pfarrer sagte: BS, S. 66. – *306* eine einzige: BS, S. 189 – *306* stumme Schütten: BS, S. 187. – *306* Sie waren winzigkleine: BS, S. 192. – *307* Wenn ich fragte: BS, S. 152 f. – *308* Sie sagen: BS, S. 103. – *309* So ist dieses Gesetz: BS, S. 12. – *309* Welcher Schreck: An Heckenast, 30. November 1852.

313 beinahiger Verödung: An Joseph Türck, 16. Juli 1852. – *313* Ich glaube: An Heckenast, 13. Mai 1854. – *314* Dort trinkt: An Heckenast, 22. März 1853. – *315* Forstdinge: An Heckenast, 24. Mai 1857. – *315* Vielleicht wird man: An Heckenast, 29. Februar 1856. – *315* dieses unselige: An Gustav Pechwill, 7. Juli 1855. – *316* Die Welt erscheint mir: Fischer, S. 346. – *316* Liebhabereien: An Gustav Pechwill, 7. Juli 1855. – *317* Tagebuch: Fischer, S. 323 f. – *318* sogenannte Schulschlendrian: An Heckenast, 6. April 1854. – *320* sehr an Nerven: An Joseph Türck, 28. Mai 1856. – *321* der Zufall: An Gustav Pechwill, 7. Juli 1855. – *322* Sie haben oft: An Louise von Eichendorff, 1. November 1856. – *325* Wissenschafter: NA, S. 14. – *327* der Mensch sei: NA, S. 15. – *328* gebrechlichen Einrichtung: Heinrich von Kleist: *Die Marquise von O...* In: *Werke*. Hg.von Helmut Sembdner. Band 2. München/Wien 1985, S. 143. – *328* verblühenden Rosen: NA,

S. 208. – *329* Ein Teil: NA, S. 724 f. – *329* Dann entkleidete: NA, S. 221. – *330* in Glück: NA, S. 682. – *331* die zwei jungen: An Heckenast, 24. Mai 1857. – *331* die Zeit war: NA, S. 685. – *332* welch ein Sommer: An Heckenast, 2. Jänner 1855.

333 Drei starke Bände: Hebbel: *Der Nachsommer*. In: a. a. O., S. 682. – *334* Schabernack: An Louise von Eichendorff, 17. Juli 1858. – *334* das überschätzte: Hebbel: *Das Komma im Frack*. In: a. a. O., S. 687. – *335* das einiger Dauer: An Louise von Eichendorff, 17. Juli 1858. – *336* Fortepianoübungsstücke: An Heckenast, 29. Jänner [1859]. – *337* Ich gehe: An Louise von Eichendorff, 6. Mai 1859. – *338* Übersetzung: An Louise von Eichendorff, 6. Mai 1859. – *339* Herrn Schwager: Fischer, S. 462. – *339* Mein edler Freund: Fischer, S. 457 f. – *346* Ja unsere eheliche: An Amalia Stifter, 4. Juli 1863. – *348* So bin ich: BS, S. 533. – *349* Und doch: BS, S. 535. – *350* wirkliche Wirklichkeit: BS, S. 566. – *350* Auf ewig: BS, S. 580. – *350* zum Allerbesten: BS, S. 555.

353 Mein Körper: An Heckenast, 14. April 1864. – *359* werde mich: An Heckenast, 25. April 1864. – *359* Der Mann: Fischer, S. 529. – *361* Hungerbehandlung: An Heckenast, 1. Juni 1864. – *362* Du heiliger: BS, S. 624. – *365* nach einem großen: WI, S. 27. – *368* Es ging: WI, S. 14. – *368* Satzungen: WI, S. 120. – *369* ich habe: WI, S. 115. – *370* Und wenn du: WI, S. 723 f. – *370* Der Herzog: WI, S. 257. – *373* Jetzt kann ich: An Heckenast, 22. Jänner 1866.

379 Es ist das kleinste: MP, S. 601–603. – *380* Dann kannst du: An Heckenast, 27. Oktober 1866. – *380* Es wurde: MP, S. 582. – *380* Das war kein: MP, S. 584 f. – *381* Was Anfangs: MP, S. 585 f. – *381* Das Glück: MP, S. 594. – *381* Bild: MP, S. 595. – *382* Die Ehen: BS, S. 736. – *382* So schließen wir: BS, S. 712. – *383* Als die Geschwister: BS, S. 730. – *387* Ich kann: MP, S. 157. – *388* Zartheit: BS, S. 428 (*Der Waldgänger*). – *389* Über der Donaustadt: Privat, S. 431 f.

Auswahlbibliographie

(Die Sigle VASILO steht für: Vierteljahrsschrift des Adalbert-Stifter-Instituts des Landes Oberösterreich.)

Enzinger, Moriz (Hg.): *Adalbert Stifter im Urteil seiner Zeit*. Wien 1968 (zitiert: Enzinger).

Fischer, Kurt Gerhard (Hg.): *Adalbert Stifters Leben und Werk in Briefen und Dokumenten*. Frankfurt/M. 1962 (zitiert: Fischer).

Privat, Karl (Hg.): *Adalbert Stifter. Sein Leben in Selbstzeugnissen, Briefen und Berichten*. Berlin 1946 (zitiert: Privat).

Adorno, Theodor W.: *Standort des Erzählers im zeitgenössischen Roman*. In: *Gesammelte Schriften*, Bd 11. Hg. von Rolf Tiedemann. Frankfurt/M. 1974, S. 41-48.

Adorno, Theodor W.: *Über epische Naivetät*. In: *Gesammelte Schriften*, Bd 11. Hg. von Rolf Tiedemann. Frankfurt/M. 1974, S. 34-40.

Aprent, Johannes: *Adalbert Stifter. Eine biographische Skizze*. In: A.S.: *Briefe*, Bd 1. Pest 1869. - Neu hg. von Moriz Enzinger. Nürnberg 1955.

Aspetsberger, Friedbert: *Der Groß-Sprecher Heinrich Drendorf*. In: VASILO 32/1983, S. 179-219.

Aspetsberger, Friedbert: *Die Aufschreibung des Lebens. Zu Stifters »Mappe«*. In: VASILO 27/1978, S. 11-38.

Aspetsberger, Friedbert: *Stifters Tautologien*. In: VASILO 15/1966, S. 23-44.

Augustin, Hermann: *Adalbert Stifters Krankheit und Tod. Eine biographische Quellenstudie*. Basel/Stuttgart 1964.

Bandet, Jean Louis: *Les chiffres de la solitude*. In: Etudes Germaniques 40/1985, S. 271-280.

Bänsch, Dieter: *Stifter*. Unveröff. Ms. 1955.

Baumann, Gerhart: *Adalbert Stifter. Dichter der »Zuversicht«*. In: Lothar Stiem (Hg.): *Adalbert Stifter. Studien und Interpretationen*. Heidelberg 1968, S. 121-138.

Baumer, Franz: *Adalbert Stifter*. München 1989.

Benjamin, Walter: *Stifter*. In: *Gesammelte Schriften*, Bd II. Hg. von Rolf Tiedemann und Hermann Schweppenhäuser. Frankfurt/M. 1977, S. 608-610.

Bernhard, Thomas: *Alte Meister*. Frankfurt/M. 1985.

Blackall, Eric A.: *Adalbert Stifter. A critical study*. Cambridge 1948.

Bloch, Peter André: *Perspektive und Dimension. Die Textstruktur eines Wortgemäldes in Stifters »Nachsommer«*. In: Etudes Germaniques 40/1985, S. 281-296.

Borchmeyer, Dieter: *Stifters »Nachsommer« - eine restaurative Utopie?* In: Poetica 12/1980, S. 59-87.

Chargaff, Erwin: *Bedauerliche Erfüllung einer Vorhersage. Zu einigen Sätzen von Adalbert Stifter*. In: *Vermächtnis*. Stuttgart 1992, S. 72-87.

Dehn, Wilhelm: *Ding und Vernunft. Zur Interpretation von Stifters Dichtung*. Bonn 1969.

Doppler, Alfred: *Der Organismus ist gegliedert, und es fehlt nur die Texturing. Stifters poetische Verfahrensweise im »Witiko«*. In: VASILO 29/1990, S. 5-33.

Eich, Günter: *Erziehung des Herzens. Zur Volksausgabe von Stifters »Witiko«*. In: *Werke*, Bd IV. Hg. von Axel Vieregg. Frankfurt/M. 1991. S. 565-566.

Enzinger, Moriz: *Adalbert Stifters Studienjahre (1818-1830)*. Innsbruck/Augsburg 1950.

Fischer, Kurt Gerhard: *Adalbert Stifter. Psychologische Beiträge zur Biographie*. Linz 1961.

Fischer, Kurt Gerhard: *Die Pädagogik des Menschenmöglichen. Adalbert Stifter*. Linz 1962.

Franzel, Emil: *Stifters Ehe-katholische Literaturkritik*. In: Deutsche Tagespost 81/10. Juli 1953.

Frühwald, Wolfgang: *»Tu felix Austria...« Zur Deutung von Adalbert Stifters Erzählung »Der Kuß von Sentze«*. In: VASILO 36/1987, S. 31-41.

Geulen, Eva: *Adalbert Stifters Kinder-Kunst. Drei Fallstudien*. In: Deutsche Vierteljahresschrift (DVjs) 67/1993, S. 648-668.

Geulen, Eva: *Worthörig wider Willen. Darstellungsproblematik und Sprachreflexion in der Prosa Adalbert Stifters*. München 1992.

Glaser, Horst Albert: *Die Restauration des Schönen. Stifters »Nachsommer«*. Stuttgart 1965.

Goldschmidt, Georges-Arthur: *L'écriture comme regard*. In: A.S.: *L'Homme sans posterité* [frz.Übs. von *Der Hagestolz*]. Paris 1978, S. 9-24.

Gugitz, Gustav: *Das Geheimnis um Amalie*. In: VASILO 2/1953, S. 94-101.

Handke, Peter: *Einige Bemerkungen zu Stifter*. In: *Langsam im Schatten*. Frankfurt/M. 1992, S. 55-57.

Hein, Alois Raimund: *Adalbert Stifter. Sein Leben und seine Werke*. Prag 1904. – Zweite Auflage Wien/Bad Bocklet/Zürich 1952.

Hertling, Gunther H.: *»Wer jetzt kein Haus hat, baut sich keines mehr«. Zur Zentralsymbolik in Adalbert Stifters »Turmalin«*. In: VASILO 26/1977, S. 17-34.

Hofmannsthal, Hugo von: *Stifters »Nachsommer«*. In: *Reden und Aufsätze II*. Hg. von Bernd Schoeller. Frankfurt/M. 1979, S. 220-227.

Höllerer, Walter: *Adalbert Stifter*. In: *Zwischen Klassik und Moderne*. Stuttgart 1958, S. 357-377.

Irmscher, Hans Dietrich: *Adalbert Stifter. Wirklichkeitserfahrung und gegenständliche Darstellung*. München 1971.

Jungmair, Otto: *Adalbert Stifters Linzer Jahre. Ein Kalendarium*. Graz/Wien 1958.

Jungmair, Otto: *Neue Zeugnisse um Amalie und Juliane*. In: VASILO 4/1955, S. 37-43.

Koschorke, Albrecht und Andreas Ammer: *Der Text ohne Bedeutung oder die Erstarrung der Angst. Zu Stifters letzter Erzählung »Der fromme Spruch«*. In: Deutsche Vierteljahresschrift (DVjs) 61/1987, S. 677-719.

Löwenthal, Leo: *Das bürgerliche Bewußtsein in der Literatur. Schriften*, Bd 2. Hg. von Helmut Dubiel. Frankfurt/M. 1981.

Magris, Claudio: *Danubio*. Milano 1986.

Magris, Claudio: *Il mito absburgico nella letteratura austriaca moderna*. Nuova edizione. Torino 1988.

Mann, Thomas: *»Witiko«*. In: *Die Forderung des Tages*. Hg. von Peter de Mendelssohn. Frankfurt/M. 1986, S. 293.

Mann, Thomas: *Die Entstehung des Doktor Faustus*. In: *Rede und Antwort*. Hg. von Peter de Mendelssohn. Frankfurt/M. 1984, S. 130-288.

Marcuse, Herbert: *Der deutsche Künstlerroman*. In: *Schriften*, Bd 1. Frankfurt/M. 1978, S. 7-344.

Markus, Andreas: *Der Tod Adalbert Stifters*. Berlin 1934.

Matt, Peter von: *Liebesverrat. Die Treulosen in der Literatur*. München/Wien 1989.

Matz, Wolfgang: *Biographie*. In: Akzente 4/1993, S. 364-367.

Matz, Wolfgang: *Gewalt des Gewordenen. Adalbert Stifters Werk zwischen Idylle und Angst*. In: Deutsche Vierteljahresschrift (DVjs) 63/1989, S. 715-750.

Müller, Klaus-Detlef: *Utopie und Bildungsroman. Strukturuntersuchungen zu Stifters »Nachsommer«*. In: Zeitschrift für deutsche Philologie 90/1971, S. 199-228.

Naumann, Ursula: *Adalbert Stifter*. Stuttgart 1979.

Piechotta, Hans Joachim: *Aleatorische Ordnung. Untersuchungen zu extremen literarischen Positionen in den Erzählungen und dem Roman »Witiko« von Adalbert Stifter*. Gießen 1981.

Piechotta, Hans Joachim: *Ordnung als mythologisches Zitat. Adalbert Stifter und der Mythos*. In: *Mythos und Moderne*. Hg. von Karl Heinz Bohrer. Frankfurt/M. 1983, S. 83-110.

Reitzenbeck, Heinrich: *Adalbert Stifter. Biographische Skizze*. In: Libussa 12/1853, S. 317-329. – Neu hg. von Max Stefl. München 1948.

Requadt, Paul: *Stifters »Bunte Steine« als Zeugnis der Revolution und als zyklisches Kunstwerk*. In: Lothar Stiem (Hg.): *Adalbert Stifter. Studien und Interpretationen*. Heidelberg 1968, S. 139-168.

Riha, Karl: *Die Beschreibung der großen Stadt. Zur Entstehung des Großstadtmotivs in der deutschen Literatur*. Bad Homburg/Berlin/Zürich 1970.

Roedl, Urban: *Adalbert Stifter in Selbstzeugnissen und Bilddokumenten*. Reinbek 1965.

Roedl, Urban: *Adalbert Stifter. Geschichte seines Lebens*. Berlin 1936. – Zweite Aufl. Bern 1948.

Schmidt, Arno: *Der sanfte Unmensch. Einhundert Jahre Nachsommer*. In: *Dya Na Sore. Gespräche in einer Bibliothek*. Karlsruhe 1985, S. 194-229.

Schorske, Carl E.: *Wien. Geist und Gesellschaft im Fin de Siècle*. Übs. von Horst Günther. Frankfurt/M. 1982.

Selbmann, Rolf (Hg.): *Zur Geschichte des deutschen Bildungsromans*. Darmstadt 1988.

Selbmann, Rolf: *Der deutsche Bildungsroman*. Stuttgart 1984.

Selge, Martin: *Adalbert Stifter. Poesie aus dem Geist der Naturwissenschaften*. Stuttgart 1976.

Stern, Josef Peter: *Adalbert Stifters ontologischer Stil*. In: Lothar Stiem (Hg.): *Adalbert Stifter. Studien und Interpretationen*. Heidelberg 1968, S. 103-120.

Swales, Martin: *Utopie und Bildungsroman*. In: Wilhelm Voßkamp (Hg.): *Utopieforschung. Interdisziplinäre Studien zur neuzeitlichen Utopie*, Bd 3. Frankfurt/M. 1982, S. 218-266.

Tunner, Erika: *»Zum Sehen geboren, zum Schauen bestellt«. Reflexionen zur Augensymbolik in Stifters »Studien«*. In: Etudes Germaniques 40/1985, S. 335-349.

Walter-Schneider, Margret: *Das Unzulängliche ist das Angemessene. Über die Erzählerfigur in Stifters »Nachsommer«*. In: Jahrbuch der dt. Schillergesellschaft 34/1990, S. 317-342.

Wildbolz, Rudolf: *Adalbert Stifter. Langeweile und Faszination*. Stuttgart 1976.